Klaus-Jürgen Bremm

Preußen bewegt die Welt

Klaus-Jürgen Bremm

Preußen bewegt die Welt

Wie eine Großmacht entsteht

wbg Theiss

Klaus-Jürgen Bremm ist Historiker und Publizist mit den Spezialgebieten Militär- und Technikgeschichte.
Er veröffentlichte zahlreiche erfolgreiche Sachbücher.

Abbildungen:
akg-images: S. 33, 121, 202, 215, 227, 255, 266, 289, 316, 332
Wikimedia Commons: S. 12, 49, 59
Karten (S. 135, 149, 165, 175, 192, 200, 344/345): Peter Palm, Berlin

wbg Theiss ist ein Imprint der Verlag Herder GmbH

www.herder.de

Durchgesehene Neuausgabe der 2017 bei wbg Theiss unter dem Titel »Preußen bewegt die Welt. Der Siebenjährige Krieg 1756–63« erschienenen Ausgabe.
Redaktion: Kristine Althöhn, Mainz
Satz: TypoGraphik Anette Bernbeck, Gelnhausen
Einbandabbildung: »Friedrich der Große ehrt einen gefallenen Offizier«. Gemälde (Ausschnitt) aus dem 18. Jahrhundert. Foto © akg-images.
Einbandgestaltung: Andreas Heilmann, Hamburg

FSC www.fsc.org MIX Papier | Fördert gute Waldnutzung FSC® C014496

Gedruckt auf säurefreiem und alterungsbeständigem Papier
Printed in Europe

ISBN 978-3-534-27593-9

eBook (PDF): 978-3-534-74732-0
eBook (epub): 978-3-534-74733-7

Inhalt

Einleitung. Ein Weltkrieg im Zeitalter des Ancien Régime

»Jedermann weiß, dass die Wirren, die Europa aufwühlen, ihren Anfang in Amerika genommen haben, dass der zwischen Engländern und Franzosen ausgebrochene Streit um den Stockfischfang und um einige unbekannte Gebiete in Kanada den Anstoß zu dem blutigen Kriege gegeben hat, der unseren Erdteil in Trauer versetzt. Jener Krieg war von den Besitzungen der deutschen Fürsten so weit entfernt, dass sich schwer absehen lässt, wie der Brand von einem Erdteile zu einem anderen übergreifen konnte, der scheinbar keine Verbindungen zu ihm hat. Dank der Staatskunst unseres Jahrhunderts gibt es aber gegenwärtig keinen Streit in der Welt, so klein er auch sei, der nicht in kurzer Frist die gesamte Christenheit zu ergreifen und zu entzweien vermöchte.«

Friedrich der Große, Rechtfertigung meines politischen Verhaltens (Juli 1757)[1]

Was bleibe nun bei solchen Umständen anderes übrig, als endlich den Verlust Schlesiens gänzlich zu vergessen, dem König von Preußen deswegen alle Sorge zu nehmen, um ihn auf diesem Wege dereinst in die Allianz Österreichs mit den Seemächten zu ziehen.[1a]

Mit diesem ernüchternden Resümee beschrieb am 3. Mai 1751 Wenzel Graf von Kaunitz-Rietberg in einem Memorandum der Kaiserin in Wien die Resultate seiner ersten sechs Monate als Botschafter am französischen Hof. Trotz seiner ungewöhnlich freundlichen Aufnahme in Versailles hatte der Vertreter Österreichs bei seinen Gesprächspartnern nicht die geringsten Anzeichen ausmachen können, dass Frankreich sein Bündnis mit Preußen zugunsten Wiens aufgeben könnte. Selbst König Ludwig XV. war nicht bereit, von der Allianz mit Preußen abzurücken, obwohl er von den ihm zugetragenen Sticheleien des »Markgrafen von Brandenburg« wiederholt tief getroffen war.[2]

Es ist nicht ohne Reiz, sich vorzustellen, Maria Theresia oder Kaunitz selbst würden seine damalige Schlussfolgerung beherzigt und auf eine Provinz verzichtet haben, wie es Österreich ja nicht zum ersten Mal getan hätte. Wäre ohne das am 1. Mai 1756 in Versailles besiegelte *Renversement des alliances*, der große Tausch der Verbündeten, der Krieg, in den nur wenige Monate später sämtliche Großmächte Europas verwickelt werden sollten, vielleicht vermieden oder wenigstens in ganz anderer Konstellation ausgetragen worden?

Die revolutionäre Idee einer Allianz mit Frankreich hatte Kaunitz im März 1749 im Geheimen Rat ins Spiel gebracht, kurz nach dem für Wien so unbefriedigenden Ende des Österreichischen Erbfolgekrieges.[3] Frankreich sei nicht mehr der Hauptfeind Österreichs, so der Ausgangspunkt seiner damaligen Ausführungen im höchsten Entscheidungsgremium der Monarchie, und könne unter günstigen Bedingungen vielleicht dazu gebracht werden, sein Bündnis mit Preußen aufzugeben und eine neutrale Haltung gegen Wien einzunehmen. Vielleicht würde sich die französische Krone sogar einer antipreußischen Allianz mit Russland und Österreich anschließen. Einzig in dieser Konstellation bestünde nach Kaunitz' Überzeugung überhaupt eine reale Aussicht, Schlesien militärisch zurückzugewinnen, das König Friedrich II. von Preußen im Dezember 1740 überfallartig besetzt und seither in zwei Kriegen behauptet hatte.

So bestechend Kaunitz' Überlegungen auf den ersten Blick waren und sosehr sie damals auch der Kaiserin imponiert hatten, so blieb doch das Problem, dass Österreich der französischen Krone außer einem unbedeutenden Gebietsschacher nichts wirklich Substanzielles anzubieten hatte. Der Tausch Luxemburgs gegen einige italienische Herzogtümer und die in Aussicht gestellte Unterstützung Wiens bei der zukünftigen Regelung der polnischen Thronfolge, wie es Kaunitz im Geheimen Rat anregte und dann tatsächlich im Herbst 1755 offen anbot, war für Frankreich kaum ein Anreiz, seine Heere gegen Preußen marschieren zu lassen.

Trotz des zunächst ausgebliebenen Erfolgs in Versailles erfreute sich Kaunitz weiterhin der Gunst der Kaiserin und stieg nach seiner Rückkehr aus Frankreich 1753 sogar zum leitenden Minister in Wien auf. Dieses Amt behielt er fast 40 Jahre bis kurz vor seinem Tod.

Der Karrierediplomat, in dessen mährischen Stammschloss ein halbes Jahrhundert später Napoleon Bonaparte nach seinem Sieg bei Austerlitz Quartier nehmen sollte, wäre zutiefst überrascht gewesen, dass ausgerechnet der gewaltsame Tod eines frankokanadischen Offiziers in den Wäldern des nordamerikanischen Ohiotals das österreichische Kaiserhaus in der Frage einer Allianz mit Versailles endlich das entscheidende Stück voranbringen würde. Auf welche Weise der 36-jährige Fähnrich Joseph Villers Coulon de Jumonville am frühen Morgen des 28. Mai 1754 nach einer durchregneten Nacht in der Wildnis des westlichen Pennsylvanias tatsächlich ums Leben gekommen war, ist bis heute nicht ganz geklärt. Briten und Franzosen verbreiteten unterschiedliche Versionen. So behauptete der Führer der an dem Schusswechsel beteiligten virginischen Miliz, ein gewisser George Washington, in seinem Bericht an seinen Vorgesetzten in Williamsburg, Jumonville sei bereits während des Gefechts tödlich verwundet worden. Dagegen beharrten die Franzosen darauf, dass der Offizier den Briten nur eine Botschaft überbringen wollte, die sie zum Rückzug aufforderte. Erst nach seiner Gefangennahme sei er von einem der Indianer im Gefolge Washingtons auf bestialische Weise umgebracht worden.[4] Die erbosten Frankokanadier schlugen rasch zurück. Nur einen Monat nach dem Zwischenfall mit Jumonville musste Washington mit seinen Leuten nach einem mehrstündigen Gefecht vor einer gegnerischen Übermacht kapitulieren. Nun waren auch die Briten in Alarmstimmung. Innerhalb weniger Monate eskalierte der Streit um das Ohiotal zum offenen Krieg. Briten und Franzosen schickten Verstärkungen nach Nordamerika und bereiteten sich auf eine koloniale Auseinandersetzung vor.

Beide Rivalen wussten jedoch genau, dass der Krieg wegen der deutlichen Unterlegenheit der französischen Flotte nicht auf Nordamerika beschränkt bleiben konnte, und bemühten sich daher, ihre alten Allianzen in Europa zu beleben. Dass Frankreich zum Ausgleich für seine eventuellen Verluste in Nordamerika versuchen würde, Belgien oder das Kurfürstentum Hannover als Tauschobjekte zu besetzen, galt in

London als ausgemachte Sache. Vor allem Hannover, das Stammland König Georgs II., galt als die Achillesferse der britischen Politik. Die Rückgabe des von den Franzosen im letzten Krieg eroberten Belgiens gegen die in britische Hand gefallene Festung Louisbourg auf Kap Breton bot die Blaupause für derartige Gedankenspiele in Versailles. Hier nun kam Preußen ins Spiel. Die norddeutsche Militärmacht war immer noch mit Frankreich verbündet. Zudem stand Friedrich mit seinem Onkel, dem britischen König, nicht auf bestem Fuß. Georg II. und seine Minister sahen in dem unzuverlässigen Potsdamer Monarchen sogar die Hauptbedrohung für das kaum geschützte Hannover. Wie in beinahe jedem Sommer reiste der seit 28 Jahren auf dem britischen Thron sitzende Welfenherrscher auch 1755 nach Deutschland, um sich persönlich mit den Angelegenheiten seines geliebten Kurfürstentums zu befassen. Es sollte die letzte und wichtigste Reise während seiner Regierung sein, denn Georg II. versuchte unter den benachbarten Reichsfürsten Alliierte zur Verteidigung seines norddeutschen Stammlandes zu finden. Auch mit Russland führte London deswegen Gespräche, die nun sehr rasch zu einem Abschluss zu gelangen schienen. Es war die Sorge vor einer britisch-russischen Allianz, die Friedrich zu einer radikalen politischen Kehrtwende bewog. Ein Neutralitätsabkommen mit den Briten erschien dem bisher so unzugänglichen preußischen Herrscher plötzlich höchst attraktiv, meinte er doch, damit auch die von ihm so sehr gefürchteten Russen vertraglich gebunden zu haben.

Das Westminister-Abkommen vom 16. Januar 1756 sollte jedoch für Friedrich eine doppelte Enttäuschung bringen. Das Zarenreich hielt unbeeindruckt an seiner Feindschaft zu dem »preußischen Emporkömmling« fest und der zutiefst düpierte Versailler Hof fand plötzlich zu neuer Entschlossenheit. Frankreich fühlte sich von Preußen nicht nur brüskiert, sondern erkannte nun auch ganz klar, dass von Friedrich nicht mehr die erhoffte Unterstützung zu erwarten war.[5] Wenn aber Preußen nicht der französische Degen sein wollte, um Hannover als Faustpfand zu besetzen, dann würde möglicherweise eine Allianz mit Österreich weiterführen. Denn das Kaiserhaus konnte immerhin Frankreichs Armeen den Marsch durch Reichsgebiet zum Rhein und weiter zur Weser ermöglichen. Hannover wäre damit für Frankreich in Reichweite gerückt.

Wenzel Anton Graf Kaunitz-Rietberg.
Pastell (1762) von Jean-Étienne Liotard.

Dieses Kalkül war der tatsächliche und einzige Grund für das *Renversement des alliances*, das am 1. Mai 1756 in Paris eingeleitet und genau ein Jahr später zu der von Österreich so lange angestrebten Offensivallianz gegen Preußen erweitert wurde. Erst der Krieg in Nordamerika und Frankreichs maritime Unterlegenheit hatten somit Wiens erneuten Waffengang um Schlesien möglich gemacht. Friedrichs im Juli 1757 verfasste Apologie, sein Einmarsch in Sachsen sei nur Teil eines weltumspannenden Konflikts gewesen, war somit keineswegs aus der Luft gegriffen.

Der britische Premierminister Winston Churchill, erfolgreicher Autor und Literaturnobelpreisträger, hat in seiner *History of the English Speaking People* den Siebenjährigen Krieg als den Ersten Weltkrieg bezeichnet. Nach seiner Ansicht folgten die Akteure in London und Versailles erstmals einer globalen Strategie. Galten die Kriege des *Ancien*

Régime seit 1688 hauptsächlich der Verhinderung einer französischen Hegemonie in Westeuropa, während die Kampfhandlungen in Nordamerika immer nur eine Nebenrolle gespielt hatten, stellte der Siebenjährige Krieg diese Ordnung der Prioritäten auf den Kopf. Längst von den ungeheuren Gewinnen des transatlantischen Handels abhängig, hatte Europa für Briten und Franzosen nur noch eine nachrangige Bedeutung. Dagegen erwies sich das entlegene Ohiotal immer mehr als strategischer Schlüssel für die Vorherrschaft in ganz Nordamerika und in der Karibik. Friedrichs Einmarsch in Sachsen und seine legendären Schlachten, seine glorifizierten Siege und spektakulären Niederlagen, waren aus einer globalen Perspektive tatsächlich nicht mehr als ein Appendix zu dem Hauptkampf in Nordamerika und Indien. Seine Dämonisierung als Urheber des Siebenjährigen Krieges greift zu kurz, da sie über die europäische Bühne nicht hinausblickt. Über Krieg und Frieden in Europa war schon entschieden, noch ehe überhaupt ein preußischer Musketier seinen Fuß auf sächsischen Boden gesetzt hatte. Friedrichs Einmarsch in Sachsen war, bei allen beklagenswerten Folgen für die Untertanen des nach Polen geflohenen König-Kurfürsten August III., nicht mehr als ein untergeordneter Schachzug in einem viel größeren Machtspiel.

Winston Churchill hat in seiner Darstellung nicht weiter erläutert, weshalb er den Siebenjährigen Krieg als den ersten aller Weltkriege betrachtete. Seine überschwängliche Charakterisierung Williams Pitts unterstreicht jedoch diese Einschätzung.[6] Wie Churchill selbst als Kriegspremier hatte beinahe zwei Jahrhunderte zuvor der ältere Pitt und 1. Lord von Chatham an einer globalen Front gekämpft und war die Seele des Widerstandes und der Garant des britischen Sieges gewesen. Frankreich in Indien und Amerika zu schlagen, bedeutete für die englische Oligarchie, diesen gefährlichsten aller Konkurrenten auch in Europa entscheidend zu schwächen. Dasselbe Schicksal hatte zuvor schon die niederländischen Generalstaaten getroffen, die im 18. Jahrhundert nur noch eine Nebenrolle im europäischen Mächtesystem spielten.

Sosehr auch die Schlachten Friedrichs des Großen Militärs wie Historikern als Höhepunkt der barocken Kriegskunst erschienen waren, im Kontext dieses ersten globalen Krieges spielten sie sich auf einem

Nebenkriegsschauplatz ab. Die Armeen Preußens, Österreichs und Russlands fochten in einem regionalen Krieg, und allein die globalstrategischen Erwägungen der Versailler Minister retteten das preußische Königtum vor dem fast sicheren Untergang. Es kann kaum ein Zweifel daran bestehen, dass der europäische Krieg zugunsten der antipreußischen Koalition ausgegangen wäre, hätte Frankreich im Sommer 1757 seine Hauptarmee von fast 100000 Mann nur wenige Wochen nach Friedrichs Niederlage bei Kolin nach Sachsen marschieren lassen. Zum großen Verdruss der Österreicher hatte sich Frankreich jedoch anders entschieden und sich über Rhein und Weser nach Norddeutschland gewandt, wo es das Kurfürstentum Hannover als Faustpfand besetzen wollte. Selbst nach seiner Demütigung bei Rossbach versuchte Versailles noch sechs weitere Jahre, sein wichtigstes Kriegsziel in Europa zu erreichen.

Ob es seinen 1759/60 verlorenen Besitz in Kanada und Louisiana im Tausch gegen das Kurfürstentum Hannover tatsächlich von den Briten zurückerhalten hätte, ist eine spannende Frage. Der geschickte Widerstand einer vereinten deutsch-britischen Armee unter dem Oberbefehl des erst 36-jährigen Ferdinands von Braunschweig-Lüneburg verhinderte, dass London sie sich tatsächlich stellen musste.

Nicht an Elbe und Oder fiel die Entscheidung des siebenjährigen Ringens, sondern an der Weser und am Rhein. Die Schlachten von Minden und Vellinghausen waren für den Ausgang des Siebenjährigen Krieges weitaus bedeutsamer als die von Rossbach, Leuthen oder Kunersdorf. Allein durch sie verfehlte Frankreich sein zentrales Kriegsziel in Europa und musste, ohne ein strategisches Tauschobjekt in der Hand, ganz Kanada abtreten. Mit dem Nimbus seiner Unbesiegbarkeit waren auch der Glanz und die Legitimität der absoluten Monarchie in Frankreich für immer dahin. Die Niederlagen in diesem Krieg, so Louis Philippe, Graf von Ségur, verletzten und erweckten zugleich den Nationalstolz der Franzosen. Von einem Ende des Landes bis zum anderen wurde die Opposition gegen den Hof zur Ehrensache.[7] Vom Pariser Verzichtsfrieden von 1763 führte ein direkter Weg zum Sturm auf die Bastille.

Die 13 Staaten Neuenglands, bis dahin untereinander eher isoliert, fanden im sogenannten *French and Indian-War* zu einem neuen Selbstbewusstsein. Die sich nach dem Frieden von Boston bis Charles Town entzündende Debatte über ihre zukünftige Rolle im britischen Weltreich eskalierte nur ein Jahrzehnt später zum Unabhängigkeitskrieg, an dessen Ende die Loslösung vom Mutterland stand. Der Wegfall der französischen Barriere zwischen den Großen Seen und dem Mississippi war zugleich das Startsignal zum großen Zug nach Westen. Die heutige 300 Mio. Nation zwischen Pazifik und Atlantik würde ohne den Sieg Großbritanniens im Siebenjährigen Krieg vermutlich nicht existieren. Bis heute sind die Revolutionen in Amerika und Frankreich die entscheidenden Umbrüche des transatlantischen Raums, ohne welche die moderne westliche Welt in ihrer heutigen Gestalt gar nicht vorstellbar wäre.

Dagegen ist der Staat Friedrichs des Großen ebenso wie das Habsburgische Vielvölkerreich längst Geschichte. Preußens Untergang vollzog sich seit 1871 in langen Etappen, während das Haus Österreich am 3. November 1918 mit einem Tedeum im Stephansdom aus der Geschichte schied. Das für ein Vierteljahrhundert umkämpfte Schlesien, zentraler Zankapfel zwischen Friedrich und seiner ärgsten Rivalin Maria Theresia, ist bereits seit 70 Jahren Teil des nach Westen verschobenen polnischen Staates. Nichts in der modernen europäischen Staatenwelt erinnert heute noch an ihre alten Kämpfe.

1. Europa im 18. Jahrhundert – Mächte, Armeen und Koalitionen

Von der Hegemonie Frankreichs zur Pentarchie – Europas Staatenwelt im Zeitalter der Aufklärung

»Das christliche Europa ist wie eine Republik von Souveränen, die sich in zwei mächtige Parteien teilt. England und Frankreich haben seit einem Jahrhundert zu allen Bewegungen den Anstoß gegeben. Wollte ein kriegerischer Fürst etwas unternehmen, wenn jene beiden einverstanden sind, den Frieden zu erhalten, so würden sie ihm ihre Vermittlung anbieten und ihn nötigen, sie anzunehmen. Einmal bestehend, hindert das System alle großen Eroberungen und macht die Kriege unfruchtbar, wenn sie nicht mit überlegener Macht und unausgesetztem Glück geführt werden.«

Friedrich der Große, Politisches Testament von 1752[1]

Drei politische Ereignisse veränderten um die Wende zum 18. Jahrhundert die Staatenwelt Europas tief greifend. Von der englischen Oligarchie gerufen, landete am 5. November 1688 der Generalstatthalter der Niederlande, Wilhelm III. von Oranien, in Torbay in der Grafschaft Devon und beendete nach kurzem Bürgerkrieg die Herrschaft der katholischen Jakobiten. Damit trat England, das sich 19 Jahre später mit Schottland zum Vereinigten Königreich konstituierte, in die große europäische Koalition gegen Frankreich ein. Nach über einem Jahrhundert der politischen Abstinenz war das Inselreich faktisch wieder zu einer kontinentalen Macht geworden, die sich seither die Verteidigung der südlichen Niederlande gegen die Hegemonieansprüche der französischen Krone zur ersten Pflicht machte. Trotz einer unerwartet langen, beinahe 30-jährigen Friedensphase nach dem Utrechter Vertrag (1713) war die »Glorreiche Revolution« von 1688 der Auftakt zu einem zweiten »Hundertjährigen Krieg« zwischen Großbritannien und Frankreich. Erst nach sechs Waffengängen im *Ancien Régime* sowie sieben weiteren Koalitionskriegen gegen das revolutionäre Frankreich endete diese epochale Auseinandersetzung mit der Schlacht von Waterloo und dem Sturz Napoleons.

Das zweite die europäische Staatenwelt prägende Ereignis war das Ende der habsburgischen Thronfolge in Spanien und die Teilung des spanischen Imperiums in Europa. In den Friedensschlüssen von Utrecht und Rastatt (1714) akzeptierten Großbritannien und Österreich nach 13 Jahren Krieg die bereits zuvor erfolgte Inbesitznahme der spanischen Krone durch den Bourbonen Philipp V., einen Enkel des Sonnenkönigs Ludwig XIV. Sie setzten dagegen aber durch, dass die südlichen Niederlande (Belgien), die Lombardei, Neapel sowie Sardinien vom ehemaligen Weltreich abgetrennt wurden. Damit endete die seit fast zwei Jahrhunderten bestehende Einkreisung Frankreichs durch die habsburgische Universalmonarchie.[2]

Die dritte gravierende Änderung der internationalen Verhältnisse vollzog sich im Nordosten Europas. Dort hatte der junge König Karl XII. von Schweden zunächst mit einer Reihe unerwarteter und spektakulärer Siege gegen eine Allianz aus Dänemark, Polen-Sachsen und Russland ganz Europa in Erstaunen versetzt. Dann aber hatte sich im Juni 1709 das Blatt zugunsten Zar Peters I. gewendet. Den Russen gelang es, den mit seiner Armee in die Ukraine eingedrungenen König bei Poltawa vernichtend zu schlagen. Von dieser Niederlage hat sich das nordische Königreich nie mehr erholt. Nach seiner spektakulären Rückkehr aus der Türkei setzte Karl zwar den längst aussichtslosen Kampf gegen eine Koalition aus Dänemark, Preußen und Russland noch eine Zeit lang fort. Doch als im November 1718 in den Gräben vor der norwegischen Festung Frederiksborg eine Kugel seinen Kopf durchschlug, übernahm der Stockholmer Reichsrat die Macht im Lande und begann Verhandlungen mit dem Zaren. Im Frieden von Nystad (1721) musste das ausgeblutete Land sämtliche baltischen Besitzungen an Russland abtreten und büßte damit auch unwiderruflich seinen Status als Großmacht ein.

Die Friedensschlüsse von Utrecht, Rastatt und Nystad hatten somit 70 Jahre nach den Westfälischen Verträgen das Gefüge der europäischen Staaten grundlegend verwandelt. Die Triade der bisher dominierenden Mächte Frankreich, Spanien und Österreich war seither um

Russland und Großbritannien zu einer Fünfergruppe erweitert worden, die man später als Pentarchie bezeichnete und die tatsächlich bis zum Ersten Weltkrieg die kontinentale Politik bestimmte. Das nunmehr bourbonische Spanien wurde allerdings schon wenige Dekaden später allgemein nicht mehr als Führungsmacht wahrgenommen, ohne dass sich für diese neue Wertung ein konkretes Datum nennen ließe. An seine Stelle trat – nach dem Siebenjährigen Krieg kaum noch bestritten – die norddeutsche Aufsteigermacht Preußen. Das neue System war jedoch alles andere als statisch. In kaum einer anderen Epoche hatte sich die europäische Staatenwelt so sehr in einem stetigen Wechsel befunden wie zwischen dem Ende des Spanischen Erbfolgekrieges und dem Ausbruch des Siebenjährigen Krieges. Jeder Hof konnte mit jedem anderen koalieren, kein Bündnis war in Stein gemeißelt und selbst Frankreich und Großbritannien agierten nach dem Utrechter Frieden gemeinsam gegen Spanien. Von allen politischen Umgruppierungen war aber die Annäherung der Erzrivalen Habsburg und Frankreich im Mai 1756, das sogenannte *Renversement des alliances*, die wohl spektakulärste Wende.

Von den fünf führenden Mächten beanspruchte Frankreich auch nach dem Ende des Spanischen Erbfolgekrieges immer noch den ersten Rang auf dem Kontinent. Es besaß mit Abstand die größte Bevölkerung, die höchste Wirtschaftskraft und mit einer Friedensstärke von 160000 Mann nach Russland die stärkste Armee in Europa. Das europäische Militärwesen dominierten französische Offiziere in Theorie und Praxis. Frankreichs Absolutismus galt auch nach dem Tod Ludwigs XIV. vielen Staaten östlich des Rheins als konkurrenzloses Vorbild. Vor allem in Deutschland versuchte man seine zentralistische Verwaltung und seine monarchische Prachtentfaltung zu kopieren. Allerdings zeigte sich nach dem Tod von Kardinal André Hercule Fleury (1743), dem letzten großen Staatsmann Frankreichs, dass dem neuen Herrscher Ludwig XV. die Tatkraft und die fähigen Minister fehlten, um das durch seinen Urgroßvater geschaffene absolute Königtum auszufüllen. Sein Land, das der Monarch in seiner mehr als 50-jährigen Regierungszeit nur ein einziges Mal bereist hatte, stagnierte in vielen Bereichen. Obwohl die namhaftesten Vertreter der europäischen Aufklärung Franzosen waren, verharrte der Adel Frankreichs wie auch seine Bevölkerung in ihrer Mehrheit in rückständigen Vorstellungen. Es dominierten politische Willkür und religiöse Intoleranz. Der Exodus der Hugenotten bedeutete für das Land einen ungeheuren Aderlass. Der Einfluss der katholischen Kirche blieb weiterhin stark. Wirtschaftlich litt Frankreich immer mehr darunter, dass der unter Ludwig XIV. und seinem Minister Jean Baptiste Colbert perfektionierte Merkantilismus im Verlauf des 18. Jahrhunderts seine Grenzen erreichte und gegenüber einem in Großbritannien sich etablierenden freien Unternehmertum stetig an Boden verlor. Trotz steigender Gewinne aus dem Überseehandel summierten sich im Laufe des 18. Jahrhunderts die französischen Budgetdefizite fast bis zum Staatsbankrott. Die Gründung einer Staatsbank als Garantieinstitution der öffentlichen Schulden misslang. Das gewaltige Heer konnte schließlich nur noch durch überteuerte Staatsanleihen finanziert werden, im Flottenbau geriet Frankreich gegenüber dem britischen Rivalen in einen unaufholbaren Rückstand. Ein ambitioniertes Aufholprogramm unter Marineminister Jean-Frédéric Graf von Maurepas kam jedoch nicht über 75 Linienschiffe hinaus. Zudem waren sie mit ihren 74 Geschützen den größeren britischen Schiffen mit 100 Kanonen kaum mehr gewachsen. Nicht allein knappe Finanzen, sondern auch fehlende Besatzungen bildeten eine kaum zu überwindende Grenze für Frankreichs maritime Rüstung.[3] Die Bewahrung des kolonialen Besitzstandes in Nordamerika, der Karibik und in Indien schien unter diesen Umständen immer mehr infrage gestellt.

In Europa dagegen besaß Frankreich seit dem Frieden von Utrecht/Rastatt erstmals sichere Grenzen. Im Osten reichte sein Territorium bis zum Rhein, im Norden schützte Frankreich eine starke Festungskette.[4] Neue Eroberungen etwa in den österreichischen Niederlanden erschienen dem fünfköpfigen Kabinett Ludwigs XV., dem *Conseil d'en haut*, daher nicht mehr um jeden Preis erstrebenswert. Der Monarch selbst gefiel sich sogar immer mehr in der Rolle eines Friedensfürsten.

Traditionell hatte Versailles in Österreich seinen Hauptfeind gesehen, doch mehr und mehr nahm Großbritannien diese Rolle ein. Daneben beunruhigte den französischen Hof auch Russlands stürmischer Drang nach Westen. Nicht ohne Erfolg versuchte Frankreich die hegemonialen Bestrebungen des Zarenreiches durch einen Kordon osteuropäischer Verbündeter mit Polen im Zentrum einzudämmen. Um die polnische Thronfolge kam es daher 1733–35 zum ersten Mal seit dem Vertrag von Rastatt zu einem Krieg gegen Habsburg und einige Reichsständen, der nach einigen unbedeutenden Kämpfen mit einem Kompromiss endete. Frankreich akzeptierte im Rahmen der Pragmatischen Sanktion die Thronfolge Maria Theresias und erhielt dafür Lothringen. Das lange umstrittene Herzogtum ging zunächst an Stanislaus Leszczynski, den Schwiegervater Ludwigs XV. und vertriebenen polnischen Thronaspiranten. Nach dessen Tod sollte Lothringen endgültig an Frankreich fallen, was 1766 dann auch geschah.

Durch Schwedens vernichtende Niederlage im Nordischen Krieg hatte Frankreich zwar seinen traditionellen Verbündeten an der Nordflanke Europas eingebüßt, doch konnte es nach dem Regierungsantritt Friedrichs II. in Preußen (1740) einen neuen militärisch potenten Alliierten als Ersatz gewinnen. Durch die überfallartige Besetzung Schlesiens war der Hohenzollernstaat zudem dauerhaft in Gegnerschaft zu Österreich und Russland geraten und schien somit ein idealer Baustein im französischen Bündnissystem zu sein. Auch musste das spartanisch verwaltete Königreich mit seinen soliden Staatsfinanzen nicht durch aufwendige Subsidien bei der Stange gehalten werden.

Selbst wenn der alte Glanz seiner Monarchie schon deutliche Flecken aufwies, war es Frankreich bis zum Tode Kardinals Fleury zum letzten Mal vor 1793 gelungen, seine alte hegemoniale Stellung in Kontinentaleuropa zu behaupten. In Europa schien es unangreifbar, doch der lebenswichtige Handel mit seinen transatlantischen Kolonien war mehr und mehr dem Druck Großbritanniens und seiner überlegenen Flotte ausgesetzt. Die Bereitschaft der französischen Krone, drohende Verluste in Nordamerika durch Gewinne oder Faustpfänder in Europa zu kompensieren, nahm zu.

Großbritannien durchlebte unter wechselnden Regierungen seit dem Utrechter Friedensschluss zunächst eine Schwächephase, während der es in Europa ohne echte Verbündete auskommen musste. Besonders Österreich blieb lange auf Distanz zum Inselreich, nachdem 1710/13 die neue Tory-Regierung unter Henry Saint John, Lord Bolingbroke, vollkommen eigenmächtig aus dem gemeinsam geführten Krieg um die spanische Erbfolge ausgeschieden war. Um den Rücken für ihre koloniale Expansion freizuhaben, bemühte sich die britische Politik seither um die Aufrechterhaltung des kontinentalen Status quo, wie er in den Friedensschlüssen von 1713/14 ausgehandelt worden war. Der revisionistischen Politik Österreichs und Spaniens versuchte London entgegenzuwirken und scheute sich auch nicht, dabei gelegentlich mit Frankreich eng zusammenzuarbeiten. Erst der Abschluss des Zweiten Wiener Vertrages führte 1731 Großbritannien und Österreich wieder näher zusammen.[5]

Hinsichtlich der Rolle des Kontinents blieb die britische Politik dauerhaft gespalten. Während die isolationistischen Tories dafür eintraten, Europa zu vernachlässigen und stattdessen Großbritanniens Herrschaft in Übersee auszubauen (*Blue Water Policy*), traten die Whigs, die 1717 die Macht zurückgewonnen hatten, für ein verstärktes Engagement auf dem Kontinent ein. Der französische Rivale müsse unbedingt in Europa beschäftigt werden, um den Ausbau seiner Flotte zu verhindern. Besonders lag ihnen die Aufrechterhaltung der »belgischen Barriere« am Herzen, wofür man allerdings die Unterstützung der Generalstaaten und Österreichs benötigte.

Für ihre Politik der kontinentalen Bindung fanden die Whigs auch die unbedingte Zustimmung der hannoverischen Welfen, die seit 1714 Großbritannien regierten, aber weiterhin die Interessen ihres Stammlandes fest im Auge behielten. Eine vergleichsweise schwache Armee von maximal 50000 Mann bildete die wohl entscheidende Hürde für ernsthafte militärische Engagements auf dem Kontinent und zwang die britischen Regierungen zu Subventionszahlungen an die verbündeten europäischen Höfe.

Eine Besonderheit der britischen Politik war das stetig wachsende Selbstbewusstsein des Parlaments. Als absolutistisch geprägter deutscher Fürst musste sich König Georg I. (1714–1727) ebenso wie später sein gleichnamiger Sohn damit abfinden, dass das britische Unterhaus einen ungewöhnlich großen Einfluss auf die Außenpolitik nahm. Die Macht des *House of Commons* war so groß, dass es sogar gegen den Willen von Staatssekretär Robert Walpole und König Georg II. (1727–1760) einen Krieg gegen Spanien durchsetzen konnte. Der fortgesetzte Schmuggel britischer Waren in die Karibik hatte fühlbar Spaniens Handelseinnahmen verringert. Als Madrid die illegale Praxis britischer Kolonisten gewaltsam zu unterbinden suchte, löste das in ganz Großbritannien tiefe Empörung und lautes Kriegsgeschrei aus. Der Krieg begann im September 1739 und wurde bald im ganzen Land nach einem von den Spaniern verstümmelten britischen Kapitän der »Krieg um Jenkins Ohr« genannt.[6]

Wegen der oft wechselnden Mehrheiten im Unterhaus misstrauten die kontinentalen Höfe grundsätzlich den diplomatischen Vertretern Großbritanniens, zumal dessen Politiker sich nicht selten aus bürgerlichen Verhältnissen emporgearbeitet hatten.[7] Die Teilung der britischen Außenpolitik in eine nördliche und südliche Sphäre verschärfte die Skepsis. Mehr als einmal kam es vor, dass die Vertreter der beiden für die Außenpolitik zuständigen Staatssekretäre sich einander in ein und derselben Angelegenheit widersprachen.[8] Ein erheblicher Vorteil des britischen Regierungssystems lag jedoch darin, dass außenpolitische Fragestellungen nicht allein in arkanen Zirkeln unter dem Vorsitz des jeweiligen Monarchen entschieden wurden, sondern auf der Grundlage einer breiten parlamentarischen Auseinandersetzung. Die Debatten des Unterhauses über die auswärtige Politik bildeten regelmäßig den Höhepunkt des parlamentarischen Jahres und fanden in Presse und Öffentlichkeit großen Widerhall. Ein Zeitgenosse urteilte über seine Landsleute mit ironischer Überzeichnung: »Unser Volk ist eine Nation von Staatsmännern. Jedes Alter, jedes Geschlecht und jeder Berufsstand führt seine eigene Ministerliste auf den Lippen; und Whig und Tory sind die ersten Worte, welche der Säugling an der Mutterbrust stammelt.«[9]

Hinter allem Disput bestand jedoch weitgehender Konsens unter allen politischen Strömungen, dass Frankreich der Hauptrivale des Vereinigten Königreiches war und die britische Regierung alles tun musste, um dessen kontinentale Hegemonie durch ein Gleichgewicht der Kräfte wenigstens einzudämmen. Als sich zu Beginn der 1740er-Jahre jedoch immer mehr herausstellte, dass Großbritannien Gefahr lief, angesichts der wachsenden französischen Macht auf dem Kontinent sein Ziel zu verfehlen, musste Außenstaatssekretär Robert Walpole nach zwei Dekaden sein Amt aufgeben.[10]

Mit seiner gewaltigen Ländermasse von Böhmen bis Brabant war das Haus Habsburg seit dem Ausgang des Mittelalters der ewige Rivale Frankreichs gewesen. Habsburger herrschten in den Niederlanden und im Elsass. Zu ihrem Herrschaftsbereich zählten die Lombardei sowie etliche mittelitalienische Herzogtümer, während der spanische Zweig der Familie die Iberische Halbinsel zusammen mit einem gewaltigen transatlantischen Kolonialreich in seiner Gewalt hatte. Auch wenn die Macht der Habsburger seit dem Dreißigjährigen Krieg in Westeuropa deutlich geschmälert worden war, blieben sie weiterhin ein ebenbürtiger Gegner der Bourbonen. Gestützt auf die Ressourcen der Erblande und mithilfe der Reichsstände war es den habsburgischen Kaisern seit 1683 gelungen, in langen Kämpfen an Rhein und Donau der doppelten Bedrohung durch Frankreich und des mit ihm verbündeten Osmanischen Reiches zu widerstehen. Mit den Friedensschlüssen von Karlowitz (1699) und Passarowitz (1718) konnten die Habsburger sogar das von den Türken seit fast zwei Jahrhunderten besetzte Ungarn in ihre Hand bringen. Gleichzeitig war damit im Südosten eine neue strategische Perspektive für das »Erzhaus« gewonnen worden. Auf der Sollseite der österreichischen Habsburger standen nach den beiden langen Kriegen gegen Frankreich empfindliche Verluste in Italien, die durch den Erwerb der vormaligen spanischen Niederlande – im Wesentlichen das heutige Belgien mit Luxemburg – nicht ausgeglichen werden konnten. Versuche der alten Binnenmacht, durch die Gründung einer Fernhandelskompanie im belgischen Ostende im Jahre 1722 einen besonderen Nutzen aus der entlegenen Provinz zu ziehen, scheiterten bald am Widerstand der britischen und niederländischen Konkurrenz. Der Rückschlag war nur Teil einer beachtlichen Kette von Misserfolgen, die Österreich während der langen Herrschaftszeit Karls VI. (1711–1740) zu beklagen hatte. Hauptsächlich waren hierfür die Bemühungen des Kaisers verantwortlich, durch die sogenannte Pragmatische Sanktion von 1713 die Unteilbarkeit aller seiner Länder zu proklamieren und die weibliche Erbfolge zu sichern. Statt auf eine starke Armee setzte der Kaiser dabei auf Verhandlungen mit den Reichsständen und den europäischen Mächten, was ihn erhebliche Zugeständnisse kostete, aber keine wirklichen Garantien brachte.[11] Der dramatische Niedergang der österreichischen Militärmacht zeigte sich nur zwei Jahre nach dem Tod der Feldherrenlegende Eugen von Savoyen, als Österreich 1738/39 nach einem unglücklich verlaufenen Türkenkrieg den größten Teil seiner Gewinne aus dem Frieden von Passarowitz wieder verlor. Am Ende seiner langen Regierungszeit schien der Habsburgerstaat bei zerrütteten Staatsfinanzen und einer vernachlässigten Armee nicht mehr länger eine europäische Ordnungsmacht zu sein. Als Verbündeter sei das »Haus Österreich« inzwischen vollkommen nutzlos, klagte im März 1739 Sir Robert Walpole.[12] Die nur lose durch die Person des Kaisers zusammengefügte habsburgische Ländermasse zog bei weiterhin ungesicherter Nachfolge zunehmend die begehrlichen Blicke seiner Nachbarn auf sich.

Durch seinen Sieg im Großen Nordischen Krieg hatte Russland seinen Einfluss bis weit nach Mitteleuropa ausgedehnt. Seine Flotte dominierte die Ostsee, seine Armee stand jederzeit eingreifbereit an der Grenze zu Polen und selbst Dänemark musste die Einmischung des Zaren in seine inneren Angelegenheiten hinnehmen. Doch mit dem Tod Zar Peters I. im Januar 1725 trat Russland zunächst in eine politische Konsolidierungsphase. Vieles, was der autokratische Herrscher in seinem brutalen Tatendrang angefasst hatte, war Stückwerk geblieben. Weder die Einführung der Kopfsteuer noch die große Verwaltungsreform hatte der Zar abschließen können. Ein erheblicher Teil des alten russischen Adels lehnte westliche Ideen und Einflüsse entschieden ab und verabscheute vor allem die brachialen Methoden, mit denen der Zar seine überkommene Lebensweise zurückzudrängen versucht hatte. Da Peter seine Nachfolge nicht eindeutig geregelt hatte und in rascher Folge seine älteste Tochter und schließlich auch sein erst 14 Jahre alter Enkel verstorben waren, gelangte Russland erst seit 1730 unter der Herrschaft von Zarin Anna Iwanowna wieder zu halbwegs stabilen Verhältnissen. Die Ruhe war aber teuer erkauft, denn die Nichte Zar Peters, eine sadistische und genusssüchtige Frau, zögerte nicht, die alte Geheimkanzlei ihres Onkels, eine Art Geheimpolizei, wieder einzusetzen. Mehr als 10000 politische Gegner fielen dem von ihr inszenierten Massenterror durch Tod oder Deportation zum Opfer.[13] In der Außenpolitik Russlands war der Westfale Heinrich Johann Ostermann lange die bestimmende Persönlichkeit.[14] Als Vizepräsident des Auswärtigen Kollegiums versuchte er, Russlands Gewinne im Nordischen Krieg diplomatisch abzusichern und schwedische Revisionsversuche abzuwehren. Ein Bündnis mit Preußen und Österreich sollte ein Gegengewicht zu Frankreich und Großbritannien bilden. 1733 intervenierte die russische

Armee daher auch im Polnischen Erbfolgekrieg und belagerte die Anhänger Stanislaus Leszczynskis in Danzig. Ein russisches Korps von 12000 Mann unter dem Befehl des späteren preußischen Feldmarschalls James Keith überwinterte 1734/35 in Schlesien. Nur der Waffenstillstand zwischen Frankreich und Österreich im darauffolgenden Frühjahr verhinderte seinen Weitermarsch zum Rhein.[15]

1735 fühlte sich Russland wieder stark genug, in einem weiteren Krieg gegen das Osmanische Reich das alte Ziel Zar Peters aufzugreifen und die Schwarzmeerküste mit der Krim zu besetzen. Das Unternehmen scheiterte jedoch trotz einiger Anfangserfolge an Versorgungsproblemen, der Hitze sowie Krankheiten in der Truppe. Nicht zuletzt auch die militärische Schwäche des österreichischen Alliierten an der Donau bewog Ostermann, den Krieg abzubrechen. Im Frieden von Belgrad durfte Russland 1739 lediglich die Festung Azow an der Mündung des Don behalten.[16]

Als Kurfürst Friedrich III. von Brandenburg sich am 18. Januar 1701 in Königsberg mit außergewöhnlich großem Aufwand zum König in Preußen krönte, gab es in Europa nicht wenige Spötter. Kaum ein Zeitgenosse rechnete damals damit, dass der eher ärmliche Staat im Nordosten des Reiches mit seinen drei Marken und dem entlegenen Hinterpommern nur ein halbes Jahrhundert später zum exklusiven Kreis der europäischen Großmächte gehören würde. Außer Russland gelang keinem Staat in Europa ein derart bemerkenswerter Aufstieg in so kurzer Zeit. Der Preis für die etwa 2,5 Mio. Untertanen war jedoch sehr hoch. Der seit 1713 regierende Friedrich Wilhelm I. reformierte mit außergewöhnlicher Energie, Sparsamkeit und brachialem Zwang sein Königreich. Verwaltung, Schulwesen und Steuereintreibung wurden in Preußen, wie der gesamte Hohenzollernstaat bald nur noch genannt wurde, gegen alle Widerstände vereinheitlicht. Vor allem aber verdoppelte der militärverliebte Monarch, den der französische Hof gern als *roi-sergeant* verspottete, die preußische Armee während seiner 27-jährigen Regierung auf 80000 Mann. Bis zu 80 Prozent der Staatseinnahmen gingen in den Militärhaushalt. Rechnerisch kam damit in Preußen auf 31 Einwohner immerhin ein Soldat, in Großbritannien waren es dagegen 310 Einwohner. Doch der Soldatenkönig setzte sein militärisches Potenzial nur äußerst vorsichtig ein. Erst in der Endphase des Nordischen Krieges schloss er sich den siegreichen Russen und Dänen an und konnte 1720 den Schweden den wichtigen Hafen Stettin mit der Odermündung wegnehmen. Im Übrigen aber steuerte Friedrich Wilhelm, der sich stets als »loyaler Reichsfürst« sah, einen Kurs ganz im Fahrwasser Wiens und hatte auch frühzeitig die Pragmatische Sanktion anerkannt. Eine Entfremdung, wenn nicht sogar ein Bruch mit dem Kaiserhaus, trat erst gegen Ende seiner Regierungszeit ein, als Kaiser Karl VI. den Hohenzollernstaat entgegen seiner früheren Zusage im Jülisch-Bergischen Erbschaftsstreit einfach überging. Erstmals näherte sich der düpierte Hohenzollernmonarch nun Frankreich an, das 1739 in einem Geheimvertrag Preußens Anwartschaft auf das Herzogtum Berg bestätigte.[17] Anders als Friedrich Wilhelm, der im friedlichen Gewinn der beiden rheinischen Territorien für Preußen sein außenpolitisches Vermächtnis gesehen hatte, dachte sein Sohn und Nachfolger, Friedrich II., in viel weiter ausholenden Kalkülen. Dem königlichen Philosophen, Verseschmied und nicht untalentierten Flötenspieler ging es nicht um zusätzlichen Streubesitz irgendwo im Reich. In Habsburgs Schwäche erkannte er die einmalige Chance, Preußen als eine neue mittlere Macht zu etablieren, vielleicht sogar auf Augenhöhe mit Wien zu gelangen. Schlesien, das kaum von österreichischen Truppen verteidigt wurde, bot sich ihm in zweierlei Hinsicht an. Als reiche Provinz mit einem bedeutenden Textilgewerbe und fast einer Mio. Einwohnern würde es die Macht Preußens beinahe verdoppeln. Da sich aber auch Friedrich August II. von Sachsen, und als August III. gewählter König von Polen, zumindest für einen Teil Schlesiens als territoriale Verbindung seiner beiden Herrschaftsbereiche interessierte, musste Friedrich rasch handeln. Kaum war am 20. Oktober 1740 Kaiser Karl VI. in Wien verstorben, bot der Potsdamer Monarch seiner Erbin, Maria Theresia, nicht ganz frei von Zynismus gegen die Abtretung der Provinz Schlesien und der Grafschaft Glatz einen hohen Geldbetrag und seine militärische Unterstützung gegen alle anderen Feinde Habsburgs an. Erwartungsgemäß lehnte Maria Theresia diesen Vorschlag, den sie als Beleidigung empfinden musste, kategorisch ab und der hundertjährige Dualismus zwischen Österreich und Preußen nahm seinen Anfang.

Europas Mächte auf Beutezug – Der Österreichische Erbfolgekrieg 1740–1748

Friedrichs unprovozierter Einmarsch in Schlesien beendete im Dezember 1740 eine 25-jährige Friedensphase in Europa. Nur einmal hatten in dieser Zeit Frankreich, Österreich und Russland eher halbherzig die Waffen ergriffen, um die polnische Thronfolge zu klären. Der britisch-spanische Krieg von 1739 wiederum war ausschließlich zur See ausgetragen worden und hielt auch noch an, als der preußische König die Offiziere seiner berliner Regimenter zum »Rendezvous mit dem Ruhm« aufforderte.[18] Es wäre allerdings zu vorschnell geurteilt, dem scheinbar frivolen Tatendrang des 28-jährigen Monarchen allein die Verantwortung für den zweiten großen Waffengang des 18. Jahrhunderts zuzuschieben, der später als Österreichischer Erbfolgekrieg bezeichnet wurde.

Vielmehr gab Friedrichs Einmarsch in das habsburgische Schlesien ohne jeden belastbaren Rechtsgrund den Höfen Europas das willkommene Signal zu einem allgemeinen Beutezug. Mit seinem Coup überschritt er nur die rote Linie, an der die allgemeine Spannung in einen offenen Konflikt umschlug.[19] Der Krieg schien plötzlich mehr Vorteile zu versprechen als der Frieden. So hatte schon im März 1739 das britische Oberhaus befunden, dass Großbritannien in einem Krieg gegen Spanien erfahrungsgemäß mehr gewinnen als verlieren könne, während man in Versailles die weibliche Erbfolge in Wien zum Anlass nahm, eine Aufteilung der Habsburgischen Ländermasse ins Auge zu fassen. Eine bei Hof kursierende Denkschrift sprach von »der brillantesten Epoche für das Glück und den Vorteil Frankreichs«. Es könne nichts mehr wünschen als die Aufteilung Österreichs und nun sei der Tag dazu gekommen.[20]

Mit Beginn der 1740er-Jahre war ein umfassender Generationenwechsel in der hohen Politik eingetreten. In Potsdam, Wien und St. Petersburg hatten innerhalb weniger Monate die alten Herrscher die Bühne verlassen. In London musste Sir Robert Walpole im Frühjahr 1742 den politischen Falken um Lord John Carteret weichen und in Versailles verstarb kaum ein Jahr später hochbetagt Kardinal Fleury, der Grandseigneur der französischen Politik und ein Mann des außenpolitischen Maßhaltens.

Die neu auf der Bühne erschienenen Akteure spürten, dass nach dem Tod Kaiser Karls VI. am 20. Oktober 1740 in Europa die Karten neu gemischt waren, und keiner wollte bei dem Spiel zu spät kommen. Frankreich etwa witterte durch den scheinbar unmittelbar bevorstehenden Zerfall der Habsburgermonarchie die Chance, endlich den alten Traum Ludwigs XIV. zu realisieren und im Deutschen Reich einen eigenen Kandidaten zum Kaiser wählen zu lassen. Auch Bayern und Sachsen sahen sich durch Friedrichs Vorpreschen ermutigt, ihre Ansprüche auf das habsburgische Böhmen anzumelden, während Spaniens Königin Elisabeth Farnese, die zweite Ehefrau Philips V., entschlossen war, für ihre beiden Söhne in Italien geeignete Herzogtümer auf Kosten Österreichs zu gewinnen. Im Vertrag von Nymphenburg (Mai 1741) fanden Bayern und Spanien daher schnell zueinander.[21]

Es erscheint mehr als zweifelhaft, dass alle diese schon lange gehegten Begehrlichkeiten ohne Friedrichs Einmarsch in Schlesien auf Dauer unter der Oberfläche geblieben wären, wie es der Brite Thomas Babington Macauly, ein liberaler Politiker und Historiker aus der ersten Hälfte des 19. Jahrhunderts, in seinem zornigen Verdikt über den Preußenkönig unterstellte.[21a] Das politische System räumte seinen Mitgliedern nur einen eng begrenzten Spielraum ein. Vom Atlantik bis zum Ural stand Europa zu Friedrichs Zeiten seit Menschengedenken unter der Herrschaft einer machtbewussten und teilweise eng verwandten Aristokratie, die ihre Beziehungen durch ein gewaltiges Korpus oft widersprüchlicher Verträge zu regeln versuchte. Zwar galt immer noch der große Westfälische Frieden von 1648 als das Grundgesetz der europäischen Staatenwelt und kein christlicher Fürst konnte es sich leisten, dem offiziellen Friedensideal nicht wenigstens rhetorisch zu huldigen. Doch die Formel lautete stets: Frieden und Recht. So lag es in der Natur des feudalen Systems, dass immer wieder einzelne Akteure der Versuchung erlagen, bestimmte Vereinbarungen, besonders, wenn sie unklar formuliert waren, zu ihren Gunsten auszulegen und bei günstigen Kräfteverhältnissen ihre Interpretation der Rechtsverhältnisse auch mit Waffengewalt durchzusetzen. Genau nach diesem Muster war Friedrich vorgegangen. Seine Erklärungen zum Einmarsch in Schlesien enthielten keinerlei Friedensbeteuerungen und erst nach seinem *Fait accompli* ließ er sich dazu herab, seinen alten

Minister Heinrich Graf von Podewils einige dürftige Rechtstitel ausgraben zu lassen.[22]

Die 25-jährige Friedensphase seit den Verträgen von Utrecht und Rastatt war die bemerkenswerte Ausnahme in einer Staatenwelt, in der jeder Monarch und jeder bedeutende Territorialfürst mit hohem finanziellem Aufwand eigene Streitkräfte unterhielt und die Mehrheit des europäischen Adels immer noch militärischen Idealen zutiefst verpflichtet war. Es überraschte daher auch keinen seiner hohen Standesgenossen, dass sich Friedrichs Politik nach der brüsken Zurücksetzung Preußens in der jülisch-bergischen Erbschaftsfrage in irgendeiner Form gegen Habsburg wenden würde. Erstaunen erregten aber die kühne Stoßrichtung des neuen Monarchen und seine Kaltblütigkeit. Als Friedrich am 16. Dezember 1740 mit mehr als 20000 Mann bei Crossen die Grenze zum österreichischen Schlesien überschritt, war allen europäischen Höfen sofort klar, dass Preußen sich nicht mehr darauf beschränken wollte, wie bisher territoriale Brosamen im Reich aufzulesen. Mit seinem überfallartigen Einmarsch in Schlesien strebte der Hohenzollernstaat eine völlig neue Rolle im europäischen Staatensystem an. Im dauernden Besitz von Habsburgs reichster Provinz wäre Preußen nicht nur unbestritten die neue norddeutsche Vormacht, mit Schlesien würde es sogar zum Kreis der europäischen Großmächte zählen. Friedrich verfügte damit auch über ein Sprungbrett für notfalls noch kühnere Aktionen gegen Österreich. Spätere Versuche, sein gewaltsames Vorgehen im Herbst 1740 psychologisch zu deuten, greifen daher zu kurz.[23] Der König fühlte sich vollkommen dem expansiven Programm seiner Vorfahren verpflichtet, wo immer möglich territoriale Gewinne anzustreben. Habsburgs unübersehbare Schwäche und eine außergewöhnlich günstige europäische Konstellation ungenutzt verstreichen zu lassen, wäre jedem Hohenzollernfürsten als sträfliche Vernachlässigung seiner Pflichten erschienen.

Friedrichs dreister Coup schien zunächst zu gelingen. Die weit unterlegenen österreichischen Truppen zogen sich nach Böhmen zurück und innerhalb weniger Wochen war Schlesien bis auf drei Festungen in seiner Hand. Doch nicht zum letzten Mal in seiner Rolle als Kriegsherr hatte der König den Gegner weit unterschätzt. Die habsburgische Erbin Maria Theresia war zum Widerstand entschlossen. Nur drei Monate nach dem preußischen Überfall rückte der österreichische Feldmarschall Wilhelm Reinhard Graf von Neipperg mit einer Armee von 20000 Mann wieder in Schlesien ein und forderte die überraschten Preußen am 10. April 1741 bei Mollwitz, unweit der Festung Brieg an der Oder, zur Schlacht. Friedrichs Bewährungsprobe als Feldherr misslang gründlich. Taktische Fehler zu Beginn des Gefechts führten sofort zu einer schweren Krise. In kurzer Zeit schien alles verloren. Die österreichische Kavallerie beherrschte das Feld. Friedrich folgte nur zu bereitwillig dem Rat seines Feldmarschalls Kurt Christoph von Schwerin und verließ das Schlachtfeld im gestreckten Galopp. Im fernen Oppeln erreichte ihn in der Nacht die befreiende Nachricht, dass alles noch einmal gut ausgegangen sei. Schwerin hatte die Schlacht gedreht und Neipperg zum Rückzug gezwungen.[24] Die Österreicher waren nicht wirklich geschlagen, verhielten sich aber vorerst ruhig. Gefahr drohte Habsburg inzwischen auch von anderer Seite.

In Frankreich war der Versailler Hof mehr und mehr unter den Einfluss von Männern wie Marschall Charles Louis Fouquet geraten. Der Graf und spätere Herzog von Belle-Isle war ein Veteran des Spanischen Erbfolgekrieges, der sich noch den Zielen des Sonnenkönigs verpflichtet fühlte und das habsburgische Imperium nach Möglichkeit zerschlagen wollte. Zwar lebte der alte Kardinal Fleury noch, aber sein mäßigender Einfluss in Versailles war bereits erheblich geschrumpft. Auf Drängen Belle-Isles verbündete sich Frankreich am 4. Juni 1741 mit Preußen, garantierte Friedrich den Besitz von Niederschlesien mit Breslau und konnte dafür auf die preußische Stimme bei der Wahl des bayerischen Kurfürsten Karl Albrecht zum Deutschen Kaiser rechnen.[25] Es war auch Versailles, welches das immer noch seinen baltischen Provinzen nachtrauernde Schweden im Juli zu einem neuen Krieg gegen Russland anstachelte. Der östliche Koloss schien durch den Tod der Zarin Anna Iwanowna geschwächt, die Gelegenheit also günstig. Im Gegenschlag konnten die Russen die schwedischen Truppen allerdings rasch aus Finnland vertreiben, fielen aber, ganz so wie es Frankreich gewollt hatte, als Alliierte Österreichs vorerst aus.[26]

Friedrich war somit eine ernste Sorge los. Insgeheim missfielen ihm aber die hochgesteckten Ziele der Franzosen. Die Erbfolge Maria Theresias hatte er nie wirklich infrage gestellt, ja ihr sogar seine Stimme für die Kaiserwahl, viel Geld und militärische Unterstützung für die Abtretung Schlesiens angeboten. Dahinter steckte nicht nur Zynismus. Eine Aufteilung der österreichischen Länder hätte die Konkurrenten Bayern und Sachsen zu sehr gestärkt und damit den Erwerb Schlesiens wieder wettgemacht. Deshalb unterstützte der König die französische Armee, die im August 1741 zusammen mit den Bayern gegen Linz vorgerückt war, nur noch halbherzig. Mit dem Feind nur noch 60 Kilometer vor Wien und ohne wirksame Hilfe durch Großbritannien waren die Österreicher plötzlich nicht mehr so abweisend gegenüber Friedrichs Avancen und so verständigte man sich mit ihm in Klein-Schnellendorf am 9. Oktober auf einen heimlichen Waffenstillstand. Nunmehr unbedrängt von den Preußen und inzwischen als neue Königin von Ungarn auch von den ungarischen Ständen unterstützt, konnte sich Maria Theresia ganz ihren neuen Gegnern zuwenden. Eine willkommene Atempause schien ihr der Abmarsch der Franzosen nach Böhmen zu verschaffen, doch am 25. November erstürmten die vereinigten französischen, sächsischen und bayerischen Truppen unter dem Befehl des Marschalls Belle-Isle die Stadt Prag. Damit stand einer Krönung Herzog Karl Albrechts zum neuen König von Böhmen nichts mehr im Wege. Nur drei Monate später, am 12. Februar 1742, wurde der Wittelsbacher in Frankfurt als Karl VII. auch zum Deutschen Kaiser gekrönt. Doch rechte Freude dürfte er daran nicht gehabt haben, denn inzwischen waren die Österreicher in Bayern eingerückt und hatten ausgerechnet am Frankfurter Krönungstag seine Landeshauptstadt München besetzt. Karl Albrecht war nun ein Kaiser ohne Land. In Böhmen hielt er sich nur mithilfe der Franzosen und auf sein Kurfürstentum hatte Maria Theresia inzwischen ein begehrliches Auge geworfen. Bayern erschien der Königin von Ungarn als idealer Ersatz für das verlorene Schlesien und der Wittelsbacher ließe sich wohl in Italien oder in Belgien entschädigen.

Für Friedrich war es nun höchste Zeit, der ins Wanken geratenen Koalition wieder beizuspringen. Mit einem Einfall in Mähren hoffte er, die Österreicher dazu zu bringen, Truppen zum Schutz von Wien aus Bayern abzuziehen, was auch tatsächlich geschah. Nach einigen Manövern kam es im südlichen Böhmen bei Chotusitz schließlich am 17. Mai 1742 zu einer zweiten Schlacht zwischen Preußen und Österreichern, die Friedrich knapp für sich entscheiden konnte.[27] Die Österreicher waren nicht wirklich geschwächt, aber Maria Theresia hatte sich jetzt endlich dazu durchgerungen, dem verhassten Preußenkönig Schlesien offiziell abzutreten. Die Aussicht auf britische Subsidien hatte ihr den Entschluss erleichtert. Unter Vermittlung Großbritanniens erhielt Friedrich im Vorfrieden von Breslau, der am 11. Juni 1742 vereinbart wurde, sogar die gesamte Provinz einschließlich der Grafschaft Glatz. Sechs Wochen später besiegelten beide Parteien in Berlin den Frieden.[28] Frankreich war fassungslos. Friedrichs politische Wendigkeit überstieg bei Weitem alles, was man auf dem diplomatischen Parkett gewohnt war. Die Wut auf den schamlosen Potsdamer Alliierten kannte keine Grenzen. Da jetzt auch Kaiser Karl, inzwischen ohne Land und völlig mittellos, sich um britische Unterstützung bemühte, schien Versailles vor dem Scherbenhaufen seiner Deutschlandpolitik zu stehen. Im Januar 1743 musste Belle-Isle Prag räumen und schaffte es gerade noch mit einem Viertel seiner ursprünglichen Truppenmacht, vom Gegner nicht weiter behelligt, nach Eger.[29] Nun erschien auch noch Großbritannien im Frühjahr mit einer eigenen Armee in Deutschland. Unter dem formalen Oberbefehl König Georgs II. vereinigte sich seine Truppe mit hannoverschen und österreichischen Kontingenten zur »Pragmatischen Armee« und bereitete den Resten der französischen Armee am 27. Juni 1743 bei Dettingen am Main eine Niederlage.[30] Die Franzosen mussten über den Rhein zurück und in Versailles entbrannte eine Debatte, ob der so unglücklich verlaufende Krieg nicht beendet werden müsse. Es hätte nun zu Verhandlungen kommen können, denn offiziell waren Frankreich und Großbritannien noch gar nicht in den Krieg eingetreten. Tatsächlich gab es auch bereits erste diplomatische Kontakte zwischen Versailles und Wien. Dann aber schlug die Nachricht vom Wormser Vertrag wie eine Bombe in Versailles ein. König Karl Emanuel von Sardinien-Piemont repräsentierte eine aufstrebende Macht in Italien – ähnlich wie Preußen im Reich – und hatte sich am 13. September 1743 mit Maria Theresia gegen Spanien und Frankreich verbündet. Auf britischen Druck waren die Österreicher dem Turiner Hof weiter entgegengekommen als Frankreich, das sich nun ein zweites Mal von einem vormaligen Verbündeten düpiert fühlte.[31]

Mit wachsendem Unbehagen hatte derweil Friedrich die Renaissance der habsburgischen Macht beobachtet. Denn dem Wormser Ab-

»Das Damenkarussell«. Fest im Januar 1743 anlässlich der Wiedererobe-rung Prags im Erbfolgekrieg; vorne mit gezogenem Degen Maria Theresia. Gemälde von Martin van Meytens.

kommen war nur drei Monate später eine österreichische Defensivallianz mit Sachsen gefolgt. Vor allem Österreichs unverhohlenen Ansprüchen auf Bayern glaubte der preußische Monarch entgegentreten zu müssen und so streckte er wieder seine Fühler nach Versailles aus. Die Franzosen blieben anfangs misstrauisch, willigten dann aber doch am 6. Juni 1744 in eine neue Allianz mit Preußen ein. Als gemeinsames Ziel sah der neue Vertrag die Rückeroberung der böhmischen Erblande im Namen Kaiser Karls VII. vor. Nur wenn der Wittelsbacher im Besitz Böhmens blieb, konnte sich Friedrich seiner schlesischen Eroberung sicher sein. Zwei Monate später, am 15. August überschritt der König mit 62 000 Mann die böhmische Grenze und zwang die österreichische

Armee, die inzwischen den Rhein überquert hatte, zur sofortigen Umkehr. Am 16. September 1744 fiel nach kurzer Belagerung Prag. Die Preußen marschierten entlang der Moldau weiter nach Süden und nahmen nacheinander Tabor, Budweis und Frauenberg ein. Dann aber wendete sich alles gegen Friedrich. Die Franzosen verfolgten die Österreicher nicht über den Rhein und der überraschende Kriegseintritt Sachsens aufseiten Maria Theresias machte die Position der Preußen in Böhmen unhaltbar. Hart verfolgt von den leichten Truppen des Gegners musste sich Friedrich mit seiner Armee angesichts eines frühen Wintereinbruchs über Königgrätz nach Glatz zurückkämpfen, wo er am 27. November 1744 mit nur noch 36000 Mann eintraf. Für Friedrich war der böhmische Feldzug ein einziges Desaster. Ohne eine einzige Schlacht hatte er mehr als 20000 Mann verloren und stand den verbündeten Österreichern und Sachsen nun allein gegenüber. Mit direkter französischer Hilfe konnte er nicht mehr rechnen, da Versailles den Schwerpunkt seiner Kriegführung nach Belgien verlegt hatte und alle Vorbereitungen traf, die in Schottland gelandeten Jakobiten militärisch zu unterstützen. Preußens Lage war mehr als kritisch, da auch der von König Friedrich Wilhelm I. angehäufte Staatsschatz von ursprünglich neun Mio. Talern inzwischen aufgebraucht war.[32] Als am 20. Januar 1745 schließlich Kaiser Karl VII. in München überraschend im Alter von erst 48 Jahren verstarb, zerstoben auch sämtliche Pläne Friedrichs, mithilfe der protestantischen Reichsfürsten eine antihabsburgische Allianz im Reich aufzubauen. Stattdessen eroberte Maria Theresia in den folgenden drei Monaten einmal mehr ganz Bayern und zwang am 22. April 1745 im Vertrag von Füssen den neuen Kurfürsten Max Joseph, bei der anstehenden Kaiserwahl für ihren Ehemann Franz Stephan von Lothringen zu stimmen. Außerdem musste der Wittelsbacher im gegenwärtigen Krieg neutral bleiben und erhielt im Gegenzug sein Kurfürstentum zurück. Maria Theresia glaubte sich diese Großzügigkeit gegenüber Bayern leisten zu können, denn die Rückeroberung Schlesiens schien nun unmittelbar bevorzustehen. Am 26. Mai 1745 überschritt eine kombinierte österreichisch-sächsische Armee in Stärke von rund 60000 Mann unter dem Oberbefehl des Prinzen Karl von Lothringen den Pass von Landshut und drang nach Schlesien vor. Nun konnte Friedrich endlich seine Schlacht schlagen, auf die er im Vorjahr vergeblich gehofft hatte. Auch wenn er die Verluste seines letzten Feldzuges nicht ganz hatte ersetzen können, verfügte er über die gleiche Truppenzahl wie seine Gegner. Über verschiedene Kanäle ließ der König Gerüchte streuen, dass er sich mit seiner Armee auf Breslau zurückziehen werde, und verleitete dadurch die Österreicher zur Unvorsichtigkeit. Am 4. Juni 1745 überraschte er frühmorgens den zwischen Halbendorf und Günthersdorf positionierten Gegner nach einem nächtlichen Flankenmarsch über Striegau und zerschlug die beiden verbündeten Armeen nacheinander. Nach zwei Stunden war die Schlacht entschieden. Österreicher und Sachsen hatten rund 14000 Mann verloren, etwa drei Mal so viel wie die siegreichen Preußen. Hohenfriedberg war Friedrichs erster echter Sieg. Der Gegner befand sich in vollem Rückzug über das Riesengebirge, von den Preußen allerdings nur nachlässig verfolgt. Nach den üblen Erfahrungen des Vorjahres beabsichtigte Friedrich nur so weit in Böhmen einzudringen, wie es ihm zur Versorgung seiner Armee auf Kosten des Gegners während der Sommermonate günstig erschien. Enttäuscht von der ausbleibenden Hilfe der Franzosen versuchte er über eine britische Vermittlung mit Maria Theresia in Verhandlungen zu treten.

Ermutigt durch die Wahl ihres Gatten zum Deutschen Kaiser am 13. September 1745 beharrte die österreichische Herrscherin trotz des jüngsten militärischen Rückschlags auf ihrem Anspruch auf Schlesien. Auch ein zweiter preußischer Sieg über Prinz Karl bei Soor am 30. September änderte wenig an Friedrichs prekärer Lage. Von seinen 22000 Mann ging ein Fünftel in der Schlacht verloren. Die Österreicher planten jetzt, im Zusammenwirken mit den Sachsen durch die Lausitz ins preußische Kerngebiet vorzustoßen und Friedrichs Armee in Schlesien abzuschneiden. Der König reagierte sofort und bildete zwei Korps, das erste unter seinem persönlichen Befehl in der Lausitz, das zweite unterstellte er dem erfahrensten seiner Kommandeure, dem schon 69-jährigen Fürst Leopold von Anhalt-Dessau. Es sollte die Sachsen von Westen her angreifen und auf Meißen vorstoßen. Friedrich selbst wollte die Zange von Osten schließen. Tatsächlich gelang es ihm, in einer Kette von Gefechten die Österreicher bis Ende November wieder über die böhmische Grenze zu werfen. Prinz Karl verlor dabei mehr als 5000 Mann. Die militärischen Erfolge der Preußen fanden am

15. Dezember 1745 ihren spektakulären Abschluss, als der »Alte Dessauer« bei Kesselsdorf westlich von Dresden eine zweite österreichisch-sächsische Armee empfindlich geschlagen hatte. Obwohl das österreichische Korps des Generals Grünne beinahe unbeschadet das Schlachtfeld verlassen konnte und auch Prinz Karl mit 18000 Mann nicht mehr rechtzeitig von Dresden her eingetroffen war, das österreichische Heer somit noch vollkommen intakt war, entschied sich Wien nun plötzlich zum Frieden.[33]

Zwar hatten die Russen inzwischen begonnen, ihre Truppen in Kurland marschbereit zu machen, um aufseiten Österreichs und Sachsens in den Krieg einzugreifen.[34] Entscheidend war aber, dass die geheimen Verhandlungen des Wiener Emissärs Ferdinand Graf von Harrach mit dem Vertreter Frankreichs in Dresden ergebnislos geblieben waren. Jetzt fürchtete der Österreicher, dass die geschlagenen Sachsen die Seiten wechseln könnten und damit die Koalition von 1741 wieder aufleben würde.[35] Im Frieden von Dresden vom 25. Dezember 1745 bestätigte Maria Theresia ihrem Potsdamer Rivalen noch einmal den Besitz Schlesiens einschließlich der Grafschaft Glatz. Im Gegenzug verpflichtete sich Friedrich, die Wahl ihres Ehemannes, Franz Stephan, zum Deutschen Kaiser nachträglich anzuerkennen. Einmal mehr hatte der König seinen französischen Alliierten düpiert, doch Versailles war entschlossen, den bisher für Frankreich so unglücklich verlaufenen Krieg weiterzuführen. Es war jetzt allerdings ein neuer Krieg. Aus dem ursprünglich preußisch-österreichischen Konflikt, in dem Großbritannien und Frankreich auch völkerrechtlich nur die Rolle von Hilfstruppen gespielt hatten, war spätestens seit dem Tod Kaiser Karls VII. ein französisch-britischer Krieg geworden. Nach seinen ernüchternden Erfahrungen in Bayern und Böhmen hatte sich Frankreich schon im Dezember 1744 entschieden, nicht noch einmal zugunsten Preußens weit über den Rhein vorzustoßen. Stattdessen sollte die neue Offensive direkt gegen die benachbarten österreichischen Niederlande geführt werden.[36] Damit hoffte Versailles – noch lebte Kaiser Karl VII. –, in eine günstige Verhandlungsposition gegenüber Wien und London zu gelangen. Großbritannien wiederum schien nach dem Dresdner Vertrag alle seine politischen Ziele erreicht zu haben. Spätestens seit dem Rücktritt Robert Walpoles hatte es darauf hingearbeitet, mittels einer antifranzösischen

Koalition aus Hannover, Österreich, den Generalstaaten und Sardinien-Piemont, den kolonialen Rivalen auf dem Kontinent militärisch zu fesseln. Allein durch die Fortsetzung des europäischen Krieges, so das Londoner Kalkül, beraubte man Frankreich der finanziellen Mittel, seine seit 1740 verstärkt betriebene Flottenrüstung fortzusetzen. Doch die französische Armee, die in Böhmen so enttäuscht hatte, fand unter dem Befehl des überragenden Moritz von Sachsen (1696–1750) in Belgien zu neuer Stärke. Der 50-jährige Feldmarschall war ein außerehelicher Sohn des 1733 verstorbenen Kurfürsten von Sachsen und gewählten Königs von Polen, August II. Kurze Versorgungswege erleichterten den Franzosen jetzt auch das Kriegführen. Moritz von Sachsens Sieg bei Fontenoy am 11. Mai 1745 über ein britisch-niederländisch-österreichisches Heer unter dem Befehl des Herzogs von Cumberland, William Augustus, markierte den Beginn eines beeindruckenden französischen Siegeslaufs, der erst nach der Einnahme sämtlicher belgischen Festungen endete. Als Moritz von Sachsen am 10. Mai 1748 die Kapitulation der niederländischen Festung Maastricht entgegennahm, war seine Armee weiter nach Norden vorgedrungen als jemals eine Streitmacht unter Ludwig XIV. Alle britischen Kalküle waren damit vollkommen über den Haufen geworfen. Österreich und die niederländischen Generalstaaten hatten sich außerstande gezeigt, Belgien zu verteidigen. London selbst war zwischenzeitlich gezwungen, Truppen zur Abwehr der in Schottland gelandeten Jakobiten vom Kontinent abzuziehen. Einzig die Einnahme der Festung Louisbourg auf Kap Breton, dem kanadischen Dünkirchen, durch neuenglische Milizen im Zusammenwirken mit britischen Flotteneinheiten im Juni 1745 stand auf der politischen Habenseite Londons. Der Fall von Louisbourg im Juni 1745 hatte im Mutterland große Euphorie ausgelöst, da die erst 1721 errichtete Festung den Zugang zum St.-Lorenz-Golf beherrschte und damit der Schlüssel zum französischen Kanada war.[37]

Beflügelt von seinen unerwarteten Erfolgen hatte Frankreich seinen Feldzug in Belgien auch nach Preußens Ausscheiden aus dem Krieg weitergeführt. Die Besetzung der österreichischen Niederlande würde ihm immerhin ein politisches Faustpfand verschaffen. An eine Veränderung der Machtverhältnisse im Reich dachten seit der Krönung Franz Stephans zum Deutschen Kaiser am 4. Oktober 1745 nicht einmal mehr die kühnsten Optimisten am Versailler Hof. Maria Theresias Herrschaft in ihren Erblanden war inzwischen kaum noch zu erschüttern.

Geldmangel, Kriegsmüdigkeit und die wachsende Einsicht, dass die ursprünglichen Ziele militärisch kaum noch zu erreichen waren, stärkten die Verhandlungsbereitschaft aller Seiten. Tatsächlich waren die diplomatischen Kontakte zwischen den Kriegsparteien zu keinem Zeitpunkt völlig unterbrochen gewesen. Briten und Österreicher sondierten allerdings auf getrennten Wegen. Während London schon seit 1746 im niederländischen Breda mit den Franzosen verhandelt hatte, waren die Österreicher ihrerseits über den sächsischen Hof mit Frankreich in Kontakt geblieben.[38] Zu Ergebnissen führte das allerdings vorerst nicht. Frankreich war zwar bereit, ganz Belgien zu räumen, bestand aber auf Kompensationen in Italien. Am meisten jedoch blockierte Frankreichs Festhalten an Preußen sowie die Unterstützung seines Anspruches auf Schlesien ein Fortkommen der Gespräche. So gingen dann schließlich die Briten voran und einigten sich im Kurort Aachen unilateral mit den Franzosen. Die sich rapide verschlechternde militärische Lage in Belgien ließ ihnen keine andere Wahl. Schon hatten die Verbündeten in Betracht gezogen, ein bereitstehendes russisches Korps nach Westen marschieren zu lassen. Grundlage des am 30. April 1748 von den Vertretern Londons und Versailles zuerst unterzeichneten Abkommens war die Widerherstellung des Status quo ante. Frankreich räumte ganz Belgien, wie es dies schon mehrfach signalisiert hatte, und erhielt im Gegenzug die Festung Louisbourg zurück. Österreicher und Spanier wurden von den beiden Aachener Verhandlungsparteien allerdings erst im letzten Augenblick ins Bild gesetzt und unterzeichneten, in doppelter Weise durch Form und Inhalt brüskiert, nur widerwillig das in 24 Artikeln gegliederte Vertragswerk. Der Aachener Vertrag war fraglos eine Notlösung, die viele Wünsche und Rechnungen offenließ. Doch nicht etwa an der schlesischen Frage oder am Besitz von Mailand entzündete sich der nächste Waffengang der Großmächte. Die Lunte brannte bereits in Nordamerika. Es war der Artikel XVIII des Vertrages, der festlegte, dass die noch offenen Fragen von gemeinsamen Kommissionen einvernehmlich geklärt werden sollten. Zu diesen ungeklärten Fällen zählte auch das Ohiotal.

Schlachten statt Manöver – Die europäischen Armeen im Ancien Régime

Die Westfälischen Friedensverträge von 1648 markierten den Beginn einer der unfriedlichsten Abschnitte der europäischen Geschichte vor 1914. Der amerikanische Historiker Russell Weigley sprach sogar von einer Epoche der Schlachten und die blutige Statistik gibt ihm Recht.[39] Allein der Spanische Erbfolgekrieg zählte in nur zwölf Kriegsjahren 35 größere Gefechte oder Belagerungen mit mehr als 5000 Beteiligten auf beiden Seiten. Wie kam es aber, dass nach dem mörderischsten Krieg seiner Geschichte trotz der ernsthaftesten Absichten aller Beteiligten kein wirklicher Friede in Europa möglich war?

Die Vertragsparteien von Münster und Osnabrück hatten an die Stelle der traditionellen Hegemonie der beiden habsburgischen Mächte Österreich und Spanien ein System grundsätzlich gleichberechtigter Staaten gesetzt. Das dahintersteckende Konzept eines Gleichgewichts der Mächte verminderte jedoch keineswegs die politischen Spannungen in Europa. Tatsächlich löste es einen beispiellosen Militarisierungsschub aus.

Schon bald nach 1648 galten barocke Prachtentfaltung und stehende Heere als unverzichtbare Attribute fürstlicher Souveränität. Unbestrittenes Vorbild der in Münster und Osnabrück politisch aufgewerteten Reichsfürsten war das absolutistische Frankreich. Wer als neue Mittelmacht wie Brandenburg oder Bayern auf Dauer eine größere Truppenzahl unter seinen Fahnen halten konnte, war bündnisfähig und konnte seither auf Subsidien der europäischen Vormächte rechnen. Der Landgraf Karl von Hessen-Kassel vermietete 1727 sogar seine gesamte Armee, immerhin 12 000 Mann, an König Georg II. von Großbritannien.[40]

Der neue *miles perpetuus*, wie ihn etwa in Österreich der Feldmarschall Raimondo di Montecuccoli propagierte, galt auch als probates Heilmittel gegen die noch lange beklagten Auswüchse enthemmter Landsknechthaufen während des Dreißigjährigen Krieges.[41] Eiserne soldatische Disziplin, durchgesetzt von Offizieren mit einem neuen professionellen Ethos, Vereinheitlichung von Bewaffnung und Monturen sowie unverbrüchliche Treue zum Herrscherhaus bildeten seither das Ideal des Heerwesens im *Ancien Régime*. Die offizielle Fürstenrhetorik in den anderthalb Jahrhunderten zwischen Westfälischem

Frieden und Französischer Revolution gefiel sich im Bild einer angeblich neuen und moderaten Kriegführung. Charakteristisch dafür ist wohl die Behauptung Friedrichs II. von Preußen in seinem Politischen Testament von 1768, dass die Kriege inzwischen den »friedlichen Bürger in seiner Behausung« kaum noch behelligten. Würde er es nicht aus den Kriegsberichten erfahren, so wüsste der Bürger gar nicht, dass sein Land Krieg führe.[42] Allerdings schien er dabei schon vergessen zu haben, dass er selbst nur zehn Jahre zuvor, während er in allerbester Laune in seinem Feldlager vor Olmütz mit seinem Vorleser Henri de Catt Tanzschritte übte, seine Reiterei zum Brandschatzen in die Gebiete von Bamberg und Würzburg geschickt hatte.[43] Das gern bemühte Bild einer neuen moderaten Kriegführung, einer *honnêteté*, von der angeblich, wie es der französische Marschall Charles Louis Fouquet, der Herzog von Belle-Isle, behauptete, jedermann profitierte,[44] war nicht mehr als eine höfische Mär. Sie diente der Selbstinszenierung der absolutistischen Fürsten als treu sorgende Landesväter, die das Völkerrecht achteten und dem Wohl der Menschheit dienten. Tatsächlich zeigten die Fürsten des *Ancien Régime* oft selbst keinerlei Skrupel, wenn es ihnen nutzte, ihre Truppen zum Plündern und Brandschatzen loszuschicken.[45] An die durch den Hof von Versailles autorisierten Untaten des Ezéchiel du Mas, Comte de Mélac während des Pfälzischen Erbfolgekrieges erinnerten sich die geplagten Bewohner der Pfalz und Württembergs noch ebenso lange wie die Untertanen des bayerischen Kurfürsten Karl Albrecht, die 1741 von den Kroaten ihrer katholischen Majestät Maria Theresia heimgesucht wurden.[46] Der französische Marschall Louis François Armand de Plessis, Herzog von Richelieu, dessen Armee im Sommer 1757 die Weser überschritt und das Kurfürstentum Hannover besetzte, erwarb sich in Nordwestdeutschland rasch den wenig schmeichelhaften Spitznamen »eines Vaters der Marodeure, der seine Soldaten um ihren Sold betrog und sie zum Plündern zwang«.[47]

Die Monopolisierung von Kriegsgräueln auf allerhöchsten Befehl war nur eine Facette des absolutistischen Herrschaftssystems, das bemüht war, aus den kaum zu kontrollierenden Kriegshaufen des Dreißigjährigen Krieges allmählich schlagkräftige Instrumente seiner Politik zu formieren. Der Aufbau zuverlässiger Streitkräfte erwies sich allerdings als mühevoller Prozess, der in den einzelnen Staaten mit unterschiedlicher Geschwindigkeit vorankam. So bestimmten in den österreichischen Erblanden und in Ungarn die Landstände noch lange über die Zahl der zu stellenden Truppen und die Höhe der Geldbewilligungen. Selbst in Preußen stießen die drakonischen Reformen des Soldatenkönigs Friedrich Wilhelms I. (1713–1740) anfangs auf den beharrlichen Widerstand von Adel und Bevölkerung, bis das Kantonreglement von 1733 einen dauerhaften Interessenausgleich zuwege brachte.[48]

Die Genese dieser neuartigen bewaffneten Macht vollzog sich immer auch als Subprozess einer vormodernen Staatenbildung. Der neue absolutistische Fürst mit seinem wachsenden Korps professioneller Beamter verdrängte nach und nach die Aristokratie aus ihrer politischen Funktion. Einzig auf regionaler Ebene behielt sie noch lange ihre traditionelle Rolle.

An die Stelle adliger Militärunternehmer, die ihre Söldner bisher gegen eine Pauschalzahlung rekrutiert, bewaffnet und geführt hatten, traten in der zweiten Hälfte des 17. Jahrhunderts staatliche Militärbürokratien. Sie sorgten für regelmäßigen Sold, Verpflegung und Unterbringung der Truppen, von denen ein erheblicher Teil nun auch nach Ende der Feindseligkeiten nicht mehr entlassen wurde. Eine nach rationalen Prinzipien gestaltete Heeresorganisation, die Ludwig XIV. ganz in die Hände ziviler Beamter gegeben hatte, erlaubte den Souveränen immer größere Armeen im Krieg unter Waffen zu halten.

Als bedeutendste Militärmacht Europas konnte Frankreich bei Ausbruch des Spanischen Erbfolgekrieges mehr als 300 000 Soldaten ins Feld stellen, rüstete aber nach den Friedensschlüssen von Utrecht und Rastatt nach einem halben Jahrhundert stetigen Wachstums erstmals drastisch ab. Zu Beginn des Österreichischen Erbfolgekrieges 1740 standen nur noch 160 000 Mann unter dem Lilienbanner.[49] Das viel kleinere Brandenburg-Preußen konnte 1713 bereits 40 000 Mann aufbieten und verdoppelte bis 1740 seine Mannschaftsstärke. In der europäischen Staatenwelt blieb Preußen damit die Ausnahme und verdankte seine überdimensionierte Armee wohl auch der kindischen Vorliebe König Friedrich Wilhelms I. für alles Militärische und die darin verkörperte Ordnung.[50]

Die beträchtlichen Geldmittel für das neue Instrument absolutistischer Politik mussten die Fürsten überall ihrem selbstbewussten Adel, den sogenannten Landständen, in schwierigen Verhandlungen abringen.

Die ständige Geldnot zwang schließlich Potentaten wie Friedrich Wilhelm I. von Preußen, auch neue Finanzierungsquellen zu erschließen. So erwiesen sich außer Zöllen die neuen Verbrauchssteuern auf Güter des täglichen Bedarfs (Akzisen) als ertragreichste Möglichkeit staatlicher Einnahmeverbesserung. Voraussetzung war jedoch, dass Handel und Gewerbe stetige Zuwächse erzielten. Frankreich wirkte daher auch in der Wirtschaftsförderung als Vorbild für sämtliche Höfe Europas. Doch der Merkantilismus benötigte Arbeitskräfte und Steuerzahler. In einer Zeit, in der Seuchen und Hungersnöte dem Bevölkerungswachstum in Europa immer noch Grenzen setzten, trat somit die Ökonomie in scharfe Konkurrenz zu dem Menschenbedarf der stehenden Heere.

Die Herrscher des *Ancien Régime* bedienten sich verschiedener Strategien zur Lösung des Problems. Zunächst lag es auf der Hand, vor allem die unteren Schichten der männlichen Bevölkerung für die Armee anzuwerben. Tagelöhner, Vagabunden und Kleinkriminelle konnte der frühmoderne Staat leicht entbehren. Eine nicht unumstrittene Methode war auch die Anwerbung von Soldaten im Ausland. Jeder auf diese Art gewonnene Mann, so soll der französische Marschall Moritz von Sachsen erklärt haben, zähle im Grunde dreifach. Er sei ein Zuwachs für die eigene Armee, fehle dem Gegner als Soldat und würde ihm überdies noch als Steuerzahler ausfallen.[51]

Die *Glorious Revolution* in England und die Aufhebung des Nanter Toleranzediktes in Frankreich sorgten dafür, dass kontinentale Armeen seit dem Ende des 17. Jahrhunderts auch von den irischen, schottischen und hugenottischen Exilanten profitierten. Allein in der österreichischen Armee dienten zur Zeit des Siebenjährigen Krieges rund 30 Iren im Generalsrang und Kaiser Franz I. befand voller Anerkennung, dass irische Offiziere und Soldaten die Disziplin seiner Kriegsvölker insgesamt anheben würden.[52] Bei Fontenay 1745 unterstand dem aus Deutschland stammenden Moritz von Sachsen sogar ein ganzes irisches Regiment, das sich mit dem Ruf »Remember Limerick« auf die verhassten Briten stürzte.[53]

Herrscher wie Karl XI. von Schweden oder Friedrich Wilhelm I. von Preußen beschritten daneben ganz neue Wege und führten – in Schweden mit dem Einteilungswerk und in Preußen mit dem Kantonsystem von 1733 – bereits eine Frühform der Wehrpflicht ein. Den Regimentern waren dadurch erstmals feste Rekrutierungsregionen, sogenannte Kantone, zugewiesen, die bei Verlusten Ersatzmänner zu stellen hatten oder wie im schwedischen *Indelningswerket* sogar die Kosten für die gesamte Ausrüstung tragen mussten.[54]

Bis zum Ende des *Ancien Régime* hielten jedoch fast alle Armeen Europas an einer Mischform mit hohem Ausländeranteil fest. In Preußen betrug er zu Friedenszeiten zwei Drittel der Gesamtstärke. 1751 waren es bereits 50000 ausländische Soldaten bei einer Gesamtstärke von 133000 Mann.[55] In den Österreichischen Erbländern, wo man seit jeher mit einer multiethnischen Armee klarkommen musste, lag der Anteil der Soldaten, die nicht aus den Erblanden stammten, bei 20 Prozent. In Frankreich stammte ein Drittel der Soldaten aus dem Ausland.[56] Schweizer, Pfälzer, Iren und Wallonen bildeten unter dem Lilienbanner oft sogar eigene Regimenter.[57]

In sämtlichen Armeen des *Ancien Régime* war Desertion ein ständiges Thema. Der Dienst war hart und eintönig, die Bezahlung dürftig. Der Drang, sich dem frühmodernen Zwangsstaat zu entziehen, war mindestens genauso verbreitet wie der Wunsch, die vergleichsweise lukrative Anwerbeprämie mehrfach einzustreichen. Misstrauen und Überwachungsmaßnahmen bestimmten nicht nur den militärischen Dienstbetrieb. Auch die Bürger in den Garnisonen und an den Landesgrenzen waren verpflichtet, Deserteure zu melden und möglichst festzunehmen. In Preußen mussten die betroffenen Gemeinden, die durch Kanonenschüsse alarmiert wurden, zivile Wachtrupps stellen, die 48 Stunden auf ihren Posten auszuharren hatten. Nach Michael Sikora wurde im 18. Jahrhundert kein militärisches Vergehen so intensiv verfolgt wie die Desertion. Die Strafen waren allerdings vergleichweise milde, erst wer beim dritten Mal gestellt wurde, musste mit der Erschießung rechnen.[58] Allein während der Regierungszeit König Friedrich Wilhelms I. von Preußen zählte man 30000 Deserteure. Auf Feldzügen erhöhte sich die Quote massiv, da sich beinahe täglich Gelegenheiten zur Flucht ergaben und Deserteure beim Gegner als Informanten hochwillkommen waren. So verlor die preußische Armee während des Siebenjährigen Krieges etwa 80000 Soldaten durch Desertion, knapp 10000 davon stammten allerdings aus den 1756 unter die preußischen Fahnen gepressten sächsischen Regimentern. Die Franzosen büßten während ihrer Feldzüge im Reich 70000 Mann durch Desertion ein und die Österreicher immerhin noch 62000 Mann.[59]

Das Offizierkorps der Infanterie und Kavallerie bestand durchweg aus Adligen, die aus ihrem militärischen Dienst ein neues Standesbewusstsein entwickelten. Bürgerliche Offiziere dienten gewöhnlich bei der Artillerie oder den Pionieren, die als technische Truppengattungen noch nicht sehr angesehen waren. In langen Kriegen konnte jedoch kaum eine Macht den Luxus eines rein adligen Offizierkorps aufrechterhalten. So dienten 1748 in der Armee Moritz' von Sachsen immerhin 4000 bürgerliche Offiziere in den unteren Rängen.[60] Im österreichischen Kaiserstaat stellten seit 1752 adlige und bürgerliche Kadetten jeweils die Hälfte eines Jahrgangs an der neuen Theresianischen Militärakademie.[61] Schon zuvor konnte aber in der kaiserlichen Armee jeder bürgerliche Offizier spätestens am Ende seiner Dienstzeit unter dem Doppeladler mit der Nobilitierung rechnen. Es galt unter den adligen Offizieren keineswegs als ehrenrührig, in fremden Armeen zu dienen. Der Graf Claude Louis de Saint-Germain kämpfte in einem halben Dutzend europäischer Armeen, nachdem er Frankreich wegen eines Duells hatte verlassen müssen; er avancierte in der dänischen Armee zum Feldmarschall, ehe ihn Ludwig XVI. schließlich zum französischen Kriegsminister ernannte.[62] In Preußen war dies dem einheimischen Adel allerdings verboten, bewährte ausländische Offiziere waren jedoch im Potsdamer Militärstaat durchaus willkommen.

In sämtlichen Heeren des *Ancien Régime* war das Regiment die zentrale militärische Organisations- und Verwaltungseinheit und wurde seit alters her von einem Oberst geführt. Auch nach dem Ausklingen des Landknechtwesens behielt der Kommandeur eines Regiments immer noch beträchtliche Kompetenzen. Er allein bestimmte, welche Anwärter ins Offizierkorps aufgenommen wurden, und profitierte, wie in Großbritannien oder Frankreich, während des gesamten 18. Jahrhunderts von der Praxis, Offizierpatente zum Kauf anzubieten. Auch in Preußen wurde noch lange die Fiktion aufrechterhalten, dass das Regiment seinem Chef gehörte. Bis in die Napoleonische Zeit trugen alle Regimenter den Namen ihres jeweiligen Inhabers, erst nach den umfassenden Militärreformen von 1808 erfolgte ihre Durchnummerierung.

Ein Infanterieregiment umfasste je nach Armee zwischen acht und zwölf Kompanien zu 150 Mann. Seine Sollstärke belief sich somit auf bis zu 1800 Infanteristen. Kavallerieregimenter bestanden gewöhnlich aus acht Eskadronen mit jeweils 100 bis 125 Reitern.

Meist waren die Infanterieregimenter in zwei Bataillone unterteilt, die im Gefecht die taktische Grundeinheit bildeten. In der Bataillonsaufstellung standen die Schützen in langen Gefechtslinien mit bis zu fünf Infanteriekompanien nebeneinander. Gewöhnlich zählte zu jedem Bataillon auch eine Kompanie aus Grenadieren. Ursprünglich im Belagerungskrieg eingesetzt, wobei sie hauptsächlich mit primitiven Handgranaten kämpften, bildeten die Grenadiere später mit ihren typischen spitzen Mützen im Feldheer aufgrund ihrer Größe und Erfahrung eine neue militärische Elite.

Zur direkten Verstärkung seiner Feuerkraft führte jedes Bataillon zwei bis drei leichte Geschütze mit, die Kugeln mit einem allmählich standardisierten Gewicht von drei Pfund verschossen. Aus den schweren zwölfpfündigen Geschützen, die auch als Belagerungsartillerie dienten, wurden häufig in der Schlacht große Geschützbatterien gebildet. Während der Schlacht von Leuthen (1757) setzte König Friedrich II. zwei solcher Batterien mit verheerender Wirkung ein. Die Artillerie verschoss zwei Arten von Munition. Auf weite Distanzen zwischen 600 und 1500 Metern wurden eiserne Vollkugeln verwendet, deren Wucht aus den dichtgedrängten Reihen der Infanterie ganze Gruppen von Männern wegreißen konnte und die grässlichste Verstümmelungen verursachten. Auf nahe Entfernung verwendete man Kartätschen oder Kanistergeschosse, deren Ladung aus Metallteilen oder Bleikugeln nach dem Austritt aus dem Rohr auseinanderspritzte und damit eine mörderische Splitterwirkung auf bis zu 50 Meter entfaltete.

Zwei wesentliche Verbesserungen verhalfen der Artillerie in den Dekaden vor dem Siebenjährigen Krieg zu größerer Feuerkraft und Schnelligkeit. So entwickelte der Schweizer Geschützgießer Johann Maritz um 1715 ein neues Verfahren, das es erlaubte, den Geschützblock auszubohren. Gegenüber der alten Technik des Gießens mit einem Hohlraum gewann man so glattere Läufe und erzielte zudem eine Gewichtsersparnis. Etwa zur selben Zeit ging die Artillerie auch dazu über, den Höhenwinkel der Geschütze mit einer Stellschraube einzurichten, was eine schnellere Schussfolge und genaueres Zielen ermöglichte.[63]

Die Infanterie kämpfte mit der glattläufigen Flinte, mit der ein halbwegs geübter Schütze noch Ziele bis auf 100 Meter Distanz treffen konnte. Im Verlauf des Spanischen Erbfolgekrieges waren in fast allen Armeen anstelle des witterungsabhängigen Luntenschlosses die zuverlässigeren Steinschlossgewehre eingeführt worden. Zur selben Zeit setzte sich auch das Bajonett durch, wodurch die Pike als klassische Waffe der Landsknechte endgültig außer Gebrauch geriet. In die Rohrmündung gesteckt oder später auch darunter befestigt, versetzte das Bajonett den Schützen in die Lage, Kavallerieangriffe ohne die Unterstützung von Pikenieren abzuwehren.[64]

Ein rollendes Salvenfeuer galt seit den Nassau-Oranischen Reformen zu Beginn des 17. Jahrhunderts als Ausweis hoher Ausbildungsqualität und Disziplin. Auf die Treffgenauigkeit kam es dabei gar nicht an. Die Feuerabgabe auf Kommando erlaubte ohnehin kein genaues Zielen. Schießübungen waren daher auch nicht vorgesehen und die Flinten der preußischen Infanterie besaßen nicht einmal eine Visiereinrichtung.[65]

Der entschlossene Angriff auf eine gegnerische Schützenlinie schien unter diesen Umständen nur ein begrenztes Risiko zu beinhalten. So konstatierte Moritz von Sachsen in seinen Einfällen über die Kriegskunst, er habe bei ganzen Salven in der Schlacht kaum vier Mann fallen sehen, und Armand Marie Jaques Chastenet, Marquis de Puységur gelangte zu dem Befund, dass nur Kugeln, die auf eine Distanz von unter 50 Meter abgefeuert würden, einigen Vorteil brächten.[66] Bei Leuthen verursachte das Gewehrfeuer der Württembergischen Grenadiere kaum Schaden unter den preußischen Angreifern.[67] Wenn Schwedens Kriegerkönig Karl XII. (1697–1718) ein Drittel seiner Kompanien noch mit der Pike angreifen ließ, geschah dies nicht nur aus Mangel an Flinten.[68]

Die Gefechtsaufstellung einer gesamten Armee von 30000 Mann erreichte nicht selten eine Breite von mehreren Kilometern. Zwischen den Bataillonen wurden gewöhnlich Lücken gelassen, um bei Bedarf die Kavallerie einsetzen zu können. Die Reiterei aller Armeen war hauptsächlich in Kürassiere und Husaren unterteilt, als neue Kavallerieart kämpften die Dragoner zu Pferde oder auch abgesessen. Obwohl die Kavallerie nicht mehr dieselbe Bedeutung wie noch während des Dreißigjährigen Krieges besaß, konnte sie immer noch Schlachten entscheiden, so etwa bei Hohenfriedberg (1745), Rossbach und Kolin (1757). Eine immer größere Rolle spielten besonders auf österreichischer und russischer Seite die leichten Truppen. Kroaten von der österreichischen Militärgrenze und Kosaken dominierten abseits der großen Armeen den sogenannten Kleinen Krieg der Hinterhalte, Patrouillen und kühnen Raids, beschafften Informationen und plünderten mit dem stillschweigenden Einverständnis ihrer Kriegsherren das Territorium des Gegners. Auch Friedrich II. sah keine andere Möglichkeit, als mit gleicher Münze zurückzuzahlen, und stellte im Verlauf des Siebenjährigen Krieges ebenfalls 23 berittene Freikorps zu je 800 Mann auf.[69]

Da der Feuerkampf endloser Schützenlinien oftmals auch nach Stunden nicht zu einer Entscheidung gebracht werden konnte, hatte schon früh die Suche nach neuen Taktiken eingesetzt. Bereits in den Schlachten des Spanischen Erbfolgekrieges waren Befehlshaber wie John Churchill, der Erste Herzog von Malborough, oder Prinz Eugen von Savoyen dazu übergegangen, mit einem massiv verstärkten Flügel nur noch einen Teil des Gegners anzugreifen, während der zweite Flügel sich passiv verhielt.[70] Friedrich II. wandte das von den antiken Griechen stammende Verfahren der schiefen Schlachtordnung mit wechselndem Erfolg in den ersten Schlachten des Siebenjährigen Krieges an. Voraussetzung dieses komplizierten Manövers war eine perfekt gedrillte Infanterie, die der König mit wachsender Kriegsdauer allerdings nicht mehr aufbieten konnte. Bei nachlassender Qualität der Infanterie wuchs bei allen Kriegsparteien die Bedeutung der Artillerie. Die Zusammenfassung von Dutzenden Geschützen in großen Batterien galt bald als militärisches Allheilmittel. Während im Dreißigjährigen Krieg noch ein Geschütz je 1000 Mann zum Einsatz gekommen war, bot man ein Jahrhundert später schon die fünffache Zahl auf.[71] Friedrichs große Batterie aus fast 60 Geschützen in der Schlacht bei Zorndorf war bereits ein deutlicher Vorgriff auf die napoleonische Gefechtsführung.

Nicht zuletzt im Vergleich zu Napoleons Feldzügen haben spätere Militärs wie auch Militärhistoriker die Kriegführung des *Ancien Régime* als eine Abfolge kunstvoller, aber entscheidungsscheuer Manöver abgewertet, in der sich die Armeen angeblich außerstande zeigten, die strategischen Kalküle ihrer Souveräne und Kriegsherren zu realisieren.[72] Äußerungen wie die des Marschalls Moritz von Sachsen, dass die Schlacht nur der Ausweg eines ratlosen Feldherren sei,[73] schienen diesen Befund ebenso zu stützen wie Friedrichs nachträglicher Spott über die österreichisch-russische Allianz als ein Bündnis der verpassten Gelegenheiten. »Sie haben sich einer auf den anderen verlassen, der Befehlshaber der Reichstruppen auf den österreichischen General, dieser auf den russischen, der Russe auf den Schweden und dieser endlich auf den Franzosen. Daher diese Lässigkeit in ihren Bewegungen und die Bedächtigkeit in der Ausführung ihrer Pläne.«[74] Ähnlich glaubte der preußische Kriegstheoretiker Carl von Clausewitz, einen Mangel des Willens und übergroße Vorsicht als die prägenden Ursachen der Kriegführung des *Ancien Régime* ausmachen zu können.[75]

Das Bild einer gezähmten Kriegsfurie war jedoch nur das geschönte Selbstbild der Spätphase einer Epoche, die unter dem Einfluss der Aufklärung zu einer höheren Empfindsamkeit gegenüber Zerstörung und Leiden gelangt war. Schon ein Zeitgenosse wie Gotthold Ephraim Lessing bezeichnete es in einem Brief an den Dichter und Offizier Ewald von Kleist, der später in der Schlacht von Kunersdorf tödlich verwundet wurde, als »den süßen Traum unserer gesitteten Zeit«.[76] Im Zeitalter der Aufklärung begann schließlich auch der Adel, die neue bürgerliche Sicht auf den Krieg und seine Schrecken zu teilen. So zeigte sich der damalige Außenminister Frankreichs, der Marquis d'Argenson, über das mit entblößten Leichen übersäte Schlachtfeld von Fontenay sehr nachdenklich: »Triumph ist wohl das schönste Gefühl auf der Welt. Aber es ist erkauft mit Strömen von Blut und den Fetzen menschlicher Körper.«[77] Die neuen humanen Ideale hatten, sofern sie von den hochgestellten Befehlshabern geteilt wurden, auf die Kriegführung keinen nachweisbaren mildernden Effekt. Wenn es tatsächlich das Ziel der Feldherren im *Ancien Régime* gewesen wäre, Schlachten nach Möglichkeiten zu vermeiden, so waren sie darin überaus erfolglos. Allein im Verlauf des Siebenjährigen Krieges kam es zu fast 30 größeren Gefechten mit jeweils mehr als 5000 Kombattanten. Moritz von Sachsens Diktum vom ratlosen Feldherrn, der sich in die Schlacht rettete, war daher nicht mehr als eine höfische Koketterie.

Das Zeitalter der Aufklärung

Am Nachmittag des 28. März 1757 wurde auf der *Place de Grève* in Paris der Attentäter Robert François Damien vor den Augen einer zahlreich erschienenen Menge zu Tode gebracht.

Seitdem der 42-jährige Damien zwei Monate zuvor dem König beim Verlassen des Schlosses von Versailles mit einem Messer eine, wie sich bald zeigte, ungefährliche Wunde zugefügt hatte, war er regelmäßig verhört und gefoltert worden.[78] Ohne dadurch zu weiteren Erkenntnissen über etwaige Hintermänner zu gelangen, hatten ihm die Folterknechte die Füße verbrannt, sodass er jetzt in einem Sack zur Hinrichtungsstätte gebracht werden musste.

Die Aussicht auf das nicht alltägliche Spektakel der Vierteilung hatte zum Erstaunen des Henkers Henri Sanson auch zahlreiche vornehme Damen der Gesellschaft zur Hinrichtungsstätte gelockt,[79] wo insgesamt sechs Scharfrichter ihres grausamen Amtes walten sollten. Die Schaulustigen, unter denen sich auch der Abenteurer und Schriftsteller Giacomo Casanova befand, wurden nicht enttäuscht. Nachdem man

Die Hinrichtung Robert François Damiens am 28. März 1757.

dem Delinquenten die Täterhand mit Schwefelfeuer verbrannt hatte, wurden ihm mit glühenden Zangen große Fleischstücke aus dem Körper gerissen und die Wunden mit flüssigem Blei gefüllt. Erst dann begann der Hauptakt, dessen desaströsen Verlauf keine noch so sadistische Regie sich hätte ausdenken können. Unter dem alles übertönenden Gebrüll Damiens versuchten ihm vier, später sogar sechs starke Pferde etwa anderthalb Stunden lang die Gliedmaßen abzureißen, was aber erst gelang, als die Henker mit Genehmigung des Gerichts mit Axthieben die Sehnen von Armen und Beinen durchtrennten. Als es daraufhin endlich gelang, das linke Bein abzureißen, klatschte das Publikum erleichtert Beifall.[80] Das Opfer schien noch zu leben, nachdem ihm der letzte Arm abgerissen worden war, und so schlug ihm der Henker auch den Kopf ab und warf alle bluttriefenden Körperteile einschließlich des Torsos auf einen brennenden Scheiterhaufen. Der Gestank des schmorenden Fleisches verursachte einige Ohnmachtsanfälle in der Menge, wo man zwischenzeitlich lebhaftes Bedauern für die armen Pferde geäußert hatte.[81]

Der König war zwar der Hinrichtung ferngeblieben, zeigte sich aber über alle Einzelheiten des schauerlichen Spektakels genau informiert und irritierte wohl auch mit seinen allzu ausführlichen Schilderungen etliche der ausländischen Botschafter.[82] Wie der etwas unbedarfte Herzog Emmanuel von Croy sah die Mehrzahl der schaulustigen Pariser in dem durch die Staatsgewalt zu Tode Gequälten nur einen »elenden Menschen«, der sein grausames Schicksal vollkommen verdient hatte. Tatsächlich war Damien ein gewalttätiger Einzelgänger und Vagabund gewesen, dessen bescheidene Lektüreerlebnisse ihn wohl zu seiner wirren Tat verleitet hatten. Selbst der unbestrittene König der Philosophen, François Marie Arouet, genannt Voltaire, bezeichnete aus seinem fernen Genfer Exil den Pariser Attentäter wiederholt als »Monster« und mokierte sich über die bei ihm eingehenden Fragen des »literarischen Europas«. Sei Frankreich denn noch die große Nation, die er aller Welt als so liebenswert dargestellt hatte, und war dies noch das Jahrhundert, das von ihm als so weise gerühmt worden war? Voltaires Antwort an seine Briefpartner fiel nicht eben überzeugend aus. Es gebe nun einmal Menschen wie Damien oder Ravaillac (der Mörder König Heinrichs IV.), die in ihrem aufgehetzten Wahnsinn weder diesem Jahrhundert angehörten noch ein Teil Frankreichs seien.[83] Zivilisiertheit, so seine Botschaft, könnten eben nur jene erwarten, die sich selbst der Zivilisiertheit einfügten. Man muss dem großen Selbstdarsteller Voltaire zugutehalten, dass er sich in seinem Schweizer Exil nichts sehnlicher wünschte, als in das Rampenlicht von Paris zurückkehren zu dürfen, aus dem er seit mehr als 20 Jahren verbannt war. Auch nur der Hauch einer Kritik an den hauptstädtischen Behörden hätte ihn, dessen »skandalöse« *Lettres philosophiques* schon an derselben Stelle wie Damien vom Henker zerrissen und verbrannt worden waren und der selbst mehrere Monate in der Bastille hatte zubringen müssen, weit von seiner Rehabilitierung entfernt.

An dem verzweigten Netz von Kontakten, das der Aufklärer, Schöngeist und Dichter Voltaire damals selbst mit gekrönten Häuptern wie Friedrich von Preußen oder Elisabeth von Russland unterhielt, lässt sich der Erfolg einer Bewegung ermessen, dessen prominentester Repräsentant wie auch wohl ihr größter Profiteur der reiche Exilant von Genf war.

Während die Pariser Behörden am 28. März 1757 den *Place de Grève* noch einmal für einen Nachmittag in ein Schlachthaus verwandelt hatten, waren die Ideen der Aufklärung längst über die arkanen Zirkel in den Pariser Kaffeehäusern und feinen Salons hinaus in die Breite der Gesellschaft vorgedrungen. Die Ansichten der aufklärerischen Philosophen zu Staat, Kirche und Gesellschaft prägten inzwischen sämtliche Debatten und stießen sogar bei einem Teil der adligen Elite auf Sympathie. Schon 1739 hatte René Louis de Voyer de Paulmy, Graf von Argenson, den König Ludwig XV. fünf Jahre später zu seinem Außenminister ernannte, in seinen »Betrachtungen über das alte und gegenwärtige Regime« Frankreich als »ein übertünchtes Grab« bezeichnet, in dem der äußere Glanz die innere Fäulnis kaum noch verdecken könne. Das Manuskript wurde zwar erst 1764 veröffentlicht, sieben Jahre nach dem Tod des Grafen, kursierte aber schon vorher als Handschrift in den Kreisen seiner philosophischen Freunde.[84]

Aufklärer wie Locke, Diderot oder Montesquieu vermieden allerdings jede direkte Kritik an den herrschenden Verhältnissen und Vorstellungen. Gewiefte Autoren präsentierten ihre gefährlichen Ansichten nach dem Vorbild des Hugenotten Pierre Bayle, einem frühen Enzyklopädisten, gerne in Dialogen, in denen die Vorwürfe durch die

Gegenrede der Vertreter der Tradition scheinbar widerlegt wurden. Oder sie kritisierten Elemente des Christentums wie etwa die Jungfrauengeburt am unverfänglichen Beispiel des ägyptischen Isiskultes, der eine ähnliche Vorstellung aufwies.[85]

Bis zu einem gewissen Grad versprachen sich Monarchen wie Friedrich von Preußen oder Kaiser Joseph II. (1765–1790) vom Kampf der Aufklärer gegen Aberglauben, Unwissenheit und religiöse Dogmen auch Impulse für ihr Projekt einer begrenzten Rationalisierung der Regierungspraxis. Spätere Historiker bezeichneten diese Haltung als aufgeklärten Absolutismus, das 18. Jahrhundert selbst kannte den Begriff nicht. Von Beginn seiner Herrschaft an bemühte sich Friedrich der Große um Aufklärer wie etwa den französischen Arzt Julien Offray de La Mettrie, der am Potsdamer Hof völlig frei seinen Materialismus vertreten konnte. Dass der flüchtige Franzose dabei den Staat mit einer Maschine verglich, wird dem *Roi Connétable* und Befehlshaber über eine wohl gedrillte Armee durchaus eingeleuchtet haben.[86]

Friedrichs Interesse an den Ansichten der Aufklärer ging weit über ein höfisches Bedürfnis nach feingeistigen Plaudereien über Literatur, Malerei und Musik hinaus. Der preußische Monarch schien sogar die revolutionäre Lehre des Gesellschaftsvertrages zu akzeptieren, wenn er in einer seiner späteren Schriften anmerkte: Die Aufrechterhaltung der Gesetze sei der einzige Grund gewesen, der die Menschen bewogen hat, sich Obere zu geben. Dies allein sei der wahre Grund aller Herrschergewalt.[87] Die Forderung der Aufklärer nach konfessioneller Toleranz deckte sich sogar vollkommen mit seinen Ansichten, zumal dem »Philosophenkönig« die Religion ohnehin unwichtig erschien. Schwerer tat er sich allerdings mit der Legitimierung seines Königtums. Friedrich hatte zwar erkannt, dass die barocke Berufung auf das eigene Gottesgnadentum schon längst zu einer Leerformel geworden war, doch sein Ansatz, sich selbst als erster Diener des Staates zu inszenieren und die Mängel etwa des britischen Parlamentarismus zu betonen, konnte auf Dauer die Kritiker der Monarchie nicht wirklich überzeugen.[88]

Während Friedrich sich offen und durchaus ernsthaft mit den Ansichten der Aufklärer auseinandersetzte, führten in Frankreich Königshaus und Kirche einen jahrzehntelangen Kampf gegen die neue Bewegung. Die Behörden verbrannten öffentlich die gefährlichen Bücher, verbannten ihre Autoren, sofern sie sich ermitteln ließen, oder steckten sie, wie etwa den ehemaligen Jesuitenzögling Denis Diderot, auf unbestimmte Zeit in das Verließ von Vincennes.[89] Die Front der Aufklärungsgegner war jedoch alles andere als geschlossen. Zu den Unterstützern Jean-Jacques Rousseaus zählte mit François I., dem Prinzen von Conti, sogar ein Vetter des Königs. Den besorgten Verlegern der großen Enzyklopädie ebnete wiederum der langjährige Kriegsminister und Leiter des staatlichen Buch- und Verlagswesens Pierre Marc de Voyer de Paulmy, Graf von Argenson, ein jüngerer Bruder des Außenministers, den Weg zur Veröffentlichung. Schließlich versprach das gigantische Projekt, eine der Schlüsselpublikationen der Aufklärung, guten Gewinn und Hunderte von Arbeitsplätzen.[90] Die hohen Erwartungen der Enzyklopädisten wurden auch nicht enttäuscht. Die in Frankreich zunächst erschienenen sieben Bände verkauften sich hervorragend. Allerdings versagte der besorgte Versailler Hof seit 1759 den Druck weiterer Folgen und zwang damit die Herausgeber in die Niederlande auszuweichen. Erst 1772 konnte das auch heute noch beeindruckende Werk, an dem Hunderte von Autoren mitgearbeitet hatten, zum Abschluss gebracht werden. Seine insgesamt 25 Bände vereinigten 73 000 Artikel zu den verschiedensten Themen, in denen die renommierten Beiträger den damals neuesten Erkenntnisstand der Wissenschaften zusammengefasst hatten. Allein schon die alphabetische Ordnung der Artikel stellte einen klaren Bruch mit der bisherigen hierarchischen Struktur des Wissens dar. Es war daher keine Übertreibung, wenn der exzellente Mathematiker und Mitherausgeber der Enzyklopädie, Jean le Rond d'Alembert, schon 1758 stolz verkündete, dass der Gebrauch einer neuen Methode des Philosophierens »eine lebhafte Gärung der Geister« erzeugt habe. Die Aufklärung wirke nach allen Seiten und habe alles gleich einem Strom mit Heftigkeit ergriffen, der alle Dämme breche.[91]

Bei allen bedeutsamen Unterschieden beruhte das Denken der Aufklärung im Kern auf einem Paradox. Indem die Aufklärer den Menschen von seinem metaphysischen Sockel stießen, befreiten sie zugleich seine Vernunft aus dem Gefängnis scholastischer Weltbilder und erhöhten ihn damit zu einem neuen Prometheus. Aus der naturrechtlich begründeten Eigenständigkeit des Menschen ergab sich ein völlig neues Staatsverständnis. Männer wie der Engländer John Locke, der nach der *Glorious Revolution* von 1688/89 in kurzer Folge seine drei wichtigsten Werke über die Toleranz, die Regierung und die menschliche Erkenntnis veröffentlicht hatte, definierten die Aufgaben des Staates und das menschliche Erkenntnisvermögen nun völlig neu. So beerdigte Locke, der als enger Vertrauter des ehemaligen Kanzlers Anthony Ashley Cooper, des 1. Lords von Shaftesbury, fünf Jahre lang im niederländischen Exil hatte verbringen müssen, in seiner Erkenntnistheorie die Vorstellung der mittelalterlichen Scholastiker von den eingeborenen Ideen. Erst dadurch, so die bis dahin herrschende Lehre, sei es den Menschen überhaupt möglich, die göttliche Schöpfung zumindest in ihren groben Umrissen zu erkennen. An die Stelle einer kosmologischen Gesamtschau setzten Locke und die sogenannten Empiristen die sinnliche Wahrnehmung und das Vermögen der Menschen, aufgrund von Einzelbeobachtungen und induktiver Schlüsse zu echten Erkenntnissen zu gelangen.[92] Als Vorbild dienten dem ausgebildeten Arzt namhafte Vertreter der Naturwissenschaften wie Robert Boyle, Isaac Newton und William Harvey, der Entdecker des menschlichen Blutkreislaufs.

Die greifbare Folge dieser Revolution des Denkens war eine beispiellose Explosion des menschlichen Wissens, ein Gefühl von Aufbruch und Fortschritt und der sich rasch verbreitende Glaube an eine ständige Verbesserung der menschlichen Verhältnisse.[93]

Obwohl die meisten Aufklärer sich als Deisten sahen, die Idee eines Schöpfergottes aufrechterhielten und auch die Monarchie nicht grundsätzlich infrage stellten, gestaltete sich ihr Verhältnis zur staatlichen Ordnung und zur Macht der Kirchen schwierig. Nach Auffassung Lockes hatte sich die Obrigkeit von ihrer traditionellen Rolle als Bewahrerin einer angeblich von Gott gestifteten politischen Ordnung zu verabschieden. Die Bürgerkriege des 17. Jahrhunderts hatten gezeigt, dass die alte Glaubenseinheit durch staatlichen Zwang nicht mehr aufrechtzuerhalten war. Die konfessionelle Spaltung der europäischen Christenheit ließ sich nicht mehr rückgängig machen. Unabhängig davon bezweifelte Locke überhaupt, dass der Staat in diese intimste Sorge seiner Bürger um ihr Seelenheil eingreifen dürfe. Die Religion der Bürger sei Privatsache und der Staat sei sogar verpflichtet, die Anhänger der unterschiedlichen Konfessionen zu schützen, sofern sie ihrerseits die Staatsgewalt respektierten. Aus diesem Grund glaubte er auch, Katholiken und Atheisten aus seinem Toleranzpostulat ausschließen zu müssen. Die einen verdächtigte er als illoyale Umstürzler, die im Auftrag Roms handelten, die anderen überhaupt als sittenlose Gefährder jeder staatlichen Ordnung.[94] Alle Regierungen hatten sich nach den Vorstellungen Lockes darauf zu beschränken, Leben, Freiheit und Eigentum ihrer Bürger zu schützen. Eine andere Legitimation staatlicher Gewalt gab es für ihn nicht mehr.

Analog zu den Naturwissenschaften versuchten die Aufklärer, den Staat zu verstehen, indem sie ihn in seine Bestandteile zergliederten. Das wichtigste Instrumentarium dazu war die Idee des Gesellschaftsvertrages.[95] Diese Fiktion war der Kern der gesamten Bewegung. Von Natur aus freie Menschen fassten in einem fiktiven Naturzustand den einhelligen und freien Beschluss, zum Schutz ihres natürlichen Anspruchs auf Leben und Eigentum einen Teil ihrer Rechte der Staatsgewalt zu übertragen. Die Vorstellung, dass alle Menschen gleich und mit gleichen Rechten ausgestattet seien, leiteten Aufklärer wie der Jurist Charles Louis de Secondat Montesquieu ganz aus dem Naturrecht ab. Wie die Gesetze der Mathematik nach dieser Vorstellung auch unabhängig von der menschlichen Wahrnehmung existierten, so gäbe es in Analogie dazu auch ein natürliches Recht, das die Vernunft erfassen könne, welches aber eben nicht von ihrem Erfassen abhängig sei.[96] Damit widersprachen die Aufklärer auch klar dem düsteren Menschenbild des Engländers Thomas Hobbes, der eine ursprüngliche Sittlichkeit des Menschen im Naturzustand noch bestritten hatte und die Staatsbildung aus einem Akt der Notwehr herleitete.

Mit ihrer Befreiung des Naturrechts aus der Vormundschaft von Staat und Religion hatten die Aufklärer dem Menschen eine bis heute wirksame autonome Eigenrechtlichkeit verschafft, wie sie wohl am deutlichsten in der amerikanischen Verfassung von 1776 formuliert wurde. Sie übersahen dabei allerdings, dass ihre Überzeugung, jeder Mensch besitze unveräußerbare Rechte, selbst nur ein Glaube war.

Dass die »Vernunft« sich schließlich auch gegen den zu befreienden Menschen wenden konnte, wenn dieser etwa gar nicht vernünftig sein wollte, zeigte sich schon in dem milden Tadel, mit dem Immanuel Kant 1784 seine Definition der Aufklärung verknüpfte. Das Verharren in einem nicht aufgeklärten Zustand bezeichnete er in seiner Schrift als

»selbstverschuldete Unmündigkeit« und wandte sich mit aller Schärfe gegen die Oberflächlichkeit der Franzosen, wo sich der anfängliche Impetus der Aufklärung häufig nur noch in seichten Tischgesprächen wiederfand.[97] Bei keinem anderen Autor aber zeigte sich die Ambivalenz zwischen Befreiung und neuer Unterdrückung so deutlich wie in den radikalen Ideen von Jean-Jacques Rousseau. Der aus Genf stammende Verfasser des *Contrat social* hatte sich schon in den 1750er-Jahren mit seinen früheren Weggenossen überworfen und war zu einem vehementen Kritiker der neuen bürgerlichen Gesellschaft geworden, in der nach seiner Ansicht das Streben nach Besitz und das Bedürfnis nach Anerkennung die Menschen dominierten und von ihren wahren Interessen ablenkten. Rousseau glaubte dagegen an die Möglichkeit einer völlig neuen Gemeinschaft, in der die Beziehungen der Menschen von einer neuen patriotischen Bescheidenheit geprägt sein würden. Der Philosoph aus der Stadt Johannes Calvins stellte der Vernunft die Tugend zur Seite. Er glaubte, der natürliche Mensch, der an seinen überkommenen Interessen festhalten wollte, könne durch beharrliche Umerziehung zum Mitglied einer neuen Gesellschaft gemacht werden, in der allein der »allgemeine Wille« maßgebend sein sollte. Rousseaus *Contrat social* war ein komplexes analytisches Modell, an eine Umsetzung in die politische Praxis hat er nie gedacht, ebenso wenig wie an eine gewaltsame Unterdrückung anderer. Er wäre daher wohl erstaunt gewesen über den Vorwurf, dass sein *Contrat social* die Blaupause für den Totalitarismus des 20. Jahrhunderts geliefert habe. Doch die Tür dazu hat seine Lehre weit aufgestoßen. Zu den Männern, die in den 1770er-Jahren den alternden Philosophen in Ermenonville bei Paris besuchten, gehörte auch ein begeisterter junger Anwalt aus Lille, dessen Name wie kein anderer zum Symbol für die spätere Terrorherrschaft der Jakobiner werden sollte.

Nur ein Waffenstillstand – Der Friede von Aachen

Die Londoner Festlichkeiten zum Abschluss des Aachener Friedens fielen am 27. April 1749 dem britischen Wetter zum Opfer. Am Nachmittag des zunächst klaren Tages setzte Dauerregen ein, der das vom »Generalmeister der Feuerwerke seiner Majestät« aufwendig vorbereitete pyrotechnische Spektakel erheblich in seiner Wirkung schmälerte. Das zahlreich erschienene Publikum verließ die Veranstaltung im Green Park mit eher gemischten Gefühlen. Horace Walpole, Sohn des ehemaligen Außenstaatssekretär Robert Walpole, erfolgreicher Literat, aufmerksamer Chronist der Georgianischen Epoche und darüber hinaus Stil prägender Gartenarchitekt, teilte einem Freund seine Eindrücke in einem Brief mit. »Die Raketen, und was sonst in die Luft geschossen wurde, waren ein großer Erfolg; aber die Räder und alles, was den Hauptteil darstellen sollte, waren eintönig und schlecht bedient, kaum ein Besucher wollte bis zum Ende bleiben.«[98]

Trotz des starken Regens geriet durch das Feuerwerk der rechte Flügel des großen hölzernen Pavillons in Brand, der in monatelanger Arbeit unter Leitung von Giovanni Servandoni im aufwendigen Palladiostil errichtet worden war. Die Aufregung war groß und die beiden Verantwortlichen gerieten vor Angst und Scham sogleich in Rage. Servandoni, der in Wirklichkeit ein Franzose namens Jean Nicolas Servan war, ging mit gezogenem Degen auf den Generalmeister der Feuerwerker, Charles Frederic, los, der seinerseits nicht zögerte, die Klinge zu ziehen. Während der operettenhafte Streit glimpflich endete, waren durch das Feuer zwei Tote zu beklagen. Dies sei aber, wie Walpole versicherte, ein weit geringerer Schaden gewesen als die 40 Toten und 300 Verletzten bei den Friedensfeiern von Paris, wo es aus ähnlichem Anlass zu einer Massenschlägerei gekommen war.[99]

Allein Georg Friedrich Händels eigens für das Ereignis komponierte Feuerwerksmusik rettete den Tag. Der Wahlbrite aus Halle, der schon seit fast vier Dekaden in der britischen Hauptstadt lebte und dort dank spektakulärer Erfolge zur europäischen Berühmtheit aufgestiegen war, hatte sich mit seinem musikalischen Konzept selbst gegen seinen König und Landsmann, Georg II., durchgesetzt, welcher ausdrücklich mehr Trompeter und weniger Streicher gewünscht hatte.[100]

Der Monarch hätte einen triumphalen Stil mit »weniger Gefiedel« bevorzugt, gerade da das Ende eines Krieges zu feiern war, der für das Inselreich keineswegs erfolgreich verlaufen war.

Skeptiker hätten dann auch die Pannen der Feierlichkeiten im Green Park als ungünstiges Omen für die Dauerhaftigkeit des Aachener Friedenswerkes deuten können. Nur in äußerster Zwangslage hatte Großbritannien im Oktober 1746 nach einer neuerlichen Niederlage gegen die Franzosen bei Rocoux unweit von Lüttich erste Verhandlungen mit Frankreich aufgenommen. Der Siegeszug der französischen Armeen unter dem Marschall Moritz von Sachsen, der als größter Feldherr seiner Zeit galt, hatte der britischen Regierung unter Staatssekretär Henry Pelham keine andere Wahl gelassen. Schon waren fast sämtliche belgischen Festungen, darunter Namur, Tournai und Mons, verloren gegangen. Brüssel hatten die Franzosen bereits im Februar 1746 eingenommen. Die Aussichten auf eine militärische Wende waren mit jedem Monat weiter gesunken, während die britischen Staatsschulden inzwischen von 49 Mio. auf mehr als 76 Mio. Pfund geklettert waren.[101]

Doch auf der anderen Seite des Kanals hatte die französische Krone mit ähnlichen Problemen zu kämpfen. Zur Überraschung und Erleichterung des britischen Kabinetts zeigte sich Frankreich bereit, die in mühsamen Kämpfen und Belagerungen eroberten österreichischen Niederlande zurückzugeben. Auf der Grundlage einer Wiederherstellung des Status quo ante waren die Diplomaten beider Mächte sehr schnell in vorerst noch geheime Verhandlungen eingetreten. Ende April 1748 hatten sich dann Großbritannien und Frankreich in Aachen auf einen Vorfrieden geeinigt, der im Oktober, fast auf den Tag genau ein Jahrhundert nach dem Westfälischen Frieden, zu einem endgültigen Abschluss gebracht werden konnte. Bis zum folgenden Februar hatten ihn schließlich auch die anderen sechs am Krieg beteiligten Mächte ratifiziert. Für die Räumung ganz Belgiens, eine der reichsten Regionen Europas, erhielt Frankreich im Gegenzug Louisbourg am Kap Breton zurück. Die bescheidene Festung auf der öden Atlantikinsel war im Juni 1745 von Kolonisten aus Massachusetts im Zusammenwirken mit britischen Flotteneinheiten nach mehrwöchiger Belagerung eingenommen worden. Es war einer der wenigen Erfolge für die Briten, die im zurückliegenden Krieg in Indien auch noch den Verlust von Madras zu beklagen hatten.[102]

Nur auf den ersten Blick war es ein außergewöhnlicher Tausch. Denn Louisbourg schützte den Ausgang der St.-Lorenz-Bucht und war damit der Schlüssel zu ganz Kanada. Hinter der Rückgabe Belgiens, für dessen Besitz Ludwig XIV. immerhin ein halbes Jahrhundert gekämpft hatte, steckte daher nicht, wie der französische Hof damals gerne be-

Allegorie auf den Frieden von Aachen.

hauptete, die tiefe Überzeugung des Monarchen, dass Frankreich territorial saturiert sei. Es zeigte sich darin vielmehr ein neues strategischen Denken, das der britisch-französischen Rivalität in Nordamerika nun erstmals gegenüber Europa Priorität einräumte. Frankreichs hegemoniale Rolle in Europa, so das neue Kalkül, könne in Zukunft nur noch durch sein Überseeimperium behauptet werden. Gingen seine Kolonien in Nordamerika verloren, so wären auch seine Besitzungen in der Karibik gefährdet, die französische Krone würde ihren lukrativen Überseehandel einbüßen und schließlich wie die inzwischen bedeutungslosen Generalstaaten völlig von der Willkür der Briten abhängen.

In Westminster teilten daher auch längst nicht alle Politiker Pelhams Begeisterung über den Rückgewinn Belgiens. Da Louisbourg als Sprungbrett zur Eroberung Quebecs und aller anderen französischen

Territorien in Kanada galt, war seine Rückgabe an Frankreich vielen Abgeordneten als ein zu hoher Preis erschienen. Es erhoben sich nicht zum letzten Mal gewichtige Stimmen im Vereinigten Königreich, welche die allzu engen kontinentalen Bindungen des deutschstämmigen Königs kritisierten. Wie sein Vater war Georg II. immer noch in Personalunion Kurfürst von Hannover, und das Misstrauen, dass vielleicht britische Interessen der Sicherung des Stammlands der deutschen Dynastie zum Opfer fallen könnten, ließ nicht nach. Abgeordnete wie der Tory Venters Cornwall aus Herefordshire warnten daher auch, dass Großbritannien sich unbedingt aus den Streitigkeiten der europäischen Fürsten heraushalten solle, andernfalls mache es sich zum »Don Quichote« Europas. Dagegen betonte Kriegsminister Henry Fox im Unterhaus, dass Frankreich unbedingt auf dem Kontinent beschäftigt werden müsse. Würde Großbritannien diese Aufgabe vernachlässigen, könnte der Rivale jenseits des Kanals den Großteil seiner Ressourcen nutzen, um seine Flotte auszubauen, und die britische Seemacht ernsthaft bedrohen. Der Schlüssel zum britischen Imperium in Übersee läge daher in Europa.[103]

Besonderes Kopfzerbrechen aber bereitete der britischen Regierung nach dem Aachener Friedensschluss, dass die alte Allianz zwischen Reich, Generalstaaten und Großbritannien ganz offensichtlich nicht mehr die Kraft besaß, die belgische Barriere gegen Frankreichs Großmachtambitionen zu verteidigen. Unübersehbar waren die alten Generalstaaten, im 17. Jahrhundert noch eine Respekt einflößende Großmacht, zu einem unbedeutenden Randstaat im Nordwesten Europas herabgesunken. Die Vereinigten Provinzen seien durch ihre Form der Regierung machtlos geworden, hatte Kabinettssekretär Philip Stanhope, der 4. Lord von Chesterfield und langjährige Gesandte in Den Haag, schon während des Krieges notiert und zugleich prophezeit: Durch Missmanagement und eine lange Kette von Fehlschlägen verarmt werden die Holländer unausweichlich einmal unter französische Vorherrschaft geraten.[104]

Österreich wiederum schien nur noch wenig Interesse an der Aufrechterhaltung des europäischen Gleichgewichts zu haben. In Wien trauerte die junge Herrscherin Maria Theresia vor allem der Provinz Schlesien nach, deren Raub durch Preußen der Aachener Frieden ausdrücklich noch einmal bestätigt hatte. Schlesien war vor 1740 Habsburgs ertragreichste Provinz gewesen und ihr Verbleib in preußischer Hand musste Österreichs Vormachtstellung im Reich dauerhaft gefährden. Belgien dagegen war in den Augen der österreichischen Minister nur ein weit im Westen gelegener isolierter Außenposten der Monarchie, der mehr und mehr als politischer Mühlstein empfunden wurde und dessen Verteidigung kostbare Truppen band. Nur zu gern hätte die österreichische Politik diese ungeliebte Erbschaft aus der alten spanischen Ländermasse gegen Gebietszuwächse in Italien oder im Reich eingetauscht.[105]

Doch Großbritannien wollte das seit der *Glorious Revolution* von 1688 bestehende Bündnis mit Österreich nicht vorschnell aufgeben. London brauchte unbedingt einen Festlandsdegen gegen Frankreich und seine gewaltigen Landstreitkräfte, die jederzeit in der Lage waren, die belgische Festungskette zu durchbrechen. Preußen hielt zwar ebenfalls eine beachtliche Armee unter Waffen, doch der aufstrebende Hohenzollernstaat erschien als Alternative zu Österreich zu unzuverlässig. Gerade Friedrichs eigenmächtiger Einmarsch in Ostfriesland, wo 1744 die regierende Dynastie ausgestorben war, hatte bei Hof erhebliche Sorge ausgelöst, dass der als unberechenbar geltende Preußenkönig auch das Kurfürstentum Hannover, das Stammland der britischen Dynastie, einmal okkupieren könnte.

Daher setzte die britische Politik weiterhin auf Österreich. Der alte Kaiserstaat musste aber unbedingt stabilisiert werden, wenn er noch als Verbündeter gegen Frankreich von Nutzen sein sollte. London verfiel daher auf den Gedanken, die vorzeitige Wahl Erzherzogs Josephs, des ältesten Sohnes der Kaiserin, zum Römischen König durch die Zahlung von Subsidien zu unterstützen.[106] Stünde erst einmal die Mehrheit der Reichsfürsten wieder hinter Österreich, würde das, so Außenstaatssekretär Newcastles Kalkül, die Monarchie stärken. Zum Erstaunen der Briten reagierte Wien auf die britischen Bemühungen jedoch eher skeptisch und monierte zunächst, dass man die deutschen Kurfürsten nicht durch britische Subsidien noch unabhängiger machen sollte. Zudem empfand die Kaiserin die finanziellen Forderungen des in Mannheim residierenden Pfalzgrafen Karl IV. Theodor als arg überzogen[107] und argumentierte, durchaus realistisch, dass einzig ein einhelliges Votum aller Kurfürsten des Reiches dem Ansehen Habsburgs im Reich wirklich nützen würde.[108]

Auch in der Hofburg war die Unzufriedenheit mit dem Aachener Frieden groß. Schon Londons eigenmächtige Aufnahme von Verhandlungen mit den Franzosen in Breda und der einseitig ausgehandelte Vorfrieden von Aachen hatten zu einer Entfremdung zwischen den beiden Verbündeten geführt. In Wien war man erbost, von London derart übergangen worden zu sein.[109] Ihre Feinde würden ihr bessere Bedingungen bieten als ihre Freunde, hatte Maria Theresia noch im April 1748 dem langjährigen britischen Gesandten in Wien, Sir Thomas Robinson, geklagt und dabei den Briten noch einmal ausführlich eine Mitschuld am Verlust Schlesiens gegeben.[110] Zwar übersah man nicht, dass Großbritannien mit Louisbourg seine einzige Kriegsbeute an Frankreich zurückgegeben hatte, um die Räumung des habsburgischen Besitzes in Belgien zu erwirken. Zugleich aber hatte London dem Preußenmonarchen gegen den energischen Widerstand Wiens seine schlesische Akquisition ausdrücklich bestätigt.

Am Wiener Hof war man sich darüber klar, dass ein neuerlicher europäischer Krieg, den Österreich unter günstigen Umständen zur Rückgewinnung dieser Provinz führen würde, entschieden britischen Interessen widersprach. Maria Theresia konnte daher von London mit keinerlei Unterstützung ihres Herzensanliegens rechnen. Die Weichen für einen grundlegenden Kurswechsel der österreichischen Politik schienen damit gestellt.

Einen Monat vor den Londoner Feierlichkeiten zum Aachener Frieden hatte die Kaiserin ihre Minister und Berater zu einer Geheimen Konferenz, dem obersten Rat der Krone, zusammengerufen, um über die Neuausrichtung der österreichischen Politik zu beraten. Zu den Teilnehmern der Sitzung am 18. März 1749 zählte auch ein junger Diplomat, der in den kommenden Dekaden den politischen Kurs Österreichs maßgeblich prägen würde. Wenzel Graf Kaunitz-Rietberg war der Sohn eines mährischen Landeshauptmanns und einer westfälischen Adligen. Der junge Kaunitz hatte in Leipzig studiert und war 1735 nach der damals üblichen Kavalierstour durch Frankreich, die Niederlande und Italien im Alter von 24 Jahren in kaiserliche Dienste getreten. 1742 durfte er seinen ersten Botschafterposten in Turin antreten und war zwei

Jahre später als Minister des habsburgischen Statthalters in Brüssel, Prinz Karl von Lothringen, nach Brüssel gekommen. Da der Statthalter selbst als Heerführer in Böhmen kämpfte und seine Gattin, Maria Anna, schon bald nach Kaunitz' Ankunft verstorben war, ging die Gesamtverantwortung in den österreichischen Niederlanden auf den jungen Diplomaten über. Obwohl er sich mit allen Mitteln gegen die drohende Niederlage stemmte, musste er am 21. Februar 1746 Brüssel an die Franzosen übergeben. Seither war Kaunitz davon überzeugt, dass die militärische Kraft Österreichs allein nicht mehr genügen würde, um Belgien gegen die französische Armee zu verteidigen und gleichzeitig einen Krieg gegen Preußen zur Rückeroberung Schlesiens zu führen. Nicht Frankreich, sondern Preußen war nunmehr in Kaunitz' Augen der tatsächliche Hauptfeind der Monarchie, da es im Besitze von Schlesien jederzeit in der Lage war, ins Herz der Monarchie vorzustoßen. Ein Arrangement mit Frankreich, das zumindest die Neutralität des Bourbonenstaats in einem erneuten preußisch-österreichischen Krieg sicherte, schien ihm daher der einzige Ausweg. Schon 1745 hatte es Geheimverhandlungen mit den Franzosen gegeben, die aber vorerst ohne konkrete Ergebnisse geblieben waren. Drei Jahre später war Kaunitz zum österreichischen Verhandlungsführer in Aachen ernannt worden und wusste durch seine Unterredungen mit den Franzosen, dass in Versailles längst nicht mehr die Protagonisten der traditionellen Frontstellung gegen Habsburg dominierten. Es bestand also politischer Spielraum. Die Idee einer Allianz mit Frankreich war nicht neu, doch Kaunitz war der erste österreichische Politiker, der sie zum Kern eines neuen diplomatischen Systems machen wollte.[111] Dessen Grundzüge präsentierte er an diesem 18. März 1749 in einer umfänglichen Denkschrift der Kaiserin und den sechs anderen Mitgliedern der Geheimen Konferenz.

Ein Bündnis mit Frankreich, das in einem Krieg gegen Preußen zumindest die Neutralität des Bourbonenstaates sicherte, müsse nicht notwendig Großbritannien verprellen, argumentierte Kaunitz. Es hätte auch den unbestreitbaren Vorteil, dass Österreich keine Truppen zum Schutze Belgiens würde aufbieten müssen. Doch welchen Nutzen könne Frankreich aus dieser Konstellation ziehen? Was könne Österreich den Franzosen für ihre Neutralität überhaupt bieten? Kaunitz' Einschätzung der französischen Politik blieb ganz konventionell auf

Europa zentriert, die transatlantischen Ambitionen Frankreichs überging er vollkommen und hätte sie wohl auch kaum verstanden. So glaubte er zunächst, dass Frankreich von Friedrichs sprunghafter Politik genug habe und nach einem langen und ergebnislosen Krieg an einer neuerlichen Unterstützung Preußens kaum noch Interesse zeigen würde. Umso offener müsste daher Paris für territoriale Kompensationen in Belgien oder in Savoyen sein, die man ohne einen Schwertstreich erwerben könnte. Konkret schlug Kaunitz in seiner Denkschrift vor, die formal noch zum Reich gehörende Grafschaft Savoyen dem spanischen Prinzen Don Philipp anzubieten, der sie als möglicher Nachfolger Ludwigs XV. schließlich dem französischen Staatsgebiet zufügen könne. Das Königreich Sardinien-Piemont wiederum sei für seinen Verlust mit dem Herzogtum Mailand zu entschädigen. Die damit verbundenen reichsrechtlichen Probleme leugnete Kaunitz nicht, betrachtete sie aber als nicht unüberwindbar. Die Kaiserin wie auch die übrigen Mitglieder der Geheimen Konferenz stimmten zwar Kaunitz' Ansicht grundsätzlich zu. Fraglos hätte ein Zusammengehen mit Frankreich beträchtliche Vorteile, doch die erfahrenen Minister wie etwa Friedrich Graf von Harrach oder Rudolph Graf von Colloredo, der oberste Kanzler von Böhmen, warnten vor einer Überstürzung. An eine rasche Umsetzung der neuen Politik, wie es Kaunitz vorschwebte, sei überhaupt nicht zu denken. Vor allem dürfe Großbritannien, der im Augenblick einzige verlässliche Alliierte des Kaiserhauses, nicht verprellt werden. Zudem herrschte in der hohen Runde immer noch großes Misstrauen gegenüber dem alten Erzfeind Frankreich. Man könne wohl nicht ausschließen, dass Paris allzu offen vorgetragene österreichische Offerten direkt an den Preußenkönig weiterleiten würde. Der soeben aus den Niederlanden zurückgekehrte Feldmarschall Karl Graf von Batthyány, Nachfolger des am 5. Juli 1749 verstorbenen Harrach in der Geheimen Konferenz, rechnete für diesen Fall sogar mit einem preußischen Präventivschlag. Er riet daher, keine Unterhandlungen mit Frankreich zu beginnen, ehe nicht Österreich seine Armee und seine Finanzen wieder in Ordnung gebracht habe. Angesichts der unkalkulierbaren Risiken des neuen Kurses empfahl die Konferenz zunächst keine konkreten diplomatischen Schritte. Doch gegen eine Verbesserung des politischen Klimas sprach nichts und so empfing die Kaiserin den neuen Botschafter Frankreichs, Louis Augustin Blondel, mit besonderer Aufmerksamkeit. Tatsächlich konnte der Franzose in seinen Berichten nach Versailles damit prahlen, dass er zu sämtlichen vertrauten Hoffesten geladen worden sei und, obwohl im Range unter ihnen stehend, mit den Botschaftern des Vatikans, Großbritanniens und der Niederlande von der Kaiserin auf eine Stufe gestellt worden sei.[112]

König Ludwig XV. revanchierte sich mit einer ebenso herzlichen Aufnahme des Grafen Kaunitz, der als neuer Botschafter Wiens im November 1750 in Fontainebleau eingetroffen war. Den argwöhnischen Vertretern Preußens war der Stimmungswandel zwischen den beiden alten Rivalen nicht entgangen. Friedrichs Geschäftsträger in Versailles, Freiherr Christoph Heinrich von Ammon, bemühte sich dann auch nach Kräften, Kaunitz am französischen Hof zu desavouieren. Persönliche Kälte, Hypochondrie und eine selbst für diese Epoche auffallende Eitelkeit prägten nach seinen Beschreibungen den neuen österreichischen Gesandten. Derartige Verleumdungen wirkten umso mehr, da sie einen wahren Kern enthielten.[113]

Trotz der freundlichen Aufnahme fand Kaunitz im Kreis der französischen Minister vorerst nur wenig Resonanz für seine Idee einer französisch-österreichischen Allianz. Zu groß waren das Misstrauen gegenüber Wien und eine geradezu sentimentale Anhänglichkeit an Preußen, was Kaunitz zu der sarkastischen Bemerkung veranlasste, dass der Hohenzollernstaat tatsächlich der einzige Verbündete der französischen Krone sei, den sie nicht bezahlen müsse.[114] Nicht einmal die Ernennung des Erzherzogs Joseph zum Römischen König wollte Versailles gegen Friedrichs Willen unterstützen. Lediglich Adrien Maurice, der Herzog von Noailles und Mitglied des königlichen Geheimkabinetts, teilte die Einschätzung des Österreichers. Nicht mehr in Wien, sondern in London sah er den neuen Hauptfeind Frankreichs. In einem an König Ludwig gerichteten Memorandum wies er darauf hin, dass London an den europäischen Verhältnissen kein wirkliches Interesse mehr habe, sondern nur darauf hinarbeite, Frankreichs Kolonien und seinen Handel in seinen Besitz zu bringen.[115]

Kaunitz war zunächst durch eine mehrmonatige Krankheit an der Ausübung seiner Geschäfte gehindert gewesen und rang sich, nachdem er wieder genesen war, zu einem ernüchternden Bericht an die Kaiserin durch. Obwohl noch kein halbes Jahr auf seinem Posten, erklärte er im Mai 1751 unumwunden, dass sein Plan einer französisch-österreichischen Allianz zur Wiedereroberung Schlesiens nicht zu realisieren sei. Österreich könne sich nicht auf Dauer gegen Frankreich und Großbritannien stellen, die beide Preußen ausdrücklich den Besitz Schlesiens garantiert hatten. Daher müsse sich auch das Kaiserhaus mit dem Verlust dieser schönen Provinz abfinden und, so schwer es auch falle, zu einem Ausgleich mit dem König von Preußen kommen. Nur dann könne es wieder außenpolitischen Spielraum erlangen.[116] Die Kaiserin mochte sich zwar der Ansicht ihres Botschafters nicht anschließen, nahm ihm seine Freimütigkeit jedoch nicht übel. Als Kaunitz zwei Jahre später Frankreich wieder verließ, wartete die Position des Staatskanzlers auf ihn. Zwar hatte er persönlich die ungeteilte Wertschätzung des Versailler Hofes als Gewinn verbuchen können, doch in der Sache selbst hatte er keine Fortschritte erzielt.

Erst die Entwicklung in Nordamerika und der eskalierende Streit um das Ohiotal, einer Region, die in Kaunitz' Kalkülen nie eine Rolle gespielt hatte, sollte Frankreich schließlich an die Seite seiner Kaiserin bringen.

Der Krieg vor dem Krieg – Der britisch-französische Streit um das Ohiotal

Während der Verhandlungen in Aachen waren längst nicht alle strittigen Punkte zwischen den Konfliktparteien ausgeräumt worden. Die finanzielle Not und die allgemeine Kriegsmüdigkeit hatten jedoch Großbritannien und Frankreich zu einem Kompromissfrieden genötigt. Die Klärung noch offener kolonialer Fragen war einer späteren einvernehmlichen Regelung überlassen worden. Darunter fiel auch die Festlegung der genauen Grenzen beider Mächte im nordamerikanischen Ohiotal. Zum ersten Mal war damit der Name dieser entlegenen Region auf dem Gebiet der heutigen vier Bundesstaaten West-Virginia, Ohio, Kentucky und Illinois in einem europäischen Vertragswerk erwähnt worden.

Die Bezeichnung »Ohio« stammte von dem Seneca-Wort für »schönes Ufer«. In Anknüpfung daran nannten es die Franzosen *La belle*

Rivière. Ursprünglich war das Ohiotal eine kaum bewohnte Wildnis gewesen und hatte daher den Architekten der großen europäischen Politik nur wenig Kopfzerbrechen bereitet. Seit den 1720er-Jahren waren jedoch die Stämme der Shawnee, Delaware, Mingo und Seneca in das ausgedehnte Gebiet zwischen Eriesee und Appalachen eingewandert und hatten bald weiße Händler beider Seiten angezogen, die versuchten, den Indianern europäische Waren gegen Felle oder Häute zu verkaufen.

Gemäß dem Artikel XVIII des Aachener Vertrages sollte der endgültige Grenzverlauf der französischen und britischen Zonen durch eine gemeinsame Kommission bestimmt werden. Sie trat auch tatsächlich zwei Jahre später zusammen, erzielte aber kaum nennenswerte Fortschritte. Zu hinderlich waren das Misstrauen auf beiden Seiten, Sprachbarrieren in Detailfragen und endlose Dispute über barocke Rangfolgen. Das einseitige Vorgehen der Franzosen im Ohiotal erboste schließlich im Sommer 1754 Thomas Pelham-Holles, den Herzog von Newcastle so sehr, dass er das Projekt bereits beerdigen wollte. Er habe genug von diesen Verhandlungen mit den Franzosen, die zu nichts führten, schrieb der erste Minister König Georgs II. an Willem van Keppel, den 2. Lord Albemarle und Botschafter Großbritanniens in Versailles. Jetzt müsse man sich endlich verteidigen und versuchen, verlorene Positionen wiederzugewinnen.[117]

Im Vergleich zu den britischen Neuengland-Staaten wirkte das französische Kolonialreich in Nordamerika, das in seiner Gesamtheit *La Nouvelle France* genannt wurde, gewaltig, ja geradezu übermächtig. Zur Zeit des Aachener Friedens reichte es in einem weiten Halbkreis von der Mündung des Mississippi über Illinois, die Großen Seen und den St.-Lorenz-Strom bis an die Spitze von Neufundland. Großbritanniens Kolonialbesitz war dagegen auf einen Küstenstreifen von Maine bis Georgia beschränkt und verständlicherweise wuchs in London mit jedem neuen Schub an europäischen Auswanderern der Unmut darüber, dass die notwendige Expansion nach Westen durch Frankreichs Ansprüche blockiert wurde.

Wie ihre britischen Rivalen hatten sich die Franzosen als koloniale Nachzügler erst zu Beginn des 17. Jahrhunderts dauerhaft in der Neuen Welt engagiert. Ein Jahr, nachdem sich die Engländer in Virginia festsetzen konnten, glückte es 1608 dem Geografen, Forschungsreisenden und Abenteurer aus La Rochelle, Samuel de Champlain, an der Mündung des St.-Lorenz-Stroms mit einigen Dutzend Siedlern den mörderischen Winter zu überstehen. Damit hatte er zugleich auch den Grundstein für die spätere Stadt Quebec gelegt. In den folgenden Jahren konnten flussaufwärts mit Montreal und *Trois Rivières* zwei weitere französische Stützpunkte ausgebaut werden. Bis zu seinem Tod im Jahre 1635 blieb Champlain der erste Gouverneur des französischen Gebietes am St.-Lorenz-Strom, das im Auftrag von Kardinal Richelieu, dem damals leitenden französischen Minister, vorerst von einer privaten Kapitalgesellschaft, der *Compagnie de cent associés*, verwaltet wurde.[118] Da aber die Entwicklung der Kolonie stagnierte, war sie schon bald nach dem Beginn der persönlichen Herrschaft Ludwigs XIV. im Jahre 1663 direkt der französischen Krone unterstellt worden. Über das Geschick Neufrankreichs entschied seither das Finanzministerium in Paris. Minister Jean Baptiste Colbert hatte die strategische Bedeutung Kanadas vollkommen erkannt und betrieb daher mit viel Geld und Tatkraft Frankreichs Expansion in Nordamerika, schickte Siedler sowie Geld und versuchte, Handel und Gewerbe zu fördern.[119] Nicht ohne Erfolg. Während seiner 20-jährigen Amtszeit verdreifachte sich immerhin die Zahl der französischstämmigen Bewohner Kanadas und Acadias, dem heutigen Neu-Schottland, auf mehr als 10000. Doch Colberts hochgesteckte Erwartungen erfüllten sich nicht ganz. Frankreichs Kolonialreich in Nordamerika blieb bis zu seinem vollständigen Verlust im Siebenjährigen Krieg von den regelmäßigen Zuwendungen des Mutterlandes abhängig.

Immerhin glückte den Franzosen noch in den 1670er-Jahren ein lebenswichtiges Neutralitätsabkommen mit den *Iroquois*. Die sogenannten Fünf Nationen bildeten die mächtigste Stammesvereinigung der Indigenen in Nordamerika und beherrschten das Gebiet der Großen Seen. Lange hatten sie sich gegenüber den Franzosen feindselig verhalten und erst wenige Jahre zuvor im Zuge einer tödlichen Fehde die Stämme der Huronen, Frankreichs bis dahin wichtigste Verbündete im Bereich der Großen Seen, fast gänzlich vernichtet. Die Vertreter der *Iroquois* waren jedoch peinlich darauf bedacht, trotz des neuen Abkommens nun nicht selbst als Alliierte der Franzosen an die Stelle der

Huronen zu treten. Sie sahen vielmehr in einer Neutralität gegenüber den beiden rivalisierenden europäischen Mächten das beste Mittel, ihre Unabhängigkeit zu wahren.

Von Anfang an hatte sich die französische Kolonialpolitik in Nordamerika auf eine enge Kooperation mit den Indianern gestützt. Mit regelmäßigen Geschenken gelang es den Franzosen, die Stammeschefs weitgehend zur Loyalität zu bewegen. Die Vertreter eines barocken Frankreichs, das sich in Europa gerne als Speerspitze der Zivilisation inszenierte, zeigten auch keinerlei Scheu, sich auf die Sitten und Gepflogenheiten der mit ihnen verbündeten Indigenen einzulassen. Oft übernahmen sie sogar deren Tracht, heirateten indianische Frauen und eigneten sich vor allem die indianische Kampfweise an. Mit einer Engelsgeduld ließen die Franzosen bei Verhandlungen die oft Tage dauernden Zeremonien der Eingeborenen über sich ergehen und vereinzelt nahmen sie sogar an kannibalischen Riten teil.[120]

Eine neue Qualität erreichte das amerikanische Neufrankreich, als es in den ersten Jahren des 18. Jahrhunderts dem frankokanadischen Admiral Pierre Le Moyne d'Iberville glückte, sich mit seinen Männern im Mississippidelta festzusetzen und die Kolonie *La Louisiane* zu gründen. Von der Küste aus stießen französische Abenteurer und Forscher rasch nach Norden über Illinois, dem *Pays d'en Haut*, zu den Großen Seen vor. Dort hatte bereits im Jahre 1701 Antoine Laumet Lamothe Cadillac zwischen Huron- und Eriesee das Fort Detroit gegründet. Damit waren die britischen Neu-England-Staaten vollkommen umfasst.

Im Unterschied zu dem französischen Territorium, das trotz seiner imponierenden Ausdehnung um die Mitte des 18. Jahrhunderts nicht mehr als 100 000 französischstämmige Einwohner aufwies, waren die 13 britischen Kolonien im Süden vergleichsweise dicht besiedelt. Zur Zeit des Aachener Friedensschlusses lebten zwischen Maine und Georgia bereits etwa 1,2 Mio. Menschen, wozu allerdings auch 200 000 schwarzafrikanische Sklaven zählten. Nicht allein die günstigeren klimatischen Bedingungen an der amerikanischen Ostküste hatten dazu beigetragen, dass in dem Vierteljahrhundert seit dem Utrechter Frieden (1713) sich die Bevölkerung Neuenglands fast verdoppelt hatte. Es hatte in den Neuengland-Staaten auch niemals im scharfen Gegensatz zu den französischen Gebieten eine vom Mutterland gesteuerte Religionspolitik zugunsten einer einzigen Konfession gegeben. Die Bewohner der britischen Territorien unterschieden sich daher auch untereinander sehr stark in rechtlicher, religiöser und ethnischer Hinsicht. Auch gab es erhebliche Unterschiede in den Ökonomien. Im Süden überwog die Plantagenwirtschaft, im Norden Schiffbau und Fischfang, insgesamt war die Wirtschaft Neuenglands aber von Handwerk, Kleingewerbe und einer der Selbstversorgung dienenden Landwirtschaft geprägt. Ein nicht zu unterschätzender Wirtschaftsfaktor war auch der von den Briten nur nachlässig verfolgte Schmuggel.

Einen Sonderfall im britischen Herrschaftsbereich bildete das Gebiet von Neuschottland, das Frankreich im Frieden von Utrecht 1713 mit seiner rein katholischen Bevölkerung an Großbritannien hatte abtreten müssen. Es wurde niemals Teil der Neuengland-Staaten, selbst als London im Jahre 1755 verfügte, sämtliche frankofonen Bewohner der Halbinsel nach Süden zu deportieren, um dort neue britische Auswanderer anzusiedeln.[121] Offiziell zuständig für sämtliche Neuengland-Staaten war das *Board of Trade* in London. Eine durchsetzungsfähige britische Verwaltung existierte allerdings nicht, und was im Laufe der Jahre an Gesetzen verabschiedet worden war, bildete ein kaum kohärentes Flickwerk aus zufälligen Initiativen oder durch aktuelle Nöte erzwungene Verordnungen.

Sieben der Neuengland-Staaten unterstanden direkt der Krone und wurden von einem Gouverneur des Königs im Zusammenwirken mit den beiden Kammern der Kolonien verwaltet, Pennsylvania, Delaware und Maryland waren dagegen sogenannte Eigentümerkolonien, die den Gründerfamilien, den Penns und Calverts, als eine Art Lehen überlassen worden waren. Rhode Island und Connecticut wiederum waren Charterkolonien im Besitz von Handelsgesellschaften.[122] Die vom König ernannten Gouverneure waren selten oder sogar nie in ihrem Amtsbereich anzutreffen. Gewöhnlich überließen sie die politischen Geschäfte ihren Stellvertretern, die wie etwa der Gouverneur von Virginia, Robert Dinwiddie, eine beträchtliche Eigeninitiative entwickeln konnten.

Gegenüber den Franzosen in Kanada fanden die Neuengland-Staaten nie zu einer einheitlichen Politik. Auch ihre in unregelmäßigen Abständen stattfindenden Konvente führten selten zu einer Einigung. Selbst wenige Jahre nach Ausbruch des Siebenjährigen Krieges konnte sich der Verleger, Naturforscher und spätere Diplomat Benjamin Franklin nicht vorstellen, dass sich die so unterschiedlichen Kolonien jemals gemeinsam gegen das britische Mutterland erheben könnten. Zu groß seien die Eifersucht und das Misstrauen untereinander.[123]

Den Nachteil mangelnder Einheitlichkeit konnten die 13 britischen Kolonien jedoch bei Weitem durch ihre dynamische Bevölkerungsentwicklung ausgleichen. Das Augenmerk virginischer oder pennsylvanischer Bodenspekulanten richtete sich daher schon länger auf das kaum besiedelte Ohiotal jenseits der Appalachen, das eine Goldgrube zu werden versprach. Dass das Gebiet auch von dem Verband der *Iroquois* beansprucht wurde, störte nicht weiter. Seit dem im Juli 1744 in Lancaster mit den »Fünf großen Stämmen« geschlossenen Vertrag glaubten die Vertreter der drei beteiligten Neuengland-Staaten Virginia, Pennsylvania und Maryland, dass die Indianer die Oberhoheit des britischen Königs über das gesamte Tal anerkannt hätten, was ihnen freie Hand versprach.[124] Schon ein Jahr darauf hatte sich in Pennsylvania die Ohio-Gesellschaft gegründet und sogleich begonnen, die südlich der Großen Seen lebenden Indianer durch Verträge und günstige Handelskonditionen auf ihre Seite zu ziehen. Auch entstanden in Piccawillany am Miami-Fluss und bei Logstown große Handelsstationen, die zusätzlich militärisch befestigt wurden.[125]

Die Franzosen waren alarmiert. Zwar schien das Ohiotal für sie weder ökonomisch noch verkehrstechnisch von großer Bedeutung. Ihre lebenswichtigen Handelsverbindungen mit Illinois und den Siedlungen entlang des Mississippi konnten sie leicht auf den besseren nördlicheren Routen über den Eriesee aufrechterhalten, und an eine dauerhafte Inbesitznahme des Landes war mangels französischer Siedler ohnehin nicht zu denken.

Doch strategisch gesehen war das Ohiotal der Pfropfen auf der Flasche, der die dynamische Entwicklung der Neuengland-Staaten wenigstens eine Zeit lang zu bremsen versprach. Der französischen Krone kam es daher vor allem darauf an, zu verhindern, dass britische Kolonisten in großer Zahl über die Appalachen drängten und die im Ohiotal lebenden Indianer als Alliierte gewannen. Ginge das Gebiet tatsächlich verloren, wäre auch der französische Besitz an den großen Seen ernsthaft bedroht.

Gelänge es nicht, Neufrankreich zu behaupten, so hieß es in einer Denkschrift, die im Dezember 1750 am französischen Hof kursierte, würden über kurz oder lang auch die lukrativen französischen Besitzungen in der Karibik, San Domingo und Martinique dem britischen Expansionsdrang zum Opfer fallen. Der Verfasser des Memorandums war der französische Admiral Roland Michel Barrin, Comte de la Galissionière, der zuvor zwei Jahre lang in Quebec den in britische Gefangenschaft geratenen Jacques-Pierre de Taffanel, Marquis de la Jonquière, als Gouverneur ersetzt hatte. Der drohende Verlust der riesigen Einnahmen aus dem karibischen Zuckerrohr- und Tabakgeschäft würde, so La Galissionière, unweigerlich die Finanzen Frankreichs zerrütten und den Unterhalt einer schlagkräftigen Flotte unmöglich machen. Frankreichs Schicksal entschiede sich daher nicht mehr in Belgien oder am Rhein, sondern in Übersee. Damit vertrat der Admiral bereits ganz offen eine globale Strategie, die Europa in einem zukünftigen Krieg nur noch die Rolle eines Nebenschauplatzes zuwies.[126]

Zur Stärkung Neufrankreichs gegenüber den Briten entwickelte La Galissionière einen dreistufigen Plan, nachdem zunächst die Kette französischer Stützpunkte auch unter Einbeziehung des Ohiotals verdichtet werden müsse. Außerdem sollten mit attraktiven Landzuteilungen Franzosen, und vor allem Frauen, selbst solche von zweifelhaftem Ruf, aus dem Mutterland bewogen werden, sich in Neu-Frankreich anzusiedeln. Die Verträge mit den Indianern müssten erneuert und die Anstrengungen, sie als Bundesgenossen wieder auf die eigene Seite zu ziehen, intensiviert werden.[127]

Im Vorgriff auf die Ergebnisse der in Aachen beschlossenen Grenzkommission hatte La Galissionière im Juli 1749, wenige Wochen vor seiner Abberufung, eine Expedition beauftragt, die französischen Ansprüche auf das Ohiotal zu bekräftigen. Eine beeindruckende Demonstration französischer Macht war der Zug allerdings nicht. Die tapfere Kolonne aus 200 französischen Milizionären und 30 Indianern legte unter der Führung des Hauptmanns Pierre-Joseph Céloron de Blainville in vier Monaten immerhin 3000 Meilen zurück und händigte allen britischen Händlern, denen sie unterwegs begegnete, einen von Blainville verfassten Brief aus, in dem die Besitzansprüche König Ludwigs XV. auf das Ohiotal bekräftigt wurden. Gerade zu rührend wirkte der Versuch der Franzosen, mit bleiernen Plaketten, die an herausragenden Plätzen an Bäume genagelt wurden, Neufrankreichs neue Grenzen im Ohiotal zu markieren.

Blainvilles abschließender Bericht an den inzwischen auf seinem Posten eingetroffenen La Jonquière fiel gleichwohl ernüchternd aus. Die britische Landnahme im Ohiotal schreite unaufhaltsam voran und selbst bisher befreundete Indianerstämme wie die Miami seien ihnen kühl, teils sogar feindselig begegnet. Die Händler der Ohio-Gesellschaft, so Blainville, stachen inzwischen ihre französischen Wettbewerber mit konkurrenzlos günstigeren Preisen aus.[128]

Die Berichte aus Kanada versetzten den französischen Hof in große Unruhe. Hatte Frankreich nicht eben erst ganz Belgien, eine der am meisten entwickelten und reichsten Regionen Europas, um die Ludwig XIV. ein halbes Jahrhundert Krieg geführt hatte, an Großbritannien zurückgegeben, um Louisbourg zurückzuerhalten, das auf einer öden Insel im Atlantik lag? Doch das kleine Louisbourg beherrschte den St.-Lorenz-Golf und schützte damit ganz Kanada. Nun schien durch die scheinbar stetig wachsende Dominanz der Briten im Ohiotal Frankreichs Einfluss in Nordamerika aus einer anderen Richtung bedroht.

Die britischen Händler mussten um jeden Preis aus dem Ohiotal verschwinden und der mit ihnen Handel treibende Stamm der Miami-Indianer durch eine spektakuläre Aktion bestraft werden.

Gouverneur La Jonquière entschloss sich daher, Piccawillany, die größte Siedlung der Miami am gleichnamigen Fluss anzugreifen und die dort befindliche Handelsniederlassung der Briten zu zerstören. Das sollte alle anderen Stämme im Ohiotal davon abhalten, sich mit den britischen Rivalen einzulassen. Die Zeit der bleiernen Plaketten war endgültig vorbei.

Am 21. Juni 1752 überfiel eine gemischte Gruppe von 200 Chippewa- und Ottawa-Indianern sowie 30 Milizionären aus Detroit unter Führung von Charles Michel Mouet de Langlade die Handelsniederlassung in Piccawillany am Miami-Fluss, einem nördlichen Nebenlauf des Ohio, und brannte sie vollständig nieder. Nachdem ein gefangener englischer Händler sowie ein Anführer der Miami, der von den Franzosen »La Demoiselle« genannt wurde, von den indianischen Alliierten der

Franzosen vor den Augen der entsetzten Verteidiger verspeist worden war, kapitulierte der Rest und durfte unbehelligt abziehen. Auf Briten und Miami wirkte Langlades brutale Aktion wie ein Schock, und genau dieser Effekt war auch gewollt. Nachdem die Führer der Miami vergeblich in Virginia und Pennsylvania um Unterstützung gebeten hatten, blieb ihnen keine andere Wahl, als sich wieder auf die Seite der Franzosen zu schlagen.

Wenige Wochen später traf ein neuer Generalgouverneur für Kanada als Ersatz für den inzwischen verstorbenen La Jonquière in Quebec ein.

Ange de Menneville, Marquis Duquesne, ein 52-jähriger Marineoffizier, hatte vom Hof in Versailles den Auftrag erhalten, jede nur erdenkliche Anstrengung zu unternehmen, die Briten aus dem Ohiotal zu vertreiben und den dort lebenden Indianern klarzumachen, dass sie zwar mit den Briten Handel treiben könnten, nicht aber auf französischem Territorium.[129] Damit war unwiderruflich der Weg zum Krieg beschritten. Duquesne war wie sein Vorgänger und Förderer La Galissionière ein Falke, der jedes Zurückweichen vor Großbritannien strikt ablehnte. Duquesne hegte auch keinerlei Zweifel an einer erneuten großen Auseinandersetzung mit dem alten Rivalen und war entschlossen, die militärischen Vorbereitungen dazu energisch voranzutreiben. Gleich nach seiner Ankunft setzte er für sämtliche 165 Kompanien der kanadischen Miliz wöchentliche Übungen an.

Duquesnes Plan zur Sicherung des Ohiotals bestand darin, in rascher Folge vier neue Forts anzulegen. Noch im Herbst 1752 brach eine für kanadische Verhältnisse beachtliche Expedition von 2000 Mann unter Führung von Pierre Paul Martin nach Süden auf. Als sich neun Monate später im Sommer 1753 nur noch 800 Mann in Montreal zurückmeldeten, waren immerhin drei der geplanten Befestigungen vollendet. Auf einer Halbinsel am Südufer des Eriesees erhob sich inzwischen das Fort Presque Isle, etwa 20 Kilometer südlich am *Rivière aux boeufs*, der auch als French Creek bezeichnet wurde, war eine zweite Befestigung entstanden. Ein drittes Fort (Machault) befand sich noch weiter südlich am Zusammenfluss von French Creek und Allegheny. Am Forks of Ohio, der Ohio-Gabelung, wo sich Allegheny und Monongahela zum Ohio vereinigten, sollte im folgenden Jahr das letzte französische Fort genau an jener Stelle entstehen, an der auch die Ohio-Kompanie eine befestigte Handelsniederlassung geplant hatte.

In London verfolgte man die Entwicklung in Nordamerika mit Sorge. Fast sämtliche Politiker des etwa 30-köpfigen Beratergremiums König Georgs II., darunter auch die führenden Männer wie der Herzog von Newcastle oder George Montagu Dunk, der 2. Lord von Halifax, waren von jeher gegenüber Frankreich voreingenommen und sahen nun ihre Ansichten durch Duquesnes Vorgehen im Ohiotal bestätigt. Es sei die volle Wahrheit, dass Frankreich ganz Nordamerika für sich beanspruche und die britischen Kolonien auf den Küstenstreifen beschränken wolle, aus dem es diese im Kriegsfall jederzeit vertreiben könne, schrieb Newcastle an Lord Albemarle, den britischen Botschafter in Versailles.[130] Am 21. August 1753 entschloss sich das britische Kabinett, sämtliche Gouverneure Neu-Englands zu Verteidigungsmaßnahmen gegen jeden gewaltsamen französischen Versuch einer Grenzverletzung zu ermächtigen. Ohne eine genau fixierte und von beiden Mächten anerkannte Grenze im Ohiotal konnte dieser Schritt jedoch nur zu einer weiteren Eskalation der angespannten Lage führen.

Im Konflikt um das Ohiotal schienen sich die Kabinette beider Seiten zunächst darauf zu beschränken, ihre lokalen Vertreter in den Kolonien damit zu beauftragen, einseitige Lösungen vor Ort durchzusetzen und zu hoffen, dass die so geschaffenen Fakten die Gegenseite rasch zum Einlenken bringen würden. So entwickelten die Streitigkeiten eine Dynamik, die bald niemand mehr kontrollieren konnte. Obwohl man in London wie auch Versailles die Angelegenheit durchaus ernst nahm, überließ man die Frage über Krieg und Frieden in Nordamerika in einer Mischung aus Nachlässigkeit und Selbstüberschätzung dem Ermessen nachrangiger Persönlichkeiten wie dem Marquis de Duquesne oder Robert Dinwiddie, dem stellvertretenden Gouverneur von Virginia. Keiner der maßgebenden Politiker in Frankreich oder Großbritannien übersah dabei die Gefahr, dass der transatlantische Konflikt um das Ohiotal auch auf Europa überspringen könnte, und obwohl man auf beiden Seiten des Kanals für einen neuerlichen kontinentalen Krieg in keiner Hinsicht wirklich vorbereitet war, steuerte man mit einer gewissen Nonchalance genau darauf zu.

Dinwiddie und Washington

Virginias stellvertretender Gouverneur Robert Dinwiddie unterhielt keine besonders engen Beziehungen zum *House of Burgesses*, dem Parlament der Kolonie. Der 60-jährige Schotte vertrat erst seit zwei Jahren seinen dauerhaft abwesenden Vorgesetzten in Williamsburg, der damaligen Hauptstadt Virginias am Jamesfluss. Zuvor war Dinwiddie Zollbeamter der britischen Krone in Bermuda gewesen. Gegenüber der alteingesessenen Führungsschicht der Tabakpflanzer und Geschäftemacher war der Vertreter der Krone ein Außenseiter ohne politische Hausmacht. Schlimmer aber war, dass ausgerechnet in dieser kritischen Phase der Eskalation des Konflikts mit Frankreich Dinwiddie mit der Landesvertretung in einem ernsten Disput stand. Hinter seinen Plänen zur Einführung einer Bagatellgebühr beim Landerwerb witterte das misstrauische Parlament einen Versuch der britischen Krone, ein grundsätzliches Besteuerungsrecht einzuführen.[131]

Nicht zuletzt deswegen stieß der stellvertretende Gouverneur mit seinem Versuch, die Repräsentanten der Kolonie angesichts der französischen Bedrohung im Ohiotal zu größeren militärischen Anstrengungen zu bewegen, auf taube Ohren. Die Abgeordneten teilten auch keineswegs Dinwiddies Alarmstimmung. Der Ohio floss weit entfernt vom beschaulichen Williamsburg und die Pläne der Franzosen kümmerten sie daher nicht wirklich. Dass Dinwiddie auch noch Anteilseigner der Ohio-Kompanie war, konnte ebenfalls nicht hilfreich sein, lag doch der Verdacht nahe, dass er mehr die Interessen der Gesellschaft als die des Staates verfolgte. Obwohl ihn London wiederholt zu entschlossenen Maßnahmen gegen die neuen französischen Forts im Ohiotal gedrängt hatte, blieb Dinwiddie zunächst gar nichts anderes übrig, als auf Verhandlungen mit den Franzosen zu setzen.

Noch am 31. Oktober 1753 schickte er einen erst 21-jährigen Major der virginischen Miliz über die winterlichen Appalachen zu dem neu errichteten französischen Fort *Le Boeuf* am Ufer des Allegheny. Es war eine ungewöhnliche Entscheidung. Denn George Washington, der ehrgeizige Erbe eines früh verstorbenen Tabakpflanzers und mäßig reichen Eisenhüttenbetreibers, schien allein schon wegen seines Alters kaum die geeignete Wahl für eine derart brisante diplomatische

Mission zu sein. Doch der groß gewachsene Mann, der so plötzlich in seinem Amtszimmer erschienen war, überzeugte Dinwiddie durch sein beherrschtes und sicheres Auftreten. Die Tatsache, dass er sich, sobald er durch einen vertraulichen Hinweis von der Sache erfahren hatte, sofort nach Williamsburg aufgemacht hatte, um sich freiwillig zu melden, bezeugte seine Ernsthaftigkeit. Im Grunde besaß Dinwiddie auch kaum Alternativen. Die beschwerliche monatelange Expedition erforderte eine robuste Konstitution und einige Erfahrung in den westlichen Grenzgebieten. Beide Voraussetzungen erfüllte der junge Washington, der sich schon am nächsten Tag mit wenigen Begleitern auf den beschwerlichen Weg machte, als fürchtete er, Dinwiddie könne es sich noch anders überlegen.

Washingtons winterliche Expedition ins Ohiotal war ein physischer Gewaltakt. Ein Marsch von fast 400 Kilometern lag vor der kleinen Gruppe. Oft mussten sich die Männer mit ihrem Führer Christopher Gist, einem Grenzgänger, der das Gebiet bereits für die Ohio-Kompanie in monatelangen Reisen erkundet hatte, durch hüfthohen Schnee oder tagelang anhaltenden Regen kämpfen, reißende Flüsse überwinden oder sich mit unzuverlässigen indianischen Kundschaftern herumschlagen, die plötzlich über Nacht verschwanden. Trotz einiger gefährlicher Notlagen verlief ihre Reise jedoch unspektakulär, bestätigte aber am Ende Dinwiddies ärgste Befürchtungen über die Ambitionen der Franzosen im Ohiotal und die bröckelnde Loyalität der dort lebenden Indianer.

Der Kommandant von Fort *Le Boeuf*, Hauptmann Jacques Legardeur de Saint Pierre, ein ergrauter und erfahrener Grenzoffizier, empfing den kleinen Trupp aus Neu-England, der Ende November nach vierwöchigem Marsch völlig erschöpft im Fort eintraf, mit ausgesuchter Höflichkeit und versprach, das ihm übergebene Schreiben Dinwiddies sogleich an Gouverneur Duquesne in Montreal weiterzuleiten. Legardeur ließ den Ankömmlingen zwei Wochen Zeit, sich von ihren Strapazen zu erholen, und nahm auch keinen Anstoß daran, dass der junge Washington und seine Begleiter sämtliche Verhältnisse um Fort *Le Boeuf* genau in Augenschein nahmen. Allerdings machte der Franzose den britischen Besuchern unmissverständlich klar, dass die Ansprüche seines Königs auf das Ohiotal nicht verhandelbar seien.[132]

Mit der schriftlichen Antwort des Franzosen, die ihm Washington Mitte Januar 1754 überbrachte, konnten weder Dinwiddie noch seine Londoner Vorgesetzten zufrieden sein. Vor allem die große Zahl von Kanus und Flachbooten, die Legardeur auf dem Allegheny bereitgehalten hatte, beunruhigte den stellvertretenden Gouverneur. Dinwiddie zweifelte keinen Augenblick daran, dass die Franzosen damit bei Beginn der Schneeschmelze auf die Ohio-Gabelung vorstoßen würden, um dort ein viertes Fort zu errichten. Wollte man Legardeur zuvorkommen, war keine Zeit mehr zu verlieren. Als Sofortmaßnahme setzte Dinwiddie eine kleine Expedition von knapp 100 Mann der Ohio-Kompanie über die Appalachen in Marsch, die den Ort des zukünftigen Forts noch vor der Ankunft der Franzosen besetzen und befestigen sollte. Er musste aber auch für rasche Verstärkung seiner Vorausgruppe sorgen und das ging nicht ohne das Parlament. Hier war noch Überzeugungsarbeit zu leisten, und so befahl Dinwiddie zunächst dem heimgekehrten Washington, einen Bericht über seine zweimonatige Expedition zu verfassen, den er umgehend veröffentlichen ließ. Zugleich bat er die Gouverneure der Nachbarstaaten um militärische Hilfe und brachte die Mitglieder des Oberhauses von Virginia auf seine Seite. Derart gewappnet, fand Dinwiddie nun auch endlich die Unterstützung des *House of Burgesses*. Die nach wie vor misstrauischen Abgeordneten bewilligten ihm Mitte Februar 1754 unter Auflagen immerhin 10000 Pfund. Es war kein wirklich bedeutender Betrag, aber mit dieser knappen Zuteilung konnte Dinwiddie dem nunmehr zum Oberstleutnant der Miliz beförderten Washington den Auftrag erteilen, so schnell wie möglich 200 geeignete Männer anzuwerben und auszubilden. Sie sollten alsbald dem kleinen Vorkommando folgen, das am 16. Februar die Ohio-Gabelung noch unbesetzt vorgefunden hatte. Sogleich war darauf mit dem Bau eines Forts begonnen worden. Zwar schritten die Befestigungsarbeiten zügig voran, doch da die benachbarten Stämme wider Erwarten und trotz guter Preise nicht bereit waren, den Briten Lebensmittel zu liefern, traten schon im März ernste Versorgungsprobleme auf. Ein großer Teil der Gruppe musste sich daher auf die Jagd begeben. Nur etwa 40 Mann unter Führung eines Fähnrichs der Virginia-Miliz blieben im Fort zurück. Als die Franzosen am 17. April mit 800 Mann und 18 Geschützen unter Führung des Hauptmanns Claude-Pierre

Pécaudy de Contrecœur auf ihren Kanus und Flachbooten vor der Baustelle erschienen, blieb der Besatzung keine andere Wahl, als gegen freien Abzug zu kapitulieren. Dinwiddie hatte den Wettlauf zum Ohio verloren.

Washington war erst am 2. April mit nicht mehr als 160 Mann von Alexandria zum Ohio aufgebrochen. Schon die Vorbereitungen hatten unter einem schlechten Stern gestanden, denn die vom Parlament zugesagten 10000 Pfund hatten längst nicht zur Begleichung aller Kosten gereicht und in der Truppe herrschte Unzufriedenheit wegen der knappen Besoldung. Dinwiddies Instruktionen für die bescheidene Streitmacht waren daher reichlich realitätsfremd. Washington solle sämtliche Maßnahmen zum Schutz der im Bau befindlichen Befestigung ergreifen und gegnerischen Störungen des Vorhabens notfalls auch mit Waffengewalt entgegentreten. Noch herrschte in Europa Friede, aber in Virginia hatte ein stellvertretender Gouverneur aus Schottland die Tür zum Krieg der beiden Weltmächte bereits weit geöffnet.

Noch auf seinem Weg über die Appalachen erhielt Washington am 20. April die deprimierende Meldung, dass das provisorische britische Fort an der Gabelung des Flusses inzwischen aufgegeben werden musste und die Franzosen mit starken Kräften begonnen hatten, ihrerseits eine noch größere Befestigung an der Ohio-Gabelung anzulegen. Washington musste eine Entscheidung treffen. Was konnte er mit seiner schwachen Truppe jetzt noch tun? Immer noch galt Dinwiddies Weisung, den Aktionen der Franzosen notfalls mit Gewalt zu begegnen. Dass die Franzosen allerdings mit beinahe 1000 Mann ins Ohiotal vorgedrungen waren, hatte auch der stellvertretende Gouverneur bei aller Besorgnis nicht geahnt.

Obwohl er vorerst gegen den mehrfach überlegenen Feind kaum etwas ausrichten konnte, beschloss Washington, wenigstens in Reichweite zu dem neuen französischen Fort zu bleiben. Als Stützpunkt bot sich eine befestigte Handelsstation der Ohio-Kompanie am Red-Stone-Bach, die nur 60 Kilometer von der Ohio-Gabelung entfernt lag. Dort könnte er auch das Eintreffen von Verstärkungen erwarten, die ihm Dinwiddie oder die Gouverneure der Nachbarstaaten vielleicht noch schickten. Der Weg zum Red Stone war allerdings extrem beschwerlich, da für die Wagen seiner Kolonne eigens noch Schneisen durch die Urwälder geschlagen werden mussten. Nach etwa einem Monat mühevollen Vorarbeitens hatten Washington und seine Männer ein Tal erreicht, das den Namen Great Meadows trug und etwa in der Mitte zwischen den Flüssen Monongahela und Youghioheny lag. Da meldeten ihnen indianische Kundschafter, dass eine Gruppe bewaffneter Franzosen nur noch wenige Kilometer entfernt sei. Gerüchte über angebliche Überfälle durch kleinere Feindkommandos machten bereits länger die Runde und daher entschloss sich Washington, der ihm gemeldeten Gruppe einen Hinterhalt zu legen. Dazu teilte er seine kleine Streitmacht auf. Mit etwa 75 Leuten wollte er dem Gegner unverzüglich entgegenmarschieren, dem Rest befahl er, an Ort und Stelle ein mit Palisaden befestigtes Lager als Basis zu errichten.

Nach einem Nachtmarsch im strömenden Regen erreichte Washingtons Gruppe am Morgen des 28. Mai 1754 das gegnerische Lager. Washington konnte nicht wissen, dass die kleine Abordnung von 35 Männern keinen Kampfauftrag hatte. Sie sollte im Auftrag Contrecœurs den Briten, deren Anwesenheit den Franzosen nicht entgangen war, ein Schreiben überreichen, das die Empfänger höflich, aber bestimmt aufforderte, unverzüglich das von Frankreich beanspruchte Territorium zu verlassen. Die französische Gruppe unterstand dem Fähnrich Joseph Coulon de Villiers de Jumonville. Ehe der Fähnrich jedoch das Wort an die Angreifer richten konnte, hatten Washingtons Männer seine Gruppe am Morgen umstellt und mit zwei gut gezielten Salven zur Kapitulation gezwungen. Washington berichtete einige Tage später an Gouverneur Dinwiddie, dass das kurze Gefecht den Gegner zehn Tote und einen Verletzten gekostet habe, darunter auch Jumonville. Das war eine glatte Beschönigung der Ereignisse, was schon durch das ungewöhnliche Verhältnis der Toten und Verletzten auf französischer Seite leicht hätte entlarvt werden können. Den Berichten einiger entkommener Franzosen zufolge sei der junge Jumonville aber zunächst nur verwundet worden und habe sein Schreiben noch an den Anführer der Briten übergeben können. Ein Indianer Namens Tanaghrisson, der mit seiner Gruppe die Briten begleitet hatte, ein *Demi-Roi* (Halbkönig) der Seneca, habe dem verletzten Jumonville aus Hass gegen die Franzosen den Schädel eingeschlagen, auf ähnlich brutale Weise seien auch die übrigen verletzten Franzosen umgekommen.

Als die Nachricht von dem Massaker in Frankreich eintraf, war die Empörung riesig. Auch wenn Washington von der plötzlichen Mordsucht der Wilden selbst überrascht war, fiel doch deren Untat auf ihn als den Befehl habenden Offizier zurück. Das Publikum in Paris sah darin einen erneuten Beweis britischer Heimtücke und der junge Poet Antoine Léonhard Thomas veröffentlichte über Jumonvilles Tod ein anklagendes Gedicht, das ihn rasch im ganzen Land bekannt machte.[133] Willem van Keppel, der britische Botschafter in Versailles und 2. Lord von Albemarle, nahm dagegen an dem Tod des jungen französischen Aristokraten keinen Anstoß, beklagte aber das Ungeschick der Kolonisten. Als Gouverneur der Kolonie Virginia, die er allerdings noch nie betreten hatte und auch niemals betreten würde, war Albemarle pikanterweise Dinwiddies Vorgesetzter und damit der Hauptverantwortliche für das Geschehen. Washington blieb dagegen optimistisch. Dinwiddie hatte ihm nicht nur bestätigt, dass seine Mission ein großer Erfolg gewesen sei, er hatte ihm auch endlich Verstärkungen geschickt, die seine kleine Streitmacht auf nunmehr knapp 400 Mann anwachsen ließen. Washington hatte nach dem unglücklichen Zusammenstoß mit den Franzosen seinen ursprünglichen Plan, eine Position am Red-Stone-Bach zu beziehen, wieder aufgenommen und versuchte weiterhin, den Weg dorthin passierbar zu machen. Zugleich ließ er aber im Great-Meadows-Tal als Zwischenbasis eine kleine Befestigung errichten, der er den Namen *Fort Necessity* gab. Eine kreisförmige Palisade um zwei Blockhäuser bot immerhin allen Vorräten sowie 60 Mann Schutz. Der Rest seiner Leute musste sich dagegen mit einem etwa 80 cm tiefen Graben und Erdaufwürfen um das Fort begnügen. Da das Fort und seine unmittelbare Umgebung von bewaldeten Höhen in der Nähe gut unter Feuer genommen werden konnte, war Washingtons Wahl alles andere als geschickt.

Inzwischen hatte Contrecœur in Fort Duquesne beträchtliche Verstärkungen aus Kanada erhalten. Der Generalgouverneur hatte noch einmal 1000 Mann ins Ohiotal entsandt, die ausgerechnet unter dem Kommando von Louis Coulon de Villers standen, dem älteren Bruder des ermordeten Jumonville. Villers brannte darauf, den Tod seines Bruders zu rächen, und erhielt von Contrecœur die Erlaubnis zu einer Expedition gegen die Briten. Washingtons bescheidene Streitmacht hatte keine Chance, als am 3. Juli 1754 etwa 600 Franzosen sowie 100 Shawnee, Delaware und Mingo das Fort umzingelten und die Milizionäre aus überhöhten Positionen nach Art der Indianer beschossen. Nach einem etwa sechsstündigen Schusswechsel in strömendem Regen war ein Drittel der Verteidiger tot oder verwundet, der Rest hatte in den mit Wasser halb vollgelaufenen Gräben ohne trockene Munition jeden Mut verloren. Andere hatten sich der Whiskeyvorräte innerhalb der Palisade bemächtigt. Bei Einbruch der Dunkelheit musste sich Washington auf Kapitulationsverhandlungen einlassen und ein von Villers vorbereitetes Dokument unterzeichnen, indem er sich schuldig am Tod von Jumonville erklärte und einwilligte, ein Jahr lang keinen weiteren Vorstoß ins Ohiotal zu unternehmen. Gegen die Stellung von zwei Offizieren als Geiseln durften die Briten mit allen Waffen und Vorräten am nächsten Vormittag abziehen. Für Washington war die Kapitulation in den Great Meadows alles andere als ein verheißungsvoller Beginn seiner militärischen Karriere. Indem er bei seiner Rückkehr behauptete, der Feind habe immerhin gleich hohe Verluste erlitten, versuchte er das Desaster noch zu beschönigen.

Die Franzosen, die tatsächlich nur drei Tote und 17 Verwundete zu beklagen hatten, brannten die Reste von Necessity nieder und verschonten auch die Niederlassung der Ohio-Kompanie am Red-Stone-Bach nicht. Bei Villers Rückkehr nach Fort Duquesne wurden er und seine Männer mit Salut empfangen. Frankreich beherrschte jetzt das gesamte Ohiotal, die Indianer standen auf seiner Seite und nichts deutete darauf hin, dass sich dieser Zustand noch einmal ändern könnte.

General Braddocks Niederlage am Monongahela

Washingtons Kapitulation in den Great Meadows am 4. Juli 1754 veranlasste die Regierung in London zu einem dramatischen Kurswechsel. Die demütigende Niederlage von 300 zerlumpten und erschöpften Milizionären gegen gut ausgerüstete Franzosen unter einer entschlossenen Führung zeigte dem neuen leitenden Minister Thomas Pelham-Holles, Herzog von Newcastle, dass die Neuengland-Staaten trotz ihrer weit überlegenen Ressourcen nicht fähig waren, aus eigener Kraft mit der französischen Bedrohung im Ohiotal fertigzuwerden.[134]

Das vorhersehbare Versagen eines sich selbst überschätzenden Oberstleutnants der Virginia-Miliz löste somit Reaktionen aus, die weit über Virginia und die Neuengland-Staaten hinaus strahlten. Horace Walpole schüttete wie gewöhnlich seinen beißenden Spott auf den lethargischen Newcastle, der so plötzlich zum Falken mutierte.[135] Newcastle, der erst wenige Wochen zuvor das höchste Regierungsamt von seinem im März 1754 verstorbenen Stiefbruder Henry Pelham übernommen hatte, erhöhte nun den Einsatz. Großbritannien würde nicht nur reguläre Truppen aus dem Mutterland in die Kolonien schicken, sondern auch sämtliche dort zu mobilisierenden militärischen Kräfte der energischen Leitung eines britischen Generals unterstellen.

Der Gegenschlag musste schnell, erfolgreich und vor allem lokal begrenzt sein. Der Premierminister wollte keine Eskalation, nur ein klares Zeichen sollte gesetzt werden, das Frankreich zum Einlenken zwang. Newcastles Problem war allerdings, dass er sich zur Verwirklichung seiner Pläne mit William Augustus, dem Herzog von Cumberland, verbünden musste. Der damals einflussreichste Militär des Vereinigten Königreiches war der bevorzugte Sohn Georgs II. und wie Kriegsminister Henry Fox ein glühender Franzosenhasser. Seit seinem Sieg bei Culloden im Jahre 1746 über die Anhänger von Prinz Charles Stuart galt der erst 33-jährige Prinz als bedeutendster Befehlshaber der Armee, eine Einschätzung, die auch durch seine eher unglückliche Kriegführung in Belgien nicht gelitten hatte. Cumberland war weder ein großer Stratege noch ein Diplomat, seine rabiaten Methoden gegen die Aufständischen im Hochland hatten ihm sogar den wenig schmeichelhaften Namen des »Schlächters von Culloden« eingebracht.

All dies war Newcastle durchaus bekannt, aber er brauchte unbedingt Cumberlands Unterstützung, wenn er den König von seinen Absichten in Nordamerika überzeugen wollte. Der erste gemeinsame Operationsentwurf vom September 1754 fand dann auch zu Newcastles Erleichterung die volle Zustimmung des Monarchen. Zwei irische Regimenter mit insgesamt 1000 Mann sollten nach Virginia verschifft werden. Hinzu kamen zwei in den Kolonien beheimatete Regimenter, die allerdings noch reaktiviert werden mussten. Zusammen mit den

Kolonial-Milizen würden alle diese Truppen einem britischen General mit weitreichenden Vollmachten unterstellt sein.

Außer den vier umstrittenen Forts im Ohiotal umfasste die britische Angriffsliste jetzt auch noch Fort Frédéric am Champlainsee sowie Fort Beauséjour am Isthmus von Neuschottland. Dass damit gleich zwei gefährliche Brandherde neu entfacht würden, die soeben noch mit Mühe unterdrückt worden waren, schien Cumberland ebenso wenig zu stören wie Lord Halifax, den Vorsitzenden des für die Kolonien zuständigen *Board of Trade*, die wohl treibende Kraft hinter der Ausweitung des militärischen Einsatzes.

Newcastle bestand zwar anfangs noch darauf, dass nach der Vertreibung der Franzosen aus dem Ohiotal alle weiteren Operationen angehalten werden sollten, um neue Verhandlungen zu ermöglichen. Doch der Plan mit seinen ausufernden Zielen war jetzt schon weit mehr als nur eine angemessene Demonstration britischer Stärke. Es war eine Generaloffensive mitten im Frieden.

Trotz seiner fast 30-jährigen Erfahrung als Außenstaatssekretär für die nördliche Hemisphäre (Nordeuropa und Russland) und seiner unzweifelhaft genauen Kenntnis des europäischen Staatensystems riskierte der britische Politiker mit Cumberlands Plan einen großen Krieg der beiden alten Rivalen. Dabei unterschätzte er offenbar vollkommen die öffentliche Erregung in Frankreich, wo die brutale Ermordung des jungen Jumonville sofort den alten Hass auf die Briten neu entfacht hatte. An ein Nachgeben war nicht zu denken.

Dabei wusste Newcastle, dass Großbritannien die kommende Auseinandersetzung mit Frankreich ohne die Hilfe seines alten österreichischen Alliierten würde führen müssen.[136]

Dass die Franzosen auch noch durch eine Indiskretion in der Zeitung *The Gazette* bereits am 8. Oktober von der Entsendung frischer Truppen nach Nordamerika Wind bekamen, machte es für Newcastle nicht leichter.[137] Er versuchte daher ein Doppelspiel, als er zwei Tage später seinen Botschafter in Versailles, Lord Albemarle, vorsorglich anwies, die Franzosen mit allen Tricks und Beschwichtigungen erst einmal hinzuhalten.

Albemarle müsse die britischen Verteidigungsmaßnahmen als so harmlos darstellen, dass die französischen Minister sich nicht zu beklagen wagten. »Die Marquise (von Pompadour) und der Herzog von Mirepoix (der Botschafter Frankreichs in London, der sich aber damals gerade in Versailles aufhielt) könnten dabei hilfreich sein.« Dann aber brach der für Newcastle so typische flatterhafte Ton unvermittelt ab und der Premier schloss mit einer ernsten Warnung: »Lassen Sie es mich ganz frank und frei sagen. Wir befinden uns am Rande eines Abgrundes und ich setze sehr darauf, dass Sie uns helfen können, die prekäre Lage zu überwinden.«[138]

Newcastle spürte nur zu deutlich, dass ihm die Entwicklung längst aus den Händen geglitten war und dass Cumberland und Fox ihn überspielt hatten. Der Herzog war immer ein fleißiger Aktenleser gewesen und dazu ein manischer Briefeschreiber, mit einnehmenden Umgangsformen, aber doch unsicher und schwankend in seinem politischen Urteil. An einem großen Krieg gegen Frankreich hatte er keinerlei Interesse und an seinem persönlichen Friedenswillen konnte kein Zweifel bestehen. Jetzt aber fehlte ihm die Kraft, sich dem in der Öffentlichkeit und auch im Königshaus rasant ausbreiteten Franzosenhass entgegenzustellen.

Hilflos musste Newcastle mit ansehen, wie die Falken im Kriegsministerium seine ursprüngliche Absicht einer begrenzten Demonstration britischer Macht zu einem umfassenden Angriffsplan auf das französische Kanada ummünzten. Der Leiter der britischen Politik erhob dann auch nur müden Protest, als die ehrgeizigen Londoner Schreibtischstrategen in völliger Unkenntnis der schwierigen Wegeverhältnissen in der amerikanischen Wildnis auch noch das Fort Niagara am Ontario-See auf die Liste ihrer Eroberungswünsche setzten. Jetzt sollten sogar alle vier Ziele gleichzeitig angegriffen werden, um die Truppen des Gegners zu verzetteln. Weder Cumberland noch Kriegsminister Fox schienen es in Betracht gezogen zu haben, dass die Franzosen auf der inneren Linie kämpften. Sie konnten ihre Kräfte auf den Wasserstraßen nach Belieben zu jedem bedrohten Punkt befördern, während sich die Briten in jedem Fall nur mühsam ihrem Angriffsziel auf miserablen Wegen oder auf erst noch durch die Wildnis zu bahnenden Pfaden nähern konnten.

Auch General Edward Braddock, der im Dezember 1755 nach Nordamerika aufgebrochen war, hatte es nicht gewagt, Bedenken gegen

Cumberlands ehrgeizige Planungen zu äußern. Schließlich zählte der fast 60-jährige Generalmajor nicht unbedingt zur Elite der britischen Generalität. Braddocks Soldatenlaufbahn war eher schleppend verlaufen und hatte dem vormaligen stellvertretenden Befehlshaber der Festung Gibraltar reichlich Routine in militärischer Verwaltungsarbeit beschert. Erfahrung auf dem Gefechtsfeld besaß er dagegen kaum, was nicht ausschließlich ihm anzulasten war, hatten doch die drei Dekaden nach dem Utrechter Frieden wenig Gelegenheit geboten, sich vor dem Feind auszuzeichnen. Im Krieg gegen die Jakobiten hatte er zwar unter Cumberland in Schottland gedient, aber dabei kaum einen Feind gesehen. Immerhin dürfte die Nähe zum Herzog und seine starke Loyalität ausschlaggebend gewesen sein, Braddock das amerikanische Kommando zu übertragen.

Gesellschaftlich stand er wegen seiner Spielsucht nicht in hohem Ansehen. Dass seine jüngere Schwester 30 Jahre zuvor ihrem von Skandalen geprägten Leben durch Suizid ein Ende gesetzt hatte, war in höheren Kreisen noch längst nicht vergessen.

Nachdem er am 23. Februar 1755 im virginischen Hampton Road an Land gegangen war, erwies sich Braddock sogleich als harter, aber auch fähiger Organisator, der keine Zeit mit diplomatischen Floskeln verlor. Von den Gouverneuren erwartete er denselben Gehorsam, mit dem er im Dienste des Königs zum Generalmajor aufgestiegen war. Mit einer Flut von Briefen forderte er von ihnen Geld, Verpflegung, Männer, Zugpferde, und das alles sofort. Dem Gouverneur des Quäkerstaates Pennsylvania, der es gewagt hatte, auf die Mitspracherechte seines Parlaments hinzuweisen, drohte er mit der Einquartierung seiner irischen Truppen.

Auf einer für Anfang April 1755 in Alexandria einberufenen Konferenz wies Braddock sämtliche Gouverneure in seine Planungen ein, die einen gleichzeitigen Angriff auf vier französische Forts vorsahen. Die berechtigten Bedenken der Gouverneure hinsichtlich der Versorgung der Truppe und der zeitlichen Abfolge der Angriffe überging der General, der sich immer noch genauestens an Cumberlands Weisungen gebunden fühlte.[139] Auch die angebotene Hilfe der Shawnee, Mingo und Delaware lehnte Braddock hochmütig ab. Von der Kampfweise dieser »Wilden« hielt der mit den Verhältnissen in den Grenzgebieten unvertraute General wenig, die Ansprüche ihrer Häuptlinge, das Ohiotal als ihr angestammtes Jagdgebiet behalten zu dürfen, bezeichnete er als absurd.

Als Braddock Anfang Mai in seinem Feldlager in Fort Cumberland am Zusammenfluss von Potomac und Wills Creek eintraf, wurde er schon von George Washington erwartet. Der junge Virginier hatte sich als freiwilliger Adjutant ohne Dienstgrad und Bezahlung gemeldet und hoffte, falls er sich gegen die Franzosen bewähren konnte, auf ein britisches Offizierpatent. Braddock war klug genug, die Hilfe eines Mannes dankbar anzunehmen, der sich im zukünftigen Kampfgebiet bestens auskannte.[140] Mit der Hilfe eines anderen ehrgeizigen Neuengländers, Benjamin Franklin, gelang es auch, die notorischen Transportprobleme der Briten zu mildern. Denn der damalige stellvertretende Postmeister der Kolonien sorgte dafür, dass sein Heimatstaat Pennsylvania 500 Packpferde und dazu 150 Wagen nebst Wagenführern für die bevorstehende Expedition bereitstellte.[141]

Am 29. Mai 1755 brach Braddock mit seiner für amerikanische Verhältnisse beachtlichen Armee zum Monongahela-Fluss auf. Seinem Kommando unterstanden nun 3000 Mann, dazu kamen vier Zwölfpfünder-Geschütze, sechs Sechspfünder und acht Mörser sowie einige Hundert Wagen voller Verpflegung, Munition und sonstigem Heeresbedarf. Etwa 200 Kilometer trennten sie von Fort Duquesne, und sollte es den Briten tatsächlich gelingen, ihre schweren Zwölfpfünder bis zur Ohio-Gabelung zu schaffen, wäre es um die Festung geschehen gewesen. Doch spätestens jetzt zeigte sich, dass Cumberlands Vorstellungen von der Durchquerung einer Region, die noch ein Jahrhundert später treffend als *Wilderness* bezeichnet werden sollte, absolut irreal waren. Braddocks kilometerlanger Heerzug schaffte zunächst kaum mehr als drei Kilometer am Tag, da immer wieder der Weg für die schweren Wagen verbreitert oder freigeholzt werden musste. Nach einer Woche Marsch traf der ungeduldig gewordene britische Befehlshaber eine durchaus zweckmäßige Entscheidung. Er beschloss, seine Streitmacht zu teilen und eine etwa 1300 Mann starke Vorausabteilung zu bilden, deren Verpflegung, wie es ihm Washington von Anfang an geraten hatte, allein auf Packpferden mitgeführt wurde. Dieser schnellen Gruppe gelang es, sich bis zum 7. Juli auf etwa 15 Kilometer ihrem Ziel zu nähern.

Den Franzosen in Fort Duquesne war die Annäherung des Gegners nicht entgangen und allmählich gerieten sie in Alarmstimmung, da sie den Briten numerisch deutlich unterlegen waren. Das starke Milizaufgebot aus dem Vorjahr war wieder entlassen worden und Hauptmann Contrecœur konnte daher im Augenblick nicht mehr als 400 Mann aufbieten. Die Hälfte davon, darunter auch 72 Mann der Kolonialtruppe der Marine, unterstellte er seinem Stellvertreter, dem Hauptmann der Marinetruppen Daniél Liénard Beaulieu. Den Löwenanteil seines Aufgebots bildeten die verbündeten Stämme mit mehr als 600 Kämpfern, darunter auch Angehörige der Shawnee, Mingo und Delaware, die nur wenige Monate zuvor noch Braddock ihre Hilfe angeboten hatten. Contrecœur und Beaulieu hatten sich zu einer Verzweiflungstat entschlossen. Mit kaum 900 Mann sollte Beaulieus Truppe die anderthalbfach so starken Briten angreifen, noch ehe sie das Fort mit ihren Geschützen erreicht hatten. Der 44-jährige Offizier, der sich im Kampf nach Art der Indianer kleidete, verunsicherte die verbündeten Häuptlinge zutiefst, als er noch vor dem Abmarsch niederkniete und betete. Einige Anführer, die von der Überlegenheit der Briten wussten, kommentierten das ungewohnte Bild in abfälligem Ton: Der Franzose beabsichtige wohl zu sterben und wolle sie dabei alle opfern, brachte einer von ihnen das allgemeine Unbehagen zum Ausdruck. Beaulieus Beteuerungen, dass er fest an den Sieg glaube, überzeugten die Indianerführer nicht.[142]

Die Briten hatten inzwischen zweimal den Monongahela an günstigen Stellen überschritten, um das abschüssige Ufer des Turtelcreek, eines rechten Nebenarms des Flusses, zu vermeiden. Trotz ihrer Erschöpfung nach den zurückliegenden Gewaltmärschen und trotz ihrer mageren Verpflegung während der letzten Tage waren Braddocks Männer jetzt zuversichtlich. Nachdem sich auch an der zweiten Furt kein Feind gezeigt hatte, hofften sie, dass die Franzosen das Fort bereits aufgegeben und sich den Allegheny aufwärts zurückgezogen hatten. Wo sonst als an diesem Übergang hätte der Gegner sie mit Aussicht auf Erfolg aufhalten können? Die Truppe formierte sich nach dem Uferwechsel wieder in drei Gruppen. An der Spitze marschierten 300 Mann der leichten Infanterie sowie eine Grenadierkompanie. Dahinter folgten eine Kompanie der New Yorker Miliz sowie 250 Pioniere unter dem Kommando von Hauptmann Horatio Gates. Gates war ein britischer

Offizier, der im Unabhängigkeitskrieg auf die Seite der Aufständischen wechseln sollte und als General im Oktober 1777 bei Saratoga am Hudson eine britische Armee zur Kapitulation zwang. Die Hauptgruppe mit General Braddock und seinem Stab bestand aus zwei parallelen Kolonnen zu je 250 Mann, in deren Mitte der Wagenpark und die Artillerie rollten. Auf beiden Flanken marschierten außerdem jeweils 100 Mann im Abstand von einigen hundert Metern durch das Waldgelände, auf dem heute ein heruntergekommenes Industriegelände den südlichen Rand der Stadt Pittsburg bildet. Die Nachhut der Kolonie bestand nochmals aus 100 Milizionären aus Virginia.[143]

Kaum hatte sich Braddocks Armee am Mittag des 9. Juli auf dem rechten Ufer des Monongahela wieder in ihrer gesamten Länge formiert, geriet die Spitze der Kolonne etwa gegen 13 Uhr unter heftiges Feuer. Der Feind blieb jedoch praktisch unsichtbar, umso lauter und unerträglicher war dafür das animalische Kriegsgeschrei der Indianer, das bald auch von den Flanken herüberschallte und den Briten wie das Gebrüll einer Horde Teufel vorkam. In kürzester Zeit waren 15 von 18 Offizieren der Spitzengruppe verwundet oder tot.[144]

Für die an einen Kampf in dicht geschlossenen Formationen gewöhnten Briten war die Taktik der Indianer und der daran angepassten Franzosen eine vollkommen andere Welt. Ihre klassische Stärke, das disziplinierte Salvenfeuer nach europäischem Muster, verpuffte fast wirkungslos in dem unübersichtlichen Waldgelände, wo die höchst beweglich kämpfenden Indianer jeden Baum und jede Bodenwelle als Deckung nutzen konnten. Kaum einmal boten sich mehr als ein halbes Dutzend Angreifer zugleich den ratlosen Rotröcken als Ziel. Schon nach den ersten heftigen Schusswechseln war Braddock, der die mittlere Kolonne geführt hatte, zusammen mit Washington, der noch an den Folgen einer Ruhr litt, nach vorne geritten, um die rasch erodierende Ordnung in seinen Reihen wiederherzustellen. Doch dazu war es schon zu spät. In dem Chaos aus unentwegt krachenden Schüssen, undurchdringlichem Pulverqualm, Schreien der Verwundeten und dem schauerlichen Geheul der Angreifer begannen die aufgerückten Briten sogar auf ihre eigenen Leute zu schießen. Immer noch numerisch den Angreifern überlegen, hätten sie den Einzelkampf suchen müssen, aber dazu waren sie nicht ausgebildet. In ihrer Not verharrten sie stattdessen in ihren gewohnten Formationen und unterhielten ein Salvenfeuer, das mehr den eigenen Leuten als dem kaum sichtbaren Feind schadete. So wurde eine ganze Kompanie, die Braddock zur Besetzung eines Hügels auf der rechten Flanke nach vorne geschickt hatte, in kürzester Zeit von beiden Seiten niedergeschossen. Washington berichtete später, dass nach seiner Meinung wohl zwei Drittel der Briten durch eigenes Feuer umgekommen seien.[145] Der ungleiche Kampf dauerte den ganzen Nachmittag und wäre wohl noch weiter geführt worden, wenn nicht Braddock, dem schon vier Pferde unterm Sattel erschossen worden waren, gegen Mittag nach einem Treffer in die Brust zu Boden gestürzt wäre. Danach löste sich aufseiten der Briten, die nun mehrheitlich auch ihre Munition verschossen hatten, alle verbliebene Ordnung auf. Die Überlebenden stürzten in Panik zurück zum Monongahela. Sie hatten keine Ahnung, dass die Indianer gewöhnlich ihre Gegner nicht mehr verfolgten, sondern sich damit begnügten, auf dem Schlachtfeld Beute zu machen oder Verwundete zu skalpieren. Nicht der Vernichtung des Gegners galt ihr Kampf, sondern der Erbeutung von Trophäen und Gefangenen, die ihre Kriegerehre zuhause steigerten. Trotz der Zurückhaltung der Indianer waren beinahe zwei Drittel von Braddocks Armee am Abend ausgefallen. Etwa 430 Mann waren getötet, weitere 484 verwundet worden. Von den insgesamt 96 Offizieren hatten 26 ihr Leben verloren, 36 erlitten Verwundungen.

Auf der Gegenseite hatten die Franzosen und Indianer kaum drei Dutzend Kämpfer zu beklagen. Unter den Toten befand sich allerdings auch ihr Befehlshaber. Der 44-jährige Beaulieu war gleich zu Beginn der Schlacht von einer britischen Salve getroffen worden. Auf der Gegenseite konnte der schwer verwundete Braddock noch vom Schlachtfeld geborgen werden. Er verstarb aber schon fünf Tage später in den Great Meadows, wo sich die demoralisierten Reste seiner Streitmacht wieder mit dem nachfolgenden Tross vereinigt hatten. Obwohl die Briten nun wieder eine Gesamtstärke von 2000 Mann aufbieten konnten, war an eine Erneuerung des Angriffs auf Fort Duquesne nicht mehr zu denken. Die Masse des Gepäcks sowie die gesamte Artillerie der Vorausabteilung war in der ersten Panik vor dem Rückzug vom Monongahela zerstört worden. Als die geschlagenen Truppen unter Braddocks Stellvertreter, Oberst Thomas Dunbar, am 25. Juli wieder in Fort Cumberland am Wills Creek eintrafen, war die britische Katastrophe perfekt. Eine ganze Armee war von einer kaum halb so starken Gruppe von »Wilden«, unterstützt von nur wenigen Dutzend Franzosen, beinahe vernichtet worden. Obwohl der Sommer noch lange nicht vorbei war, marschierten die mutlos gewordenen Briten bald weiter und bezogen zum Entsetzen von Gouverneur Dinwiddie und seiner Amtskollegen ein Winterlager im sicheren Philadelphia. Die westlichen Grenzgebiete Virginias und Pennsylvanias waren damit schutzlos den in wachsender Zahl umherstreifenden Indianergruppen ausgeliefert. Hunderte von Siedlern wurden getötet. Die Kolonien waren geschockt. Ihr frühzeitiger Rückzug aus dem gefährdeten Grenzgebiet hatte dem Ansehen der Briten in Amerika mehr geschadet als Braddocks Niederlage.[146]

Tausch der Allianzen – Der Weg zum 1. Versailler Vertrag von 1756

Als sich der Nebel am Vormittag des 8. Juni 1755 im Süden der St.-Lorenz-Bucht lichtete, erkannte Gilles Houquart, der Kapitän des Linienschiffes *L'Alcide*, die Umrisse eines anderen Kriegsschiffes. Es handelte sich jedoch nicht, wie der Franzose gehofft hatte, um einen der Segler aus dem großen Konvoi, mit dem die *L'Alcide* vor fünf Wochen aus dem Hafen von Brest mit Verstärkungen für Kanada aufgebrochen war. Tatsächlich hatte es Houquart mit der britischen *Dunkirk* zu tun, einem 60-Kanonen-Schiff unter dem Kommando von Kapitän Richard Howe.

Die *Dunkirk* gehörte zum Geschwader von Admiral Edward Boscawen, das am 27. April mit 15 Schiffen von Plymouth ausgelaufen war, um den französischen Konvoi vor Neufundland abzufangen. Boscawen war vom britischen Kabinett ausdrücklich ermächtigt worden, notfalls gewaltsam jeden Versuch Frankreichs zu unterbinden, seine Truppen in Kanada durch sechs zusätzliche Infanterie-Bataillone zu verstärken. Versailles hatte sich zu dieser außergewöhnlichen Maßnahme entschlossen, sobald man von General Braddocks Entsendung und seiner Mission im Ohiotal erfahren hatte.

Nachdem beide Schiffe sich auf Rufweite einander genähert hatten, erkundigte sich der französische Kapitän, ob noch Friede herrsche oder schon Krieg. Er wiederholte die Frage noch zwei Mal, ehe Howe ihm endlich zurief: »Frieden, Frieden!« Es war ein eiskalter Bluff. Denn kaum hatte der britische Kapitän seine Antwort gegeben, befahl das rote Signal von Admiral Boscawens Flagschiff, der *Torbay*, die sich gleichfalls in Sichtweite befand, die sofortige Feuereröffnung. Howe ließ eine Breitseite abgeben und die *L'Alcide* erwiderte das Feuer sogleich mit allen ihren Geschützen. Das Gefecht tobte bereits einige Minuten, als auch die *Torbay* mit ihren 74 Geschützen auf Schussweite heran war. Houquart blieb nun keine andere Wahl, als die Flagge zu streichen. Die *L'Alcide* war durch etliche Mastentreffer inzwischen bewegungsunfähig und mehr als 100 Mann ihrer Besatzung lagen tot oder verwundet auf dem Deck.[147]

Kaum jemand in Versailles oder in London zweifelte nach dem Bekanntwerden des Überfalls noch daran, dass mit diesem kurzen und blutigen Schusswechsel an der Einfahrt zur St.-Lorenz-Bucht unwiderruflich der große Krieg eröffnet war, der später nicht ganz zutreffend der Siebenjährige genannt wurde. Als die Nachricht am 14. Juli in London eintraf, bemerkte Philip Yorke, 1. Lord von Hardwicke, langjähriger Lordkanzler im Kabinett und wichtigster Berater der Regierung, dazu nüchtern und kurz: »Voila, der Krieg hat begonnen.«[148] In Potsdam sah es Friedrich genauso und geizte daher nicht mit guten Ratschlägen für seinen französischen Alliierten. Ende Juli überraschte der König den Botschafter Versailles', Charles Nicolas La Touche, mit einem Plan, der vorsah, dass Frankreich nun rasch die belgischen Festungen Mons, Tournai und Brüssel besetzen müsse, nach Möglichkeit auch Charleroi und Antwerpen. Was sonst könne denn König Ludwig unternehmen, um die ihm durch England zugefügte Schmach zu rächen, fragte der Potsdamer Autokrat den Franzosen provozierend?[149]

Obwohl der Zwischenfall die Franzosen nur zwei Schiffe gekostet hatte und das Londoner Kabinett Boscawens Aktion zu Recht als Misserfolg wertete, war die Wut in Paris gewaltig. Die Meldung hatte dort am 24. Juli wie eine Bombe eingeschlagen. Dabei erregte weniger der britische Überfall selbst die Gemüter, hatte doch das französische Geschwader unter Admiral Graf Dubois de La Motte von Anfang an mit einer britischen Aktion gerechnet und daher erst bei Einbruch der Nacht und mit ausgelöschten Schiffslampen den Hafen von Brest verlassen. Es war vielmehr die heimtückische Art der Feuereröffnung, die nun wieder sämtliche alten Vorurteile gegen den Rivalen jenseits des Kanals wachrief.

René Louis Voyer, der Marquis von Argenson und ehemalige Außenminister Frankreichs, schimpfte über die »britischen Usurpatoren« und verglich sie mit den algerischen Seeräubern.[150] Man wolle nun gnadenlos um sich schlagen, beschrieb der Herzog von Croy, der am 24. Juli 1755 am Hof des Königs in Compiégne eintraf, die dort herrschende Stimmung. Jeder hielt jetzt einen allgemeinen Krieg für gewiss und machte seine Equipagen zum Abmarsch an die belgische Grenze bereit. Von überall her trafen Offiziere ein, um Befehle einzuholen, und Croy fühlte sich an die Stimmung von 1740 erinnert.[151]

Newcastle hatte ursprünglich gehofft, der britische Überfall werde, da er nicht vor der Küste Frankreichs ausgeführt worden war, nur geringe Unruhe in Europa auslösen. Allenfalls könnte es französische Proteste geben. Das erwies sich als Illusion, denn die Mehrheit des französischen Kabinetts, darunter Außenminister Antoine Louis Rouillé und Kriegsminister d'Argenson, ein Bruder des ehemaligen Außenministers, gab sich kriegerisch und forderte im ersten Zorn eine beherzte Aktion gegen die österreichischen Niederlande oder gegen den Rhein. Allein der König, so der preußische Botschafter Knyphausen, hoffte noch auf eine friedliche Lösung und versuchte seine Minister zu mäßigen. Frankreich solle sich vorerst zurückhalten, damit es England in den Augen Europas die Schuld an der Eskalation geben könne.[152]

Auch wenn die französische Flottenaktion zur Verstärkung Kanadas halbwegs geglückt war, wussten doch alle Minister genau, dass Frankreich zur See hoffnungslos unterlegen war und ähnliche Aktionen nicht beliebig wiederholen konnte. Noch in einem *Conseil* wenige Tage zuvor hatte der unbefriedigende Rüstungszustand der Flotte alle Minister bestürzt.[153] Unter diesen Umständen aber waren die nordamerikanischen Territorien niemals zu halten. Ohne Kolonien und freien Handel aber drohte Frankreich auch der Verlust seiner hegemonialen Stellung in Europa. Schlimmstenfalls könne es sogar das Schicksal der einst so mächtigen Generalstaaten teilen, die inzwischen zu einem bedeutungslosen Randstaat herabgesunken waren. Selbst die absolute Monarchie stand auf dem Spiel. Es schien für Frankreich daher nur der Ausweg zu bleiben, den Briten auf dem Kontinent einen entscheidenden Schlag zu versetzen. Mit seinem konkurrenzlos starken Heer könne es vielleicht ein europäisches Pfand in die Hand bekommen, das sich wie schon im Aachener Frieden gegen eventuelle britische Gewinne in Nordamerika eintauschen ließ.

Im Verlauf des *Conseil* vom 20. Juli war auch die Frage nach einer erneuten Besetzung Belgiens ernsthaft erörtert worden. Doch man entschied sich schließlich gegen diese Option. Mit einem Feldzug in den österreichischen Niederlanden würde sich die französische Krone unweigerlich Wien zum Feind machen und müsste zudem wegen der vielen Festungen einen langen und kostspieligen Feldzug auf sich nehmen. Daher beschäftigte mehr und mehr das Kurfürstentum Hannover die Fantasie der französischen Minister, obwohl es sehr weit von den Grenzen Frankreichs entfernt lag.

Wenn auch Großbritannien die Meere konkurrenzlos beherrschte, in Europa war es nicht unangreifbar. Politisch und strategisch hatte es seinen Inselstatus verloren, als 1714 mit dem Welfen Georg I. ein Mitglied einer deutschen Dynastie in Whitehall einzog. Denn König Georg I. und sein gleichnamiger Sohn und Nachfolger regierten in Personalunion weiterhin auch ihr hannoverisches Stammland. Auch der seit 1727 herrschende König Georg II. verbrachte gewohnheitsmäßig noch etliche Monate des Jahres in seiner deutschen Residenz, wo er sich wie sein Vater ausführlich mit hannoverischen Angelegenheiten und Fragen der Reichspolitik befasste.

Für die meisten britischen Außenpolitiker war das norddeutsche Kurfürstentum nichts weiter als eine ärgerliche Erschwernis ihrer Aufgaben. Einen Nutzen für Großbritannien konnte niemand darin sehen. Offene Kritik an der für Großbritannien so unglücklichen Personalunion war jedoch verpönt. Als es William Pitt, der Ältere, 1743 in einer Parlamentsrede gewagt hatte, Hannover als »miserables Kurfürstentum« zu bezeichnen, trug ihm dies die anhaltende Gegnerschaft König Georgs II. ein. Beinahe hätte es sogar das Ende seiner politischen Karriere bedeutet.[154] Das erzwungene Totschweigen änderte aber nichts an der Tatsache, dass Hannover neben Belgien zum zweiten schwachen Punkt in Großbritanniens kontinentalem System geworden war. Auch die Bemühungen des Monarchen, der sich am 18. Juni 1755 für mehrere Monate in seine norddeutsche Residenz begeben hatte, durch Verträge mit Kurhessen und Bayreuth militärische Unterstützung zum Schutze Hannovers zu gewinnen, versprachen keine wirkliche Lösung des Problems.

Fest entschlossen, die Lage in Nordamerika zu eskalieren und Frankreich in Kanada ein für alle Mal in seine Schranken zu weisen, brauchte Großbritannien auf dem Kontinent einen Festlandsdegen mit militärischem Potenzial. Preußen wäre der ideale Verbündete gewesen. Da aber der König seinem Neffen zutiefst misstraute, wurden im August 1755 auch Verhandlungen mit dem Zarenreich aufgenommen.[155]

Londons Sorgen um seine kontinentale Achillesferse waren alles andere als unbegründet, denn das französische Außenministerium verfolgte tatsächlich gegen Hannover gerichtete Pläne. Schon im Frühjahr 1755 hatte der französische Gesandte in London, der Herzog von Mirepoix, mit Blick auf die vorzeitig bekannt gewordene Mission General Braddocks im Ohiotal den Herzog von Newcastle wiederholt gewarnt. Ein Konflikt zwischen Frankreich und Großbritannien ließe sich nicht auf Nordamerika beschränken, falls die Briten dort größere Erfolge erzielten.[156]

Gelänge es der französischen Armee, das kaum geschützte Kurfürstentum Hannover zu besetzen, so hatte bereits im März 1755 ein Gutachten des Außenministeriums kalkuliert, besäße Frankreich ein unschätzbares Tauschobjekt, mit dem es jeden britischen Erfolg in Nordamerika ausgleichen könne.[157] Vorrausetzung für den Durchmarsch französischer Streitkräfte nach Norddeutschland waren allerdings, so das Gutachten aus unbekannter Feder, umfangreiche Garantien an Österreich und die übrigen Reichsstände. Außenminister Rouillé war jedoch skeptisch hinsichtlich der Möglichkeit einer so umfassenden Vereinbarung mit Österreich und versuchte daher zunächst Preußens Bereitschaft auszuloten, bei einer Besetzung Hannovers mitzuwirken. Ermutigt durch etliche ihm zugetragene Äußerungen König Friedrichs II., der seinem Verbündeten in der gegenwärtigen Krise ein kühneres Vorgehen gegen Großbritannien empfahl, ließ Rouillé über Botschafter Knyphausen sondieren, wie weit Preußen tatsächlich zu gehen bereit war. Zur Enttäuschung des Franzosen fiel Friedrichs Antwort darauf ausweichend aus. Angesichts der offenen Feindschaft Russlands und Österreichs und der unsicheren Haltung Schwedens und Sachsens seien ihm vollkommen die Hände gebunden, ließ er durch seinen Botschafter in süßen Worten mitteilen.[158]

In Versailles machte sich neben der Enttäuschung mehr und mehr Ratlosigkeit breit. Welchen Nutzen als Verbündeter besaß Preußen überhaupt noch, wenn Friedrich sich nur auf billige Ratschläge beschränkte? Der *Conseil* schwankte zwischen ängstlichem Abwarten und einem harten Kurs gegen Großbritannien. Vieles hing jetzt davon ab, ob London tatsächlich der französischen Forderung nachgab, die inzwischen von der britischen Flotte gekaperten 300 Handelsschiffe wieder herauszugeben.

Graf Kaunitz, der nach seiner Rückkehr aus Paris im April 1753 zum Staatskanzler Maria Theresias aufgestiegen war, verstand es mit besonderem Gespür, sich die Unentschlossenheit der französischen Politik zunutze zu machen. Die eigenen Verhandlungen mit Großbritannien steckten seit Monaten in einer Sackgasse. Londons einseitige Forderungen nach einem stärkeren militärischen Engagement der Österreicher in Belgien, ohne sich selbst auf eine Truppenzahl festlegen lassen zu wollen, hatten Kaunitz zutiefst aufgebracht und auf Distanz zu dem vormaligen Alliierten gehen lassen.[159]

Vielleicht ließ sich seine alte Idee einer französisch-österreichischen Allianz nun doch noch wiederbeleben, wenn für Versailles sein Bündnis mit Preußen keinen Wert mehr hatte? Musste Frankreich bei einer weiteren Eskalation des nordamerikanischen Konfliktes gerade jetzt nicht daran gelegen sein, seinem Gegner den wichtigsten Alliierten in Europa zu entwinden? Ein französisch-österreichisches Bündnis wäre gewiss ein harter und unerwarteter Schlag für London.

Kaunitz wählte jedoch für seine Avancen nicht den offiziellen Weg, sondern wandte sich an die Marquise von Pompadour, die den Gedanken einer französisch-österreichischen Allianz als Chance sah, ihre Position bei Hof zu festigen. Über ihre besondere Vertrauensstellung am Hofe ließe sich den österreichischen Vorschlägen noch am ehesten Gehör beim Monarchen verschaffen, ehe Preußenfreunde wie Rouillé, d'Argenson und Marineminister Machault d'Anouville davon Wind bekamen. Tatsächlich gelang es Kaunitz, die Marquise von Pompadour, Frankreichs mächtigste Frau, für seine Pläne zu interessieren. Die vormalige Mätresse hatte sich durch Klugheit und geschicktes Netzwerken eine wichtige Rolle als inoffizielle Beraterin des Königs erworben. Auch Ludwig XV. schien angetan von der ihm zugetragenen Offerte Wiens. War er doch unabhängig von der sich zuspitzenden Lage schon lange davon überzeugt, dass ein Bündnis Frankreichs mit Habsburg in Europa den Frieden wahren und die katholische Religion stärken könnte.[160]

Vorerst überging er jedoch sein Kabinett und ernannte als Bevollmächtigten nicht Außenminister Rouillé, sondern seinen ehemaligen Botschafter in Venedig und Madrid, den Abbé und späteren Kardinal François de Bernis. Der Abbé war ebenfalls ein Vertrauter der Pompadour, und so fand das Treffen am 3. September 1755 unter peinlicher Geheimhaltung im Palais der Marquise in Sèvres statt. Die Zusammenkunft, bei der auch die Hausherrin zugegen war, dauerte nicht länger als eine Stunde. Starhemberg las Satz für Satz aus dem von Kaunitz verfassten Memorandum vor, während Bernis und die Pompadour bemüht waren, mit keiner Regung ihre Gedanken zu verraten. Frankreich solle als Gegenleistung für seinen Eintritt in eine antipreußische Allianz aus Österreich, Russland, Schweden und Sachsen das Herzogtum Luxemburg erhalten. Diesen östlichen Teil der österreichischen Niederlande sollte der Schwiegersohn des Königs im Austausch für die drei italienischen Herzogtümer Parma, Piacenza und Guastalla als Herrschaft erhalten. Auch versprach Kaunitz' Memorandum den Franzosen die Unterstützung Österreichs bei der Wahl von Louis François de Conti, des Prinzen von Bourbon, zum polnischen König, sobald hier der Nachfolgefall eintreten sollte. Würde Frankreich in einen Krieg mit Großbritannien verwickelt, wäre ihm auch die Benutzung der belgischen Häfen Ostende und Nieuport gestattet.

Die denkwürdige Besprechung, in der Habsburg erstmals offen seine Karten auf den Tisch gelegt hatte, endete wie auch die beiden noch folgenden Begegnungen am 7. und 9. September vorerst ohne konkretes Ergebnis. Ein gewisser provinzieller Schachergeist prägte unübersehbar die österreichische Offerte. Kaunitz wollte nicht nur die Allianz mit Frankreich, sondern zugleich auch noch auf elegante Weise einen Teil des ungeliebten Belgiens gegen drei aus österreichischer Sicht viel wertvollere italienische Herzogtümer eintauschen. Für die Unterstützung Contis und eine temporäre Nutzung zweier belgischer Kanalhäfen erwartete er außerdem, dass sich der erhoffte neue Alliierte kraftvoll an der Rückeroberung Schlesiens beteiligte. Frankreichs substanzielle Interessen in Übersee hat der kaiserliche Diplomat nie verstanden. Daher blieb ihm auch der wiederholt vorgebrachte Wunsch der Franzosen nach einer Besetzung Hannovers völlig unverständlich.[161]

Bernis und die Pompadour hatten sich gegenüber Starhemberg in der ersten Sitzung nicht zu den Vorschlägen geäußert, waren jedoch besonders über die Andeutungen des Wiener Hofes erschrocken, dass Preußen inzwischen in Verhandlungen mit Großbritannien stehe. Grundsätzlich erkannte Bernis sofort, dass Maria Theresias Vorschläge auf die größte Veränderung des Mächtesystems seit dem Ende des Mittelalters hinausliefen.[162]

König Ludwig XV. war immerhin sehr angetan von der Aussicht, Luxemburg für seinen Schwiegersohn zu erhalten. Doch von seinem preußischen Alliierten wollte er sich angesichts der wachsenden Kriegsgefahr auf keinen Fall trennen. Ludwigs Antwortschreiben an die Kaiserin fiel, wenn auch in herzlichen Wendungen verfasst, vorerst ablehnend aus.

Gleichwohl schien sich der König die österreichische Option offenhalten zu wollen, denn Ende Oktober weihte er auf Drängen Bernis' auch sein Kabinett in die Angelegenheit ein. Erwartungsgemäß erregte die Wiener Initiative bei allen Ministern großes Misstrauen. Warum sollte Frankreich den Österreichern bei der Rückeroberung Schlesiens helfen, wo man doch ganz andere Probleme hatte? Vor allem Rouillé, der sich ohnehin durch die Beauftragung Bernis' hinter seinem Rücken übergangen fühlte, war skeptisch, wagte aber nicht, das Projekt offen zu kritisieren. Vielmehr forderte er, dass Österreich sich dann auch an einer Besetzung Hannovers beteiligen müsse. Genau das aber lehnten Kaunitz und Starhemberg entschieden ab. Schließlich wollte Österreich keinen Konflikt mit Großbritannien, auf dessen Neutralität im kommenden Krieg man immer noch hoffte. Auch widersetzte sich die Wiener Hofburg entschieden einem französischen Alleingang in Norddeutschland. Maria Theresia und ihr kaiserlicher Gatte weigerten sich rundweg, eine derartige Möglichkeit auch nur in Betracht zu ziehen.[163]

Für Ludwigs Minister war das österreichische Angebot daher zu dürftig. Keiner von ihnen wollte voreilig das sichere Bündnis mit Preußen aufgeben, um sich von Kaunitz in einen Krieg um Schlesien verwickeln zu lassen. Dass sich Friedrich im letzten Krieg als ein nur wenig zuverlässiger Alliierter erwiesen hatte und auch im heraufziehenden Konflikt kaum die erhoffte Hilfe leisten würde, nahm man in Kauf. Die von Kaunitz beabsichtigte Zerstückelung des preußischen Königtums lehnte auch Ludwig entschieden ab. So hatten die Gespräche mit Österreich rasch einen toten Punkt erreicht und wären auch angesichts der Unentschiedenheit des französischen Hofes kaum zu einem Abschluss gebracht worden, wenn nicht Preußen den nächsten und, wie sich zeigen sollte, entscheidenden Schritt unternommen hätte.

Friedrich hatte sich lange dem britischen Ersuchen verweigert, eine Garantieerklärung für Hannover abzugeben, und sich über die Bestrebungen Georgs II. mokiert, alle Welt für die Sicherheit seines Kurfürstentums zu mobilisieren. Aus Höflichkeit bot er London immerhin seine Dienste als Vermittler an. Das Verhältnis zwischen dem britischen Monarchen und seinem Potsdamer Neffen war ohnehin nicht das beste. Hauptsächlich ging es um preußische Forderungen nach Entschädigung für die im letzten Krieg gekaperten Handelsschiffe. In London war Friedrich damit bisher stets auf taube Ohren gestoßen. So zeigte der König dann auch keinerlei Interesse, anlässlich einer im Sommer 1755 inkognito angetretenen Reise zum Rhein mit seinem königlichen Onkel in dessen Herrenhausener Residenz zusammenzutreffen.[164]

Doch Außenstaatssekretär Lord Holderness, der seinen Monarchen nach Deutschland begleitet hatte, sah in einer preußischen Garantie den besten Schutz für Hannover. Anfang August reiste der britische Minister sogar nach Braunschweig, um den dortigen Hof, zu dem Friedrich durch seine Schwester enge verwandtschaftliche Beziehungen hatte, für sein Ziel einzuspannen.[165] Die in Aussicht gestellte Vermählung einer Tochter der Herzogsfamilie mit dem Prinzen von Wales war der Köder, der den Herzog bewog, die ihm angediente Vermittlerrolle zu übernehmen.

Inzwischen standen die Briten unter erheblichem Druck. Kaunitz schien entschlossen, nachdem London auf seine jüngsten Vorschläge nicht mehr geantwortet hatte, aus dem alten Bündnis auszuscheren. Eine Annäherung Wiens an Versailles war nicht mehr ausgeschlossen.

Zwar hätte Holderness einer Erneuerung der Allianz mit Wien den Vorzug gegeben, doch wenn das nicht möglich war, musste man sich eben mit dem Potsdamer Monarchen arrangieren.[166] Newcastle und seine Außenminister wussten nur zu gut, dass mehr noch als die Vermittlungsdienste des braunschweigschen Hofes die russische Karte in Potsdam stechen würden. Verhandlungen mit St. Petersburg waren bisher an den hohen Geldforderungen der Zarin gescheitert. Jetzt aber wurden sie unter der zielstrebigen Leitung des britischen Botschafters an der Newa, Sir Charles Hanbury Williams, am 30. September 1755 zu einem Abkommen gebracht. Gegen die jährliche Zahlung von 100000 Pfund verpflichtete sich die russische Regierung gegenüber London, ein Armeekorps von 50000 Mann an der Grenze zu Ostpreußen bereitzuhalten, was Friedrich von einem Übergriff auf Hannover abhalten sollte. Wenn auch noch längst nicht vom Parlament ratifiziert, so setzte das Abkommen, dessen Text Newcastle sogleich dem preußischen Gesandten in London aushändigte, Friedrich doch gewaltig unter Druck. Obwohl er die russische Armee stark unterschätzte und ihre Generale verachtete, fürchtete der preußische König keinen Gegner so sehr wie das Zarenreich.[167] Eine Vereinbarung Preußens mit Großbritannien zum Schutze des norddeutschen Kurfürstentums, so das Kalkül Friedrichs, würde sein Land von der russischen Bedrohung befreien, da beide Mächte sich ja demselben Ziel verpflichtet hatten. London und Potsdam wurden rasch einig und schlossen schon am 16. Januar 1756 das Westminsterabkommen. Beide Vertragsparteien sicherten sich darin gegenseitig territoriale Unversehrtheit zu und verpflichteten sich sogar, ihre jeweiligen Verbündeten von Angriffen auf Hannover und Schlesien – notfalls auch militärisch – abhalten zu wollen.[168] Als Zugabe erhielt Preußen nun auch die lang ersehnte Entschädigung für seine Handelsschiffe.

Während die Briten hofften, den Konflikt mit Frankreich auf diese Weise auf Nordamerika beschränken zu können und nebenbei auch noch viel Geld zu sparen, glaubte Friedrich, dass er dank der neuen Vereinbarung einen Krieg mit Russland nicht mehr befürchten müsse. Der Friede auf dem Kontinent schien gesichert. Die Beziehungen zu Frankreich sah Friedrich durch seine Vereinbarung mit London keineswegs infrage gestellt. Davon glaubte er auch den französischen Sonderbotschafter, den Herzog von Nivernais, überzeugt zu haben, der endlich am 22. Januar 1756 in Potsdam eingetroffen war.[169] Ausdrücklich hatte er Belgien aus der Neutralitätserklärung für das Reichsgebiet herausnehmen lassen, was seinem alten Verbündeten die Option beließ, die benachbarte österreichische Provinz notfalls als Faustpfand zu besetzen.

In Versailles schlug die Nachricht von der britisch-preußischen Einigung zunächst wie eine Bombe ein. Einmal mehr schien der preußische Monarch seinen Ruf als unsicherer Kantonist bestätigt zu haben. Befeuert wurde der Unmut auf Friedrich besonders durch das Gefühl, von den beschwichtigenden Freundschaftsbekundungen, die Botschafter von Knyphausen noch wenige Wochen zuvor im Namen seines Monarchen abgegeben hatte, absichtlich getäuscht worden zu sein.[170]

Preußens faktisches Ausscheren aus der Allianz hatte für Frankreich allerdings auch Vorteile. Die quälende Unsicherheit, die seine Politik zuvor monatelang geprägt hatte, wich plötzlich einem fieberhaften Aktivismus. Nachdem die Briten nochmals eine Herausgabe der 300 gekaperten französischen Handelsschiffe abgelehnt hatten, schien ein Krieg unvermeidlich geworden. Nun war es plötzlich Versailles, das auf ein Abkommen mit Österreich drängte. Minister Kaunitz konnte sein Glück kaum fassen, als ihm Botschafter Starhemberg Ende Februar 1756 aus Versailles meldete, dass der *Conseil* beschlossen habe, den Vertrag mit Preußen nicht zu verlängern, und der König sogar bereit sei, einen Angriff russischer und österreichischer Truppen auf Preußen durch Zahlung von Subsidien zu unterstützen. Allerdings hatte sich die Ministerrunde geschlossen gegen jede Verkleinerung des preußischen Territoriums ausgesprochen, die über die Abtretung Schlesiens hinausging. Ein weiterer Wermutstropfen war schließlich Bernis' Forderung, dass Wien gegenüber Großbritannien nicht neutral bleiben könne, wenn sich Frankreich offen gegen Preußen stelle.[171] Kaunitz begriff nur zu gut, dass Österreich, gäbe es hier nach, auch jeden französischen Angriff auf das Kurfürstentum Hannover mittragen oder gar unterstützen müsste. Doch weder Maria Theresia noch der Kaiser würden jemals ihre Zustimmung zu einem Krieg Frankreichs gegen einen Reichsfürsten geben. Die Kaiserin hatte diese Hoffnung Frankreichs erst am 27. Januar in einem Brief an Starhemberg entrüstet zurückgewiesen. Versailles blieb zögerlich. War es wirklich klug, sich von Österreich in einen Krieg gegen Preußen hineinziehen zu lassen, wo doch der Konflikt mit Großbritannien mit jedem Tag eskalierte? Kaunitz spielte noch einmal die letzte britische Karte. In einem Brief an Starhemberg, der zur Übermittlung an Bernis gedacht war, erwähnte er ausdrücklich das Ersuchen des britischen Botschafters Robert Keith in Wien um eine Audienz bei der Kaiserin, um ihr neue Vorschläge seiner Regierung zu unterbreiten.[172] Das Manöver verfehlte die gewünschte Wirkung nicht. Bernis erkannte sofort die Gefahr, dass Frankreich bei längerem Zögern plötzlich in Europa isoliert sein könnte. Am 19. April 1756 willigte der *Conseil* unter dem Vorsitz des Königs in einen Vertrag mit Österreich ein, der allerdings nicht alle Wünsche Wiens erfüllte. Während Versailles zusicherte, die Neutralität Belgiens und anderer habsburgischer Territorien im Kriegsfall zu respektieren, versprach Wien, im kommenden Krieg Großbritannien in keiner Weise gegen Frankreich zu unterstützen. Nur für den Fall, dass eine der Vertragsparteien von einer dritten Macht angegriffen würde, war eine begrenzte gegenseitige militärische Unterstützung vorgesehen. Als der Vertrag schließlich am 1. Mai in Versailles von Starhemberg, Rouillé und Bernis unterzeichnet wurde, war dies in Kaunitz' Augen nur ein Etappenziel. Es lag jetzt an dem König von Preußen, den nächsten Schritt zu unternehmen.

2. Kein kurzer Krieg – Von der Eroberung Menorcas bis zur Schlacht von Leuthen

Eine verlorene Festung und ein füsilierter Admiral

»Zittere, Du stolzes Albion, in all Deiner Größe
Zu Deinem Herzen sprichst Du: Nichts gleicht meiner Macht
Ihr Fürsten, achtet mich! Denn ich bin die Herrscherin der Meere,
unter meinen zahllosen Schiffen streicht Thetis die Wogen.
Beide Welten habe ich gezwungen
Mir ihre Reichtümer als Tribut darzubieten.«

Französische Ode über die Eroberung von
Fort St. Philippe und Maron 1756[1]

Der 14. März 1757 war ein ebenso ungewöhnliches wie skandalöses Datum in der Geschichte der königlich-britischen Marine. Gegen Mittag des verregneten Frühlingstages betrat der sehr ehrenwerte Vizeadmiral John Byng das Achterdeck der im Hafen von Portsmouth ankernden *Monarche*, um von einem Peleton aus neun Marineinfanteristen erschossen zu werden. Die Takelagen sämtlicher Segler in der Umgebung hingen voller schaulustiger Matrosen, während die Kommandanten der im Hafen liegenden Kriegsschiffe sich als Zeugen der bevorstehenden Hinrichtung auf der *Monarche* eingefunden hatten. Das hohe Kriegsgericht aus drei Admiralen und neun Kapitänen hatte in einer vierwöchigen Verhandlung den 52-jährigen Angeklagten zwar vom Vorwurf der Feigheit freigesprochen, aber in einem Punkt der Anklage stattgegeben. Byng habe, so die Jury, als Befehlshaber seiner Flotte nicht das Äußerste versucht, um seinen Auftrag zu erfüllen. Der hatte ihn dazu verpflichtet, die 3000 Mann starke Besatzung der Festung St. Philippe auf Menorca in jeder Weise zu unterstützen.[2]

Obwohl eine derartig dehnbar formulierte Verfehlung zu gegensätzlichen Interpretationen geradezu einlud, war sie doch seit Kurzem mit der Todesstrafe verknüpft. Byng hätte nach Auffassung des Gerichts den Fall der Festung verhindern können. Gleichwohl erwarteten die Richter ebenso wie das Unterhaus, dass König Georg II. eine Begnadigung verfügen würde, was jedoch unterblieb, da sich das Oberhaus dagegen aussprach. Byng zu verschonen wäre dem Eingeständnis der Regierung gleichgekommen, selbst gravierende Fehler begangen zu haben. So musste der unglückselige Admiral an diesem 14. März vor das Peleton treten, was er mit äußerer Gelassenheit und ohne jedes Zeichen von Furcht tat. Ob denn tatsächlich auf diese Weise Feiglinge leben und sterben würden?, fragte Horace Walpole, nachdem bekannt geworden war, dass Byng sich nur deshalb eine Augenbinde hatte anlegen lassen, um nicht, wie ihm bedeutet wurde, die Soldaten des Erschießungskommandos zu verunsichern.[3] Obwohl er dem britischen Hochadel angehörte und sein Vater, Admiral George Byng, der 1. Viscount von Torrington und Sieger gegen die Spanier in der Seeschlacht von Passero, hohes Ansehen genossen hatte, war John Byng niemals Teil eines politischen Netzwerks gewesen und hatte auch nur wenige Freunde unter seinen Standesgenossen gehabt. Damit war der dickliche Eigenbrötler, dem auch noch homosexuelle Neigungen nachgesagt wurden, der ideale Sündenbock für die verfehlte Strategie einer Regierung, die viel zu spät und zu nachlässig auf die Bedrohung Menorcas reagiert hatte. Selbst in Frankreich hatte der Fall Byng Aufsehen erregt und sogar Voltaire hatte dem Schicksal des Admirals eine Episode in seinem Roman *Candide* gewidmet, in welcher der gleichnamige Held Zeuge der Hinrichtung Byngs wird und dabei von einem anderen Beobachter die Belehrung erhält, dass es in England von Zeit zu Zeit Sitte sei, einen Admiral hinzurichten, um die übrigen zu ermutigen.[4]

Wenig mehr als elf Monate vor seinem letzten Tag war Vizeadmiral Byng mit einem kleinen Geschwader von zehn Linienschiffen aus dem Hafen von Portsmouth in Richtung Gibraltar aufgebrochen. An der Südspitze Spaniens sollte er 700 Marineinfanteristen aufnehmen und sie von dort zur Festung St. Philippe an der Ostküste Menorcas bringen. Auf einem ins Meer ragenden Felsen errichtet, beherrschte das Bollwerk die schmale Einfahrt zur Bucht von Maron und war der Schlüssel zur Inbesitznahme der Baleareninsel. Die Briten hatten

St. Philippe ein halbes Jahrhundert zuvor während des Spanischen Erbfolgekrieges erobert und es zu einer modernen sternförmigen Verteidigungsanlage ausgebaut. Die Besatzung bestand damals aus vier Regimentern Infanterie unter dem Befehl des 84-jährigen Generals William Blakeney. Der ungewöhnlich rüstige Greis konnte auf eine lange und solide Soldatenlaufbahn in der britischen Armee zurückblicken. Seine über 100 Geschütze und die reichen Vorräte an Verpflegung und Munition in den bombensicheren Kasematten der Festung machten jeden Angriff auf St. Philippe zu einem unkalkulierbaren Risiko.

Zu Beginn des Jahres 1756 hatte sich Frankreich jedoch entschlossen, das Wagnis eines Totalverlustes seines Expeditionskorps einzugehen. Gelang es tatsächlich, Menorca einzunehmen, hatte man damit ein ideales Faustpfand in der Hand, das sich gegen die beinahe 300 französischen Schiffe und über 6000 Seeleute austauschen ließ, die Großbritannien in den zurückliegenden Monaten in seine Hand gebracht hatte und deren freiwillige Herausgabe London seither beharrlich verweigerte.[5] Der Verlust der Insel, so das Kalkül in Versailles, würde auch Großbritanniens Mittelmeerposition empfindlich schwächen. Vielleicht ließe sich sogar durch die Rückgabe Menorcas an Spanien die Regierung in Madrid als Bundesgenosse gewinnen.

Zur Ablenkung von den aufwendigen Vorbereitungen in Toulon und anderen Mittelmeerhäfen ließ Marschall Belle-Isle entlang der Kanalküste in auffälliger Zahl Truppen und Schiffseinheiten zusammenziehen. Tatsächlich konnte er die Briten mit seiner Inszenierung eine Zeit lang täuschen. Angesichts der nicht mehr zu ignorierenden Drohung einer französischen Landung in England weigerte sich George Anson, der 1. Lord der Admiralität, das britische Heimatgeschwader auch nur um ein einziges Schiff zu schwächen.[6]

Auch nachdem London im März die Gefahr für Menorca endlich erkannt hatte, mochte sich Anson nur zu halbherzigen Maßnahmen entschließen. Schon die Wahl John Byngs zum Chef des Mittelmeergeschwaders erschien als Notlösung. Der Admiral verfügte zwar über eine lange Diensterfahrung im Mittelmeer, zählte aber gewiss nicht zur ersten Riege der britischen Seeoffiziere.

Gleichwohl bewies Byng bei der Vorbereitung seiner Expedition Tatkraft und organisatorisches Geschick. Nach Überwindung etlicher

Hemmnisse konnte Byng endlich am 6. April 1756 die Segel in Richtung Gibraltar setzen. Noch während sein Geschwader gegen widrige Winde in der Biskaya ankämpfte, hatten die Franzosen losgeschlagen. Am 21. April landete, gedeckt von zwölf Linienschiffen, eine französische Transportflotte mit rund 14000 Mann an der Westküste Menorcas. Wenige Tage später begann unter der energischen Führung von Louis François Armand de Plessis, des Herzogs von Richelieu, die Belagerung von St. Philippe.[7] Anfang Mai, als bereits die ersten Granaten aus Richelieus Geschützen in der Festung einschlugen, war die Nachricht von der Landung der Franzosen auf Menorca auch nach London gelangt. Der nordamerikanische Konflikt hatte unwiderruflich auf Europa übergegriffen und folgerichtig erklärte Großbritannien am 18. Mai 1756 Frankreich den Krieg.

Byngs Flotte war mit unklarer Order der Admiralität ins Mittelmeer aufgebrochen. Sie sollte die Belagerten in jeder Weise unterstützen. Doch ausgerechnet die eindeutigste aller Weisungen Ansons glaubte Byng missachten zu können. Eigenmächtig beließ er die für Menorca vorgesehene Verstärkung von 700 Mann in Gibraltar. Vor Gericht rechtfertigte sich Byng später damit, dass er Englands Wachtor zum Mittelmeer nicht habe schwächen wollen. Nach seiner Ansicht hätten die wenigen Hundert Mann, wären sie nach Menorca gelangt, dort kaum einen Vorteil erbracht. Verstärkt um zwei Schiffe, aber ohne das befohlene Truppenkontingent, hatte Byng am 4. Mai Gibraltar verlassen und seine Fahrt ins Mittelmeer fortgesetzt. Zwei Wochen später erreichte sein Geschwader die Gewässer um die Balearen, wo er am 20. Mai 1756 auf ein etwa gleichstarkes französisches Geschwader stieß. Das halbherzig geführte Seegefecht vor der Südküste Menorcas endete nach zwei Stunden mit dem Rückzug der Franzosen, was sich mit viel gutem Willen als britischer Sieg reklamieren ließ. Dass Byng mit seinem Flaggschiff nicht einmal selbst in das Gefecht eingegriffen hatte, konnte man ihm noch als Ungeschicklichkeit nachsehen. Nach Überzeugung des britischen Militärgerichts aber hatte es Byng anschließend versäumt, das feindliche Geschwader energisch zu verfolgen. Zur Last legten ihm seine Richter auch, dass er keinen Versuch unternommen hatte, Richelieus Belagerungsarmee auf der Insel von ihrer Versorgung abzuschneiden.

Nachdem er mit seinen Schiffen noch vier Tage vor Menorca gekreuzt hatte, ohne einen ernsthaften Versuch unternommen zu haben, mit der Besatzung der Festung in Verbindung zu treten, brach Byng seinen Einsatz vorläufig ab, um in Gibraltar notwendige Reparaturen an einigen seiner Schiffe vornehmen zu lassen. Bestärkt in seinem Entschluss, der ihm schließlich zum Verhängnis wurde, hatte ihn das einhellige Votum seiner Kapitäne, was diese aber später vor Gericht bestritten. So war das britische Geschwader am 19. Juni wieder in Gibraltar eingetroffen. Nur zehn Tage später kapitulierte die Besatzung von St. Philippe. Tags zuvor hatten die Franzosen durch einen Generalangriff drei der sechs äußeren Forts eingenommen. Gleichwohl wäre eine Fortsetzung der Verteidigung noch möglich gewesen. Die Briten hatten bei der Abwehr des Sturms nur 65 Mann verloren, die Verluste der Franzosen betrugen dagegen das Siebenfache. Doch kaum jemand in England erhob gegen Blakeney den Vorwurf, er habe zu früh kapituliert. Hatte doch die Besatzung der Festung immerhin 66 Tage ausgehalten und ehrenvolle Kapitulationsbedingungen erhalten. Der greise General durfte sogar im Verfahren gegen Byng aussagen und darauf hinweisen, dass die Zuführung der ursprünglich vorgesehenen Verstärkung bei Nacht durchaus möglich gewesen wäre.

Gerüchte von Byngs unglücklichem Agieren im Mittelmeer und vor allem von dem Seegefecht bei Menorca, das die Franzosen mit Aplomb als Sieg reklamierten, waren schon früh nach England gelangt. Darauf hatte die beunruhigte Admiralität sofort ein Schiff mit der Order nach Gibraltar entsandt, Byng von seinem Kommando zu entbinden und durch Admiral Sir Edward Hawke zu ersetzen. Byng selbst sollte unter Bewachung nach Spithead gebracht werden. Als beinahe zeitgleich mit dem festgesetzten Admiral die Bestätigung von Blakeneys Kapitulation in London eintraf, löste die Meldung eine bis dahin nie erlebte Welle der Wut in Großbritannien aus. Byngs an Feigheit grenzendes Ungeschick machte es den führenden Politikern um Newcastle, Fox und Anson leicht, den Admiral als den Hauptverantwortlichen der neuerlichen Niederlage darzustellen. Ganz ließ sich dadurch aber der Volkszorn nicht täuschen. Zu ernüchternd war die politische Bilanz der Regierung in den zurückliegenden beiden Jahren ausgefallen. In Nordamerika war der von Cumberland und Kriegsminister Fox geplante Gegenschlag spektakulär am Monongahela gescheitert und in Europa war das österreichische Kaiserhaus, der wichtigste Alliierte des Vereinigten Königreichs, durch den Vertrag von Versailles endgültig auf die Seite Frankreichs getreten. Den jetzt eingetretenen Verlust von St. Philippe und Menorca empfand man überall im Königreich als Englands größtes militärisches Desaster seit mehr als einem halben Jahrhundert.[8] Als schließlich am 30. September die Nachricht vom Verlust des Forts Oswego am Ontariosee in London eintraf, wobei mehr als 1000 Mann regulärer britischer Truppen in Gefangenschaft geraten waren, sprachen viele schon von einem *annus horribilis* für Großbritannien.[9] Die öffentliche Stimmung kochte. Bei einem Besuch in Greenwich wurde Newcastles Kutsche von einer wütenden Menge mit Unrat beworfen und der Staatssekretär selbst musste sich in das nahe gelegene Observatorium in Sicherheit bringen. Den zitternden Kutscher bedachten die Randalierer mit der höhnischen Empfehlung, seinen Fahrgast doch sogleich zum Tower zu bringen.[10]

Nichts jedoch unterstrich deutlicher das vollständige Scheitern der bisherigen Politik Newcastles als der Einmarsch Preußens in das Nachbarkurfürstentum Sachsen. Damit war der gefürchtete Bündnisfall zwischen Österreich und Frankreich eingetreten und der Bourbonenstaat würde keinen Augenblick zögern, Friedrichs Präventivschlag zum Anlass zu nehmen, einen Feldzug nach Norddeutschland zu führen und das Kurfürstentum Hannover zu besetzen. Eine überzeugende Antwort auf diese Bedrohung hatte der Herzog nicht und sein Sturz schien nur noch eine Frage von Tagen.

Preußens Einfall in Sachsen – Aufmarsch zu einem langen Krieg

Am 29. August 1756 marschierte der König von Preußen mit 70000 Mann in das Nachbarland Sachsen ein und verknüpfte damit den britisch-französischen Streit um das entlegene Ohiotal mit dem österreichisch-preußischen Konflikt um die Hegemonie in Deutschland. Friedrich hatte zwar im Abkommen von Westminister acht Monate zuvor den Versuch unternommen, wenigstens sein Königreich aus der atlantischen Konfrontation der beiden Kolonialmächte herauszuhalten. Doch seine Einigung mit Großbritannien hatte nicht die erhoffte Stabilisierung der europäischen Landkarte bewirkt. Frankreich, das nun in seinem alten Bündnis mit Preußen keinen Vorteil mehr sah, war im Ersten Versailler Vertrag auf die Seite Österreichs getreten und hatte dadurch der beharrlichen Diplomatie des Grafen Kaunitz ihren größten Erfolg verschafft. Preußen war in Europa isoliert und sah sich plötzlich einer Allianz aus drei feindlichen Großmächten gegenüber.

Nur ein energischer Befreiungsschlag gegen Österreich, das Herz der antipreußischen Koalition, schien jetzt noch Aussicht auf Rettung zu bieten. Zuvor allerdings musste Sachsen ausgeschaltet werden, das im Sommer 1744 den in Böhmen eingedrungenen Preußen in den Rücken gefallen war.

Während eine erste Kolonne seiner Truppen unter dem Befehl seines Schwagers, Ferdinand von Braunschweig, in Leipzig einrückte, stieß eine zweite auf Dresden vor. Eine offizielle preußische Kriegserklärung hatte es nie gegeben, ja es gab nicht einmal einen realen Kriegsgrund. Friedrich konnte weder – wie noch im Falle Schlesiens – zweifelhafte Erbansprüche anmelden, noch hätten sich gegen Sachsens Kurfürst Friedrich August II. haltbare völkerrechtliche Anschuldigungen finden lassen. Selbst die gewiss nicht zimperliche Fürstenwelt des *Ancien Régime* empfand das Vorgehen des Philosophen von Sanssouci als einen beispiellosen Rechtsbruch. Doch Friedrich glaubte sich in einer ungeheuren politischen Zwangslage.

Seit sich nur vier Monate zuvor Frankreich in einer Defensivallianz mit Österreich verbunden hatten, fühlte er sich von Gegnern umstellt. Die ausweichenden Antworten Wiens auf seine wiederholten Fragen nach dem Zweck der österreichischen Rüstungen hatten seine Nervosität nur noch gesteigert.[11] Wohl entscheidend für Friedrichs Entschluss zum *Prävenire* war aber, dass er im Juli durch eine gezielte Indiskretion des St. Petersburger Hofes von dem – bald wieder aufgegebenen – Plan der Russen erfahren hatte, selbst mit einem starken Armeekorps in Sachsen einzumarschieren.[12]

Da nun nach Wochen voller Zweifel und Abwägen der Rubikon überschritten war, fühlte sich der Monarch plötzlich sogar erleichtert. Beobachtern fiel auf, dass der König in den ersten Tagen der Invasion zu jedermann ungewöhnlich freundlich und leutselig war.[13] Hohe Standespersonen des Kurfürstentums und Vertreter der Magistrate, die ihm in Dresden ihre Aufwartung machten, wurden alle wohl aufgenommen. Es gab festliche Bankette unter den Augen der Bevölkerung und der Agnostiker Friedrich machte sogar anlässlich eines Kirchenbesuchs den Predigern großzügige Geschenke.[14]

Zu Kämpfen kam es vorerst auch nicht. Die sächsische Armee hatte sich rechtzeitig in ein durch die Natur geschütztes Lager zwischen Pirna und Königstein zurückgezogen, das durch zusätzliche Verschanzungen nahezu uneinnehmbar gemacht worden war. Ihre elf Infanterie- und sechs Kavallerieregimenter standen unter dem Befehl von Feldmarschall August Friedrich Graf von Rutowski, einem kriegserfahrenen Offizier, der sogar einmal für kurze Zeit unter Friedrichs Vater, dem Soldatenkönig, gedient hatte. Als einer der zahllosen außerehelichen Söhne Augusts des Starken war er ein Halbbruder des regierenden Kurfürsten wie auch der damaligen Feldherrenlegende Moritz von Sachsen. Friedrich August II. selbst hatte sich mit seinem leitenden Minister, Heinrich Graf von Brühl, in die elbaufwärts liegende Festung Königstein begeben und drängte auf einen baldigen Aufbruch seiner Truppen nach Böhmen. Als ihm Rutowski aber klarmachte, dass dies ohne österreichische Hilfe nicht möglich sei, begnügte er sich mit einem phrasenhaften Appell an seine Truppen, die Ehre ihres Königs zu retten und sich bis auf den letzten Blutstropfen zu verteidigen.[15]

Friedrichs Inbesitznahme von Sachsen machte ganz Europa fassungslos. Während Maria Theresia ihrem Hof in Tränen über das Schicksal der kurfürstlichen Familie berichtete,[16] entrüstete sich der Versailler Hof, dass der preußische König, sein einstmaliger Verbündeter, nunmehr sein wahres Gesicht gezeigt und dieselbe Heimtücke bewiesen habe, mit der auch England seit Jahren gegen Frankreich agiere.[17] Ob es ein Kapitel des Machiavelli oder des Antimacchiavelli sei, wisse er nicht, spottete der von dem jungen Friedrich so lange verehrte Philosophenkönig Voltaire am 10. September 1756 in einem Brief aus Genf an seinen Freund Nicolas Claude Thierot.[18] Voltaire hatte drei Jahre zuvor den Potsdamer Hof nach der Veröffentlichung einer Schmähschrift über seinen Konkurrenten und Landsmann Pierre Louis Maupertuis in aller Eile verlassen und war wegen eines entwendeten privaten Gedichtsbandes des Königs noch mehrere Tage in der Reichsstadt Frankfurt von preußischen Beamten festgehalten worden. Die Verbindung zwischen dem Philosophen unter den Königen und dem König der Philosophen war auch danach nicht völlig abgebrochen, doch der seither eher sporadisch aufrechterhaltene Briefwechsel war von Sticheleien und Gehässigkeiten durchsetzt.[19]

Gleich nach seiner Ankunft in Dresden ließ der König die kurfürstlichen Archive nach Beweisen für die Beteiligung Sachsens an der großen kaunitzschen Verschwörung gegen Preußen durchsuchen.[20] Wirklich fündig wurde er nicht. Seine Beamten stießen lediglich auf Dokumente, die belegten, dass Graf Brühl in die Geheimverhandlungen des Wiener Hofes mit Russland eingeweiht war. Friedrich ließ sie wenige Tage später in einer langen und umständlichen Erklärung veröffentlichen, die aller Welt seine Friedfertigkeit beweisen sollte und Österreich als den wahren Friedensstörer brandmarkte.[21] Der erhoffte Propagandaeffekt im Reich und in Europa blieb weitgehend aus. Allein in Großbritannien fand eine englische Übersetzung der Schrift begeisterte Aufnahme.[22]

Das fragile Königreich Preußen mit seinen kaum vier Millionen Einwohnern musste sich nun darauf einstellen, gegen eine Allianz aus Österreich, Frankreich, Russland und Schweden zu kämpfen, die zusammen fast eine halbe Million Mann aufbieten konnten. Auch die Reichsstände stellten sich schließlich im Januar 1757 fast geschlossen gegen den Preußenkönig. Für Friedrich besonders schmerzlich war dabei, dass insgesamt auch 60 protestantische Fürsten sich auf die Seite Österreichs schlugen.[23] Als Vorkämpfer des protestantischen Nordens gegen den habsburgischen Katholizismus konnte er sich vorerst nicht inszenieren.

Die breite Front gegen Preußen war ein politischer Albtraum und bezeugte zugleich das tragische Scheitern der Diplomatie des Potsdamer Autokraten. Vor allem die Allianz Österreichs mit Frankreich hatte Friedrich vollkommen aus der Fassung gebracht. War doch die jahrhundertalte Erbfeindschaft der Bourbonen gegen Habsburg eine feststehende und nie ernsthaft bezweifelte Größe in seinen politischen Kalkulationen gewesen. Nun ließ Friedrichs Einmarsch in Sachsen die beiden ehemaligen Kontrahenten sogar noch enger zusammenrücken. Im Mai 1757 sollten

Frankreich und Österreich im zweiten Versailler Vertrag ihren ursprünglichen Defensivpakt zu einem Offensivbündnis erweitern, in dem sich König Ludwig XV. allerdings nur verpflichtete, mit seiner Armee nach eigenem Ermessen in Deutschland einzugreifen und die Verbündeten mit Subsidien zu unterstützen.[24] Dagegen stand auf der preußischen Habenseite allein die vage Hoffnung auf die Hilfe Großbritanniens, das aber schon eine Reihe empfindlicher Schlappen gegen Frankreich hatte einstecken müssen und zudem über kein nennenswertes Feldheer verfügte.

Offenbar hatte Friedrich darauf spekuliert, durch einen präventiven Schlag gegen Sachsen mit einer sich daran anschließenden kräftigen Offensive gegen Österreich die Koalition seiner Gegner wieder auseinanderzubringen. Zusammen mit Sachsen würde Preußen einen festen Block bilden, der, wenn überhaupt, nur unter großen Mühen in einem langen Krieg niedergeworfen werden konnte. Dies könnte manchen Gegner, der bis jetzt auf leichte Beute gehofft hatte, davon abhalten, sich Österreich anzuschließen.

Friedrichs Einmarsch in Sachsen war daher kein Auftakt zu einem Blitzkrieg. Sein Coup sollte eher der politischen Abschreckung dienen. Notfalls aber, so das Kalkül des Königs, ließ sich auch mithilfe des besetzten Kurfürstentums ein längerer Krieg gegen eine große Koalition mit Glück und Geschick durchstehen.

An die Möglichkeit einer raschen Kriegsentscheidung glaubte Friedrich nicht wirklich. Zwar hatte er seinen Generalen wiederholt eingeschärft, dass Preußen einen langen Krieg wegen seiner hoffnungslos exponierten Grenzen nicht führen könne,[25] doch als erfahrener Heerführer und Kenner der jüngeren Kriegsgeschichte wusste er auch, dass es im Krieg zwischen Großmächten keine wirklich entscheidenden Siege geben würde. Alle bisherigen Konfrontationen im Zeitalter des *Ancien Régime* hatten, trotz etlicher spektakulärer Schlachtenerfolge wie etwa die Siege des Prinzen Eugen bei Höchstedt, Turin oder Belgrad, erst nach allseitiger völliger Erschöpfung von Armeen und Staatsfinanzen beendet werden können. In seinem politischen Testament, das Friedrich erst vier Jahre zuvor im Juli 1752 abgeschlossen hatte, war auch gar nicht von einem kurzen Krieg gegen Österreich die Rede. Stattdessen erwog er in dem Kapitel, das er verharmlosend als politische Träumereien betitelte, eine ganze Reihe militärischer Schläge gegen Österreich, die sich auf mehrere Feldzüge und Jahre verteilen sollten. So hoffte Friedrich, zusätzlich zu Sachsen auch noch Böhmen und Mähren besetzen zu können und schließlich durch die Aufwiegelung der Ungarn den Krieg vor die Tore Wiens zu tragen.[26] Zu realisieren war der ambitionierte Plan jetzt allerdings nicht mehr, da Frankreich die Seite gewechselt hatte. Solange dies der Fall war, stand Preußen nur noch die strategische Defensive offen.

Die völlige Inanspruchnahme aller sächsischen Ressourcen hatte Friedrich von Beginn an eingeplant und setzte sie auch, trotz aller gegenteiligen öffentlichen Erklärungen und vieler leutseliger Worte gegenüber den verunsicherten Dresdnern mit schonungsloser Härte durch. So befahl der König sofort sämtliche kurfürstlichen Kassen im Land zu konfiszieren und sie in die Festung Torgau zu bringen. Deren Werke hatte er mithilfe zwangsweise verpflichteter Sachsen verbessern und mit Geschützen aus den Dresdner Arsenalen bestücken lassen.[27] Auch ließ er eigene Beamte während der fast siebenjährigen Besatzungszeit die landesüblichen Steuern von den Einwohnern einziehen und besserte damit seine Kriegskasse entscheidend auf. Friedrich schreckte schließlich auch vor Geiselnahmen und willkürlichen Inhaftierungen nicht zurück, um die geforderten Summen zu erpressen.[28] Am Ende des Krieges hatte Sachsen mit rund 48 Mio. Talern den Löwenanteil zur Finanzierung der preußischen Kriegskosten in Höhe von 139 Mio Talern geleistet. Die britischen Subsidien erbrachten mit 27 Mio. beinahe ebensoviel wie die Gewinne aus der Münzverschlechterung, die eigenen Mittel beliefen sich auf nur auf 17 Mio. Taler.[29]

Weniger Erfolg hatte Friedrich mit seinem Versuch, einen großen Teil der sächsischen Truppen in seine eigene Armee zu pressen. Von 1000 sächsischen Offizieren wechselten nur 53 die Seite, 468 wählten die preußische Gefangenschaft, während der Rest auf Umwegen nach Polen entkommen konnte. Die einfachen Soldaten, die fast alle aus Sachsen stammten,[30] hatten dagegen keine Wahl. Mit neuen Standarten und Uniformen versehen fügte sie Friedrich gleich regimentsweise in seine Armee ein. Doch viele der gepressten Soldaten desertierten in den folgenden Monaten, schlugen sich nach Polen durch oder liefen zu den Österreichern über, die sogar bald eigene Verbände aus Sachsen aufstellen konnten.[31] Kaum zwei Monate später befanden sich von den 12 500 gepressten Sachsen nur noch 5000 unter preußischen Fahnen.[32]

»Das sind nicht mehr die alten Österreicher!« – Die Schlacht von Lobositz

Friedrich ließ sich erstaunlich viel Zeit, ehe er zum ersten Schlag gegen den Hauptfeind Österreich ausholte. Im Vergleich zu dem politischen Fanal, das die völkerrechtswidrige Besetzung Sachsens darstellte, war sein erster Vorstoß nach Böhmen nicht mehr als eine militärische Halbherzigkeit. Zunächst hatte er am 13. September den Generalleutnant Ferdinand von Braunschweig mit 14 Bataillonen und 18 schweren Geschützen bei Peterswald-Nollendorf über die Grenze geschickt.[33] Die österreichische Kavallerie zog sich nach kurzem Kampf zurück. Gegen Ende des Monats begab sich der König selbst zu seiner Armee, die inzwischen mit knapp 29 000 Mann unter dem Befehl des Feldmarschalls James Keith beim nordböhmischen Aussig stand. Keith war ein schottischer Emigrant, der zunächst in russische Dienste getreten war, um wenige Jahre später zu den preußischen Fahnen zu wechseln. Friedrich schätzte ihn wegen seiner universellen Bildung und seinem weltmännischen Auftreten sehr. In der Armee war der Schotte jedoch isoliert, auch weil es das Offizierkorps missbilligte, dass er seiner finnischen Mätresse verfallen war.[34]

Eine machtvolle Offensive ließ sich mit dieser bescheidenen Streitmacht kaum führen. Friedrich schien vorerst auch nur eine bewaffnete Aufklärung im Sinn zu haben, um den Belagerungsring um das sächsische Feldlager weiträumig abzusichern und vielleicht auch zusätzliche Winterquartiere in Böhmen zu gewinnen. Nicht weniger als 32 000 Mann hatte der König vor dem Pirnaer Lager zurückgelassen, um seine Beute nicht entkommen zu lassen.[35] Die Hälfte davon hätte gewiss genügt, um die hungernden Sachsen in ihrer Falle zu halten. Auch hatte Friedrich 30 000 Mann in seinen östlichen Provinzen belassen, obwohl längst feststand, dass die russische Mobilisierung im Sommer vollständig gescheitert war und der König sich daher sogar in der Lage fühlte, seinem Onkel Georg II. 10 000 Mann aus Pommern zum Schutz Hannovers anzudienen.[36] Nicht weniger üppig bemessen war mit knapp 30 000 Mann das Korps des Grafen Kurt Christoph von Schwerin. Der alte Feldmarschall und Lehrmeister der Preußischen Armee sollte Schlesien gegen einen möglichen Angriff der Österreicher decken, nach Möglichkeit aber auch selbst nach Böhmen vorstoßen.[37] Dabei hatte er es mit kaum mehr als 20 000 Gegnern unter dem Kommando des Generals Octavius Graf Piccolomini zu tun.[38] Auch wenn die Elbe als Versorgungslinie vorerst noch ausfiel, wäre Friedrich mit einer ohne Mühe zu verdoppelnden Streitmacht jeder Armee, die Österreich vorerst in Böhmen aufzubieten mochte, deutlich überlegen gewesen. Ein kraftvoller Vorstoß auf das kaum verteidigte Prag, wo seine Truppen bequem hätten überwintern können, bot sich den Preußen geradezu an.

Über Stärke und Absichten der Österreicher in Böhmen besaß Friedrich zunächst keine genauen Vorstellungen. Als sich aber in den letzten Septembertagen die Nachrichten verdichteten, dass eine österreichische Armee nur einen Tagesmarsch entfernt an der Elbe bei Lobositz stand, führte der König seine Truppen in einem Gewaltmarsch über den Pass von Paschkopole gegen den Gegner vor.[39] Den Österreichern war es tatsächlich noch gelungen, eine beachtliche Streitmacht zusammenzuziehen. Mit 34 000 Mann und 100 Geschützen war sie den Preußen sogar knapp überlegen. Der Wiener Hof hatte nach dem ersten Schrecken über die alarmierenden Nachrichten aus Sachsen rasch reagiert und insgesamt 55 000 Mann in zwei Armeen aufgeboten. Maria Theresia hatte sogar mit Pferden aus ihren privaten Gestüten dazu beigetragen, um das Minimum von 1500 Zugtieren aufzubringen, das erforderlich war, um wenigstens die Mehrzahl der Geschütze aus den Artilleriedepots in Theyn und Wien nach Böhmen zu bringen. Dem unorthodoxen Beispiel ihrer Monarchin schloss sich, derart unter sanften Druck gesetzt, der gesamte Wiener Adel an, sodass die beiden österreichischen Armeen in Böhmen dank aller erdenklichen Improvisationen, darunter auch der Transport von Geschützkugeln durch Postpferde, in einen halbwegs einsatzbereiten Zustand gebracht werden konnten.[40]

Die zunächst bei Budin an der Eger versammelten kaiserlichen Truppen standen unter dem Befehl von Maximilian Ulysses Browne. Der im Vorjahr zum Feldmarschall beförderte Offizier stammte aus einer irischen Soldatenfamilie, die sich wie viele ihrer Landsleute nach der 1690 gegen Wilhelm von Oranien verlorenen Schlacht von Boyne und der Kapitulation von Limerick im Jahr darauf auf dem Kontinent nach neuen Dienstherren umgesehen hatten. Besonders in Österreich waren katholische Emigranten, die nicht unter den neuen protestantischen Machthabern leben wollten, hochwillkommen. Um die Mitte des Jahrhunderts dienten etwa 30 irische Generale unter den Fahnen Maria Theresias, darunter auch der General und spätere Feldmarschall Franz Moritz Lacy, dessen Vater sich als russischer General im Türkenkrieg von 1736–39 ausgezeichnet hatte.

Ein Memorandum, das 1765 unter den Papieren des verstorbenen Kaisers Franz I. gefunden wurde, sprach von der guten Disziplin, die in der Armee dank der Iren vorherrsche.[41] Maximilian Ulysses Browne hatte in sämtlichen Kriegen der Habsburger seit 1734 gefochten und galt inzwischen als einer der fähigsten Befehlshaber der österreichischen Armee. Eine interne Beurteilung des Hofkriegsrates bezeichnete ihn als durchsetzungsstark (voller Valeur) und ehrgeizig. Seine Truppen führe er mit Tapferkeit, aber auch der gebotenen Vorsicht, allerdings besitze er die Neigung, gegen Vorgesetzte zu intrigieren. Die Stellungnahme empfahl Browne schließlich als einen vortrefflichen Offizier, der gerade von seinen Feinden geschätzt und beim gemeinen Mann beliebt sei.[42] Gleichwohl schien man in Wien nicht immer auf sein Wort zu hören. Schon Ende Juni hatte Browne auf der Grundlage von Agentenberichten den Hofkriegsrat vor einem preußischen Einmarsch in Sachsen gewarnt, aber damit kaum Gehör gefunden. Nach dem preußischen Überfall auf Sachsen hatte Staatsminister Graf Kaunitz dem Feldmarschall den Auftrag erteilt, so bald wie möglich mit starken Kräften rechts der Elbe nach Norden vorzustoßen und die Verbindung zu der eingeschlossenen sächsischen Armee herzustellen.

Weshalb Friedrich weit entfernt von seiner Basis mit einer viel zu kleinen Armee überhaupt eine Schlacht riskierte, lässt sich nicht wirklich überzeugend begründen. Offenbar rechnete er nur mit einer Nachhut der Österreicher und glaubte, dass die Masse des Gegners schon auf dem rechten Elbufer stand.[43] Selbst dann aber ergab ein Kampf bei Lobositz keinen Sinn, wenn er doch Browne damit nur die Zeit verschaffte, mit dem Großteil seiner Armee auf Pirna vorzustoßen. Wie immer man auch Friedrichs ersten Vorstoß nach Böhmen sehen will, ein überzeugendes Konzept steckte nicht dahinter. Wollte er den Österreichern einen militärischen Schlag versetzen, ja vielleicht sogar Prag erobern, hätte er mit einer deutlich größeren Armee auf Lobositz vorrücken müssen. Ging es ihm jedoch nur um die Abschirmung der Pirnaer Belagerung, wäre ein preußisches Observationskorps an der böhmischen Grenze völlig ausreichend gewesen. Doch Friedrich wollte sich jetzt die Gelegenheit zum Schlagen nicht mehr nehmen lassen. Irgendeinen Vorteil, auch wenn er nur propagandistischer Natur wäre, würde ihm ein Sieg über Brownes Armee schon bringen.

Erwartungsvoll führte er, von Westen kommend, seine Armee am frühen Morgen des 1. Oktobers über das Dorf Bilinka gegen Lobositz hinunter. Unmittelbar hinter dem kleinen Städtchen vollzog die Elbe eine scharfe Wende nach Norden. Zwei Kuppen beherrschten das zum Strom abfallende Gelände, das der Morellenbach mit seinen feuchten Uferwiesen und Teichen teilte. Friedrich ließ sogleich auf der südlichen Kuppe, dem sogenannten Homolka-Berg, eine Batterie mit zehn Geschützen in Stellung gehen. Davor exponierte er recht voreilig die Masse seiner Infanterie.

An der Nordflanke der Preußen erhob sich der 570 Meter hohe Lobosch, der den Homolka-Berg deutlich überragte. In seinen Weinterrassen hatten sich etwa 2000 Kroaten verschanzt, eine leichte Truppe, die sich aus den vier Bezirken der österreichischen Militärgrenze rekrutierte. Auch nach den einschneidenden Reformen des Feldmarschalls Joseph Friedrich von Sachsen-Hildburghausen hatten sie ihre traditionell aufgelockerte Kampfweise beibehalten. Durch einen Erlass der Kaiserin aus dem Jahre 1755 waren ihre insgesamt neun Regimenter sogar den Linienregimentern der Armee gleichgestellt worden. Tatsächlich waren die insgesamt 20000 Kroaten auf österreichischer Seite eine heimliche Elite der Armee, die sich während des Siebenjährigen Krieges an allen Brennpunkten bewähren sollte.[44] Zu ihrer Unterstützung hatte Browne einige Infanteriebataillone von seinem rechten Flügel vorgesehen, der sich nördlich von Lobositz formiert hatte. Für die Preußen verbargen sich diese Einzelheiten aber noch hinter dichtem Nebel.

Das gegen 7 Uhr einsetzende Gefecht war neben der Erstürmung Menorcas durch die Franzosen im Mai 1756 das erste größere Kräftemessen in dem später als Siebenjähriger Krieg bezeichneten Konflikt. Es lief in drei Phasen ab.

Während die Preußen unter dem Befehl des Generals Ferdinand von Braunschweig zunächst versuchten, die unteren Hänge des Lobosch-Berges im Norden zu besetzen, nahmen die Österreicher mit einer schweren Batterie vom westlichen Ortsrand von Lobositz die preußische Infanterie unterhalb des Homolka-Berges unter Beschuss.[45] Für Friedrichs Musketiere begann eine lange Leidenszeit, denn sie mussten, ohne selbst etwas unternehmen zu können, über Stunden bewegungslos im feindlichen Feuer ausharren. Der aus der Schweiz stammende Ulrich Bräker war erst im Vorjahr bei Schaffhausen in die Fänge preußischer Werber geraten und hat die Schlacht in den Reihen des Regiments Itzenplitz mitgemacht. Später nahm er auch an der Erstürmung des Lobosch teil und nutzte schließlich das Hin und Her in den Weinbergen zur Desertion.

Die preußische Artillerie auf dem Homolka-Berg mühte sich nach Kräften, das gegnerische Feuer zu erwidern, und beschoss vor allem die gegnerische Reiterei, die südlich von Lobositz das österreichische Zentrum bildete. Etwa gegen 10 Uhr glaubte der König, diesen Feind hinreichend geschwächt zu haben, und befahl einen Angriff seiner Kavallerie. Aus seiner prekären Position in vorderster Linie konnte Bräker auch dieses Schauspiel hautnah mitverfolgen:

> *»Nun rückte auch unsere Kavallerie an; wir machten Lücke und ließen sie vor, auf die feindliche losgaloppieren. Das war ein Gehagel, das knarrte und blinkerte, als sie nun einhieben! Allein kaum währte es eine Viertelstunde, so kam unsere Reiterei, von der österreichischen geschlagen und bis nahe unter unsere Kanonen verfolgt, zurück. Da hätte man das Spektakel sehen sollen: Pferde, die ihren Mann im Stegreif hängend, andere, die ihr Gedärm der Erde nach schleppten.«*[46]

Die österreichische Reiterei hatte sich rasch wieder formiert und griff nun ihrerseits die etwa 16 preußischen Eskadronen von allen Seiten an. Nur mit Mühe konnten sie sich wieder zu den eigenen Linien durchschlagen. Friedrich reagierte auf das Durcheinander, indem er ein weiteres Kavallerieregiment zur Unterstützung einsetzte. Da sich nun aber spontan auch die übrigen 43 preußischen Eskadronen dem Gegenangriff anschlossen, entwickelte sich, ohne dass der König dies wirklich so gewollt hatte, eine zweite und noch heftigere Attacke. Erneut wich der Gegner geschickt aus und lockte die Preußen vor die eigene Artillerie, die am südlichen Ortsrand von Lobositz postiert war. Ihrem Feuer hielten die Angreifer nicht lange stand. Der Rückzug der dezimierten preußischen Reiterei artete teilweise in eine Panik aus. Drei österreichische Kürassierregimenter waren ihnen erneut dicht auf den Fersen und trieben sie hinter die preußische Infanterie zurück. Der König machte jetzt zum ersten Mal die unangenehme Erfahrung, dass die Österreicher seit den Schlachten von Soor und Hohenfriedberg (1745) erhebliche Fortschritte in Führung, Bewaffnung und Disziplin erzielt hatten.[47] Da nun seine Kavallerie nicht mehr einsatzfähig war und auch der Angriff auf den Lobosch nicht richtig vorankam, befahl Friedrich dem Feldmarschall Keith, den Rückzug einzuleiten. Der Monarch, der bald darauf das Schlachtfeld verließ, fühlte sich bestärkt in seinem Entschluss, als sich gegen Mittag endlich der Nebel gelichtet hatte und den Blick auf die Masse der österreichischen Infanterie freigab. Hinter dem Morellenbach in zwei Treffen aufgestellt, hatte sie sich bisher noch gar nicht an der Schlacht beteiligt und konnte den angeschlagenen Preußen, wenn sie es darauf angelegt hätten, ernste Probleme bereiten.

Da Browne diese Gelegenheit jedoch nicht nutzen wollte, konnte Keith aus der misslichen Lage noch das Beste machen. Gegen Mittag hatte die preußische Infanterie endlich die bis dahin hart umkämpften unteren Hänge des Lobosch besetzt und drang nun gegen den linken Flügel des Gegners vor. Die Österreicher wichen allmählich auf Lobositz aus, das aber unhaltbar geworden war, nachdem preußische Mörser das Städtchen in Brand geschossen hatten. Gegen 15 Uhr drangen preußische Grenadiere mit aufgepflanztem Bajonett – die Munition war inzwischen verschossen – in Lobositz ein und machten mehrere Hundert Gefangene.

Der Rest der österreichischen Armee zog sich in guter Ordnung auf ihr Hauptlager bei Budin an der Eger zurück.[48] Browne hatte nicht seine gesamte Armee in einen Kampf verwickeln wollen, der ihn von seinem eigentlichen Auftrag abgehalten hätte. Beide Armeen verloren bei Lobositz je ein Zehntel ihrer Soldaten. Da die Preußen aber das Schlachtfeld in Besitz genommen und der Gegner sich nach langem Kampf zurückgezogen hatte, fühlten sie sich als Sieger und verbreiteten zum Verdruss der Österreicher ihre Version der Dinge in etlichen Flugschriften und Zeitungsmeldungen. Graf Kaunitz sah sich daher gezwungen, im Wienerischen Diarium eine Gegendarstellung zu veröffentlichen, nach der Lobositz eine unentschiedene Schlacht gegen weit überlegene Preußen gewesen sei.[49]

Der kostspielige Erfolg nutzte Friedrich allerdings wenig, denn seine Armee war vorerst nicht mehr einsatzfähig. Browne dagegen war immer noch in der Lage, am 11. Oktober ein schnelles Korps von 8800 ausgesuchten Leuten mit 20 Geschützen rechts der Elbe zur sächsischen Grenze vorrücken zu lassen. Zwei Tage später hatten sich die Österreicher unter Zurücklassung ihres schweren Gepäcks bis auf etwa zehn Kilometer zu den eingeschlossenen Sachsen durchgekämpft. Doch deren nächtlicher Uferwechsel bei Thürmsdorf hatte sich, da nur eine einzige Kriegsbrücke über die Elbe zur Verfügung stand, stark verzögert.[50] Erst am Nachmittag des 13. Oktober stand die gesamte sächsische Armee auf dem Plateau des Lilienstein. Der schwierige Abstieg ins Elbtal und der anschließende Anstieg auf das Plateau bei strömendem Regen hatte allerdings die hungernde Truppe so erschöpft, dass ohne österreichische Unterstützung an einen Angriff gegen die preußischen Einschließungstruppen nicht zu denken war. Von all dem hatte Browne, der sich selbst an die Spitze des österreichischen Entsatzkorps gesetzt hatte, nur unvollständige Kenntnis. Immerhin verharrte er auf Bitten Brühls weiter in seiner Position bei Altendorf, von wo aus er den Königstein sehen konnte. Doch als gegen Nachmittag des 14. Oktober immer noch kein Gefechtslärm zu vernehmen war und etliche Deserteure entmutigende Nachrichten über den Zustand der sächsischen Armee brachten, befahl Browne den Rückmarsch nach Böhmen.[51]

Graf Rutowski blieb keine andere Wahl, als mit den Preußen am 14. Oktober einen Waffenstillstand abzuschließen. Selbst ein Durchschlagen zu den Österreichern hätte seine Armee nicht mehr retten können. Von den Preußen scharf verfolgt, wäre sie auf dem langen Marsch nach Böhmen wohl auseinandergefallen.

Nur drei Tage nach dem Waffenstillstand folgte die Kapitulation der gesamten sächsischen Armee. Kurfürst Friedrich August II. erhielt freies Geleit in sein Wahlkönigreich Polen, wo er für die Dauer des Krieges

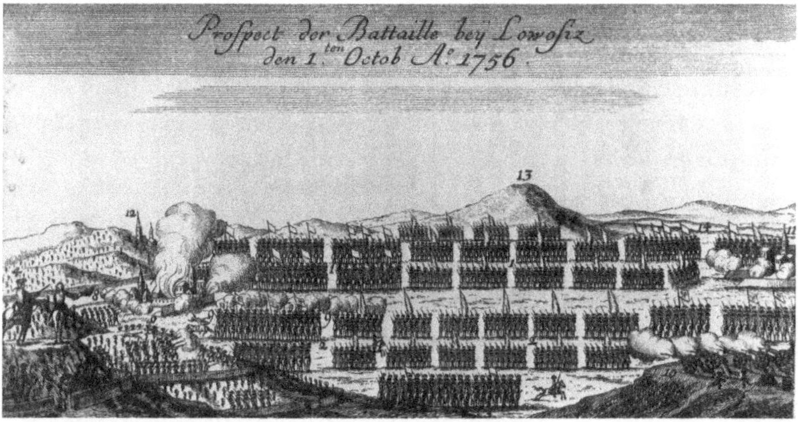

»Prospect der Bataille bey Lowosiz« Kupferstich aus: R. Simeon Ben Jochai, Die Historie des Kriegs zwischen den Preußen u. den Österreichern (...), 1758.

verbleiben sollte. Für Rutowski war es die zweite Niederlage gegen die Preußen. Schon bei Kesseldorf hatte er am 15. Dezember 1745 als Befehlshaber einer österreichisch-sächsischen Armee gegen eine preußische Streitmacht unter dem Befehl Leopolds von Anhalt-Dessau, des »Alten Dessauers«, eine empfindliche Niederlage hinnehmen müssen. Mit der Kapitulation seiner Armee, an der er wegen der Unterlassung eines zweiten Brückenschlags eine Mitschuld trug, war seine militärische Karriere endgültig beendet.

Mit dem Verlauf seines ersten Feldzuges konnte Friedrich nicht wirklich zufrieden sein. Zwar hatte er ganz Sachsen in seine Hand gebracht und die sächsische Armee ausgeschaltet. Es war ihm jedoch nicht gelungen, gegen die Österreicher in Böhmen eine entscheidende Überlegenheit aufzubauen und ihnen einen empfindlichen Schlag zu versetzen, noch ehe Maria Theresias Armee im kommenden Jahr ihre volle Stärke erreicht haben würde. Auch musste der preußische König sich eingestehen, dass er als oberster Kriegsherr in der Schlacht bei Lobositz keineswegs überzeugt hatte. Erst nachdem er das Kampffeld wie schon bei Mollwitz (1741) verlassen hatte, war es noch zu einer Wende gekommen. Gegenüber den vorangegangenen Auseinandersetzungen hatte sich der Gegner in Ausbildung und Taktik deutlich verbessert. Seine Artillerie war der preußischen durchaus gewachsen und die österreichische Reiterei sogar weit überlegen.

Ein schneller Erfolg gegen die kaiserlichen Truppen war daher kaum zu erwarten.

Frankreichs Sieg im diplomatischen Tauziehen mit Österreich

Mit seinem Einmarsch in Sachsen und in Böhmen hatte Friedrich II., so schien es, seinem neuen Gegner Frankreich einen größeren Dienst erwiesen, als er es als vormaliger Verbündeter Versailles jemals hätte tun können. Gemäß dem Österreichisch-französischen Vertrag vom 1. Mai 1756 war durch das preußische *Prävenire* früher als erwartet der Bündnisfall eingetreten und damit rückte für Frankreich die hannoverische Option in greifbare Nähe. Voller Emotionen über das traurige Schicksal des sächsischen Herrscherhauses, aus dem immerhin die Gattin des Dauphin stammte, war der Versailler Hof zunächst durchaus entschlossen, seinen Bündnisverpflichtungen gegenüber Wien nachzukommen und rasch militärische Maßnahmen gegen Preußen zu ergreifen. Staatskanzler Kaunitz war durch die ersten Meldungen von Starhemberg aus Versailles geradezu euphorisiert und ließ unverzüglich die erforderlichen Requisitionsschreiben an die von einem französischen Durchmarsch betroffenen deutschen Höfe abgehen.[52] Doch schon nach wenigen Tagen kippte die Stimmung am französischen Hof und das nüchterne Abwägen setzte ein. Die Anfrage des Grafen Starhemberg nach der Verfügbarkeit des vertraglich zugesagten Hilfskorps in Stärke von 24 000 Mann beantwortete Außenminister Rouillé plötzlich ausweichend.[53] Kaunitz musste seinen Optimismus, dass noch im Winter ein französisches Korps in Sachsen erscheinen könnte, bald wieder begraben. In unmissverständlichem Ton ließ er durch Starhemberg den Franzosen seine Enttäuschung übermitteln. Doch moralische Appelle bewirkten in Versailles wenig.[54]

In einem Memorandum, das der Abbé Bernis dem österreichischen Gesandten am 3. Oktober übergab, begründete man die Verzögerungen hauptsächlich mit logistischen Problemen und einem Mangel an Truppen, da man ja auch seine Küsten gegen Großbritannien schützen müsse.[55]

Tatsächlich aber fürchtete die Versailler Ministerrunde, dass Frankreich über eine nach Böhmen entsandte Armee keinerlei Kontrolle mehr hätte und damit gegenüber Österreich auf die Rolle eines zweitrangigen Alliierten beschränkt bleiben würde. Auch hatte man Sorge, für seine Hilfe am Ende keine zählbare Gegenleistung zu erhalten.[56]

Nach einer Kette beachtlicher und unerwarteter Erfolge gegen seinen britischen Erzrivalen stand Versailles im Herbst 1756 vor einer grundsätzlichen Entscheidung. Entweder kämpfte man mit seinen Hauptkräften in einem vermutlich langwierigen Krieg gegen Großbritannien in Übersee und beschränkte sich in Europa auf die vertragsgemäß festgelegte untergeordnete Rolle im Dienste Wiens. Oder Frankreich stellte selbst eine große kontinentale Armee ins Feld, die zwar auch Preußens Territorien im Westen des Reiches bedrohen sollte, in erster Linie aber den Auftrag hatte, Hannover als strategisches Faustpfand zu besetzen. Im Falle eines Erfolges, den nach der bisherigen Kette von Siegen kaum ein Minister im *Haute Conseil* bezweifelte, wäre der Krieg gegen Großbritannien rasch beendet.[57]

Zu den Gegnern der kontinentalen Alternative zählte vor allem die Marquise von Pompadour. Sie hasste den König von Preußen von ganzem Herzen und unternahm daher alles, um seinen österreichischen Feinden zu helfen.[58] Naturgemäß sahen auch Marineminister Jean Baptiste Machault d'Arnouville und Finanzminister François Marie Peyrenc de Moras die gegen Hannover gerichteten Pläne kritisch. Das ungleiche Trio, einander sonst spinnefeind, konnte sich jedoch nicht gegen den alten Marschall Belle-Isle und Kriegsminister d'Argenson durchsetzen. Beide erhofften sich überdies einen Machtzuwachs bei Hofe, wenn das Heer anstelle der Marine im kommenden Krieg die Hauptrolle spielte, und argumentierten, dass ein Feldzug gegen das schutzlose Hannover nur wenige Wochen beanspruchen würde.[59]

Inzwischen war in Versailles die Euphorie über die Einnahme Menorcas verflogen. Der Besitz der Insel, für den Frankreich beträchtliche Risiken eingegangen war, erwies sich mehr und mehr als wertlos. London zeigte keinerlei Verhandlungsbereitschaft und auch Spanien war der Kriegseintritt gegen Großbritannien als Preis für die Rückgabe

Menorcas zu hoch. Gelänge es jedoch der französischen Armee, sich des von König Georg II. in Personalunion regierten Kurfürstentums Hannover zu bemächtigen, so könnte dieser Erfolg selbst eine von William Pitt geführte Regierung nicht kaltlassen.[60] Ein derartiger Coup versprach sogar den Krieg gegen Großbritannien mit einem Schlag zu beenden und Frankreich vielleicht im Besitz aller bisher in den Kolonien errungenen Vorteile zu belassen.

Kaunitz und Starhemberg waren mit derartigen Gedankenspielen am Versailler Hof durchaus vertraut und taten daher alles, um Frankreichs Krieg mit Großbritannien auf den transatlantischen Kampfplatz zu beschränken. Beide Diplomaten waren sich einig, dass ein Angriff des mit Österreich verbündeten Frankreichs auf neutrales Reichsgebiet das Kaiserhaus vor allem in den Augen der protestantischen Reichsfürsten desavouieren musste. Kaunitz beschwor sogar die Gefahr eines neuen Religionskrieges im Reich, der nicht nur den Kriegszielen Wiens, sondern auch denen Frankreichs schaden würde.[61] Auf die nicht unberechtigten Einwände Wiens ging man in Versailles nur zum Schein ein. So erklärte im Oktober Marschall Belle-Isle nach einer Beratung im *Haute Conseil*, dass man durchaus bereit sei, die Neutralität des norddeutschen Kurfürstentums zu respektieren, forderte aber, dass König Georg den französischen Truppen freien Durchmarsch gegen die preußische Festung Magdeburg gewähren müsse. Der Franzose durfte dabei absolut sicher sein, dass sich der britische Monarch niemals darauf einlassen konnte, der durchziehenden Armee des ärgsten Feindes seines Königreichs auch noch die Verpflegung zu stellen und für gute Marschstraßen zu sorgen.[62]

Fraglos hatte der Bourbonenstaat im politischen Tauziehen mit Wien die besseren Karten. Außer in düsteren Farben die Nachteile und Risiken eines französischen Angriffs auf Hannover zu beschwören, besaßen Kaunitz und Starhemberg kaum eine Handhabe, Belle-Isle und d'Argenson von ihrem Projekt abzubringen. Ein Sonderbotschafter aus Versailles zerstörte auch die letzten Hoffnungen Wiens, dass Frankreich wenigstens im kommenden Jahr ein Hilfskorps nach Böhmen schicken würde.

Am 10. November 1757 traf General Louis Charles de Tellier, der Graf von Louvois und spätere Herzog von Estrées, in der Donaumetropole ein, um mit Kaunitz und der Kaiserin die zukünftige Kriegsplanung zu erörtern. Der Neffe des ehemaligen Kriegsministers Louvois hatte sich im letzten Krieg unter dem Marschall von Sachsen gegen die vereinigten österreichisch-britischen Streitkräfte ausgezeichnet und war als Oberbefehlshaber der französischen Truppen im Reich vorgesehen. Nach den Worten Starhembergs galt er in Frankreich als erster Militär des Landes. Er stehe im Ruf, sehr durchsetzungsstark zu sein, aber in Wirklichkeit, so habe ihm die Pompadour versichert, gehe von ihm keine Gefahr aus.[63] Gegenüber Kaunitz ließ Tellier keinen Zweifel daran, dass Frankreich seinen eigenen Krieg im Reich zu führen beabsichtigte. Ein umfängliches Memorandum, das er dem entsetzten Österreicher am 16. November überreichte, machte dies völlig klar. Danach wollte Frankreich jetzt nicht weniger als 85 000 Mann an eigenen Truppen ins Feld stellen, die von weiteren 18 000 aus den Reichskreisen stammenden Truppen im französischen Sold unterstützt werden sollten. Dieses beachtliche Heer unter dem Befehl Telliers hätte die Aufgabe, Belgien vor einer britischen Landung zu schützen, die preußischen Exklaven am Rhein zu besetzen und den Landgrafen von Hessen-Kassel aus seiner Allianz mit Großbritannien zu zwingen. Hannover und insbesondere die Festung Hameln sollten besetzt werden. War dies erst gelungen, sollte Telliers Armee weiter über die Weser auf die Elbe vorstoßen und die preußische Festung Magdeburg angreifen. Telliers Aufforderung, seine Operationen auch noch mit einem österreichischen Korps zu unterstützen, musste Kaunitz als blanken Hohn empfinden. Von der Entsendung eines französischen Hilfskorps nach Sachsen oder Böhmen war dagegen nirgendwo mehr die Rede.[64] Spätestens jetzt dürfte es der Kaiserin und ihrem Kanzler klar geworden sein, wie dünn die gemeinsame Basis mit dem neuen Alliierten war. Die Wiener Diplomatie war ausmanövriert. Frankreich würde mit Einverständnis Österreichs seinen eigenen Krieg gegen einen neutralen Reichsfürsten führen oder das Bündnis auflösen. Daran aber war aus österreichischer Sicht nicht zu denken.

Kaunitz war über Frankreichs kaum kaschierte Erpressung entsetzt und verbarg es auch nicht. Eine Offensive gegen Hannover habe für das Kaiserhaus keinerlei Wert, erklärte er dem französischen Sondergesandten und beschwor voller Verzweiflung noch einmal sämtliche Gefahren, die aus diesem Kriegsplan resultierten.[65] Frankreich dürfe keineswegs mit einem kurzen Feldzug rechnen. Hannover, Hessen und Braunschweig könnten leicht eine Armee von 50000 Mann aufbieten, auch ein Eingreifen Dänemarks müsse ins Kalkül gezogen werden.[66] Tatsächlich aber konnte es jetzt nur noch um Schadensbegrenzung gehen. Kaunitz stellte daher alle grundsätzlichen Bedenken gegen eine französische Offensive im Reich zurück und legte einen Gegenplan vor, der auf zwei französischen Kräftegruppierungen zu je 40000 Mann beruhte. Das erste Korps sollte eine Position am Niederrhein einnehmen und die nördliche Flanke decken, während das zweite, verstärkt durch 10000 Mann Reichstruppen, im Februar des kommenden Jahres über die Oberpfalz und das Vogtland nach Sachsen vorstoßen würde, um sich dort mit den aus Böhmen kommenden Österreichern zu vereinigen.[67] Kaunitz' Alternative war mit heißer Nadel gestrickt und verriet wenig Verständnis für die französischen Kerninteressen. Versailles lehnte ihn aus Höflichkeit nicht von vornherein ab, wies aber sogleich auf die Schwierigkeiten in den Details hin und beharrte schlussendlich auf seinen ursprünglichen Absichten.

Zuletzt versuchte Kaunitz den Franzosen zu bewegen, den Angriff auf Hannover wenigstens so lange zurückzustellen, bis Preußen niedergeworfen sei. Nach wochenlangem Tauziehen musste Kaunitz auch in diesem Punkt nachgeben. Das Kaiserhaus, das weder mit Großbritannien noch mit Hannover verfeindet war, erhob keine Einwände mehr gegen Frankreichs Angriff auf einen neutralen Reichsstand. Wien versuchte sein Einknicken damit zu entschuldigen, dass das britische Parlament inzwischen beschlossen hatte, den Gegner Preußen mit Subsidien zu unterstützen.[68] Im Gegenzug zeigte sich Versailles großmütig und konzedierte den Österreichern wenigstens ein kleines Hilfskorps aus württembergischen und bayerischen Truppen, das durch französische Gelder finanziert werden sollte.[69] Die vorgesehenen 10000 Mann waren allerdings ein überaus dürftiger Ersatz für das ursprünglich zugesagte französische Hilfskorps. Als Tellier Anfang März 1757 nach vier harten Verhandlungsmonaten aus Wien abreiste, sammelte sich seine Armee bereits bei Düsseldorf. Schon im Februar 1757 hatte ihn der König, der mit dem Verlauf seiner Wiener Mission hochzufrieden war, zum Marschall von Frankreich befördert.

Der zweite Angriff auf Böhmen

Im Winter 1756/57 gab es für Friedrich Anlass genug, den verpassten Gelegenheiten des vergangenen Herbstes nachzutrauern. Zunächst hatten seine Truppen nur wenige Wochen nach der Schlacht von Lobositz ihre so hart erkämpften Quartiere in Nordböhmen wieder räumen müssen. Dann zerschlugen sich im Dezember auch sämtliche Hoffnungen des Königs, die Russen aus dem kommenden Krieg heraushalten zu können. Im Dezember 1756 erhielt Friedrich nach anfänglich noch ermutigenden Berichten durch den britischen Botschafter in St. Petersburg, Sir Charles Hanbury Williams, die ernüchternde Gewissheit, dass sein üppig bemessenes Bestechungsgeld für Graf Alexej P. Bestuschew keine Annahme gefunden hatte. Der leitende Minister am Hof der Zarin hatte mit Friedrich in all den Wochen des Bangens und Hoffens ein doppeltes Spiel betrieben und niemals ernsthaft an eine Vermittlung gedacht. Am 11. Januar 1757 war Russland schließlich dem Vertrag von Versailles beigetreten und damit auch formal zum Alliierten Frankreichs geworden. Nur drei Wochen später verpflichtete sich das Zarenreich sogar in der Petersburger Konvention gegenüber Österreich, so schnell wie möglich mit einer Armee von 80000 Mann preußisches Territorium anzugreifen und so lange die Waffen nicht niederzulegen, bis Maria Theresia wieder in den Besitz von Schlesien und der Grafschaft Glatz gelangt sei.[70]

Er komme sich vor, gestand Friedrich wenige Wochen später in einem Brief an seine Schwester Wilhelmine, die Markgräfin von Bayreuth, wie ein gejagtes Wild, auf das eine Meute von Königen und Fürsten Jagd mache, die dazu noch alle Freunde einluden, um der Hetzjagd beizuwohnen. Was ihn jedoch betreffe, so fügte er trotzig hinzu, werde er das Spiel nicht abwarten, sondern selbst die Jagd auf sie eröffnen.[71]

Eile war nun geboten, wenn Friedrich den Österreichern tatsächlich noch den schweren Schlag versetzen wollte, den er im Herbst zuvor versäumt hatte. Inzwischen hatte sich allerdings die Zahl der österreichischen Truppen in Böhmen auf 110000 Mann verdoppelt. Dagegen besaßen die Preußen mit 116000 Soldaten nur eine leichte Überlegenheit, die allein dadurch zustande gekommen war, dass jedes Regiment der Infanterie im Winter zusätzlich 300 Rekruten eingezogen hatte und ein zunächst noch gegen die Russen bestimmtes Armeekorps von 10000 Mann aus Pommern herangezogen worden war.[72]

Friedrichs erneuter Vorstoß nach Böhmen musste also weitaus kühner und entschlossener als im Vorjahr angelegt sein. Nachdem der König den Feldzugsplan mit seinen militärischen Vertrauten, dem General Hans Karl von Winterfeldt und Feldmarschall Kurt Christoph von Schwerin, wochenlang erörtert hatte, ließ er am 18. April seine Armee in vier getrennten Kolonnen in Böhmen einrücken. Der König selbst hatte den ursprünglichen Plan der beiden hohen Offiziere, lediglich die großen österreichischen Depots in Pardubitz und Jung-Bunzlau in Besitz zu nehmen, zu einem konzentrischen Marsch von vier Heeressäulen auf Prag erweitert.[73] Dem Risiko, einzeln geschlagen zu werden, stand dabei der Vorteil gegenüber, dass der Gegner nicht sofort erkennen konnte, worauf sich die preußische Offensive wirklich richtete.

Als Zielpunkt hatte Friedrich die Stadt Prag bestimmt, wo er auch die österreichische Hauptarmee zu einer großen Schlacht zu stellen hoffte. An eine Entscheidung dachte er dabei nicht, wohl aber an einen Schlag, der die Österreicher vorerst nachhaltig schwächte. Das hätte ihm die Möglichkeit verschafft, sich noch im Sommer gegen Franzosen oder Russen zu wenden, je nachdem, welcher Gegner sich früher bemerkbar machte.

Der König selbst führte die stärkste Kolonne und rückte mit seinen 40000 Mann auf dem schon im Vorjahr benutzten Weg links der Elbe über das alte Schlachtfeld von Lobositz auf die Eger zu. Dort sollte sie sich mit der Kolonne des Prinzen Moritz von Anhalt-Dessau vereinigen. Der jüngste Sohn des 1747 verstorbenen Alten Dessauers, dessen Erziehung von seinem Vater bewusst vernachlässigt worden war, rückte mit seinem 19000 Mann starken Korps von Zwickau auf einer Route nördlich der Eger nach Aussig vor.

Eine dritte Kolonne unter dem Befehl August Wilhelms, des Herzogs von Braunschweig-Bevern, stieß von Zittau in der Lausitz gegen das nordböhmische Reichenberg vor, während der schon 73-jährige Graf Schwerin wie im Vorjahr mit einem Armeekorps von 34000 Mann aus Schlesien über die Pässe von Trautenau und Braunau auf Königinhof an der oberen Elbe vorrückte. Beide Gruppierungen sollten den vor ihnen stehenden Gegner schlagen und sich zwischen Münchengrätz und Jung-Bunzlau vereinigen, um von dort aus gemeinsam auf Prag zu marschieren.[74]

In Wien war man nach dem Eintreffen der ersten Meldungen aus Böhmen völlig überrascht. Erstaunlicherweise hatte niemand mit einer derart kühnen und umfassenden preußischen Offensive gerechnet, und schon gar nicht mit einem so frühen Beginn, da noch tiefer Schnee die Passage über die Bergpässe fast unmöglich machte. Graf Kaunitz war sogar der Ansicht, dass die Preußen vorerst in der Defensive verharren würden, um einen Kampf auf der inneren Linie zu führen. Noch im Winter waren die Österreicher entschlossen gewesen, das Kriegsjahr mit einer eigenen Offensive zu beginnen. Doch im Verlauf des Frühjahrs hatte man sich, da keine Einigung über das Angriffsziel zustande kam, allmählich von diesem Gedanken verabschiedet und wartete lieber ab, was die verbündeten Russen und Franzosen unternahmen.[75] Auch Feldmarschall Browne, der Ende März von Wien nach Prag gereist war, um das Kommando über seine alten Truppen zu übernehmen, war noch wenige Tage vor Beginn der preußischen Offensive wie Kaunitz überzeugt, dass der Gegner in der Defensive verharren würde.[76] Trotz seiner so hoch gepriesenen Erfolge im Vorjahr hatte der inzwischen an Tuberkulose erkrankte Feldherr eine bittere Pille schlucken müssen. Der Oberbefehl über die gesamte Armee in Böhmen war an Prinz Karl von Lothringen, den jüngeren Bruder des Kaisers, gegangen. Browne hatte sich dieser umstrittenen Entscheidung des Hofes jedoch gebeugt und zeigte sich entschlossen, dem Kaiserhaus auch als Zweiter im Kommando loyal zu dienen. Die Auszeichnung mit dem Goldenen Vließ, des höchsten Ordens Habsburgs, war allerdings nur ein schwacher Ersatz für die als ungerechtfertigt empfundene Zurücksetzung.

In Prag eingetroffen, fand Browne bereits eine Unzahl von Meldungen über auffällige Marschbewegungen der Preußen vor, tat sie aber reichlich sorglos als leicht durchschaubare Finten ab. Es sei unglaublich, schrieb er noch am 20. April an Prinz Karl von Lothringen, wie der König von Preußen seine Truppen durch Märsche und Rückmärsche, die vorläufig völlig zwecklos sind, überanstrengt.[77] Von den militärischen Qualitäten seines Gegners hatte Browne ohnehin nur eine geringe Meinung. Friedrich sei ein Fürst, dessen Handlungen mehr der

Laune als einem bestimmten System folgen, schrieb er im April an den immer noch in Wien weilenden Prinz Karl. Der König möge große Vorzüge besitzen, doch ein großer Feldherr sei er nicht. Er wage sogar zu behaupten, so Browne unter Anspielung auf die Ereignisse des Vorjahres, dass, wenn Friedrich über eine Armee von 40000 Mann verfügte und er selbst verlässliche 8000 Mann besäße, er doch stets einen Marsch vor ihm sein könne, ohne von ihm behelligt zu werden.[78] Dass nicht nur der Wiener Hof seine Leistungen im Vorjahr gelobt, sondern auch Versailles in ihm einen neuen Mars sah, war wohl dem Feldmarschall etwas zu Kopfe gestiegen. In der Eröffnungsphase des Feldzugs von 1757 war ihm jedenfalls der alte Gegner von Lobositz stets einen Tag voraus.

Wie so viele österreichische Generale hatte sich Browne in Friedrichs Absichten gründlich getäuscht. In einem Brief an den Kaiser beklagte er sich über das Ausbleiben verlässlicher Nachrichten, für die Browne den mangelnden Patriotismus und die Habgier der Bevölkerung in Nordböhmen verantwortlich machte.[79] Noch im Februar war er im Kriegsrat in Wien dafür eingetreten, die Armee in vier Gruppen entlang der böhmischen Grenze aufmarschieren zu lassen, um auf alle Eventualitäten eingestellt zu sein.[80] Es war eine militärische Halbherzigkeit, die ihn und seine Armee noch teuer zu stehen kommen sollte.

So standen Mitte April die österreichischen Truppen zwar gut versorgt, doch weit verstreut entlang der böhmischen Grenze, wo sie von den preußischen Kolonnen rasch zurückgeschlagen wurden. Der alte Feldmarschall Joseph Graf von Königsegg musste nach einem unglücklichen ersten Gefecht seine günstigen Stellungen bei Reichenberg räumen, obwohl ihm die Preußen numerisch deutlich unterlegen waren. Der Befehlshaber des äußersten rechten Flügels der Österreicher, General Johann von Serbelloni, ging sogar, obwohl ihn weit und breit kein Feind behelligte, auf die Festung Königgrätz zurück. Ohne also auf ernsthaften Widerstand zu stoßen, konnten Schwerin und der Herzog von Braunschweig-Bevern ihre Kolonnen am 25. April bei Jung-Bunzlau an der Iser vereinigen und gemeinsam zur Elbe vorstoßen. Am selben Tag hatte auch Friedrich die Vereinigung mit dem Korps des Prinzen von Anhalt-Dessau bewerkstelligt und war bei Koschtitz ungehindert von den Österreichern auf einer Kriegsbrücke über die Eger gegangen. Browne sah sich plötzlich in Front und Rücken von zwei preußischen Armeen bedroht, von denen jede für sich allein so stark wie seine eigene Streitmacht war. Er tobte über das Verhalten von Serbelloni, der durch sein kampfloses Zurückweichen erst Schwerins Korps den Weg zur Iser frei gemacht hatte. Zu Brownes Verdruss zeigte er jetzt auch keinerlei Eile, sich mit seinen 27 000 Mann dem Korps des Grafen von Königsegg anzuschließen, um gemeinsam die vereinten Preußen an der Elbe auf Distanz zu halten.

Er selbst hatte inzwischen das Armeekorps des Herzogs Karl Maria von Arenberg aus Marienbad an seine Hauptarmee herangezogen und fühlte sich mit nunmehr 55 000 Mann stark genug, den Preußen noch westlich der Moldau entgegenzutreten. Da Browne aber seine Generale nicht von seinen Absichten überzeugen konnte und sich auch zunehmend Sorgen über das Vordringen der Preußen unter Braunschweig-Bevern und Schwerin in seinem Rücken machte, ging er am 1. Mai über die Moldau und bezog im Osten von Prag eine neue Stellung mit Front nach Norden. Dort hoffte er sich notfalls gegen beide preußische Gruppierungen behaupten zu können. Dass in dieser kritischen Lage endlich auch Prinz Karl von Lothringen in Prag eingetroffen war, erleichterte ihm seine Aufgabe nicht gerade. Es kam zu heftigen Debatten zwischen beiden Befehlshabern. Doch gegen Karls Vorschlag, sich noch weiter ins Landesinnere zurückzuziehen, konnte sich Browne im Prager Kriegsrat durchsetzen und fand dieses Mal auch die Unterstützung seiner Generale. Nicht verhindern konnte der Ire jedoch, dass Karl auch das Korps Königsegg von der Elbe heranzog. Damit erhöhte sich zwar die Zahl der eigenen Truppen um Prag auf rund 75 000 Mann. Friedrich konnte sich aber nun, nachdem er am 5. Mai mit 40 000 Mann ebenfalls die Moldau bei Seltz, wenige Kilometer nördlich von Prag, überschritten hatte, mit den Truppen Schwerins genau vor den Stellungen der Österreicher vereinigen. Damit war sein ambitionierter Plan tatsächlich vollkommen aufgegangen. Er hatte mit seiner vereinigten Armee den Gegner bei Prag zur Schlacht gestellt und konnte sich nun mit einem eindeutigen Sieg gegen die Österreicher die dringend benötigte Luft verschaffen.

Beide Heere waren mit je 65 000 Mann etwas stärker als die Armeen, die 1745 bei Hohenfriedberg gegeneinander gekämpft hatten. Friedrich hatte Feldmarschall Keith mit immerhin 30 000 Mann auf dem linken Moldauufer zurückgelassen, um im Falle eines Rückzugs über die Moldau eine Auffangstellung zu haben.[81] Auf österreichischer Seite waren rund 13000 Mann als Besatzung in Prag verblieben. Für den Rest seiner Truppen hatte Browne eine beinahe uneinnehmbare Stellung mit Front nach Norden gewählt. Links angelehnt an den Ziska-Berg, der sich knapp östlich der Stadt erhebt, erstreckte sich die Position oberhalb des Roketnitzer Baches, eines Nebenlaufes der Moldau, auf einem Plateau etwa vier Kilometer weit nach Osten bis zum Tabor-Berg. Der Bachgrund war an vielen Stellen unpassierbar, und als gegen Ende der Schlacht Prinz Heinrich an der Spitze zweier Regimenter das Gewässer bei Hrdlorzez durchwaten wollte, wäre er fast im Schlamm versunken und musste von seinen Männern herausgezogen werden.[82]

Während die österreichische Stellung einen preußischen Frontalangriff praktisch unmöglich machte, war sie auf der rechten Flanke nur durch eine Kette von Ortschaften, Teichen und feuchtem Wiesengrund geschützt. Browne und Prinz Karl hatten sich das Kommando geteilt. Der Letztgenannte übernahm den linken Flügel, Browne befehligte den rechten.

Trotz der eindrucksvollen Stellung des Gegners blieb Friedrich optimistisch. Zum britischen Botschafter Mitchell, der ihn ins Feld begleitet hatte, sprach er von einer Schlacht bei Pharsalus zwischen den Häusern Österreich und Brandenburg.[83] In bester Stimmung begrüßte er gegen 6 Uhr morgens auf seinem Überblickspunkt bei Prosek Feldmarschall Schwerin und General Winterfeldt. Es war ein Wiedersehen nach Monaten. Beide Offiziere ritten kurz darauf allein zum linken Flügel, um den rechten Flügel der gegnerischen Stellungen zu erkunden. Nach grober Sichtung des Terrains kamen sie zu der Auffassung, dass das sanft ansteigende Gelände zwischen den Ortschaften Kej und Unter-Poczernitz, wo der Roketnitzer Bach in mehreren Verzweigungen nach Süden abknickt, einen preußischen Angriff noch am ehesten begünstigen würde. Aus der Distanz war ihnen allerdings entgangen, dass etliche Abschnitte zwischen den genannten Dörfern tatsächlich nicht aus Grasflächen bestanden. Bei näherem Hinsehen hätten sie feststellen können, dass es sich vielmehr um einen grünlichen schlickartigen Untergrund handelte, der vormals von Teichen bedeckt gewesen war.[84]

Die preußische Infanterie sollte diese Oberflächlichkeit ihrer Kommandeure noch teuer bezahlen.

Nach dem Abmarsch um 7 Uhr erreichten die ersten Regimenter mit der Kavallerie an der Spitze etwa zwei Stunden später Unter-Poczernitz und schwenkten hinter der Ortschaft nach Westen, um Front gegen den rechten österreichischen Flügel zu machen. Für Browne und Prinz Karl war das preußische Umgehungsmanöver keineswegs eine Überraschung. Beide kannten die Vorliebe des Preußenkönigs für Flankenangriffe und hatten daher die preußische Anmarschphase genutzt, Kräfte aus der Hauptstellung auf ihrem rechten Flügel bei Sterbohol zu versammeln.

Zunächst ging die preußische Kavallerie mit 40 Schwadronen unterhalb dieser Ortschaft vor, um in den Rücken des Gegners zu gelangen. Wegen eines großen Teiches etwa 500 Meter südlich von Sterbohol konnte sie jedoch nur auf schmaler Front die gegnerische Reiterei attackieren. Da die meisten Geschütze noch weiter zurück in den engen Gassen von Unter-Poczernitz feststeckten, musste sie zudem ohne jede artilleristische Unterstützung vorgehen. Während hier am südlichsten Punkt der Schlacht die Reiterhaufen für eine Weile hin- und her wogten, ohne dass eine Partei wesentliche Vorteile erlangen konnte, griff bereits die preußische Infanterie nördlich von Sterbohol in den Kampf ein. Trotz der Bedenken des Königs warf Schwerin sogleich die 14 Bataillone seines ersten Treffens nach vorne. Die mit geschultertem Gewehr hangaufwärts marschierenden Preußen trafen jedoch nicht auf einen verunsicherten Gegner, sondern auf eine gefestigte österreichische Abwehr, die Browne durch seine Artillerie vom nahen Homole-Berg noch wirksam unterstützen ließ. Das dichte Gewehr- und Kartätschenfeuer der Österreicher richtete ein Massaker unter der preußischen Infanterie an. Ganze Reihen stürzten getroffen zu Boden. Schockiert von den unerhörten Verlusten, ergriffen die Überlebenden etlicher Regimenter vor den Augen ihres ratlosen Monarchen die Flucht. Andere Regimenter schwankten noch, waren bereits zum Stehen gekommen, sodass General Winterfeldt sich veranlasst sah, die Zögernden durch sein Beispiel nach vorne zu reißen. Doch kaum hatte er die ersten Meter an der Spitze der Kolonne zurückgelegt, ließ ihn eine Kugel in den Hals ohnmächtig von seinem Pferd sinken. Wieder bei Bewusstsein, schaffte er es mit Mühe aus dem Niemandsland zurück zu den eigenen Reihen. Auch Schwerin wollte es jetzt wissen, ließ sich eine zerschossene Bataillonsfahne seines Regiments reichen und ritt mit ihr nach vorne. Es war ein kurzer Auftritt und zugleich auch der letzte in der langen Soldatenlaufbahn des 73-jährigen Feldmarschalls. Von mehreren Geschossen getroffen, darunter auch ein Kartätschentreffer in den Kopf, war er auf der Stelle tot. Schwerin galt als der Vater der Armee, seitdem der Alte Dessauer zehn Jahre zuvor verstorben war. Schwerin war zunächst in holländische Dienste getreten, hatte als Leutnant in der Schlacht bei Höchstädt gegen die Franzosen gekämpft und war 1720 im Range eines Generalmajors unter die preußischen Fahnen getreten. Der Sohn eines schwedischen Obersts galt in der preußischen Armee als harter Zuchtmeister und hatte bei Mollwitz dem König geholfen, seine erste Schlacht zu gewinnen. Friedrich schätzte Schwerins frankophile Kultiviertheit und seine kosmopolitische Bildung, auch wenn sich das Verhältnis zwischen König und Feldmarschall seit dem Zweiten Schlesischen Krieg abgekühlt hatte. Als man Friedrich die Nachricht von Schwerins Tod überbrachte, soll er den Tränen nahe gewesen sein.

Auf die Schlacht hat der König offenbar nur wenig Einfluss genommen, jedenfalls ist wenig über seine Rolle überliefert. Die Krise des preußischen Umfassungsflügels hatte mit der Verwundung von Winterfeldt und Schwerins Tod noch nicht ihren Höhepunkt erreicht, denn nun gingen die Österreicher entschlossen zum Gegenangriff über und trieben die dezimierten und erschütterten preußischen Regimenter die Hänge hinunter, warfen sie völlig zurück, bis auf das zweite Treffen, das sich gegen 11 Uhr formiert hatte und den Geschlagenen einen Rückhalt bot. Doch plötzlich wendete sich das Blatt zugunsten der Preußen. Auslöser war nicht die schwere Verwundung Brownes, der sich bis dahin in vorderster Linie aufgehalten hatte, sondern das nach seinem Abgang nunmehr unkontrollierte Vordringen seiner siegestrunkenen Regimenter. Rasch war Sterbohol eingenommen und dabei etliche preußische Geschütze und Fahnen erobert, doch die Regimenter gerieten in ihrem Siegeslauf zu sehr nach rechts und entblößten immer mehr ihre nach Norden gerichtete Flanke. Fatalerweise fiel nun auch Prinz Karl durch einen Erstickungsanfall vorerst aus. Während man den bewusstlosen Oberbefehlshaber zum Aderlass aus der vorderen Linie brachte, began-

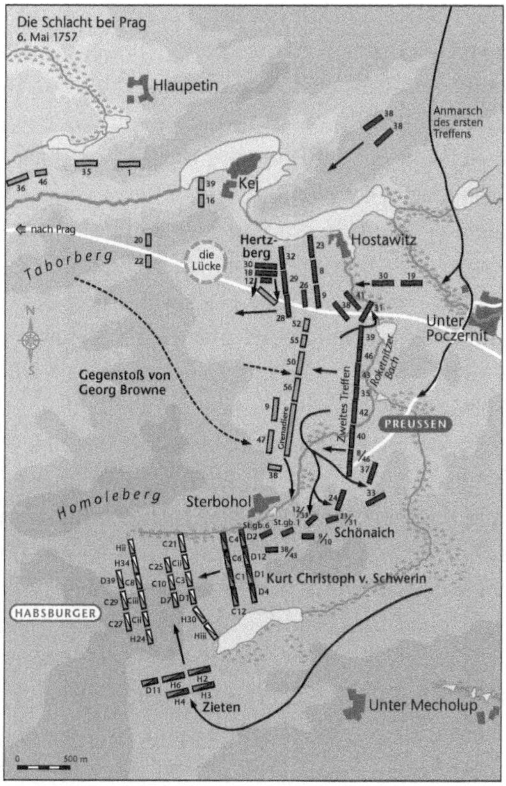

Schlacht bei Prag.

nen die Preußen in eine zwischen Key und Hostawitz klaffende Lücke zu drängen.

Ob dies eine selbstständige Entscheidung der örtlichen Kommandeure war oder auf Friedrichs Befehl zurückging, ist unklar. Jedenfalls kam es gegen Mittag zu einem mit mehreren Regimentern geführten Gegenstoß zwischen Key und Hostawitz in Richtung Tabor-Berg, der die um Sterbohol konzentrierten Regimenter abzuschneiden drohte.

Da inzwischen auch südlich von Sterbohol die preußische Kavalleriereserve unter General Joachim von Zieten durch den Einsatz von 25 frischen Schwadronen das stundenlange Reitergefecht endgültig zu ihren Gunsten entschieden hatte und nun, ihrem alten Auftrag folgend, gegen die rechte Flanke der Österreicher vorging, war der gesamte südliche Teil der österreichischen Armee plötzlich abgeschnitten. Teile der Eingeschlossenen konnten sich in Richtung Prag durchschlagen, andere brachen nach Süden durch, um Anschluss an das Korps Serbelloni zu finden, das sich inzwischen Prag auf der Kaiserstraße bis auf einen Tagesmarsch genähert hatte. Den Rest des österreichischen rechten Flügels zerschlugen die Preußen in mehreren aufeinanderfolgenden Attacken. Die Schlacht war entschieden, als auch die letzte Bastion der Österreicher zwischen Hrdlorzez und Maleschitz von den Regimentern »Itzenplitz« und »Winterfeldt« gestürmt wurde. Gegen 15 Uhr drängte die Masse der Österreicher, scharf verfolgt von der preußischen Kavallerie, zu den Toren Prags.[85]

Immerhin 35 000 Mann konnten sich in die Stadt zurückziehen, etwa 14 000 Österreicher hatten sich nach Westen über Sawaza zu den österreichischen Truppen gerettet, die sich jetzt unter dem Kommando des Generalfeldmarschalls Leopold Graf von Daun bei Böhmisch-Brod versammelt hatten. 9500 Mann waren getötet oder verwundet auf dem Schlachtfeld geblieben. Die Preußen machten 4500 Gefangene, hatten aber ihren Erfolg teuer erkaufen müssen. Mit 14 500 Toten und Verwundeten, darunter auch etliche Generale und Stabsoffiziere, war fast ein Viertel der vor Prag eingesetzten Streitmacht verloren gegangen.[86] Einzelne Regimenter hatten sogar zwei Drittel ihres Mannschaftsbestandes verloren.[87] Friedrich war jedoch voller Optimismus, hoffte er doch auf die baldige Kapitulation der nunmehr eingeschlossenen österreichischen Armee, was den Gegner vorerst außerstande setzen musste, den Krieg fortzusetzen, und vielleicht sogar zum Frieden zwingen würde.

Ratlos vor Prag

Er habe vor vier Tagen bei Prag die Schlacht von Pharsalus geschlagen, ließ Friedrich am 10. Mai Francesco Algarotti, seinem venezianischen Kammerherrn, Vorleser und Vertrauten seit Rheinsberger Tagen, mitteilen.[88] Seiner Mutter, Sophie Charlotte, Prinzessin von Hannover, hatte er noch am Abend seines Sieges geschrieben, dass der Feldzug für die Österreicher verloren sei. Er habe nun mit 150 000 Mann freie Hände und werde einen Teil seiner Truppen absenden, um den Franzosen »ein Kompliment zu machen.«[89]

Die österreichische Armee hatte sich nach dem Zusammenbruch ihres rechten Flügels zum größten Teil in den Schutz der Prager Befestigungen zurückgezogen und schien in der Falle zu sitzen. Der König rechnete fest darauf, dass es nunmehr zu Verhandlungen mit Wien und zu einem baldigen Frieden kommen würde.[90] Eine am nächsten Tag von seinem Generaladjutanten, Oberst Anton Graf von Krockow, überbrachte Aufforderung zur Übergabe hatten allerdings Browne und Prinz Karl empört zurückgewiesen. Ob der König von Preußen wohl glaube, es mit Feiglingen zu tun zu haben, soll Browne den preußischen Parlamentär gefragt haben.[91] In dem trotzigen Durchhaltewillen des Gegners sah Friedrich nur ein zeitraubendes Ärgernis, kalkulierte man doch im preußischen Hauptquartier noch recht optimistisch, dass die Vorräte in der Stadt höchstens für zehn Tage reichen würden.[92] Damit lag man völlig falsch. Einer ersten Bestandsaufnahme der Österreicher zufolge, nach der sich insgesamt etwa 46 000 Mann, darunter 4000 Reiter, in der Stadt befanden, reichten die Mehlvorräte in Prag für immerhin zwei Monate, Hafer und Heu dagegen für nur noch vier Wochen. Die tägliche Fleischration hatte Prinz Karl sofort auf ein halbes Pfund pro Mann kürzen lassen.[93] Zusätzlich aber mussten natürlich auch die 70 000 Einwohner der Moldaustadt versorgt werden, und österreichische Versuche, die ärmere Bevölkerung aus der Stadt zu vertreiben, unterbanden die preußischen Vorposten energisch.[94]

Obwohl er mit einer baldigen Kapitulation der Österreicher rechnete, befahl Friedrich sofort die weiträumige Einschließung der Stadt mit Verschanzungen und Laufgräben. Ein schnell durchgeführter Ausbruchsversuch des Gegners war nicht ausgeschlossen. Tatsächlich hatte der verwundete Browne noch am Abend der Schlacht auf diese Option gedrängt.[95] Pläne zu einem großen Ausbruch schmiedete Prinz Karl auch noch in den Wochen darauf. Dann aber erhielt er am 27. Mai von einem Offizier, der sich durch die preußischen Linien geschlagen hatte, die klare Anweisung der Kaiserin, dass Prag unbedingt zu halten sei.[96]

In Wien hatte die Nachricht von der Niederlage vor Prag anfangs einen ungeheuren Schock ausgelöst. Sofort hatte die Kaiserin die offiziellen Feierlichkeiten für ihren 40. Geburtstag am 13. Mai abgesagt und schon für den 12. Mai ihren Geheimen Rat einberufen. Der gerade erst vom Kriegsschauplatz zurückgekehrte Graf Kaunitz dominierte die hohe Runde. Der Staatskanzler vertrat die schließlich auch vom Kaiserpaar gebilligte Ansicht, dass man ohne zuverlässige Nachrichten aus Prag zunächst alles daransetzen müsse, die sich inzwischen im Raum von Kolin sammelnde zweite Armee zu stärken. Ihr mussten alle noch verfügbaren Reserven, die Garnisonen und selbst die drei Bataillone der Wiener Hofwache, zugeführt werden. Allein diese Streitmacht besaß noch die volle operative Freiheit. Sie konnte jederzeit Prag bedrohen, aber notfalls auch zum Schutz Mährens oder der Hauptstadt dienen.[97]

Der Befehlshaber dieses letzten Aufgebots des Kaiserstaates war der am Wiener Hof hoch angesehene Feldmarschall Leopold Graf von Daun. Seine Streitmacht bestand im Kern aus dem Korps des Generals Serbelloni sowie dem am 6. Mai über die Sawaza entkommenen Teil der Hauptarmee, der allerdings erst wieder ausgerüstet und geordnet werden musste. Mit diesen vorerst nur eingeschränkt verwendbaren Kräften zählte Dauns Armee bis Ende Mai bereits wieder 43 Infanteriebataillone, fast 40 Grenadierkompanien und 103 Eskadronen Kavallerie.[98] Aus Ungarn erwartete man noch das Korps »Nadasdy« als weitere Verstärkung. Dass Maria Theresia mit Daun einen schon in die Jahre gekommenen General ausgewählt hatte, die Monarchie zu retten, offenbarte den Mangel an fähigen Kommandeuren in den Reihen des kaiserlichen Offizierkorps. Daun hatte zwar seine militärischen Meriten in sämtlichen Kriegen erworben, die Habsburg in den letzten drei Dekaden geführt hatte. Auch zählte er zu den führenden Protagonisten der jüngsten großen Heeresreformen. Mehrmals hatte der erste Direktor der 1752 in Wiener Neustadt gegründeten Theresianischen Militärakademie mit seinem Regiment nach preußischem Vorbild große Feldmanöver im Raum von Kolin durchgeführt und in der gesamten Armee für eine Vereinheitlichung der Kommandosprache und der taktischen Manöver gesorgt. Als Präsident des Militärjustizkollegiums schien Daun jedoch inzwischen eher ein Kandidat für den prestigeträchtigen Vorsitz im Hofkriegsrat als für ein entscheidendes Feldkommando. Tatsächlich hatte den 52-Jährigen Ende April die Gicht davon abgehalten, frühzeitig den allzu untätigen General Serbelloni abzulösen, um sich doch noch mit der österreichischen Hauptmacht bei Prag zu vereinigen. Kaum im Amt erwies Daun sich allerdings sofort als die richtige Wahl. Mit einer Mischung aus Zuckerbrot und Peitsche formte er seine aus allen Himmelsrichtungen zusammengewürfelten Truppen allmählich zu einer schlagkräftigen Streitmacht. Hocherfreut nahm die Kaiserin zur Kenntnis, dass sich ihr Feldherr besonders um die Beachtung der gottesdienstlichen Vorschriften im ganzen Heer kümmerte und sich auch sonst bemühte, der verbreiteten Spiel- und Trunksucht energisch entgegenzuwirken.[99]

Auf preußischer Seite waren schon am 9. Mai General Zietens Reiter bei Böhmisch-Brod, nur einen Tagesmarsch von Prag entfernt, auf stärkere österreichische Kräfte gestoßen und hatten mit ihrer Meldung für Überraschung gesorgt.[100] Friedrich musste auf die Gefahr reagieren und entsandte seinen Schwager, den Herzog von Braunschweig-Bevern, mit zunächst 7000 Mann Infanterie und 11 600 Reitern auf der Kaiserstraße nach Osten. Sie sollten den Gegner auf Distanz halten, ihn durch Flankenmärsche zurückdrängen und den Österreichern möglichst viele Magazine wegnehmen.

Dem preußischen Monarchen lief die Zeit davon. Im Westen hatten die Franzosen unter dem Herzog von Estrées bereits Geldern und Wesel besetzt und die schwachen preußischen Truppen auf Bielefeld zurückgedrängt.[101] Den Rechtsabmarsch seiner Armee zum Rhein hatte der König daher bereits für die letzte Maiwoche vorgesehen.[102] Jetzt klagte er, dass er nicht drei Aufgaben gleichzeitig erfüllen könne: Prag blockieren, Daun fernhalten und den Franzosen die Stirn bieten.[103] Daher befahl er, den bereits bis Pirna gekommenen Belagerungspark auf der Elbe nach Leitmeritz bringen zu lassen. Eine energische Beschießung sollte den Druck auf die Verteidiger erhöhen und sie demoralisieren. Es war ein in völkerrechtlicher wie auch in militärischer Hinsicht zweifelhafter Plan, denn Prag gehörte zu den großen Metropolen Europas mit einer beträchtlichen Ausdehnung. Die nördliche Altstadt mit ihren zahllosen Kirchen schmiegte sich in das Moldauknie. Im Süden schloss sich die Neustadt an, die durch das Festungswerk »Wischehrad« mit seinen fünf Bastionen geschützt wurde. Die Besiedlung auf dem linken Moldauufer mit der dominierenden Burg (Hradschin) wurde die Prager Kleinseite genannt und war im 13. Jahrhundert unter dem Premysliden Ottakar II. entstanden. Eine feste Brücke über die Moldau verband sie mit den beiden östlichen Stadtteilen.

Nach dem Dreißigjährigen Krieg hatte die Stadt fast ein Jahrhundert lang keine ernsthafte Belagerung mehr erlebt und sich zu einem Kleinod des Barock mit Palais und prunkvollen Bürgerhäusern entwickelt. Nach der Abwehr des Schwedensturms im Herbst 1648 waren seine Befestigungen in jahrzehntelanger Arbeit durch die Anlage von Bastionen nach italienischem Vorbild modernisiert worden. Alle Teile Prags waren inzwischen von einer etwa zwölf Kilometer langen gemauerten Front mit insgesamt sieben Toren umgeben und auf der Ostseite durch zusätzliche Wassergräben geschützt.

Im Österreichischen Erbfolgekrieg war Prag zwar zweimal besetzt worden, zuletzt im September 1744 von den Preußen, doch große Schäden in der Stadt selbst waren damals durch die zweiwöchige Kanonade der Befestigung nicht entstanden.

Zur wirksamen Beschießung der gesamten Stadt hätte vermutlich Friedrichs gesamte Artillerie nicht ausgereicht. Die rund 60 Mörser und schweren Geschütze, mit denen die Preußen bis Ende Mai sechs große Batterien um die gesamte Stadt bestückt hatten, eröffneten erstmals ihr Feuer in der Nacht zum 30. Mai. Während des zwölftägigen Bombardements, das auch nachts fortgesetzt wurde, verschossen die Belagerer etwa 60000 Kugeln. Zwar entstanden etliche Brände, und Archenholz spricht von dramatischen Szenen in der Stadt, von vielen Ziviltoten und von eindringlichen Bitten der Magistrate und des Klerus vor den österreichischen Militärbehörden,[104] doch das Generalstabswerk kommt zu einem eher ernüchternden Befund: Die Beschießung habe den Willen des Gegners nicht brechen können.[105] Am Ende ging den Belagerern einfach die Munition aus. Schon am 9. Juni mussten die Preußen den Beschuss der Kleinseite einstellen, wo wegen der großen unbebauten Flächen die Wirkung ohnehin geringer war. Zwei Tage später endete auch die große Kanonade auf der rechten Moldauseite.[106]

Noch während der Beschießung von Prag hatte Friedrich wiederholt versucht, den Herzog von Braunschweig-Bevern zu einer offensiveren Kampfführung gegen Daun zu bewegen. Der Gegner sollte möglichst nach Mähren zurückgedrängt werden. An eine große Schlacht dachte er allerdings noch nicht. Inzwischen verdichteten sich aber die Hinweise, dass die Österreicher sich laufend verstärkten, und obwohl der König den Meldungen seines Schwagers, dass Daun bereits über 50 000 Mann verfüge, zunächst wenig Glauben schenkte, hatte er ihm weitere Verstärkungen geschickt. Das preußische Beobachtungskorps war dadurch bis zum 4. Juni auf knapp 25 000 Mann angewachsen und über Kolin hinaus nach Süden auf Kuttenberg vorgestoßen.[107] Schon am nächsten Tag deutete sich jedoch auf preußischer Seite ein neuer Entschluss an. Friedrich sprach nun erstmals davon, dass Daun noch vor dem Fall Prags angegriffen und möglichst bis nach Iglau an der Grenze zu Mähren zurückgetrieben werden musste, wo der König gut gefüllte Magazine vermutete.[108]

Doch erst das enttäuschende Resultat der Beschießung von Prag bewog ihn, nun selbst mit allen vor der Stadt entbehrlichen Teilen zum Beobachtungskorps seines Schwagers zu stoßen. Es war nicht seine Sache, untätig vor Prag zu verharren, während ein stetig stärker werdender Gegner sich in Schlagdistanz befand. Auch die Sorge vor dem drohenden Vorrücken der Franzosen gegen die Weser trieb ihn zur Tat. Am 12. Juni kündigte er Braunschweig-Bevern an, dass er selbst mit acht Bataillonen Infanterie, 16 zusätzlichen Eskadronen und 15 schweren Geschützen in zwei Tagen zu ihm stoßen werde.[109]

Auch auf österreichischer Seite war Daun inzwischen zur Schlacht entschlossen, nachdem er am 9. Juni in seinem Hauptquartier in Goltsch-Janikau eine Botschaft Maria Theresias erhalten hatte, die ihn mit verbindlichen Worten, aber doch unmissverständlich verpflichtete, eine Schlacht zur Befreiung Prags zu wagen. Die Vorräte in Prag würden nur noch bis zum 20. Juni reichen, so die aktuellste Nachricht eines Offiziers, der sich am 3. Juni durch die preußischen Linien hatte schlagen können und zwei Tage später in Wien eingetroffen war. Die Kaiserin schloss ihre ermunternde Botschaft mit einem ungewöhnlichen Blankoscheck: Bei einem unglücklichen Ausgang der Affäre versprach sie, Daun vor allen Vorwürfen zu schützen und ihm keine seiner Entscheidungen zur Last zu legen.[110]

Noch auf dem Weg nach Osten erhielt Friedrich in seinem Nachtquartier am 13. Juni von Braunschweig-Bevern die alarmierende Botschaft, dass sich die gesamte österreichische Armee nunmehr in raschem Vormarsch über Kolin befinde. Das Ziel des Gegners sei vermutlich Prag. Sofort gab der König an Moritz von Anhalt-Dessau den Befehl, weitere Kräfte vom Belagerungsring um Prag abzuziehen und ihm zuzuführen. Am folgenden Mittag vereinigte er sich zunächst mit den ausweichenden Kräften seines Schwagers bei Malotitz, südlich der Kaiserstraße. Für den 15. Juni setzte der König einen Ruhetag an, den er um einen weiteren Tag verlängerte, um die angeforderten Verstärkungen aus Prag abzuwarten. Damit umfasste seine Armee 18000 Mann, gegliedert in 32 Infanteriebataillone, hinzu kamen 16000 Reiter sowie 33 schwere und 50 leichte Geschütze.[111]

Dauns Streitmacht, die sich am nächsten Tag südlich der Kaiserstraße zwischen Swojschitz und Poborz mit Front nach Westen verschanzt hatte, schätzte Friedrich auf 40000 Soldaten, tatsächlich waren es aber schon 54000, unterstützt von 60 Geschützen. Allein die Zahl der österreichischen Infanterie übertraf mit 35000 Mann die der preußischen fast um das Doppelte.[112]

Die Schlacht von Kolin – »Das ist unser Pultawa«

Friedrichs Versuch, die Österreicher in ihren beherrschenden Positionen mit unterlegenen Kräften und einer dem Feind wohlbekannten Taktik anzugreifen, war mehr als kühn. Ja, seine einsame Entscheidung grenzte an Starrsinn. Die auf der Hand liegende Option, aus einer klug gewählten Verteidigungsstellung Dauns Durchbruch auf Prag zu verhindern, hatte der König nie ernsthaft in Erwägung gezogen, obwohl selbst die Österreicher die preußische Position bei Malotitz als sehr stark beurteilten.[113] Da Daun die preußische Armee nach dem Eintreffen des Prinzen Moritz von Anhalt-Dessau auf 60000 Mann schätzte, war für ihn an einen Vorbeimarsch nach Prag mit diesem Gegner im Rücken gar nicht zu denken.

Der König wiederum war kein Mann des Abwartens. Das Votum seines Schwagers, des Herzogs von Braunschweig-Bevern, der eindringlich davor warnte, die Österreicher zu attackieren, statt sie lieber selbst anzugreifen zu lassen, nahm er nicht ernst. Tatsächlich glaubte Friedrich in seiner Eitelkeit und Selbstüberschätzung nicht, dass die Österreicher dem Angriff seiner Infanterie standhalten würden, und fühlte sich im Kriegsrat in seiner Haltung noch bestärkt durch die verantwortungslosen Schmeicheleien des Prinzen Moritz, der behauptete, allein die Anwesenheit des Königs würde zusätzliche 50000 Mann aufwiegen.[114]

So traf Friedrich nach insgesamt sieben gewonnenen großen Schlachten seit Mollwitz das Schicksal des von ihm so lange bewunderten Schweden Karl XII., der wie er selbst, als *Roi Connétable* die Rollen von König und Heerführer lange Zeit in einer Person erfolgreich vereint hatte.

Am 17. Juni ließ Friedrich gegen Mittag seine Armee in zwei Treffen nach Norden zur Kaiserstraße abschwenken, um über Planian die rechte Flanke der Österreicher zu gewinnen. Sein Gegenspieler auf österreichischer Seite brauchte nicht allzu viel Vorstellungsvermögen, um den preußischen Plan sofort zu durchschauen. Friedrich wollte schlicht noch einmal die Schlacht von Prag schlagen. Daun ließ daher seine Armee noch während der Nacht zum 18. nach rechts entlang des Höhenzuges südlich der Kaiserstraße abknicken und verlängerte seine rechte Flanke bis nach Krzeczhorz, einem Dorf mit etwa 20 Häusern und einer Kirche. Der Feldmarschall hatte 33 Infanteriebataillone sowie 81 Eskadronen Kavallerie in zwei Treffen aufgestellt und dahinter eine Reserve von weiteren neun Infanteriebataillonen und 30 Eskadronen postiert. In den Kornfeldern bis zur Kaiserstraße hinunter waren kroatische Truppen versteckt. Somit beherrschten die Österreicher die gesamte Kaiserstraße zwischen Planian und Kolin in einer frontal fast uneinnehmbaren Position. Mit nur einem einzigen Tagesmarsch hatte sich Friedrich in eine verzweifelte Lage gebracht. Wie Karl XII. bei Poltawa war ihm der Rückzug nun verwehrt und er war gezwungen, mit einer deutlich unterlegenen Streitmacht unter ungünstigen Umständen anzugreifen.

Früh am nächsten Morgen sahen die Österreicher, wie sich die dunklen Kolonnen der preußischen Armee in Sichtweite vor ihrem linken Flügel auf der Kaiserstraße nach Osten bewegten. Der Tag versprach trotz des anfänglichen Nebels schön und vor allem heiß zu werden. Gegen 11 Uhr legten die von der Hitze geplagten Preußen eine Pause ein, während Friedrich versuchte, sich vom Dachgeschoss eines Gasthauses mit dem verheißungsvollen Namen »Goldene Sonne« einen

Überblick über den Verlauf der österreichischen Stellungen zu verschaffen.[115] Das sich ihm bietende Panorama dürfte ähnlich niederschmetternd gewesen sein wie für Karl XII. 48 Jahre zuvor, als das Heer des Zaren vor seinem Lager an der Worskla aufmarschierte und die dünne schwedische Linie kaum die Breite der Russen erreichte.

Deutlich waren die dichten österreichischen Infanteriemassen in ihren typischen weißen Uniformröcken auf den nördlich der Kaiserstraße steil ansteigenden Höhen zu erkennen. Die zahllosen österreichischen Batterien ragten mit ihren Schlünden drohend über ihre Verschanzungen. Dazwischen hatte Daun die Massen seiner gefürchteten Kavallerie an günstigen Stellen postiert. Fast zwei Stunden benötigte Friedrich, um einen neuen Plan zu entwerfen, der seiner Notlage halbwegs gerecht wurde. Zuletzt entschloss er sich, mit seinem linken Flügel die östliche Flanke der Österreicher zu umgehen, die Höhen ostwärts von Krzeczhorz zu ersteigen und sodann Front Richtung Westen zu machen. Es war eine Neuauflage des Prager Manövers, allerdings mit erheblich weniger Infanterie. Kurz nach Mittag erteilte er persönlich seine Befehle an die Generale und zeigte ihnen durch eine Dachluke des Gasthauses die von dort erkennbaren Geländepunkte.[116]

Die Kolonne des Grafen Johann Dietrich von Hülsen sollte die Vorhut bilden. Gegen 13 Uhr setzte sie mit sieben Bataillonen Infanterie, fünf Dragonereskadronen und sechs schweren Geschützen ihren Marsch auf der Kaiserstraße fort, um dann wenige hundert Meter hinter der kleinen Ortschaft Braditz nach rechts ins offene Gelände zu schwenken.[117]

Eine Stunde später hatten Hülsens Männer ihre Ausgangsstellung östlich von Krzeczhorz erreicht und setzten mit klingendem Spiel, die Front jetzt nach Westen gerichtet, in zwei Treffen gegliedert zum Angriff auf die Ortschaft ein. Gleichzeitig deckte General von Zieten mit 50 Eskadronen Hülsens südliche Flanke gegen den Feind aus Richtung Radowesnitz. Trotz etlicher Verluste, vor allem durch eine oberhalb von Krzeczhorz auf dem gleichnamigen Höhenrücken aufgefahrene österreichische Batterie, gelang es den Preußen die Ortschaft zu nehmen, die dort im Kirchhof verschanzten Kroaten zurückzuschlagen und schließlich sogar die österreichische Batterie mit ihren sieben Geschützen zu erobern. Der etwa 300 Meter südlich der Ortschaft gelegene Eichenbusch, ein kastenförmiger Wald von 300 Metern Länge und Breite blieb zunächst in der Hand der kroatischen Grenzer. Ein von Hülsen später angesetzter Angriff mit zwei dezimierten Bataillonen führte nur zur Besetzung der Nordhälfte des Gehölzes.

Auf der Gegenseite hatte Daun, sobald er den Abmarsch von Hülsens Avantgarde bemerkte, schon Kräfte von seinem westlichen Flügel zu seiner bedrohten Flanke in Marsch gesetzt. Der Brigade »Wied«, die schon bei Prag gekämpft hatte, folgten kurz darauf die Brigade »Sincére« mit drei Regimentern und schließlich noch die Brigade »Starhemberg« als zunächst zweites Treffen. Damit gewannen die Österreicher den Wettlauf um ihre rechte Flanke, denn innerhalb der nächsten zwei Stunden konnte Friedrich seiner erfolgreichen Vorhut nur drei zusätzliche Grenadierbataillone als Verstärkung schicken. Aus nicht nachvollziehbaren Gründen setzte sich der eigentliche Umfassungsflügel, der mit seinen 14 Bataillonen die Marschspitze der preußischen Armee bildete, erst um 15 Uhr wieder in Bewegung, eine volle Stunde nach der Einnahme von Krzeczhorz.

Von den Anfangserfolgen seiner Vorhut optimistisch gestimmt entschloss sich der König spontan mit dem Gros des Umfassungsflügels die Österreicher auf dem Krzeczhorz-Plateau direkt von der Kaiserstraße aus anzugreifen. So hoffte er, die zuvor vertrödelte Zeit wieder wettmachen zu können.

Die neun Infanteriebataillone des Generalleutnants Joachim Friedrich von Tresckow schwenkten sofort nach rechts und erklommen im österreichischen Artilleriefeuer die steilen Abhänge. Zu den bemitleidenswerten Angreifern zählte auch der 18-jährige Christian Wilhelm von Prittwitz und Gaffron, der erst wenige Tage zuvor zum Fähnrich befördert worden war und noch den durchlöcherten Uniformrock seines verstorbenen Vorgängers trug. Sein Regiment, das dem Generalleutnant August Wilhelm von Braunschweig-Bevern gehörte, machte sich nach kurzer Pause zum Angriff bereit: »Wir nahmen die Pferdedecken ab, die Kanonen wurden abgeprotzt, die Gewehre gehoben, die Säbel entblößt, das Treffen formiert und dann erschallte von allen Seiten her das Donnerwort ›Marsch, marsch‹. Nachdem solches geschehen, ging es unter Trommelschlag und Musik, welche letztere aber nicht lange dauerte, weil die Hautboisten sich bald in Sicherheit zu begeben verstehen, im starken Schritt gerade auf den Feind los ...«[118] Für Prittwitz war es das erste Gefecht, da er am 6. Mai bei Prag zum Korps des Feldmarschalls Keith gehört hatte, das links der Moldau verblieben war. Als sein Treffen in den Wirkungsbereich der gegnerischen Artillerie geriet, nahm er wie die meisten seiner Kameraden das Geschehen nur noch im Tunnelblick wahr. »Es gingen zwar eine Menge Kugeln und Haubitzgranaten über uns weg, dem ungeachtet aber fielen deren noch genug in unsere Glieder und zerschmetterten viele Menschen, woran man sich aber nicht kehrte, sondern als wenn gar nichts vorginge, immer weiter angriff. [...] Ich für meine Person sah mich gar nicht um, sondern richtete meinen Blick fest vorwärts. Nur einmal schielte ich auf die Seite und sah, dass ein Unteroffizier in meiner Nähe von einer Granate zerrissen wurde, daher ich umso mehr abgeschreckt ward, neugierig zu sein.«

»Wir mussten uns durch das lange Getreide, das bis an den Hals reichte, durchwinden, und als wir näher kamen, wurden wir mit Kartätschen dermaßen begrüßt, dass ganze Haufen der unsrigen zur Erde gestreckt hinfielen. Noch hatten wir das Gewehr über der Schulter und ich hörte die feindlichen Kartätschenkugeln in unseren Bajonetten klappern.« Trotz entsetzlicher Verluste gelang es den Preußen, das Plateau zu ersteigen. Nachdem die Musketiere so lange wehrlos dem gegnerischen Feuer ausgesetzt gewesen waren, kam nun die Zeit der Rache. »Als wir auf den Gipfel gekommen waren, erfolgte eine allgemeine Salve des Regiments, die, nachdem sie einige Male wiederholt wurde, eine dermaßen große Niederlage unter den Kaiserlichen verbreitete, dass sie sogleich das Feld räumten und davon liefen.« Im direkten Vergleich mit der preußischen Infanterie schienen die Österreicher immer noch ohne Chance.

»In kurzem hatten wir keinen Feind mehr vor uns, er zog sich in der größten Bestürzung rechts weg, und wir mussten links anschlagen, um ihm noch das Geleit geben zu können.«

Etwa gegen 16 Uhr war der Schulterschluss mit von Hülsens Vorhut auf dem Krzeczhorz-Hügel tatsächlich hergestellt. Die eroberten Geschütze wurden auf den Feind angerichtet und die drei Regimenter der Division »Sincère« fielen auf das zweite Treffen der Österreicher zurück, das von sieben Bataillonen der Brigade »Starhemberg« gebildet wurde. Die Schlacht stand nun auf Messers Schneide. Der Einsatz der übrigen fünf Bataillone des rechten Flügels, zusammengefasst in der Brigade des Generalmajors Christoph Hermann von Manstein, hätte jetzt die Entscheidung bringen können. Doch Mansteins Offiziere hatten inzwischen aus eigenem Entschluss an anderer Stelle in die Schlacht eingegriffen. Um einige Dutzend kroatische Scharfschützen in den rechts an die Straße grenzenden Kornfeldern zu vertreiben, hatten sie die vorderen Bataillone zu einer Gefechtslinie entwickelt. Als die übrigen Bataillone ihrem Vorbild folgten und ebenfalls Front nach Norden machten, entwickelte sich daraus rasch ein preußischer Generalangriff auf die hangaufwärts gelegene Ortschaft Chozenitz. Als Friedrich selbst vor Ort erschien, um den Gegenbefehl zu erteilen, war es bereits zu spät. Sämtliche Bataillone Mansteins waren bereits in das Kornfeld eingedrungen und stürmten zum Teil schon gegen die vor ihnen ragende Höhe. In ihren überhöhten Positionen beiderseits der Ortschaft hatten die vier Regimenter der Division »Andlau« leichtes Spiel mit den Preußen. Wie auf dem Übungsplatz krachten ihre Salven in die avancierenden blauen Linien. Bald waren sämtliche preußischen Infanteriereserven im Kampf gebunden. Einzig die acht Bataillone des rechten preußischen Flügels, die in der Marschordnung weit zurückhingen, standen jetzt noch nicht im Kampf. Auf dem umkämpften linken Flügel bei Krzeczhorz ging das wichtige Eichenwäldchen gegen 16 Uhr wieder verloren. Ein preußischer Gegenangriff kam mangels Infanterie nicht mehr zustande. Damit waren aber auch die Unterstützungsmöglichkeiten der Zietenschen Kavallerie beschränkt, denn das flankierende Feuer aus dem Waldstück verhinderte angeblich, dass Zietens 80 Eskadronen tief in den Rücken der Österreicher vordrangen. Das preußische Generalstabswerk beurteilte das Verhalten des sonst bewährten Reiterführers bei Kolin sehr kritisch und warf ihm Passivität vor. Doch Kolin war für die gesamte preußische Reiterei kein Ruhmesblatt.

Mit Ausnahme der beherzten Eskadronen des Generalmajors Christian Siegfried von Krosigk, an deren Spitze sich auch der junge Kavallerieoberst Friedrich Wilhelm von Seydlitz erstmals als Kommandeur auszeichnete, versagte sie an diesem heißen Tag vollkommen. Nur mit Mühe konnten sich die 19 bereits arg dezimierten Bataillone des linken

Flügels, von der preußischen Kavallerie nun völlig im Stich gelassen, auf dem umkämpften Krzeczhorz-Plateau halten. Gegen 18 Uhr aber kam das Ende für die preußische Infanterie. Fast die gesamte Kavallerie Dauns, darunter auch drei sächsische Regimenter, attackierten Tresckows und Hülsens Bataillone. Zwar hatten sie sich noch zu Karrees formieren können, besaßen aber längst keine Munition mehr. Der ungleiche Kampf eskalierte zu einem Gemetzel, als die österreichische Kavallerie die Rückseite des Karrees, das vom dritten Glied gebildet worden war, durchbrach. Generalleutnant von Tresckow geriet verwundet in Gefangenschaft, mit ihm etliche Offiziere und Mannschaften.[119] Es fielen außerdem die Generale von Krosigk und Pannwitz. Vom Regiment Alt-Bevern, dem auch der junge Prittwitz angehörte, waren über 1200 Mann tot, verwundet oder gefangen. Ähnlich verheerend sah die Bilanz des Nachbarregiments »Moritz von Anhalt-Dessau« aus, das 1190 Offiziere, Unteroffiziere und Mannschaften auf der Wahlstatt ließ.[120] Der Fähnrich Prittwitz fiel, am Kopf durch einen Säbelhieb verwundet, in die Hände eines österreichischen Kürassiers, der ihn zwar zunächst als »preußischer Racker und Kanaille« beschimpfte, ihn aber doch schließlich sicher vom Schlachtfeld brachte.[121] Nur einige Hundert Überlebende erreichten gegen 20 Uhr die Kaiserstraße und fanden Anschluss an die acht Bataillone des rechten preußischen Flügels, die den Rückzug der Armee deckten. 42 Geschütze blieben auf dem Plateau zurück.

Von 18000 Mann der preußischen Infanterie waren 329 Offiziere und 11978 Unteroffiziere und Mannschaften tot, verwundet oder in Gefangenschaft geraten. Zwei Drittel der bei Kolin eingesetzten Infanterie waren damit verloren. Ähnlich hatte Karl XII. bei Poltawa die Masse seiner bis dahin für unbesiegbar gehaltenen Infanterie verloren. Die mit 1450 Toten, Verwundeten oder Vermissten vergleichsweise geringen Verluste der Kavallerie bestätigen das harte Verdikt des Generalstabswerks über die Kriege Friedrichs des Großen: »Die preußische Infanterie hätte trotz alledem bei Krzeczhorz gesiegt, wenn sie nicht von der Mehrzahl der Reiterei im Stich gelassen worden wäre.«[122] Der König selbst hat später in einem Gespräch mit dem Schweizer Henri de Catt den Ungehorsam des Generals von Manstein für die Niederlage verantwortlich gemacht, dabei allerdings übersehen, dass dessen

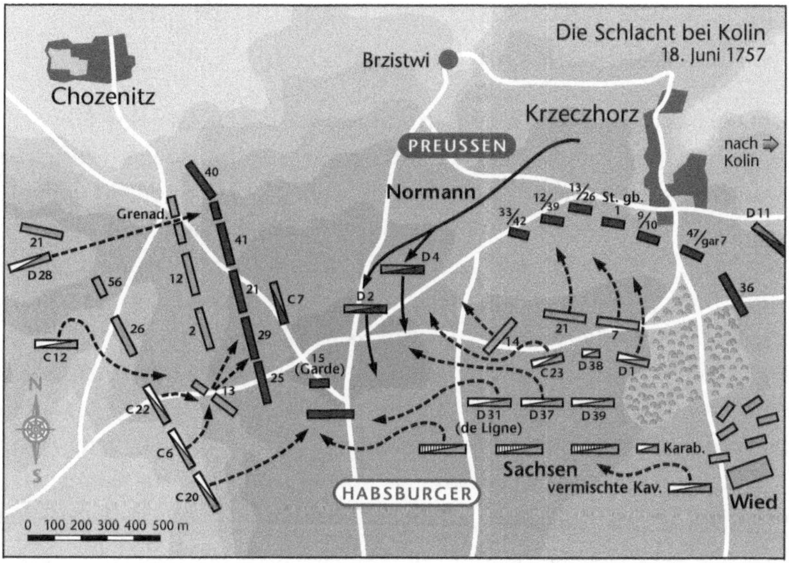

Schlacht bei Kolin.

eigenmächtiger Angriff auf Chozenitz immerhin sämtliche vier Regimenter der Brigade »Andlau« gebunden hatte.[123]

Die Österreicher verloren 8000 Mann, davon waren 5400 Offiziere und Mannschaften verwundet worden, 1600 Mann galten als vermisst. Daun hatte auf eine Verfolgung des geschlagenen Gegners zunächst verzichtet. Erst am 23. Juni setzte er sich mit seiner Armee in Richtung Prag in Bewegung, dessen Belagerung die Preußen inzwischen aufgegeben hatten. Friedrich zog sich mit zwei Kolonnen auf beiden Seiten der Elbe nach Sachsen zurück. Von anfangs 116 000 Mann waren ihm nur noch 67 000 Mann geblieben, während Franzosen, Schweden und Russen schon kampfbereit an den Grenzen Preußens standen. Wie Karl XII. nach Poltawa sah sich Friedrich nun einer Welt von Feinden gegenüber und es schien ganz so, als ob sein fragiles Königreich in wenigen Monaten bereits Geschichte sein würde.

Nach Kolin – Rückzug von Prag und Beginn des Kampfes auf der inneren Linie

Die Nachricht vom Sieg bei Kolin war für Maria Theresia eine Erlösung nach tagelanger kaum erträglicher Spannung. Nicht ohne Berechtigung bezeichnete sie später den 18. Juni als den Geburtstag der Monarchie und ließ es sich nicht nehmen, an ihren Feldmarschall Daun in jedem Jahr anlässlich des Jahrestages der Schlacht ein sehr persönlich gehaltenes Dankschreiben zu richten.[124] Dauns »herrlichen Sieg« von Kolin nahm die Herrscherin auch zum Anlass, ein schon länger gehegtes Projekt endlich zu realisieren. Ein nach ihr benannter militärischer Orden sollte zukünftig Offiziere der Armee, unabhängig von Stand und Herkommen, für hervorragende soldatische Leistungen vor dem Feind würdigen. Zum ersten Großkreuzritter des neuen Maria-Theresia-Ordens, der bis 1918 Bestand haben sollte, ernannte sie folgerichtig den Grafen Daun, den in ganz Wien gefeierten Sieger von Kolin.

Die Errettung der Monarchie begingen Kaiserpaar und Hof mit einem Tedeum im Stephansdom am 20. Juni. Am selben Tag wurden auch die bei Kolin erbeuteten 23 preußischen Standarten und Fahnen unter dem ausgelassenen Jubel der Bevölkerung durch die Stadt getragen.[125] Aus Versailles meldete Graf Starhemberg, er habe das Gefühl, unter Landsleuten zu sein, so offen wurde dort die Freude über Friedrichs erste Niederlage gezeigt.[126]

Während in Wien und Versailles Hochstimmung herrschte, musste Friedrich Sorge tragen, dass der Rückzug seiner Armee aus Böhmen nicht in eine Flucht ausartete. Noch am 19. Juni war der König nachmittags in völlig erschöpftem Zustand mit einigen wenigen Berittenen in seinem Lager vor Prag eingetroffen. Nach 36 Stunden im Sattel fiel es ihm umso schwerer, sich die noch unverdaute Niederlage nicht anmerken zu lassen. Hatten seine Soldaten zuvor noch unverbrüchlich an die Unbezwingbarkeit ihres Herrschers geglaubt und gehofft, dass die Gerüchte über die verlorene Schlacht sich nicht bewahrheiten würden, so lieferte ihnen jetzt die nur mühsam bewahrte Haltung des Königs die traurige Gewissheit. Zum ersten Mal in drei Kriegen war die preußische Armee unter ihrem bisher stets vom Glück begünstigten Anführer geschlagen worden.[127]

Leidlich vom Schock der Katastrophe erholt gab sich Friedrich gegenüber Moritz von Anhalt-Dessau bald wieder kämpferisch. »Das Herz ist mir zerrissen, allein ich bin nicht niedergeschlagen, und werde bei der ersten Gelegenheit versuchen, die Scharte auszuwetzen.«[128]

Schon am nächsten Morgen gaben die Preußen ihren Belagerungsring auf dem rechten Moldauufer auf und rückten in drei Kolonnen mit klingendem Spiel und entrollten Fahnen zur Elbe nach Brandeis ab. Der Abzug auf der anderen Flussseite verlief allerdings nicht reibungslos. Die Österreicher wagten am Nachmittag einen Ausfall von der Kleinseite aus, der die überraschten Preußen unter Keith fast 1000 Mann und fünf Geschütze kostete.[129]

Am 25. Juni fand sich die preußische Armee schließlich in zwei Hauptgruppen aufgeteilt. Bei Leitmeritz an der Elbe hatten sich unter dem persönlichen Befehl des Königs die ehemaligen Belagerungskräfte vor Prag gesammelt, insgesamt 50 Bataillone Infanterie und 83 Eskadronen Kavallerie, an der Iser bei Jung-Bunzlau standen weitere 52 Bataillone, die allerdings nach Kolin arg gelichtet waren und bald durch Zusammenlegung auf 34 Bataillone reduziert werden mussten. Das Kommando über diese Kräfte hatte der König am 24. Juni seinem ältesten Bruder, August Wilhelm, dem Prinzen von Preußen, übertragen.

Friedrich hoffte, sich trotz der Niederlage noch eine Zeit lang in Böhmen halten zu können, zumal die österreichische Hauptarmee die Preußen zunächst nicht allzu energisch verfolgte.

Obwohl ihre Streitmacht nach der Befreiung Prags auf knapp 80000 Mann angewachsen war, stimmten Prinz Karl und Daun mit dem Wiener Hof überein, das Risiko einer erneuten großen Schlacht nur einzugehen, wenn sie unter absolut vorteilhaften Bedingungen geschlagen werden könne.[130] Staatskanzler Kaunitz warnte in der Ministerrunde am 25. Juni eindringlich davor, Preußens Kriegsmacht zu unterschätzen. Was an einem Tag gewonnen worden sei, könne auch an einem einzigen Tag wieder verloren gehen. Ehe man einen konkreten Plan entwickle, müsse klar sein, was der Preußenkönig tatsächlich beabsichtige.[131]

Bei der Verfolgung der Preußen taten sich daher zunächst nur die österreichischen Streifkorps hervor. Etwa 20000 Mann unter den Generalen Franz (Ference) Nadasdy und András Hadik sowie Oberst Gideon Laudon attackierten Nachschubkolonnen und Verwundetentransporte.

Im Kern bestand diese Truppe, denen Friedrich nur wenig entgegenzusetzen hatte, aus Kroaten und Husaren. Bei Wellemin etwa gelang es Laudons Reitern, einen Konvoi mit 26 bei Kolin verwundeten Offizieren, darunter auch der Generalmajor von Manstein, zu stellen. Die 100 Sachsen der Bedeckung leisteten nur schwachen Widerstand und der unglückselige von Manstein, der sich nicht ergeben wollte, wurde schwer verletzt und starb wenige Tage später in österreichischer Gefangenschaft.[132] Auf der Straße von Lobositz nach Aussig nahmen Laudons Männer kurz darauf sogar ein ganzes Gardebataillon gefangen und Friedrich erkundigte sich wütend in einem Brief bei Moritz von Anhalt-Dessau, wie es sein könne, dass er mit seinen immerhin 14 Bataillonen Infanterie und 20 Schwadronen Kavallerie nicht fähig sei, Oberst Laudon und seine 2500 Schurken in Schach zu halten. Mehr als einmal dürfte der König in diesen Tagen wohl mit seiner früheren Entscheidung gehadert haben, diesen außergewöhnlichen Reiterführer nicht in seine Dienste genommen zu haben, als sich der Balte nach dem Ersten Schlesischen Krieg in Potsdam um Aufnahme in die preußische Armee bemüht hatte.

Noch Dutzende Geschütze und Bagagewagen fielen den leichten Reitern der Österreicher in den nächsten Wochen zum Opfer, Hunderte von Soldaten gerieten in Gefangenschaft. Als auch noch im nordböhmischen Gabel am 15. Juli zwei Bataillone unter dem Befehl des Generalmajors Nikolaus Lorenz von Puttkamer die Waffen strecken mussten, wobei 67 Offiziere, 1833 Mannschaften sowie sieben Geschütze verloren gingen, musste die östliche preußische Kolonne unter Prinz August Wilhelm bereits auf die Grenze zur Lausitz ausweichen. Friedrichs Plan, sich wenigstens in einem Teil Böhmens halten zu können, war damit endgültig Makulatur. Nur eine Woche später standen die Österreicher bereits vor Zittau, das die Preußen nach einem heftigen Bombardement aufgeben mussten.[133] Friedrich verlor nun die Geduld. Er schrieb seinem Bruder in einem geharnischten Brief, dass er ihn für einen erbärmlichen General halte und ihm in Zukunft nicht einmal mehr zehn Grenadiere anvertrauen würde. Zugleich kündigte er ihm an, dass er nun persönlich das Kommando übernehmen werde. Mit der Hälfte seiner Kolonne ließ er Keith in Leitmeritz an der Elbe zurück und marschierte mit dem Rest seines Korps, zehn Infanteriebataillonen und 15 Eskadronen Kavallerie, über Dresden nach Bautzen, wo er am 29. Juli eintraf. Am selben Tag erfuhr er, dass die Franzosen am 26. Juli mit 74000 Mann die Weser überschritten und die halb so starke Armee des Herzogs von Cumberland, William Augustus, bei Hastenbeck in der Nähe von Hameln geschlagen hatten. Eine zweite französische Armee unter dem Generalleutnant Charles Rohan de Soubise sammelte sich zur selben Zeit bei Straßbourg, um sich mit dem Reichskontingent bei Fürth zu vereinigen und weiter auf Erfurt und Magdeburg vorzustoßen. Auch die Schweden begannen sich zu rühren und hatten bei Stralsund ein Armeekorps von 20000 Mann gelandet, was zu Friedrichs Verdruss nicht von der britischen Flotte verhindert worden war. Dem britischen Gesandten Andrew Mitchell, der sich stets in seinem Feldlager aufhielt, klagte der König, er bleibe als der letzte Kämpe des Bundes übrig und müsse wohl allein auf den Trümmern des Vaterlandes kämpfen.[134] Zeit hatte er keine mehr zu verlieren, denn an der Grenze zu Ostpreußen machten sich auch die Russen bemerkbar. Nach der Einnahme der Festung Memel am 18. August hatte sich General Wilhelm von Fermor bei Insterburg mit der russischen Hauptarmee unter Feldmarschall Fürst Stephan Apraxin vereinigt.[135]

Obwohl Friedrich bei Bautzen nur über 50000 Mann und 72 schwere Geschütze verfügte, war er entschlossen, der mit deutlich überlegenen Kräften bei Zittau stehenden österreichischen Hauptarmee eine Schlacht anzubieten. Nahmen Prinz Karl und Daun die Herausforderung an, so könnte ein preußischer Sieg ihm die Zeit für einen Angriff auf die Franzosen verschaffen. Wichen die beiden Heerführer jedoch einem Waffengang aus, so erfüllte ihr Zögern denselben Zweck, da dann von österreichischer Seite in den nächsten Wochen kaum mit einer energischen Kriegführung zu rechnen war.

Als die Armee am 15. August gegen die Österreicher vorrückte, zeigte sich aber rasch, dass der Gegner in einer zu starken Stellung stand. Die Furcht vor einem zweiten Kolin stand allen Offizieren ins Gesicht geschrieben. Zur Erleichterung der preußischen Generalität rückte der König nach einer längeren Unterredung mit Prinz Heinrich von seinem verwegenen Plan ab.[136]

Daun wolle sich nicht mit ihm schlagen, so wolle er ein Epigramm auf ihn machen, hörte man den König danach sagen.[137] Später sollte er den österreichischen Feldmarschall wegen seiner Vorliebe für besetzte Höhen als Kaukasier verspotten.[138]

Daraufhin teilte Friedrich am 24. August seine Armee erneut, ließ 43 000 Mann zum Schutze der Lausitz und Niederschlesiens unter dem Befehl des Herzogs von Braunschweig-Bevern zurück und zog mit 10 000 Mann über Dresden dem Korps des Generals Soubise entgegen. Die Franzosen hatten inzwischen Eisenach erreicht und sich mit der Reichsarmee vereinigt. In der sächsischen Kapitale fügte der König die 15 000 Mann, die sich befehlsgemäß unter Marschall Keith aus dem westlichen Böhmen zurückgezogen hatten, seiner Streitmacht hinzu und machte sich über Döbeln und Grimma auf den Weg zur Saale.[139] Der Kampf auf der inneren Linie hatte begonnen. Über sein kleines Korps spottete Friedrich mit Galgenhumor. Er habe den Krieg als General begonnen und werde ihn als Parteigänger (Freikorpsführer) beenden.[140]

Mehr als ein Sieg – Friedrich demütigt Frankreich bei Rossbach

Charles de Rohan, Herzog von Soubise, war kein überragender Befehlshaber, doch es wäre unredlich, ihn als den großen Versager zu sehen, wie es seine Zeitgenossen nach der Katastrophe von Rossbach taten. Am Krieg in den österreichischen Niederlanden hatte der zum französischen Hochadel zählende Soubise im Gefolge Ludwigs XV. teilgenommen und bei Fontenay die Leibgarde des Königs, das Korps der *Gendarmes*, geführt.[141] Noch vor dem Friedensschluss hatte ihn der König zum General befördert. Niemand wunderte sich darüber, als er 1751 sogar zum Militärbefehlshaber in Flandern und im Hennegau ernannt wurde. Denn Soubise galt als *ami de cœur* des Königs. Er zählte zum engsten Kreis des Monarchen und sein Kommando über das französische Hilfskorps, das sich im Juli 1757 auf Drängen des Wiener Hofes im nördlichen Elsass sammelte, verdankte der 42-Jährige vor allem der Fürsprache der Madame Pompadour. Die heimliche Herrscherin Frankreichs hoffte so, ihrem Schützling den Ruhm eines kaum zu verfehlenden Sieges über den ihr so verhassten Preußenkönig verschaffen zu können.[142]

König Ludwig XV. hatte sich im zweiten Versailler Vertrag vom 1. Mai 1757 verpflichtet, mit einem Armeekorps von 24000 Mann die Österreicher in Böhmen zu unterstützen. Nach dem Sieg von Kolin wurden die Ziele der Verbündeten ambitionierter. Nun sollte das französische Korps rasch über Franken und Thüringen zur Saale vorrücken und nach der Vereinigung mit einem 30000 Mann starken Heer aus Reichstruppen das von den Preußen besetzte Sachsen befreien. Es war ein Herzensanliegen des Monarchen, dessen ältester Sohn mit einer Tochter des sächsischen Kurfürsten verhiratet war.

Am 30. Juli brachen Soubises Truppen, insgesamt 31 Infanteriebataillone und 22 Eskadronen Kavallerie mit 24 Feldgeschützen, von Straßbourg in Richtung Hanau auf.[143]

Die Stimmung in der Armee war zuversichtlich. Kurz nach ihrem Abmarsch war die Nachricht eingetroffen, dass die französische Hauptstreitmacht unter dem Herzog von Estrées am 26. Juli 1757 bei Hastenbeck an der Weser das gemischte Heer aus Hannoveranern, Braunschweigern und Hessen unter dem Herzog von Cumberland geschlagen und zum Rückzug zur norddeutschen Küste gezwungen hatte.

Als Soubise einen Monat später in Erfurt eintraf, hatte die französische Hauptarmee bereits ganz Hannover besetzt und ihr neuer Oberbefehlshaber, Louis François Armand de Plessis, Herzog von Richelieu, noch von dem frischen Ruhm der Eroberung von Menorca beflügelt, verhandelte in Wesermünde mit Cumberland über eine Neutralisierung aller seiner Truppen. Frankreich stand damit auf dem Höhepunkt seiner militärischen Erfolge und hatte sein wichtigstes Kriegsziel in Europa erreicht. Das Kurfürstentum Hannover war als Tauschobjekt ganz in seiner Hand.

Für Soubise und seine Offiziere warf dieser rasche Sieg der Hauptarmee allerdings die Frage auf, weshalb man sich überhaupt noch mit den Preußen, die unlängst noch Frankreichs Verbündete gewesen waren, schlagen sollte? Was kümmerte es Frankreich, dass die Kaiserin in Wien unbedingt ihre Provinz Schlesien wiedergewinnen wollte?[144] Die Stimmung unter den Franzosen wurde auch dann nicht besser, als man Ende August in Thüringen auf die verbündeten Reichstruppen traf, die unter dem Befehl des österreichischen Feldmarschalls Prinz Joseph Friedrich von Sachsen-Hildburghausen standen. Soubise wurde nur zu schnell klar, dass sein Auftrag mit diesem Verbündeten alles andere als ein Spaziergang sein würde. Die deutschen Kontingente, die aus vier Reichskreisen stammten, riefen das Erstaunen und sogar den Spott der französischen Offiziere hervor. Mehrheitlich schienen sie kaum kampffähig und waren im Vergleich zu den französischen Truppen nur mangelhaft ausgebildet und ausgerüstet. Die Dragoner aus Hessen wüssten nicht einmal, ihre Waffe zu führen, und seien auch nicht in der Lage, sich in Schwadronsformation zu bewegen, schrieb ein verzweifelnder Soubise am nächsten Tag an Kriegsminister Antoine-René de Voyer de Paulmy d'Argenson, den Grafen von Paulmy.[145] Der Hang zur Desertion unter den Deutschen drohte bald auch die Disziplin in den französischen Regimentern zu untergraben und viele der protestantischen Württemberger oder Kurpfälzer schienen sogar mit den Preußen zu sympathisieren. Hinzu kam, dass Soubise sich mit Hildburghausen nicht besonders verstand. Größter Streitpunkt war der Oberbefehl, den der Deutsche vertragsgemäß für sich beanspruchte.[146] Unter diesen Umständen sah sich Soubise zunächst nicht in der Lage, wie es sein Auftrag vorsah, über die Saale weiter nach Osten vorzurücken. Ihm erschien es nun weit vorteilhafter, darauf zu warten, dass ihm der Herzog von Richelieu, dessen Voraustruppen inzwischen Halberstadt erreicht hatten, ein Unterstützungskorps von 12000 Mann schickte. So lange sollten sich seine Truppen um Erfurt und Gotha von ihrem langen Marsch erholen. Auch daraus wurde nichts. Schon am 10. September erreichte Soubise und Hildburghausen die alarmierende Nachricht, dass sich die Preußen unter Friedrich rasch der Saale näherten. Obwohl der Gegner nicht annähernd so stark war wie die verbündete Armee, begannen die Verbündeten noch am selben Tag ihren Rückzug nach Eisenach.[147]

Dass Friedrich überall von den Bewohnern Thüringens mit Jubel empfangen wurde, war zwar Balsam für das angeschlagene Selbstgefühl des Monarchen. Doch die erhoffte Gelegenheit, den Franzosen einen empfindlichen Schlag zu versetzen, hatten Soubise und Hildburghausen mit ihrem raschen Rückzug zunächst vereitelt. Zu allem Übel trafen nun in rascher Folge aus allen Himmelsrichtungen Hiobsbotschaften ein, die Friedrich am Fortbestand seines Königreiches zweifeln ließen. Zunächst hatte ihn am 10. September die Meldung erreicht, dass sein ostpreußisches Korps bei Groß-Jägersdorf südlich der Pregel am 30. August 1757 eine empfindliche Schlappe gegen die Russen erlitten hatte. Die Armee der Zarin wurde von Generalleutnant Stephan Feodorowitsch Fürst Apraxin geführt, einem durchschnittlichen Offizier im Alter von 55 Jahren, der noch unter Peter dem Großen gekämpft hatte, inzwischen aber als Trinker und Frauenheld galt. 32 000 Preußen unter Feldmarschall Hans von Lehwaldt waren über 55 000 Russen hergefallen, die zunächst vom Angriff überrascht wurden. Dann aber war Apraxin noch ein Korps zu Hilfe gekommen und der mit rollendem Feuer vorgetragene Schlussangriff der preußischen Infanterie war an der massierten Abwehr des Gegners gescheitert. Lehwaldt hatte mit einem Verlust von fast 5000 Mann und 28 Geschützen den Rückzug nach Königsberg antreten müssen.[148] Ob die Provinz noch gehalten werden konnte, war ungewiss.

Kaum eine Woche später traf Friedrich ein noch härterer Schlag. Von den Franzosen an die norddeutsche Küste bei Stade gedrängt, hatte sich der Herzog von Cumberland in der Konvention von Kloster Zeven am 10. September 1757 verpflichtet, seine Armee aufzulösen und das Kurfürstentum Hannover bis zur Elbe den Franzosen zu überlassen. Der Preußenkönig hatte damit seinen letzten Verbündeten verloren und nichts schien jetzt noch den Herzog von Richelieu daran zu hindern, mit seiner Hauptstreitmacht von fast 75 000 Mann in die Altmark einzumarschieren und Magdeburg, Preußens wichtigste Festung, zu belagern. Den Franzosen stand es sogar frei, sich mit dem schwedischen Korps zu vereinen, das sich bereits in Stärke von 20 000 Mann bei Stralsund sammelte und Berlin von Norden bedrohte. Richelieu besaß auch in diesem Fall immer noch genügend Kräfte, um von Halberstadt aus Soubise und die Reichsarmee zu unterstützen. Viel konnte Friedrich dagegen nicht unternehmen. Den sechs Bataillonen Infanterie und elf Eskadronen unter dem Befehl Ferdinands von Braunschweig, die Friedrich sogleich nach Halle geschickt hatte, gelang es immerhin, die französische Vorhut wieder aus Halberstadt zu vertreiben, aber dieser Erfolg war für die Preußen nicht mehr als ein Zeitgewinn.[149]

Am meisten jedoch erschütterte den König die Botschaft, dass die Armee des Herzogs von Braunschweig-Bevern am 7. September bei

Moys südöstlich von Görlitz eine verlustreiche Niederlage gegen die Österreicher erlitten hatte, wobei General Hans Karl von Winterfeldt tödlich verwundet worden war.[150] Winterfeldt war einer der wenigen Offiziere, für die der König freundschaftliche Gefühle empfunden hatte. Seinen Tod hat er jahrelang nicht verwunden. Friedrich geriet in eine persönliche Krise. Alles schien sich gegen ihn zu wenden. Den Untergang seines Königreiches wollte er nicht überleben und es schien, als suche er nur noch nach einer Gelegenheit, einen ruhmvollen Tod zu sterben. »Ich aber, dem der Schiffbruch droht, muss mutig trotzen dem Verderben, als König denken, leben, sterben!«, schrieb er am 7. Oktober an Voltaire, den er immer noch insgeheim verehrte.[151] Man sah den König in diesen Tagen oft, wie er noch in der Nacht in seinem Quartier laut deklamierend aus Racines Tragödien antike Feldherren zitierte, sei es als Therapie oder um sich als tragischer Held zu inszenieren, der dem Untergang geweiht war.

Militärisch schien die Lage jetzt kaum mehr zu wenden und die Briten waren immer noch nicht bereit, eigene Truppen nach Norddeutschland zu schicken. Ja, sie hatten auch nicht einmal in Erwägung gezogen, mit ihrer Flotte die schwedischen Truppentransporte nach Usedom zu unterbrechen. Stattdessen plante Pitt ein Landungsunternehmen mit 9000 Mann gegen den Flottenstützpunkt von Rochefort an der französischen Atlantikküste. Das versprach zwar eine Schwächung der transatlantischen Verbindungen des Gegners, würde aber kaum unmittelbare Entlastung für Preußen bringen.[152]

Friedrich richtete nunmehr alle seine Hoffnungen auf ein Arrangement mit den Franzosen. Über den Herzog von Richelieu versuchte er mit dem Versailler Hof in Verbindung zu treten und die Möglichkeiten zu einem glimpflichen Frieden mit seinem ehemaligen Alliierten auszuloten. In seiner Verzweiflung ging der König sogar so weit, dem Kopf der antipreußischen Partei am Versailler Hof, Madame Pompadour, lebenslang den Besitz des Herzogtums Neuenburg in der Schweiz zu übereignen. Die französische Antwort, die am 13. Oktober eintraf, war jedoch ernüchternd und traf den König tief in seiner Ehre. Richelieu, der persönlich durchaus Sympathien für Preußen empfand, musste Friedrichs Unterhändler mitteilen, dass ein Sonderfrieden mit Preußen nicht infrage komme.[153]

Zur selben Zeit hatten die Österreicher die Lücke in der Lausitz genutzt, die durch Braunschweig-Beverns Abmarsch nach Schlesien entstanden war, und unter General András Hadik einen Handstreich auf Berlin ausgeführt. Friedrich musste zurück, um noch das Schlimmste zu verhindern, und ließ Feldmarschall Keith mit nur einem schwachen Detachement an der Saale stehen. Aus den eingehenden Meldungen erkannte der König jedoch schnell, dass Hadik nicht mehr als 3500 Reiter mit sich führte und sich bereits wieder auf dem Rückzug befand, nachdem er am 16. Oktober für wenige Stunden die Köpenicker Vorstadt besetzt hatte. Alle für die Kriegführung wichtigen Manufakturen der Hauptstadt waren unbehelligt geblieben. Friedrichs Versuche, den Österreichern den Rückzug zu verlegen, schlugen fehl, doch einen Teil der erbeuteten Münzen konnte die preußische Kavallerie wieder einbringen.

Beruhigende Nachrichten waren Ende September aus Ostpreußen eingetroffen. Die russische Armee unter General Apraxin hatte sich überraschend in Gewaltmärschen nach Memel und schließlich sogar nach Kurland zurückgezogen. Gravierende Versorgungsprobleme und eine Epidemie in der Truppe, vor allem aber der fragile Gesundheitszustand der Zarin Elisabeth, hatten den vorsichtigen Apraxin veranlasst, die Kampfhandlungen vorerst einzustellen. Gerüchte vom baldigen Tod der Herrscherin machten die Runde, und da der Thronfolger bekanntermaßen den Preußen freundlich gesinnt war, erschien Abwarten die bessere Option. Friedrich erteilte darauf Lewaldt am 27. September den Befehl, mit seinem Korps sofort nach Pommern zu marschieren, um das schwedische Korps unter ihrem Befehlshaber Mattias Alexander von Ungern-Sternberg über die Peene zurückzutreiben.[154] Das gelang in erstaunlich kurzer Zeit, da französische Unterstützung für die Schweden ausblieb und ihnen die Preußen in Bewaffnung und Ausbildung deutlich überlegen waren.

Plötzlich hatte Friedrich wieder Bewegungsfreiheit und er war zunächst entschlossen, sich mit seiner vereinigten Armee gegen die in Schlesien eingedrungenen Österreicher zu wenden, die am 23. Oktober mit der Belagerung der Festung Schweidnitz begonnen hatten. Doch in Torgau eingetroffen überraschte ihn am 24. Oktober die Nachricht, dass Soubise und Hildburghausen endlich über die Saale gegangen seien.

Friedrich befahl Keith, sofort auf Leipzig zurückzugehen, und rückte selbst in Eilmärschen auf die sächsische Metropole vor.[155] Endlich schien die Gelegenheit gekommen, den Franzosen den erhofften Schlag zu versetzen, Schweidnitz könne sicherlich bis zu seiner Rückkehr gehalten werden. Der König ließ nun auch Ferdinand von Braunschweig mit seinem Kontingent von Magdeburg heranrücken. Dessen Truppen bewältigten die Strecke von 120 Kilometern in nur drei Tagen und waren auch nach dieser beachtlichen Strapaze noch voller Kampfeifer.[156] Am 28. Oktober hatte Friedrich insgesamt 31 Bataillone Infanterie und 45 Kavallerieeskadronen in Leipzig versammelt, musste aber jetzt feststellen, dass einzig die Reichstruppen bisher bei Weißenfels einen Brückenkopf über die Saale gebildet hatten. Hildburghausen wollte zwar unter dem Druck aus Wien auf die Elbe vorrücken, um die Österreicher in der Lausitz zu unterstützen. Doch Soubise lehnte trotz der inzwischen von Richelieu bei ihm eingetroffenen Verstärkung von 12000 Mann der Hauptarmee eine Überquerung der Saale ab. Dabei konnte er sich auf eine Direktive aus Versailles berufen. Er möge versuchen, die Preußen durch Manövrieren über die Elbe zurückzudrängen, aber es unbedingt vermeiden, seine Armee noch vor dem Winter unnötigen Gefahren auszusetzen.[157]

Als Friedrich merkte, dass die Franzosen westlich der Saale verharrten und auch die Reichstruppen unter Hildburghausen wegen fehlender Unterstützung durch Soubise am 30. Oktober wieder über den Fluss zurückgingen, entschloss er sich, dem Gegner auf das westliche Ufer zu folgen. Dazu teilte er seine Armee in zwei Gruppen. Die nördliche unter Keith sollte bei Merseburg die Saale überqueren, während der König selbst stromaufwärts bei Weißenfels den Flussübergang durchführen wollte. Dort musste er aber feststellen, dass der Gegner die feste Brücke über die Saale niedergebrannt hatte. Doch die Preußen fanden nach einigen Querbewegungen eine geeignete Stelle für eine Pionierbrücke. Am 3. November war die gesamte preußische Armee über den Fluss und hatte, nachdem alle Kolonnen bis zum Morgen des folgenden Tages bei Braunsdorf eingetroffen waren, eine nach Westen gerichtete Stellung zwischen Bedra und Rossbach bezogen. In der letztgenannten Ortschaft hatte Friedrich auch sein Hauptquartier aufgeschlagen. Soubise hatte nur wenig weiter westlich mit seinen Truppen bei Mücheln ein Lager bezogen und ein Korps zur Deckung auf die Schortauer Höhen vorgeschoben. Immer noch war der Franzose bedacht, wie es ja auch seine Weisungen aus Versailles vorsahen, eine Schlacht gegen den nach wie vor gefürchteten Preußenkönig zu vermeiden. Jedes weitere Ausweichen nach Westen wäre ihm allerdings vom Versailler Hof als Flucht ausgelegt worden. Immerhin hatte er jetzt 30000 Mann unter Waffen und zusammen mit den 11000 Deutschen unter Hildburghausen konnte er gegenüber nur 21000 Preußen sogar die doppelte Übermacht aufbieten.[158] Daher entschied sich Soubise am 4. November zu einer militärischen Demonstration und ließ seine gesamte Armee in voller Gefechtsaufstellung etwa 400 Meter vorrücken, soweit das Gelände vorteilhaft war.[159] Erwartungsgemäß zogen sich die Preußen zurück und der Beschuss durch die aufgefahrenen französischen Geschütze beschleunigte ihren Rückzug. Im Lager der Franzosen herrschte darauf überschwängliche Genugtuung, über die sich Friedrich später lustig machte: Alles, was sie an Musikern und Trompetern hatten, ihre Tambours und Pfeiffer ließen sich vernehmen, als hätten sie einen Sieg errungen.[160] Der Köder war ausgelegt und am nächsten Tag sollte der Gegner nach ihm schnappen.

Soubise und Hildburghausen waren nun tatsächlich entschlossen, durch einen rechts ausholenden Marsch über Zeuchfeld und Reichardtswerben den Preußen die südliche Flanke bei Rossbach abzugewinnen und sie dadurch entweder zu einer Schlacht unter ungünstigen Bedingungen oder zum kampflosen Rückzug über die Saale zu zwingen. Dies wäre ein Erfolg, nach dem man beruhigt die Winterquartiere beziehen könne.

Am 5. November benötigten die Verbündeten allerdings den gesamten Vormittag, ehe sie sich endlich in drei parallelen Marschkolonnen Richtung Süden formiert hatten. Gegen 14 Uhr hatten sie Zeuchfeld erreicht und schwenkten danach nach Osten auf Reichardtswerben. Bis dahin hatte Friedrich in aller Ruhe mit etlichen Offizieren in seinem Quartier am Südrand von Rossbach gespeist. Die Ortschaft war kilometerweit von leicht welligem und baumlosem Ackerland umgeben und so konnte Friedrich durch ein in die Giebelwand geschlagenes Loch die Bewegung des Gegners gut verfolgen. Sofort gab er seiner immer noch zwischen Breda und Rossbach in Stellung befindlichen Armee den

Befehl, nach links abzumarschieren und hinter dem Janus-Hügel eine neue Aufstellung zu beziehen. Es handelte sich bei der Anhöhe um einen von Westen nach Osten verlaufenden Kamm etwa zwei Kilometer nordöstlich von Rossbach, der den aufbrechenden preußischen Infanteriebataillonen guten Sichtschutz bot. Die Verbündeten hatten das schnelle Abbauen der Zelte auf preußischer Seite und den zügigen Abmarsch der gegnerischen Infanterie als Rückzug gedeutet und fühlten sich in ihrer Einschätzung der Lage noch mehr bestätigt.

Derweil hatte sich die preußische Kavallerie unter dem Befehl von Friedrich Wilhelm von Seydlitz hinter dem östlichen Ausläufer des Janus-Hügels zu zwei Treffen formiert. Gegen 15.30 Uhr eröffnete Seydlitz die Schlacht, die Friedrichs Königtum rettete, durch einen massiven Angriff seiner ersten Treffen auf die Vorhut der Verbündeten. Der Generalmajor stand in seinem 36. Lebensjahr und war mit seiner schlanken Gestalt ein Bilderbuchsoldat und außergewöhnlicher Reiter. Im niederrheinischen Kalkar als Sohn eines preußischen Kavallerieoffiziers geboren, hatte er an sämtlichen Feldzügen Friedrichs teilgenommen und besaß im Gefecht den berühmten Blick für den richtigen Moment. Der König schätzte den jungen Offizier, hatte ihm zunächst die Führung seines Eliteregiments *Garde du Corps* anvertraut und ihm für seinen außergewöhnlichen Einsatz bei Kolin den *Pour le mérit* verliehen.

Die Vorhut der Verbündeten aus deutschen Kavallerieregimentern war bisher etwa 2000 Meter vor der Hauptkolonne marschiert und hatte bereits Reichardtswerben rechts passiert, als sie durch den Angriff der preußischen Kavallerie völlig überrascht wurde. Der Gegner, darunter auch die beiden österreichischen Kürassierregimenter Pretlach und Trautmannsdorff, konnte sich zunächst im Nahkampf von Reiter zu Reiter behaupten. Soubise schickte zu ihrer Verstärkung weitere französische Kavallerie nach vorne, doch als Seydlitz auch die 18 Eskadronen seines zweiten Treffens auf beiden Seiten umfassend einsetzte, brach der Widerstand des Gegners zusammen. In wilder Flucht sprengten die Überlebenden zurück und rissen auch die bisher noch unbeteiligten Kavallerieregimenter mit. Inzwischen hatte Friedrich 18 Geschütze seiner schweren Artillerie auf dem Janus-Hügel in Stellung gebracht und ein verheerendes Feuer auf die nachfolgenden Kolonnen der gegnerischen Infanterie eröffnet. Gleichzeitig überschritt die preußische Infanterie, bataillonsweise gestaffelt, den Kamm des Hügels und bildete einen weiten Bogen um die Spitze der gegnerischen Infanterie. Die führenden französischen Regimenter Piemont und Mailly versuchten in Kolonne den preußischen Ring frontal zu durchbrechen, gerieten aber in flankierendes Feuer und fluteten aufgelöst zurück.[161] Währenddessen war es Seydlitz gelungen, seine siegreichen Eskadronen von der Verfolgung der gegnerischen Kavallerie zurückzurufen und erneut zu sammeln. Sodann führte er sie südlich um Reichardtswerben herum gegen die rechte Flanke des zum Stehen gekommenen Gegners. Für ein Kavallerieaufgebot des 18. Jahrhundert war dies eine außergewöhnliche Leistung, die Seydlitz' Führungsstärke ebenso wie die Disziplin seiner Reiter unterstrich. In weniger als einer Viertelstunde brach der Widerstand der Verbündeten auch hier zusammen. Noch ehe überhaupt Friedrich alle seine Bataillone hatte heranführen können, floh die Masse der gegnerischen Infanterie, von Seydlitz' Kavalleristen erbarmungslos niedergehauen. Niemand mochte noch auf die Ermahnungen der Offiziere hören, den Franzosen Pardon zu geben. Der Gegner ließ fast 70 Geschütze und einen Teil seiner Fahnen auf dem Schlachtfeld. Wegen der bald einbrechenden Dunkelheit konnten die siegreichen Preußen ihre Verfolgung nicht über das Schlachtfeld hinaus ausweiten. Auf der Höhe von Obschütz ließ Friedrich seine Truppen haltmachen.[162] Mehr als 5000 Gefangene, darunter acht Generale und 260 Offiziere, hatte seine Armee an diesem Nachmittag eingebracht. Während Franzosen und Soldaten der Reichsarmee in der Nacht aufgelöst zur Unstrut strömten und selbst auf dem anderen Ufer vorerst keine Ordnung hergestellt werden konnte, sammelten die preußischen Soldaten die weggeworfenen Gewehre des Gegners und nutzten in der bitterkalten Nacht die Schäfte als Feuerholz.

Die preußischen Verluste von nicht einmal 600 Soldaten, darunter 167 Tote, standen in keinem Verhältnis zur politischen Bedeutung der Schlacht. Frankreich war nicht nur gedemütigt, es war durch seine Niederlage nach beeindruckenden Anfangserfolgen zutiefst schockiert. Von Rossbach sollte sich die bis dahin erste europäische Großmacht nicht mehr erholen. In Versailles begann sich die alte propreußische Partei um Marschall Belle-Isle wieder zu rühren und selbst ein Protagonist der neuen Allianz mit Österreich wie Abbé Bernis zeigte sich erschüttert vom Ausmaß des militärischen Zusammenbruchs. Als neuer Außenminister warnte er den König, dass die Fortsetzung des Krieges bei dem desolaten Zustand der Armee Selbstmord sei.[163]

Noch am Abend schrieb Friedrich aus seinem Quartier im Schloss Burgwerben an der Saale an seine ältere Schwester, die Markgräfin Wilhelmine von Bayreuth, dass er nun in Frieden in die Grube fahren könne. »Wir können unglücklich sein, aber wir werden nicht entehrt sein.«[164] Noch ahnte er nicht, welche politischen Wellen sein Sieg auslösen würde. In Berlin, so notierte Karl Wilhelm Ramler, Publizist, Freimaurer und Philosophiedozent an der dortigen Kadettenanstalt, höre die Jugend gar nicht mehr auf, »Victoria zu schießen«, und Kaufleute boten in Massen seidene Bänder zur Verzierung von Hüten, Westen oder Degen an.[165] Nicht nur die Hauptstadt begeisterte sich plötzlich für den »Markgrafen von Brandenburg«, der sich gegen eine erdrückende Übermacht hatte behaupten können und selbst Frankreich die Stirn geboten hatte. Das protestantische Deutschland feierte ihn als neuen nordischen Helden und es war bald Mode, »Fritzisch« gesinnt zu sein.[166] Auch das rücksichtslose Verhalten des französischen Militärs in den besetzten norddeutschen Gebieten trug erheblich zu einem Gesinnungswandel bei. Dass Generale und Offiziere in den besetzten Städten und Gemeinden regelmäßig hohe Summen erpressten, die oft in ihre eigenen Taschen wanderten, führte zu einer Flut von Klagen nach Wien. So machten sich nicht nur die französischen Okkupanten rasch im Lande verhasst, auch das österreichische Kaiserhaus büßte die letzten bescheidenen Sympathien ein, die man in Norddeutschland noch gehegt hatte.[167]

Überraschend war jedoch, dass nun auch durch England eine Welle der Verehrung für Friedrich brandete, überall wurden Tavernen nach dem König von Preußen benannt, sein Bild zierte Schnupftabaksdosen, Bierkrüge und Kaffeetassen. Friedrichs Porträts fanden als Kupferstiche reißenden Absatz und sogar Feuerwerke im ganzen Land wurden zu seinen Ehren veranstaltet. Der Sieger von Rossbach war der Held der Stunde.[168]

Bedeutsamer für Preußen war jedoch, dass das britische Kabinett unter William Pitt und dem Herzog von Newcastle inzwischen entschlossen war, die für Großbritannien peinliche Konvention von Zeven

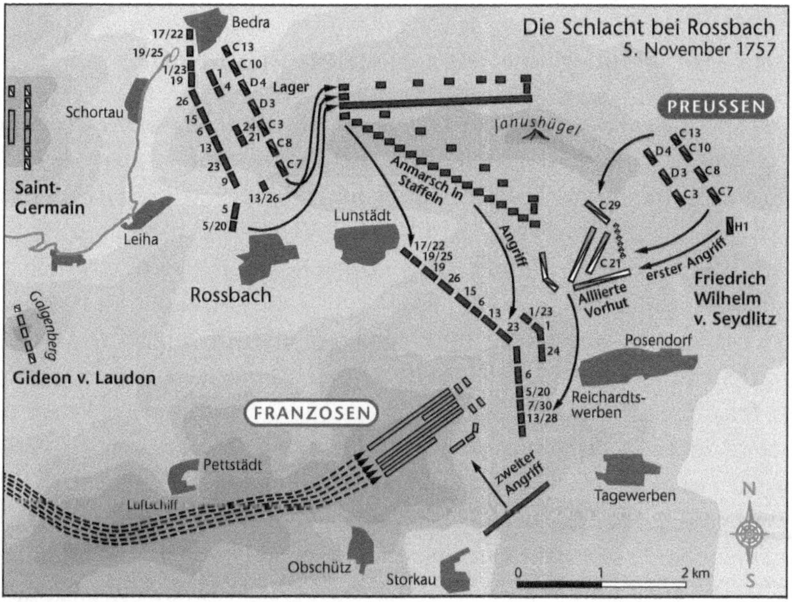

Schlacht bei Rossbach.

aufzukündigen. Cumberlands Armee aus hannoverischen, hessischen und braunschweigischen Truppen sollte nun einem preußischen General unterstellt und zukünftig durch britische Subsidien finanziert werden. In weniger als einer Stunde Kampf hatte sich Friedrichs verzweifelte Lage vollkommen gewendet. Frankreich war geschlagen und sein Verbleiben im Krieg zunächst zweifelhaft, Russlands Armee hatte sich nach Kurland zurückgezogen und die Schweden standen isoliert in Vorpommern. Ein vergleichbarer Schlachtenerfolg gegen Österreich konnte nun sogar den erhofften Frieden bringen. Am 12. November brach der König von Leipzig mit 18 Bataillonen Infanterie und 23 Eskadronen nach Osten auf und erreichte nur elf Tage später Naumburg am Queis, das Tor zur Provinz Schlesien.[169]

Leuthen – Der Geburtstag der preußischen Monarchie

Als Friedrich am 2. Dezember 1757 bei Parchwitz an der Katzbach, etwa 50 Kilometer nordwestlich von Breslau, die Reste der Armee des Herzogs von Braunschweig-Bevern aufnahm, schien es schon fast zu spät für eine militärische Wende in Schlesien. Von den 43 000 Mann, die er dem Herzog erst drei Monate zuvor unterstellt hatte, stieß aus Glogau gerade noch die Hälfte zu ihm.

Inzwischen war Schweidnitz durch einen Sturmangriff der Österreicher verloren gegangen. Noch bei seinem Abmarsch an die Saale hatte Friedrich gehofft, die Festung könne sich bis zu seiner Rückkehr halten. Alle Eile war freilich vergebens gewesen. Die Katastrophe hätte nicht verheerender sein können. 6000 Preußen waren beim Sturm auf Schweidnitz am 13. November in Gefangenschaft geraten. Der Gegner hatte in der Festung Unmengen an Kriegsmaterial sowie eine mit über 330 000 Talern prall gefüllte Kriegskasse erbeutet. Die Kette ungünstiger Nachrichten wollte noch nicht abreißen. Am 22. November hatte die wiedervereinigte österreichische Armee die allzu passive preußische Hauptarmee mit einem nochmaligen Verlust von 7000 Mann aus ihren Stellungen bei Breslau vertrieben. Kurz darauf war der Herzog von Braunschweig-Bevern, den Friedrich für das neuerliche Desaster verantwortlich machte, auf einem Erkundungsritt von Kroaten gefangen genommen worden. Nur zwei Tage später hatte am 24. November auch die schlesische Hauptstadt kapituliert. Die durch Desertion auf 600 Mann reduzierte Besatzung durfte immerhin nach Glogau abrücken.[170]

Damit schien der glänzende Erfolg von Rossbach mehr als neutralisiert. Aber Friedrich gab sich zuversichtlich. An seinen Bruder, Prinz Heinrich, schrieb er am 30. November: »Wenn das Glück mir hold ist, was sich in der Zeit von jetzt bis zum 6. Dezember entscheiden muss, so werde ich Breslau und Schweidnitz wieder erobern und völligen Wandel in diesem Lande hier schaffen. Wenn es dem Himmel gefällt, wird sich alles wenden, aber es wird viel Mühe kosten.«[171]

In Wien begingen die Kaiserin und ihr Hof derweil ein feierliches Tedeum, denn fast ganz Schlesien befand sich wieder in der Hand der Österreicher. Für Breslau und Schlesien ernannten die Österreicher sogleich einen neuen katholischen Verwaltungschef, dem aber ein reformierter Militärgouverneur zur Seite gestellt wurde. Die neuen Herren achteten peinlichst darauf, die Gefühle der schlesischen Protestanten nicht zu verletzen. Alle preußischen Beamten, die bleiben wollten, konnten den Treueid auf die Kaiserin leisten.[172] So schnell wie möglich versuchten die Österreicher, die Zustände von vor 1740 wiederherzustellen, als alle Bewohner Schlesiens, wie es der protestantische Kirchen- und Schuldirekter Burg in vollendetem Opportunismus erklärte, unter Habsburgs Zepter glücklich gewesen seien. Eine Rückkehr der Preußen schien angesichts der eindeutigen militärischen Kräfteverhältnisse völlig ausgeschlossen.

Prinz Karl und Leopold Daun befehligten eine Armee von immerhin 65 000 Mann, die sich anfangs in den alten preußischen Stellungen bei Breslau gut verschanzt hatte. Dagegen konnte Friedrich nur eine halb so starke Truppenmacht aufbieten. Doch aus dieser bescheidenen Armee von 35 000 Mann,[173] die kaum ein Drittel dessen ausmachte, was der König noch ein halbes Jahr zuvor für seinen Zug gegen Prag hatte aufbieten können, formte er in nur wenigen Tagen im Lager von Parchwitz ein höchst schlagkräftiges Instrument. Weder vor dem 5. Dezember noch danach sollte er jemals wieder eine derart außergewöhnliche Streitmacht ins Gefecht führen können. Kein Wort des Vorwurfs erhob Friedrich gegen die vor Breslau geschlagenen Truppen, stattdessen sorgte er für verdoppelte Verpflegung, beförderte sogar einige Generale, zeichnete vor allem seinen jüngeren Bruder, den Prinzen Ferdinand von Preußen, mit dem *Pour le mérit* aus und setzte mit Recht auf die ermutigende Wirkung der zahlreichen Schilderungen seines Rossbacher Sieges, die im Lager die Runde machten.

Legendär war auch die Ansprache des Königs an seine Generale und Stabsoffiziere am Morgen des 3. Dezember, die Prinz Ferdinand von Preußen im Zusammenhang überliefert hat.[174] Für ein klärendes Wort war es auch höchste Zeit, denn etliche hohe Offiziere glaubten seit Kolin nicht mehr an einen günstigen Ausgang des Krieges, und einer der höchsten Befehlshaber, Fürst Moritz von Anhalt-Dessau, hatte sogar schon seinen Abschied erbeten. Auch machte das Gerücht die Runde, dass der Herzog von Braunschweig-Bevern sich absichtlich von den Kroaten vor Breslau habe gefangen nehmen lassen. Als Friedrich nun in den Kreis seiner Regiments- und Bataillonskommandeure trat, erregte er großes Erstaunen. Viele hatten ihren König und Oberbefehlshaber seit Monaten nicht mehr gesehen und bemerkten seine sichtlich gealterte Erscheinung, ein Eindruck, der durch seinen zerschlissenen Waffenrock noch verstärkt wurde. Umso mehr beeindruckten Friedrichs Worte die Versammlung. Entgegen seiner Gewohnheit hielt der König seine Rede in Deutsch. Wie drei Monate zuvor bei Zittau wollte er jetzt wieder einen überlegenen Feind, dessen Stärke er mit nur 40 000 Mann erneut massiv unterschätzte, in einer gut ausgebauten Stellung angreifen. Der König machte kein Geheimnis daraus, dass er zum äußersten Risiko bereit war. Die Parole lautete: »Sieg oder Untergang!« Friedrich stellte es dabei jedem seiner Offiziere, der nicht mehr an seine Sache glaubte, frei, den Abschied zu nehmen. Offenbar hatte er damit den richtigen Ton getroffen. Das zunächst betroffene Schweigen der Versammlung beendete der Major Hans Christoph von Billerbeck mit seinem spontanen Ruf, dass jeder, der den König jetzt im Stich lasse, ein »infamer Hundsfott« sei. Das schien auch die Stimmung vieler Offiziere zum Ausdruck zu bringen.[175]

Bei Lichte betrachtet hatte der König auch jetzt nichts anderes zu bieten als seine Entschlossenheit, die er auf seine Leute übertragen wollte. Gemäß der von seinem Bruder überlieferten Zusammenfassung konnte Friedrich keinen einzigen Punkt anführen, der in der kommenden Schlacht für die preußische Armee sprach. Nicht einmal das Moment der Überraschung stand aufseiten der Preußen. Die Österreicher waren fast doppelt so stark, standen in einer günstigen Stellung und konnten seit Kolin auf eine beeindruckende Kette von Erfolgen zurückblicken.

Den Preußen schien nur noch ein Wunder helfen zu können, und das trat auch tatsächlich ein. Im österreichischen Hauptquartier im Schloss des Barons von Mudra in Lissa hatte sich am 2. Dezember nach offenbar langer und heftiger Debatte Prinz Karl mit der Ansicht durchgesetzt, die günstigen Stellungen vor Breslau zu verlassen und dem Gegner über die Weistritz, einem rechten Nebenlauf der Oder, entgegenzuziehen. Die Preußen sollten endgültig aus Schlesien vertrieben werden, ehe sie sich in ihrer gegenwärtigen Stellung allzu sehr befestigen konnten und dort eine ständige Gefahr für die österreichischen

Winterquartiere sein würden. Der vorsichtigere Daun schien dagegen zunächst die Ansicht vertreten zu haben, den immer noch gefährlichen Gegner hinter der Weistritz zu erwarten. Schließlich aber hatte er doch der auch vom Wiener Hof bevorzugten Meinung nachgegeben, dass der Feldzug mit einer erfolgreichen Aktion abgeschlossen werden müsse.[176]

Wirklich überzeugende Gründe für den Vormarsch der Österreicher werden jedoch an keiner Stelle genannt. In einem Brief vom 27. November hatte Karl seinem kaiserlichen Bruder in Wien voller Optimismus über die außergewöhnlich hohe Desertionsrate der Preußen in Breslau berichtet und möglicherweise setzte er darauf, dass auch das preußische Hauptheer von dieser Entwicklung betroffen sei. Eine Woche später aber warnte er plötzlich, dass Friedrich immer noch ein höchst gefährlicher Gegner sei und man in ernste Schwierigkeiten geraten werde, wenn er einen mit seiner gesamten Macht attackiere.[177]

Dieser »höchst gefährliche Gegner« fand dann auch die treffenden Worte, als ihm am 4. Dezember abends in seinem Neumarkter Quartier gemeldet wurde, dass die gesamte feindliche Armee die Weistritz überschritten habe. Der Fuchs habe seinen Bau verlassen, bemerkte Friedrich in allerbester Stimmung zu dem Prinzen Franz von Braunschweig, nun werde er seinen Übermut bestrafen.[178] Am selben Nachmittag hatten seine Husaren in Neumarkt eine große Feldbäckerei der Österreicher mit riesigen Vorräten an Brot und Mehl in ihre Hand gebracht und dabei auch noch 500 Kroaten gefangen genommen.[179] Für die Preußen mitten im Winter eine willkommene Beute und zugleich ein gutes Omen für die bevorstehende Schlacht.

Am nächsten Morgen brach die preußische Armee noch in der Dunkelheit ihr Lager ab und setzte sich gegen 8 Uhr in vier parallelen Kolonnen, die Infanterie in der Mitte, auf der Heerstraße von Liegnitz nach Breslau in Bewegung. 25 Eskadronen und sechs Bataillone Infanterie unter dem Kommando des Prinzen Moritz von Dessau bildeten die Vorhut. Das Wetter war zunächst neblig und eine leichte Schneedecke lag über den fast ebenen, gefrorenen Feldern. Etwa eine Stunde nach Beginn des Marsches kam es vor der kleinen Ortschaft Borne zu einem ersten Schlagabtausch mit der gegnerischen Kavallerie, wobei die preußische Vorhut drei sächsische Kavallerieregimenter zersprengte und 600 Gefangene machte. Friedrich ließ die Sachsen an den preußischen Kolonnen vorbei nach hinten führen, was die Stimmung ungemein anhob.

Von einem der Hügel südlich Groß-Heida, das etwa acht Kilometer westlich von Lissa lag, konnte sich Friedrich kurz vor Mittag eine erste Einsicht in die österreichischen Stellungen verschaffen. Inzwischen war der Nebel einem klaren Tag gewichen. Da der König das Gelände aus früheren Feldübungen kannte, überraschte es ihn nicht, dass die beiden gegnerischen Heerführer ihre Armee ausgerechnet hier in einer etwa acht Kilometer langen Front von Nippern im Norden bis Sagschütz im Süden in Stellung gebracht hatten. Das Zentrum der Österreicher bildete das leichte Höhengelände vorwärts der Ortschaften Frobelwitz und Leuthen, das durch zwei schwere Batterien in vorderster Linie verstärkt worden war. Friedrich hätte von seinem Übersichtspunkt aus jeden einzelnen Soldaten auf österreichischer Seite zählen können.[180] Spätestens jetzt dürfte ihm aber auch klar geworden sein, dass er es mit einer erheblich größeren Streitmacht zu tun hatte, als bisher angenommen. Anders als bei Kolin verfiel er aber nicht in stundenlanges Zögern. Friedrichs Plan für die Schlacht dürfte in groben Zügen schon seit dem Vorabend festgestanden haben. Jetzt ging es nur noch um letzte Anpassungen. Seiner Vorhut befahl er, ihren Marsch über Heida hinaus auf den nördlichen Flügel der Österreicher fortzusetzen und sich gegen Frobelwitz zum Angriff zu entfalten. Dahinter ließ er seine vier Kolonnen, deren Spitzen noch etwa 1500 Meter zurückhingen, zunächst aufschließen, als ob sie sich hinter der Vorhut zum Angriff entfalten sollten. Dann aber befahl er ihnen etwa gegen 11 Uhr, von der Breslauer Heerstraße scharf nach Süden zu schwenken. Dabei bildete die vordere Hälfte aller vier ursprünglichen Kolonnen eine neue Marschgruppe aus Infanterie und Kavallerie, die hintere Hälfte eine zweite.[181] Beide neuen Kolonnen bewegten sich nun parallel etwa vier Kilometer entlang der österreichischen Stellungen, bis sie hinter der Ortschaft Lobetinz wieder eine östliche Richtung einschlugen, um nach weiteren drei Kilometern durch eine geschlossene Linksschwenkung Front gegen Sagschütz zu machen. Die kleine Ortschaft auf einer sanften Anhöhe bildete den südlichen Pfeiler der österreichischen Gesamtstellung und wurde von drei württembergischen Bataillonen gehalten. Wie schon bei Prag und Kolin beabsichtigte Friedrich, mit seiner gesamten Truppenmacht nur einen einzigen Flügel der Österreicher anzugreifen, während ihr Zentrum und der zweite Flügel völlig unbehelligt blieben. Dabei setzte er darauf, dass der Gegner nicht schnell genug auf die neue Bedrohung reagierte.

Der König profitierte in dieser Eröffnungsphase von zwei Umständen. Schon beim Herannahen der preußischen Vorhut hatte ein verunsicherter Prinz Karl den wiederholten Hilferufen seines Generals Joseph Graf von Lucchese, der den Nordflügel der Österreicher bei Nippern befehligte, nachgegeben und ihm neun Bataillone sowie etliche Kavallerie aus seiner Hauptreserve zur Unterstützung geschickt. Friedrichs Finte, seine Vorhut über Groß-Heida hinaus weiter auf die österreichischen Stellungen marschieren zu lassen, hatte ihr Ziel nicht verfehlt. Der durchaus kriegserfahrene Karl beging einen Anfängerfehler, den Daun trotz heftiger Einsprüche nicht verhindern konnte und auf den Friedrich auch nicht unbedingt hatte zählen können.[182] Ein zweiter für die Preußen glücklicher Umstand ergab sich daraus, dass den beiden österreichischen Befehlshabern, die das Geschehen aus einer Windmühle auf einem Hügel hinter Frobelwitz, der Breslauer Berg genannt wurde, beobachteten, der Umgehungsmarsch in seinem ganzen Ausmaß entging. Daun glaubte beim Rechtsschwenk der Preußen eher an einen Abmarsch des Gegners wie wenige Monate zuvor bei Zittau.[183] Möglicherweise wollte Friedrich sie auch aus ihrer Stellung manövrieren. Auf die Idee, die Reserve vom Nordflügel wieder zurückzubeordern, kamen aber weder er noch Prinz Karl. Von dem plötzlichen Auftauchen des Gegners südlich von Sagschütz wurden beide Feldherren nur zwei Stunden später völlig überrascht.

Etwa gegen 13 Uhr hatten die Bataillone des preußischen Umfassungsflügels ihre Ausgangsstellung erreicht. Durch ein Linksschwenken auf der Stelle hatten sich die beiden Marschkolonnen auf einen Schlag zu zwei hintereinander stehenden Treffen entwickelt. Nach der Taktik der schiefen Schlachtordnung sollten die Bataillone des ersten Treffens, beginnend mit dem äußerst rechten, *en echelon* den Gegner angreifen. Das zweite Bataillon rückte vor, wenn das erste 50 Meter voraus war. Die übrigen Bataillone agierten analog, sodass eine schiefe Angriffslinie entstand. In gleicher Weise hatte sich auch das zweite Treffen formiert. Zietens Kavallerie deckte mit 23 Eskadronen den rechten

Flügel der Preußen zur Weistritz hin. Zehn 12-Pfünder-Geschütze, die zunächst auf dem Glanzberge in Stellung gegangen waren, sollten den ersten Ansturm mit ihren weitreichenden Geschossen unterstützen. Drei preußische Bataillone unter dem Kommando des Generals Karl Heinrich von Wedell bildeten die Angriffsspitze. Eile war geboten, denn es standen nur noch vier Stunden Tageslicht zur Verfügung. Friedrich wies Wedells Bataillone persönlich ein. Das Angriffsziel war ein mit Kiefern bestandener Hügel am südlichen Ortsrand von Sagschütz. Vor den Grenadieren aus der Niederlausitz und aus der Neumark lagen etwa 1000 Meter freies Feld. Einer von ihnen war der Freikorporal und Fahnenträger des Bataillons Meyerinck, der 20-jährige Friedrich Rudolph Freiherr von Barsewisch. Seine persönlichen Eindrücke bis zu seiner schweren Verwundung hat er in seinen Erinnerungen festgehalten:

»Der Feind stand ganz ruhig und störte uns in unserer militärischen Ordnung nicht eher, bis wir etwa 200 Schritte von ihm entfernt waren. Hierbei ist noch zu bemerken, dass seine Majestät uns während des Avancierens einige Male einen Adjutanten schickten, wir sollten nicht so stark, sondern ganz langsam avancieren. Unsere Soldaten hätten aber lieber den Feind in vollem Lauf sogleich angegriffen, dass daher der Oberstleutnant von Bock und die übrigen Kommandeure der Bataillone genug zu tun hatten, die Truppen von dem allzu starken avancieren zurückzuhalten, welches teils mit Güte und teils mit Gewalt geschehen musste. [...]

Da wir nun bis auf die Entfernung von 200 Schritten an die feindliche Verschanzung vorgerückt waren, so trafen wir dort einen kleinen Feldgraben mit Weiden an. Nun schrie unser Kommandeur: Canoniere, protzt ab und gebt Feuer. Indem nun unsere Canoniere am Werk waren an dem Graben, den sie ohnehin nicht so mit geraden Schritten und den Canons passieren konnten, dieselben abzufeuern, so fing der Feind an, mit sieben Canonenschüssen uns zu begrüßen, was unsere Canoniere sogleich erwiderten, dass wir also fast mit ihnen zugleich anfingen zu feuern. Ihre sieben Schüsse taten uns beträchtlichen Schaden, indem selbige alle auf diese Gräben gerichtet waren.

Der Verhau war mit Württembergischen Grenadiers besetzt, welche über ihre blanken Mützen weiße Überzüge hatten. Solche fingen mit ihren kleinen Gewehren mit den Canonen beinahe zugleich zu feuern an. Da aber entweder ihre Patronen zu schwach [waren], oder sie ihre Gewehre zu niedrig gerichtet hatten, kurz, wir hatten von ihrem ersten kleinen Ge-

wehrfeuer wenig Schaden. Wir erwiderten dieses Feuer, sobald wir über den Graben gesprungen, sogleich mit einer Salve vom kleinen Gewehr und blessierten dabei viele tapfere Württemberger. Unsere Artillerie hatte bei dem ersten Schuss sogleich zwei feindliche Canonen demoliert. Unsere beherzten Soldaten hatten nun keine Geduld mehr, sondern liefen mit der größten Bravour und gefälltem Gewehr auf den Feind zu, so dass wir bei der zweiten Salve bereits unter ihren Canonen waren.«[184]

Der Einbruch der Preußen in Sagschütz ließ auch die links und rechts benachbarten württembergischen Bataillone zurückgehen, obwohl sie nicht einmal in die Nähe der preußischen Bajonette geraten waren. Verzweifelt versuchte der Befehlshaber des südlichen Flügels, General Franz Nadasdy, eine zweite Verteidigungslinie westlich angelehnt an die Ortschaft Groß Gohlau aufzubauen. Zugleich führte er seine Kavallerie in die östliche Flanke der preußischen Angriffswelle. Dort aber stießen sie auf die fünf bereits vorgezogenen Infanteriebataillone des Prinzen Moritz von Anhalt-Dessau. Gegen deren massives Abwehrfeuer drangen Nadasdys Reiter nicht durch und mussten schließlich kehrtmachen, dabei wurden sie auf ihrem Rückzug von Zietens Husaren angefallen. Die preußischen Reiter machten 2000 Gefangene und schlugen den Rest in die volle Flucht auf Lissa.

Derweil setzten nach kurzem Ordnen ihrer Reihen von Wedells Infanteriebataillone zum Sturm auf die zweite Verteidigungslinie der Österreicher hinter Sagschütz an. Günstig wirkte sich jetzt auch das Feuer sämtlicher schwerer preußischen Geschütze in die dichte und ungeordnete Masse der Österreicher aus.

Endlich hatten Prinz Karl und Graf Daun die Gefahr für ihren südlichen Flügel erkannt und auf die immer dringlicheren Hilferufe Nadasdys mit Verstärkungen reagiert. Vom österreichischen Zentrum und schließlich auch vom nördlichen Flügel wurden stetig mehr Bataillone nach Süden dirigiert. Etwa gegen 15.30 Uhr hatte die österreichische Gesamtstellung sich von ihrer ursprünglichen Nord-Süd-Ausrichtung um ein Viertel in eine von Westen nach Osten verlaufende Position gedreht. Das Zentrum der Österreicher bildete die Ortschaft Leuthen, die sich in einer Länge von anderthalb Kilometern ebenfalls von Westen nach Osten ausdehnte. Etwa gegen 16 Uhr erfolgte der preußische Hauptangriff, der aber nur bis zum Ortsrand von Leuthen vordrang.

Insbesondere der stark ummauerte Kirchhof des Ortes wurde von einem Würzburgischen Bataillon hartnäckig verteidigt und konnte erst genommen werden, nachdem die Bataillongeschütze eine Bresche in den südlichen Mauerring geschossen hatte. Zeitgleich drang auch das III. Bataillon der Garde durch ein aufgebrochenes Nebentor in die Ummauerung ein. Von den Würzburgern entkamen nur vier Offiziere und 33 Mann.[185]

Die Österreicher und die Reste der Süddeutschen sammelten sich noch einmal nördlich der Ortschaft und bildeten zusammen mit den nun von Norden eintreffenden Verstärkungen eine dichte Masse, die dem Ansturm der mittlerweile erschöpften preußischen Bataillone immer noch mehr als gewachsen schien. Selbst zu diesem späten Zeitpunkt hätte die Schlacht eine Wende zugunsten der Österreicher nehmen können, wenn der überraschende Angriff von 70 Eskadronen der österreichischen Kavallerie unter den Generalen Lucchese und Serbelloni in die westliche Flanke der preußischen Infanteriemasse nicht abgefangen worden wäre.

In der Eile hatte es Lucchese versäumt, die übliche Gefechtsaufklärung zu betreiben, und so war ihm entgangen, dass die Preußen noch über eine einsatzbereite Kavalleriereserve von 40 Schwadronen verfügten.[186] Unter dem Kommando des Generalleutnants Georg Wilhelm von Driesen hatte sich dieser Teil der preußischen Reiterei, darunter die berühmten Ansbach-Dragoner, in einer Bodensenke westlich der Ortschaft Lobetinz bereitgehalten. Driesen erkannte sogleich die ungeheure Bedrohung des österreichischen Angriffs und führte seine Kavallerie aus eigenem Entschluss in die Flanke der überraschten Österreicher. Luccheses Reiter hielten den Angreifern noch eine Weile stand, als aber auch die preußischen Kürassiere ins Geschehen eingriffen, löste sich alle Ordnung auf. Ganze österreichische Regimenter ergriffen jetzt die Flucht und sprengten dabei mitten durch die eigene Infanterie, rissen etliche Bataillone mit und sorgten dafür, dass sich der linke Flügel der Österreicher in ein Chaos dicht gedrängter und ungeordneter Massen verwandelte. In der nun einbrechenden Dunkelheit schwoll der Strom der Flüchtigen immer weiter an und riss schließlich auch diejenigen mit, die bis dahin noch ihre Stellungen gehalten hatten. Jetzt erst war die Niederlage der Österreicher vollkommen. 46 Fahnen und 131 Ge-

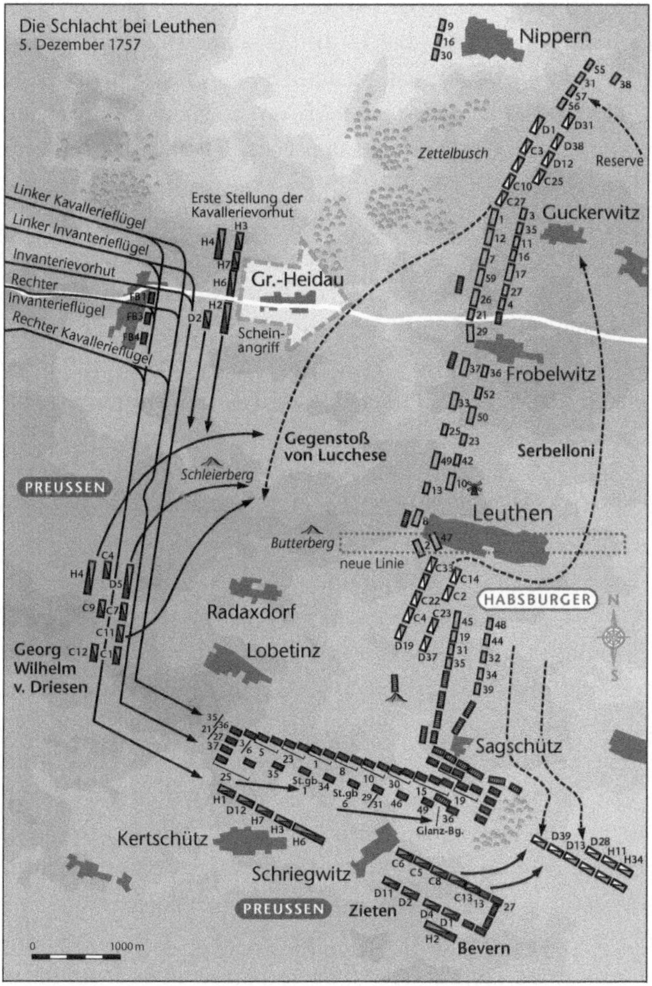

Schlacht bei Leuthen.

schütze blieben auf dem Schlachtfeld zurück. Graf von Lucchese und drei weitere Generale waren tot, 3000 Österreicher waren gefallen, weitere 6000 bis 7000 Mann fielen verwundet dem Sieger in die Hände. Doch es gelang Daun und Karl noch, die Masse ihrer Regimenter über mehrere am Vortag gelegte Kriegsbrücken hinter die Weistritz zu bringen. Als Friedrich im mit der Dunkelheit einsetzenden Schneetreiben persönlich noch einige Kavallerie- und Grenadierbataillone zusammenbrachte, um damit den geschlagenen Österreichern bis nach Lissa zu folgen, zeigte sich, dass die Ortschaft nur noch von schwachen Nachhuten besetzt war. Was sich von den Österreichern noch diesseits der Weistritz aufhielt, geriet in Gefangenschaft. Bis in die Nacht hinein ergaben sich weitere 12000 Gegner den Preußen. Damit war insgesamt ein Drittel der österreichischen Armee an einem einzigen Tag verloren gegangen. Der kaum für möglich gehaltene Erfolg machte Friedrich mit einem Schlag zum größten Feldherrn seiner Zeit. Tatsächlich hatte er sich durch die Motivation seiner Armee und durch die taktische Anlage der Schlacht als Vater des Sieges erwiesen. Die Militärgeschichte des 18. Jahrhunderts kennt keinen bedeutenderen und spektakuläreren Sieg als den von Leuthen. Doch der preußische Erfolg war teuer bezahlt. Aufseiten der Sieger waren beinahe 1200 Tote, darunter 59 Offiziere, und 5200 Verwundete zu verzeichnen, was mehr als ein Sechstel der Armee ausmachte. Die beiden Bataillone des Regiments von Meyerinck, das den gesamten Nachmittag die Speerspitze des preußischen Angriffs gebildet hatte, verloren mit 100 Toten und 300 Verletzten sogar ein Drittel ihrer Truppenstärke.[187] Zu ihren Verletzten zählte auch der Fahnenjunker von Barsewisch, der beim Ansturm auf die zweite österreichische Linie hinter Sagschütz von einem Schuss in den Hals niedergestreckt worden war und erst nach einer Stunde durch einen Tambour, der ihn angestoßen hatte, aus seiner Bewusstlosigkeit wieder zu sich kam. Das Geschoss hatte Halsschlagader und Luftröhre nur knapp verfehlt, sodass Barsewisch, zu einem Feldscher gebracht, den Tag von Leuthen überlebte und später noch zum Generalquartiermeister aufsteigen konnte. Tausende von anderen Verwundeten beider Seiten mussten die Nacht auf dem Felde verbringen und boten am nächsten Morgen, ganz von Schnee bedeckt als kleine weiße Hügel den Überlebenden ein bizarres Bild.[188]

Friedrich überschritt am nächsten Tag in aller Frühe die Weistritz an vier Übergangsstellen und rückte auf Breslau vor. Noch ohne einen genauen Überblick über die Verluste des Gegners rechnete er damit, dass die Österreicher noch einmal in Braunschweig-Beverns alten Stellungen an der Lohe Front machen würden. Doch Karl und Daun hatten schon in der Nacht die Hoffnung auf einen letzten Widerstand vor den Toren Breslaus aufgegeben und den Entschluss gefasst, mit der Masse ihrer Armee nach Böhmen zurückzugehen. In Breslau selbst verblieb nur die ursprüngliche Besatzung von 3500 Mann unter Feldmarschall Baron von Sprecher sowie die doppelte Anzahl an Versprengten aller Waffen. Außerdem befanden sich noch 6000 Verwundete und Kranke in der Stadt, die zwar ausreichend versorgt, deren Besatzung aber unter einem ratlosen Führer nur noch geringen Widerstandswillen aufwies. Breslau kapitulierte schließlich am 20. Dezember 1757, nachdem ein Volltreffer in ein Pulvermagazin einen Teil der Befestigung zerstört hatte. 17 000 Österreicher, darunter neun Generale, mussten die Waffen strecken, was die Zahl der gefangenen Österreicher auf insgesamt 40 000 Mann erhöhte. Am selben Tag überquerten auch die Reste der österreichischen Armee die Grenze nach Böhmen, um dort Winterquartiere zu beziehen. Von den 90 000 Mann, die im September den Marsch nach Schlesien angetreten hatten, waren der Kaiserin gerade einmal 25 000 Mann verblieben. Einzig die Festung Schweidnitz befand sich zum Jahreswechsel noch in österreichischer Hand, nachdem die 3700 Mann zählende Besatzung von Liegnitz am 28. Dezember gegen freien Abzug die Festung und die darin befindliche Artillerie an die Preußen übergeben hatte.[189]

3. Die Anfangserfolge verpuffen – Preußen und Frankreich geraten unter Druck

Preußischer Rückschlag vor Olmütz

Rossbach und Leuthen waren die tatsächliche Geburtsstunde der preußischen Monarchie. Kaum ein Beobachter des Krieges hätte es für möglich gehalten, dass dieses erhungerte und zusammengeklaubte »Königreich der Grenzen« gleich zwei Großmächten in so glänzender Weise widerstehen könnte. Nun fand sich das offizielle Frankreich zutiefst gedemütigt, während der Kaiserin Schlesien ein zweites Mal entrissen worden war. Ganz Europa staunte über diese abermalige Wende des Kriegsglücks und auf den Straßen von Paris feierte das Volk den Potsdamer Kriegerkönig als siegreichen Helden im Kampf gegen eine Welt von Feinden.[1] Doch Friedrichs Hoffnungen auf ein Einlenken der gegnerischen Koalition zerschlugen sich nur zu bald. Frankreich und Österreich zeigten seinen diplomatischen Sondierungen die kalte Schulter. Dabei hatte der durch Rossbach und Leuthen sichtlich irritierte Außenminister Bernis anfangs durchaus einen Frieden mit Preußen in Betracht gezogen. Gegenüber seinem Gesandten in Wien, dem Grafen Stephane François von Stainville, dem späteren Herzog von Choiseul, beklagte er sich über die Österreicher und fragte, was denn die Kaiserin von dem neuen Jahr mehr zu erhoffen habe als vom vorigen.[2]

Einmal mehr war Kaunitz die Seele des Widerstandes, der jetzt nicht nur die erstmals schwankende Kaiserin stützen musste. In der rachedurstigen, alternden Marquise von Pompadour fand er jedoch eine entschlossene Verbündete. »Lassen Sie uns alle erdenklichen Mittel ergreifen, um diesen Attila des Nordens zu Staub zu zermahlen«, schrieb sie am 17. Dezember 1757 an Botschafter Starhemberg. »Dann werde ich so glücklich sein, wie ich jetzt unglücklich bin.«[3]

Tatsächlich sprachen die Fakten für einen neuen Anlauf der Koalition. Die österreichische Armee, noch im Dezember auf lediglich 17 000 Mann zusammengeschmolzen, hatte sich erstaunlich schnell von ihrer Niederlage erholt. Schon im März konnte Feldmarschall Daun, den die Kaiserin im selben Monat zum alleinigen Oberbefehlshaber ihrer Armee ernannt hatte, wieder 63 000 Mann unter dem Doppeladler versammeln.[4] Die Franzosen standen immer noch mit 80 000 Mann in Norddeutschland und hatten den Österreichern im Februar weitere 24 000 Mann für einen Einsatz in Böhmen zugesichert. Der Krieg gegen den »Attila des Nordens« schien erst jetzt richtig zu beginnen und er tat dies an unerwarteter Stelle.

Kaum hatten Friedrichs abgekämpfte Truppen ihre Winterquartiere in Schlesien und der Lausitz bezogen, wurde die russische Armee mit Anbruch des neuen Jahres überraschend aktiv. Um die angeschlagene Allianz mit einem raschen Erfolg zu stabilisieren, hatte Zarin Elisabeth Petrowna dem neuen russischen Oberbefehlshaber Graf Wilhelm von Fermor befohlen, die ursprünglich erst für das Frühjahr geplante Besetzung Ostpreußens bereits im Januar in Angriff zu nehmen. Zu Friedrichs großem Verdruss fand der aus dem Baltikum stammende General kaum Widerstand, als er am 10. Januar 1758 mit 34 000 Mann die Memel überquerte. Die zwei Bataillone der Königsberger Besatzung und einige Hundert Husaren zogen sich rasch nach Pommern zurück,[5] während Behörden und Bevölkerung der Provinz von Anfang an auf ein gutes Einvernehmen mit den Russen setzten. Fermors Einmarsch in Königsberg am 22. Januar, begleitet von Musikkapellen und unter ganztägigem Glockengeläut, glich dann auch eher einer Befreiung als einer Besetzung. Nie wurde ein Königreich leichter erobert als jetzt Preußen, schrieb Archenholz, und wohl noch nie hätten sich barbarische Krieger im Taumel ihres Glücks mit mehr Mäßigung betragen.[6] Milde Bedingungen sorgten dafür, dass das gute Verhältnis zwischen Russen und Ostpreußen im Großen und Ganzen bis zum Ende des Krieges Bestand hatte. Tatsächlich verlangte General Fermor vorerst nur eine Kontribution in Höhe der ohnehin jährlich anfallenden Steuerlast und seine Offiziere waren peinlich darauf bedacht, alle Stimmen, die Russland bisher als Land voller Barbaren verachtet hatten, Lügen zu strafen.[7] Friedrich allerdings schien die angeblichen russischen Methoden zu schätzen. Als er die Sachsen zu Beginn des Jahres zwang, die geforderten jährlichen Kontributionen in Höhe von vier Mio. Talern schon bis April zu bezahlen, empfahl er zugleich dem Feldmarschall Keith, seiner Forderung durch etwas »russische Politesse« Nachdruck zu verschaffen und notfalls die ein oder andere Ortschaft niederzubrennen.[8]

Obwohl Friedrich über den vollständigen Verlust Ostpreußens durchaus bestürzt war, entschied er sich, gegen die zunächst an der Weichsel haltmachenden Russen nur ein Korps von 22 000 Mann unter dem Befehl des Grafen Christoph von Dohna zu belassen. Auf diese Weise Pommern gegen Schweden und Russen gleichzeitig zu halten, war eine auf Dauer kaum lösbare Aufgabe. Der König rechnete allerdings auch damit, dass Fermor seine Hauptstreitmacht eher nach Schlesien führen würde, um sich mit Daun an der Oder zu vereinigen.

Seine Hauptarmee wollte Friedrich daher noch einmal gegen Österreich führen, das er zu Recht als das Herz der feindlichen Koalition ansah. Der preußische Stoß sollte dieses Mal allerdings nicht nach Böhmen, sondern nach Mähren führen. Das Ziel des Königs war Olmütz an der March, das nur vier Tagesmärsche von Wien entfernt war. Durch die Belagerung der mährischen Hauptstadt wäre Daun zu einem Entsatz gezwungen, den Friedrich, anders als bei Kolin, in einer gut ausgewählten Stellung erwarten wollte. Erst einmal im sicheren Besitz von Olmütz, das jedoch seit 1742, dem Jahr seines letzten Feldzuges in Mähren, zu einer starken Festung ausgebaut worden war, konnte der König die Donau und Wien bedrohen. Die Kaiserin müsste fast alle ihre Truppen zum Schutz ihrer Hauptstadt aufbieten, sodass eine Vereinigung von Österreichern und Russen an der Oder vorerst unmöglich wäre. Zudem hatte Friedrich seinem Bruder, dem 32-jährigen Prinzen Heinrich, befohlen, mit seinem in Sachsen stehenden Korps von 20 000 Mann nach dem Fall von Olmütz sofort auf Prag zu marschieren, die Stadt einzunehmen und weite Teile Böhmens als Faustpfand zu besetzen. Mit ernsthaftem Widerstand bräuchte er dabei nicht mehr zu rechnen. Unter diesen Schlägen, so kalkulierte der König, mussten Maria Theresia und ihr Kanzler Kaunitz endlich in einen Frieden einwilligen, der Preußen sogar noch zusätzlichen Gewinn einbringen könnte.

Friedrich war in diesen Tagen voller Optimismus und sogar zu Scherzen aufgelegt, wie sein Schweizer Vorleser, Henri de Catt, überliefert.[9] Der Fall der Festung Schweidnitz am 16. April 1758 erschien dem König ein gutes Omen für den kommenden Feldzug. Auch aus dem Westen waren inzwischen erfreuliche Nachrichten eingetroffen. Ferdinand von Braunschweig hatte die in ihn gesetzten Erwartungen des Königs voll erfüllt und die französische Armee in ihren Winterlagern überrascht. Schon Ende März befand sich kein Franzose mehr auf dem rechten Rheinufer. Die Konvention von Zeeven war damit endgültig Makulatur und Großbritannien war nun auch bereit, sich mit Geld und Truppen am kontinentalen Krieg zu beteiligen. Am 11. April 1758 war in London der Subsidienvertrag, der Preußen jährlich 670000 britische Pfund in Aussicht stellte, unterzeichnet worden. Großbritannien versprach überdies, eine Armee von 50000 Mann in Nordwestdeutschland zu unterhalten und keine separaten Friedensverhandlungen mit Frankreich zu führen.[10] Für seinen eigenen Feldzug in Mähren veranschlagte Friedrich nur zwei Monate, danach, so hoffte er, könne er sich den Russen an der Oder stellen.

Unbemerkt von den Österreichern hatte der König bis Ende des Monats eine Armee von 55000 Mann in der Gegend von Neisse versammelt. 20000 Mann beließ er unter General von Zieten zum Schutz von Niederschlesien. Am 28. April begann Friedrich mit dem schwierigen Marsch über das noch verschneite oberschlesische Grenzgebirge. Drei Tage später zogen die Preußen in das unverteidigte Troppau ein und erreichten bereits am 4. Mai die March nördlich von Olmütz. Damit schien Daun ausmanövriert. Nur zwei Wochen später traf auch der preußische Artillerietrain mit 48 schweren Geschützen und 40 Mörsern ein, sodass mit der Belagerung der Festung am 31. Mai begonnen werden konnte. In Wien wuchs mit jedem Tag die Unruhe und am Hof fragte man sich in wachsender Verzweiflung, was Daun machte?[11]

Alles schien nach Friedrichs Wünschen zu verlaufen. Nur zu bald stellte sich allerdings heraus, dass der König die Schwierigkeiten des Unternehmens arg unterschätzt hatte. Von Beginn an entwickelte sich die Belagerung nicht wie gewünscht. Die Verteidiger von Olmütz hatten das Vorgelände geflutet und die preußischen Geschützstellungen waren nicht nahe genug an die Wälle herangeführt worden. Schließlich erwies sich die preußische Armee auch nicht als stark genug, die Festung völlig einzuschließen. Die Österreicher konnten somit laufend die

Besatzung verstärken. Von der Kaiserin mehrfach gedrängt, war Daun inzwischen mit seiner Armee nach Mähren aufgebrochen und hatte seine Streifkorps vorausgeschickt, um die Preußen im Umland zu stören und Friedrichs Verbindungen nach Troppau zu unterbrechen. Vor Olmütz zeigte der preußische Artilleriebeschuss inzwischen gute Wirkung, aber den Belagerern ging allmählich die Munition aus. Ende Juni standen jedem Mörser pro Tag nur noch acht Bomben zur Verfügung.[12] Mit Ungeduld erwartete man daher im preußischen Lager einen großen Nachschubkonvoi aus Schlesien, der auf 3000 Wagen alles Nötige heranbringen sollte. Zur selben Zeit hatte Daun mit der österreichischen Hauptarmee die waldreichen Höhen, die Böhmen von Mähren trennten, durchquert und schien zunächst von Süden her bei Prosnitz Front gegen die Preußen machen zu wollen. Dann aber schwenkte er plötzlich am 1. Juli nach Osten, überschritt an drei Stellen die March und stellte die Verbindung mit der Besatzung von Olmütz her. Für Friedrich ein harter Schlag. Doch es kam noch schlimmer. Gegen Mittag desselben Tages erreichte den König die Hiobsbotschaft, dass der große Nachschubkonvoi tags zuvor bei Domstadtl, etwa auf halbem Wege zwischen Olmütz und Troppau, von österreichischer Kavallerie unter den Generalen Laudon und Siskowitsch überraschend angegriffen und fast völlig aufgerieben worden war. Kaum 100 Wagen erreichten die Hauptarmee. Friedrich entschied sich sofort, die Belagerung von Olmütz aufzuheben und sich nach Schlesien zurückzuziehen. Dazu wählte er aber nicht den direkten Weg über Troppau, sondern marschierte, um den schon auf ihn lauernden Daun zu täuschen, mit seiner Armee in entgegengesetzter Richtung über Zwittau und Königgrätz zur schlesischen Grenze. Als er am 4. August 1758 bei Nachod Böhmen ohne weitere Verluste hinter sich ließ, hatte er zwar eine viel bewunderte operative Meisterleistung vollbracht, aber es sollte auch das letzte Mal in diesem Krieg sein, dass er eine Offensive auf gegnerisches Territorium unternommen hatte. Auf der Gegenseite konnte Daun den ohne Schlacht erzwungenen Rückzug der Preußen als großen Erfolg verbuchen, der sein nach Leuthen angeschlagenes Renommee noch einmal herstellte. Seine »Manöverstrategie« hatte sich in diesem Fall glänzend bewährt.

Ein erstes Mal gegen die gefürchteten Russen – Zorndorf

Noch während Friedrich mit seiner Armee bei Königgrätz verharrte und hoffte, Daun unter vorteilhaften Bedingungen in eine Schlacht verwickeln zu können, verdichteten sich die alarmierenden Nachrichten aus Polen. General Fermor hatte Ende Juni Posen verlassen und näherte sich mit seiner Armee von etwa 50000 Mann der Oder entlang der Warthe. Zwar waren dem Feldmarschall Graf Dohna bereits etliche Verstärkungen zugegangen, doch der jetzt zu befürchtende Durchbruch der Russen in die Lausitz ließ sich damit kaum aufhalten. Nach einer letzten Rekognoszierung der gut ausgebauten österreichischen Positionen an der Elbe rang sich Friedrich am 23. Juli 1758 zu dem Entschluss durch, Böhmen und dem Grafen Daun vorerst den Rücken zu kehren und es persönlich mit der Armee der Zarin aufzunehmen.[13] Am 9. August traf der König, von den Österreichern nicht weiter behelligt, im niederschlesischen Landshut ein und brach von dort nur einen Tag später mit 14 Bataillonen und 38 Eskadronen, insgesamt 11000 Mann, weiter nach Norden auf.[14]

Es war diesmal kein Abmarsch zu einem höflichen »Kompliment«, das er noch im vergangenen Herbst den Franzosen hatte geben wollen. Zutiefst von französischer Literatur und Kultur geprägt hatte Friedrich den Bourbonenstaat, dessen Herrscher er gelegentlich gerne verspottete, nie als einen wirklichen Feind betrachtet. Gegenüber Russland waren seine Gefühle jedoch ambivalent. Er fürchtete das Riesenreich, verachtete aber seine Bewohner und seinen Adel. Wie viele seiner europäischen Standesgenossen zählte der König zu den Bewunderern Zar Peters des Großen. In der Geschichte seiner Zeit pries Friedrich ihn als rastloses Genie, der es verstanden habe, aus einem fast unbekannten barbarischen Volk Menschen, Soldaten und Minister heranzubilden.[15] Gerade deshalb empfand er Russland mit seinen Menschenmassen, seinen endlosen Weiten und seinem ungebremsten Expansionsdrang als zutiefst unheimlich. Der Aufstieg St. Petersburgs zur beherrschenden Macht in Nordosteuropa war noch rasanter verlaufen als der Weg Preußens zur norddeutschen Vormacht. Seit Peters spektakulärem Sieg über Schweden im Großen Nordischen Krieg war das Land mit seiner – zumindest auf dem Papier – gewaltigen Armee zur ständigen Bedrohung für seine Nachbarn herangewachsen. Mit seiner Flotte beherrschte das Zarenreich inzwischen die gesamte Ostsee bis zum Kattegat und Peters Nachfolger ließen keinen Zweifel daran, dass sie in allen Angelegenheiten Europas das entscheidende Wort beanspruchten.

Trotz der Warnungen, die ihm Feldmarschall Keith bei seinem Abmarsch aus Schlesien mit auf den Weg gegeben hatte, neigte Friedrich dazu, die Armee der Zarin zu unterschätzen. Es war kein Geheimnis, dass die russischen Offiziere längst nicht die Qualität seiner eigenen Kader erreichten. Pflichtgefühl und ein professionelles Ethos waren eher die Ausnahme in einem Offizierkorps, dessen adlige Angehörige in der Armee meist nur den bequemsten Ausweg sahen, ihren seit Zar Peter verpflichtenden Staatsdienst zu erledigen. Skrupellose Charaktere verkannten auch nicht die lukrativen Möglichkeiten der Bereicherung durch Plünderung, Erpressung von Kontributionen und Bestechung. Gewalt und Terror war nach wie vor die dominierende Führungspraxis im russischen Heer, wo die Offiziere ihre traditionelle Rolle als Gutsherr gegenüber ihren zum Dienst gepressten Leibeigenen einfach beibehalten konnten. Persönlichkeiten mit Verständnis für die wachsende Komplexität operativer und logistischer Fragen im Heerwesen bildeten die Ausnahme und wurden, da sie oft aus dem Ausland stammten, von den meisten Altrussen mit Argwohn betrachtet. Immer noch gab es etliche Offiziere, die weder Befehle noch eine Karte lesen konnten. Im besetzten Königsberg wunderten sich die Stadtoberen, dass russische Regimentskommandeure ihre Anordnungen durch ihre Adjutanten unterzeichnen lassen mussten. Selbst ein General wie Alexander Borissowitsch Buturlin, der letzte Oberbefehlshaber der russischen Armee im Siebenjährigen Krieg, soll nicht einmal fähig gewesen sein, zu erkennen, dass ihm eine Karte – angeblich absichtlich – auf dem Kopf stehend vorgelegt worden war.[16]

Die russische Generalität mochte auch im Felde nicht auf den gewohnten Luxus verzichten. Repräsentation gehörte selbst im Krieg zur Pflicht, doch wenn ein Oberbefehlshaber wie Apraxin sich während seines kurzen Aufenthalts in Ostpreußen 120 Diener in Livree und 250 Pferde hielt, erregte dies schon Aufsehen. Gleichwohl zahlte der Hof in St. Petersburg anstandslos alle Kosten. General Fermor wiederum verblüffte die Ostpreußen im Januar 1758, als er ein prächtiges weißes türkisches Zelt, etliche Kamele und 2000 Kosaken und Kalmyken als Leibgarde mit sich führte.[17] Während derartige Extravaganzen auf Feldzügen offenbar problemlos bewältigt wurden, kämpften die russischen Militärbehörden mit gewaltigen Transportproblemen. Nicht selten verstarb fast ein Viertel der zum Dienst gepressten Rekruten auf dem Marsch von ihren Heimatgouvernements in die Standorte ihrer Regimenter.[18]

Erst kurz vor Ausbruch des Siebenjährigen Krieges hatte der Günstling der alternden Zarin, Pjotr Iwanowitsch Schuwalow, eine Reihe ambitionierter Reformen in der Offizierausbildung, im Geschützwesen und in der Finanzierung der Streitkräfte in Angriff genommen. Ein Oberstes Militärdepartment sollte auch endlich dafür sorgen, dass nun die zukünftigen Offiziere in Lehrgängen sämtliche Techniken der Kriegführung erlernten. Zum Lehrplan gehörten etwa Verfahren der Befehlsgebung, die Planung von Märschen, die Beurteilung logistischer Fragen oder die Anlage von Feldlagern.[19]

Auch die russische Infanterie war bei Weitem nicht so gut gedrillt wie ihre preußischen Gegner. Ihre Standfestigkeit aber übertraf alle westlichen Vorstellungen. Selbst das mörderischste Feuer würde sie nicht zum Weichen bringen, hatte Feldmarschall Keith, der wenige Jahre zuvor selbst noch General in der russischen Armee gewesen war, seinen Monarchen gewarnt.[20] Trotz der tatkräftigen Bemühungen Schuwalows hatten sich in der Armee aber immer noch nicht die neuen regimentsübergreifenden Instruktionen durchgesetzt.

Bei Kriegsbeginn konnte das Zarenreich drei Garde- und 41 Infanterieregimenter aufbieten, von denen aber nur 32 ihre volle Kriegsstärke von 2200 Mann besaßen. Zusätzlich zu seinen drei Linienbataillonen zählten zu jedem Regiment zwei Grenadierkompanien mit jeweils 200 Mann. Zwei leichte Geschütze und vier Mörser bildeten seine direkte artilleristische Unterstützung. Die Kavallerie galt wegen des ständigen Mangels an brauchbaren Reittieren als die Schwachstelle des russischen Heeres. Sie zählte 34 reguläre Regimenter zu je 1200 Reitern und war unterteilt in Garde, Kürassiere und Dragoner. Zusätzlich konnte die Armee mehr als 40000 Kosaken und Kalmyken mobilisieren.

Einschließlich dieser irregulären Truppen zählte das russische Heer 1756 insgesamt 331000 Mann, davon gehörten aber nur 172000 Mann zu den regulären Streitkräften, weitere 75000 dienten als Festungs- oder Garnisonbesatzungen. Das Artillerie- und Pionierkorps umfasste 13000 Mann. Von dieser Masse konnte das Oberste Militärdepartment allerdings kaum 70000 Soldaten für einen Feldzug im Westen mobilisieren, da die Armee auch zur Aufrechterhaltung der inneren Ordnung gebraucht wurde. An schwerer Artillerie standen bei Kriegsbeginn insgesamt 233 Geschütze zur Verfügung.[21]

Friedrich hatte sich immer ein Bündnis mit den Russen gewünscht und die unverhohlene Feindschaft, die St. Petersburg unter Graf Alexej Petrowitsch Bestuchew gegen Preußen an den Tag legte, mehr als eine persönliche Angelegenheit verstanden. Noch in seinem Politischen Testament von 1752 hatte er die Überzeugung vertreten, dass Russland nicht zu den wirklichen Feinden Preußens zähle, da es zwischen beiden Mächten keine Streitfragen gebe.[22] Inzwischen war aber der Preußenhasser Bestuchew längst Geschichte. Aparaxins überraschender Rückzug aus Ostpreußen im Vorjahr sowie etliche Hofintrigen hatten den Großkanzler die Gunst der Kaiserin gekostet und zu seinem Sturz am 25. Februar 1758 geführt.[23] Friedrichs Kalkül, mit einem entscheidenden Sieg über Fermors Armee die Russen mit einem Schlag aus dem Krieg zu bringen, erschien aus seiner Sicht keineswegs abwegig. Dem Grafen Dohna schrieb er am 12. August, es sei höchste Zeit, den Russen eine gehörige Abreibung zu verpassen. Er solle allen Offizieren mitteilen, dass nach Überschreiten der Oder die Parole »Sieg oder Tod« heiße. Wer aber nicht so denke, solle sich gleich zum Teufel scheren.[24]

Noch auf dem Marsch erfuhr er, dass Fermor seine Armee geteilt hatte. Ein Korps unter General Pjotr Alexandrowitsch Rumjantschew hatte der Deutsch-Balte weit nach Norden an die Oder bei Schwedt geschickt, wo es mit den Schweden in Vorpommern Verbindung aufnehmen sollte. Ein weiteres Korps von etwa 9000 Mann war unter dem Befehl von General Yurii Yurewitsch Browne in Landsberg an der Warthe zurückgeblieben. Ohne ausdrücklichen Befehl der »Ständigen Konferenz beim Zarenhof« wollte Fermor die Oder auf keinen Fall überqueren. Die »Konservierung seiner Armee« sei oberstes Gebot, hieß es aus St. Petersburg.[25] So verfiel der General auf die Verlegenheitslösung, mit seiner Hauptarmee Küstrin zu belagern, um wenigstens einen kleinen Vorteil zu erzielen. Die auf der rechten Oderseite liegende Festung kontrollierte den Zusammenfluss von Oder und Warthe und deckte Berlin gegen Osten. Zur wirksamen Beschießung der Festungswerke fehlte Fermor allerdings die Belagerungsartillerie und so setzten seine Mörser nur die Wohnviertel der Stadt in Brand.[26] Ein Bericht über die Verwüstung Küstrins und andere Gräueltaten der Kosaken, der Friedrich am 18. August abends in seinem Crossener Quartier zuging, trieb ihm die Zornesröte auf die Stirn. Er für seine Person fürchte nichts, bemerkt der König zu dem anwesenden Henri de Catt. Sollte er getötet werden, habe er sein ›epikureisches Gedicht‹ schon verrichtet.[27] Zwei Tage später in Frankfurt an der Oder konnte Friedrich den Kanonendonner schon selbst hören. Küstrin war für ihn immer noch ein besonderer Ort. Hier hatte er 28 Jahre zuvor als Kronprinz quälende Wochen in Festungshaft verbracht und aus seiner Zelle mit ansehen müssen, wie man seinem Jugendfreund, dem Leutnant Hans Hermann von Katte, den Kopf abschlug. Zwei Jahre hatte er anschließend auf Befehl seines cholerischen Vaters als Auskultator in der Kriegs- und Domänenkammer der dortigen Regierung verbracht.

Am 22. August vereinigte der König seine Kolonne bei Manschnow mit Dohnas Korps und verfügte damit über 24000 Mann Infanterie und 10500 Reiter. Die Artilleriemasse war beeindruckend. Jedes seiner 38 Bataillone besaß zwei leichte Geschütze, hinzu kamen 85 schwere Zwölfpfünder sowie 29 Haubitzen, die in großen Batterien eingesetzt, furchtbare Wirkung auf die dichtgedrängte Infanterie des Gegners haben würden.[28] Friedrich hielt sich bei seiner ersten Begegnung mit Dohna nicht mit Kritik an dessen Untätigkeit zurück. Dohnas Soldaten erschienen ihm zu sehr herausgeputzt. Er dagegen, so der König, bringe Leute mit, die wie die Grasteufel aussehen, aber beißen würden.[29]

Friedrichs Zorn auf den angeblich so barbarischen Feind wurde offenbar von vielen seiner Soldaten geteilt. Schon vom Hörensagen über die echten oder erfundenen Untaten des Gegners in Unruhe versetzt, verwandelte sich ihre grimmige Stimmung in blanke Wut, sobald sie die von den Russen verwüsteten Landstriche betraten.[30] Friedrichs kaum kaschierte Order, im kommenden Kampf kein Pardon zu gewähren, nahm die Truppe zustimmend auf und verfuhr auch tatsächlich so.[31]

Der König beabsichtigte, etwa einen Tagesmarsch nördlich der Festung bei Alt-Güstebiese unbemerkt die Oder zu überqueren und die Russen, die schon beim Herannahen der Preußen die nutzlose Beschießung von Küstrin aufgegeben hatten, von Norden ausholend gegen die Oder zu drängen. Am Abend des 23. August hatte die preußische Armee den Stromübergang tatsächlich ohne wesentliche Störung vollzogen. Fermor und seine Generale waren von der Schnelligkeit der Bewegung vollkommen überrascht. Friedrichs Heer bezog etwas weiter südlich ein Feldlager zwischen Zellin und Klossow, um sich von den Strapazen der tagelangen Märsche in quälender Hitze zu erholen.[32] Nur noch die Mietzel, ein rechter Seitenarm der Oder, trennte die beiden Armeen. Es zeigte sich nun immer deutlicher, dass Fermor mit der so plötzlich veränderten Situation vollkommen überfordert war. Statt den Preußen den Übergang über den kleinen Fluss mit seinen marschigen und waldreichen Ufern zu verwehren, hielt er an seiner nördlich von Zorndorf auf einer leichten Anhöhe nach Westen ausgerichteten Stellung fest. Der russische Befehlshaber konnte von Glück reden, dass sein in Landsberg zurückgelassenes Beobachtungskorps mit etwa 9000 Mann noch im Verlauf des 24. Augusts zu ihm stieß. Er ließ es auf dem rechten Flügel mit Front nach Norden in Stellung gehen. Die gesamte russische Position bildete nun einen rechten Winkel, dessen Spitze auf das Dorf Quartschen an der Mietzel deutete, während die beiden Schenkel auf Zorndorf im Süden und auf Zicher im Osten gerichtet waren.[33] Mit nunmehr 45 000 Mann und 185 Geschützen besaß Fermor immerhin eine leichte numerische Überlegenheit gegenüber Friedrichs Armee. Seine 3500 Reiter waren jedoch der preußischen Kavallerie an Zahl deutlich unterlegen.[34]

Von den Russen nicht weiter behindert hatten die Preußen am selben Nachmittag bei der Neudammer Mühle einen Brückenkopf über die Mietzel gebildet und überschritten am frühen Morgen des 25. Augusts, gedeckt durch ein ausgedehntes Waldstück südlich der Mietzel, mit der gesamten Armee den Fluss. Die Armee marschierte mit einer Avantgarde von acht Grenadierbataillonen, dahinter folgten der linke und rechte Flügel zu je 15 Infanteriebataillonen. 15 Husareneskadronen deckten die innere Flanke des Marsches, auf der äußeren Flanke marschierten das 1. und 2. Kavallerietreffen mit insgesamt 56 Eskadronen. Friedrich wollte den Gegner durch einen Umgehungsmarsch, der ostwärts an Zicher vorbei über Wilkersdorf und Zorndorf führte, im Rücken angreifen. Wieder plante Friedrich eine Schlacht mit schiefer

Ordnung, bei der nur ein Flügel den Gegner angriff. Dieser Stoß sollte jetzt den westlichen Flügel des Gegners zwischen Zorndorf und Quartschen treffen, dort schien ihm die russische Stellung am schwächsten. Als Fermor endlich den Ansatz der preußischen Armee erkannt hatte, ließ er Zorndorf räumen und von seinen Kosaken in Brand stecken. In aller Eile nahmen seine Bataillone eine neue Stellung mit einer nun nach Süden gerichteten Hauptfront ein. Insgesamt bildeten jetzt die russischen Truppen, in zwei Treffen gegliedert, ein längliches Viereck, in dessen Mitte man den leichten Tross gesetzt hatte. Archenholz zufolge war es die typische Wagenburgposition der Russen, die sie schon im Kampf gegen die Türken praktiziert hatten.[35]

Insgesamt hatte Fermors Position eine west-östliche Ausdehnung von drei Kilometern. Im Westen war sie von einem feuchten, mit kleinen Teichen gesäumten Einschnitt, dem »Zaberngrund«, gedeckt, im Osten begrenzte sie der ähnlich beschaffene »Lange Grund«. Ein dritter Lauf, der sogenannte Galgengrund, teilte die russische Stellung wie fast das gesamte Schlachtfeld in zwei Hälften.

Den Hauptteil der russischen Reiterei, insgesamt 36 Eskadronen und die Hälfte seiner Kosaken, befand sich jenseits des Langen Grundes südlich der Ortschaft Zicher. 15 weitere Eskadronen hatte Fermor südlich von Quartschen postiert. Mit seinem zu kurzen Rückzug von Küstrin hatte der General fraglos einen tödlichen Fehler begangen. Seine Armee fand sich durch den schnellen Umgehungsmarsch der Preußen mit einem Schlag auf einem viel zu engen Raum zwischen Oder und Mietzel zusammengedrängt, während der größte Teil des russischen Trosses völlig isoliert in einer Wagenburg etwa fünf Kilometer östlich bei Neu-Cammin stand.[36] Der König hatte offenbar die eigentlich naheliegende Option verworfen, den gegnerischen Tross zu nehmen und Fermor, der keinerlei Aussicht auf Entsatz hatte, in seiner isolierten Position nur festzuhalten.[37] Der Mangel an Proviant und Wasser hätte die Russen schon nach wenigen Tagen zur Kapitulation gezwungen. Stattdessen aber fasste Friedrich den Entschluss, seinen Gegner noch am selben Tag mit aller Macht anzugreifen – sei es, weil er befürchtete, Daun könne inzwischen die Elbe aufwärts auf Dresden vorstoßen, sei es, dass er die von den Russen angerichteten Verwüstungen durch eine sofortige Vergeltung strafen wollte.

Die vielleicht blutigste, mit Sicherheit aber die erbittertste Schlacht des 18. Jahrhunderts begann um 9 Uhr morgens mit einem Bombardement aus 60 schweren preußischen Geschützen, die unmittelbar vor dem brennenden Zorndorf aufgefahren waren. Da die preußische Artillerie den Vorteil einer erhöhten Position besaß, war das Gegenfeuer der Russen bei Weitem nicht so wirksam. Etliche russische Geschütze wurden ausgeschaltet und eine Reihe von Munitionsbehältern flog in die Luft. Vor allem aber die dicht gedrängt stehende Infanterie litt fürchterlich unter dem preußischen Beschuss. Zwei Stunden lang mussten die Soldaten der Regimenter Rostow, Nowgorod, Lagoda und Schlüsselburg das Inferno ertragen, mussten Männer aus den hinteren Reihen die vorne entstandenen klaffenden Lücken schließen, ehe Friedrich endlich seiner Avantgarde den Angriff befahl. Um 11 Uhr rückten acht preußische Grenadierbataillone, knapp 5000 Mann, unter General Heinrich von Manteuffel, anfangs noch von Trommeln und Marschmusik begleitet, gegen den rechten Flügel der Russen vor. Den Grenadieren gelang auch im ersten Anlauf der Einbruch in die russische Linie, dann stellte sich aber schnell heraus, dass der Gegner keineswegs erschüttert war und Manteuffels Bataillonen standhielt. Nach Friedrichs Plan sollte sein gesamter linker Flügel, insgesamt 15 Bataillone unter dem Befehl des Generalleutnants Hans Wilhelm von Kanitz, die Avantgarde zeitnah unterstützen. Kanitz war auch rechtzeitig angetreten. Doch wohl weil er keine Lücke zum rechten Flügel unter Dohna lassen wollte, geriet er mit seinen Bataillonen zu weit nach rechts. Bald war er daher durch den Galgengrund von Manteuffels Grenadieren getrennt und geriet sogleich in einen verlustreichen Kampf mit dem hier stehenden russischen Beobachtungskorps unter General Browne. Derweil geriet Manteuffels Avantgarde in äußerste Bedrängnis. Als russische Kavallerie eine Lücke nutzte, welche die Preußen zum Zaberngrund gelassen hatten, und in Manteuffels Flanke ritten, brach seine Avantgarde völlig zusammen und strömte auf Zorndorf zurück. Kanitz' dezimierte Bataillone kannten nun auch kein Halten mehr und wichen der drohenden Überflügelung beinahe fluchtartig aus. 26 preußische Geschütze fielen in die Hände der nachdrängenden Russen. Böse Erinnerungen an Kolin wurden wach, als Friedrich wie damals versuchte, mit der Fahne des Regiments »Bülow« in der Hand seinen geschlagenen linken Flügel wieder nach vorne zu reißen. Wohl auch bei besserer Sicht hätte sein verzweifelter Auftritt den Fliehenden kaum Halt geboten.[38] Die Rettung kam nach einer bangen halben Stunde durch General von Seydlitz, der bis dahin mit seiner Kavallerie westlich des Zaberngrundes verharrt hatte und nun mit seinen 36 Eskadronen den schon siegesgewissen Russen wie ein Gewitter in die Flanke fuhr. Dieses Wechselbad war auch für den Gegner zu viel. Die durch das eigene Vorgehen bereits gelockerte Ordnung löste sich nun völlig auf. Entnervt von dem abrupten Wechsel der Lage, strömten die überlebenden Russen bis nach Quartschen und in den Schutz der Wälder südlich der Mietzel zurück. Auf der freien Fläche gewährten Seydlitz' Männer keinerlei Pardon und hieben nieder, was in ihre Reichweite kam.[39]

Trotz der Stabilisierung der Lage konnte Friedrich an eine Erneuerung des Angriffs nicht denken. Selbst wenn es den Offizieren seines linken Flügels noch einmal gelang, ihre schockierten Männer hart nördlich von Zorndorf zu einer Schützenlinie zu formieren, so waren doch die Bataillone vielfach durcheinandergeraten, arg dezimiert und zu einem neuerlichen Vorgehen nicht mehr in der Lage.[40] Sichtlich erschüttert von dem bisherigen Verlauf des Kampfes ritt der König hinüber zu seinem rechten Flügel, der östlich von Zorndorf verharrte. Die unter dem Befehl des Grafen Dohna stehenden Truppen, insgesamt noch 15 Bataillone, hatten noch nicht in die Kämpfe eingegriffen, brannten aber darauf, es den Russen zu zeigen. Zum Teil hatten sie Seydlitz' vernichtenden Gegenschlag mitverfolgt und riefen, obwohl es dem König unangenehm war, vielfach schon »Viktoria«.[41] Doch der Angriff wurde zu hastig eingeleitet. Es fehlte der Flankenschutz durch die Kavallerie. Als Dohnas Bataillone gegen 2 Uhr in breiter Front gegen das russische Zentrum zwischen Galgengrund und Langem Grund vorgingen, gerieten sie schon nach wenigen hundert Metern in eine heftige Gegenattacke der russischen Kavallerie. Der russische Befehlshaber, General Demicoud, hatte genau auf diesen Moment gewartet. Wieder geriet die preußische Infanterie in Panik, viele flohen sogar über Zorndorf hinaus, und wieder gingen Geschütze verloren. Hatte noch bei Kolin die Infanterie trotz der Niederlage im Gegensatz zur Kavallerie ihren guten Ruf wahren können, so verhielt es sich jetzt umgekehrt. Zum zweiten Mal an diesem Tag musste Seydlitz den König und seine

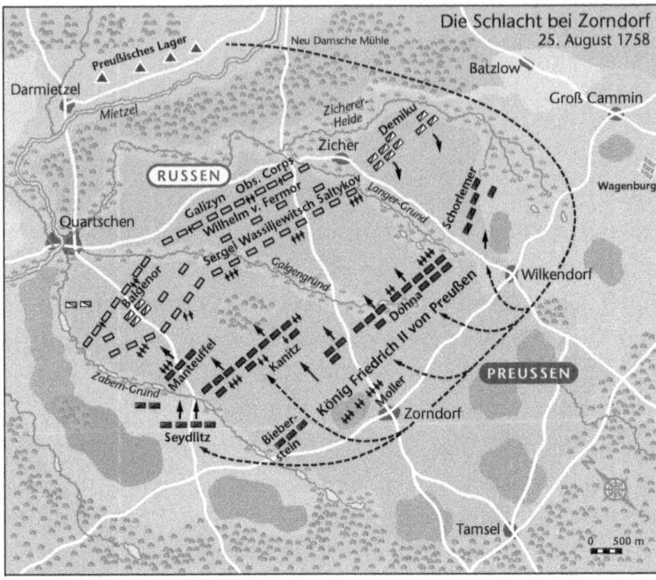

Schlacht bei Zorndorf.

Armee retten. Mit 60 Eskadronen fegte er über das gesamte Schlachtfeld und schlug innerhalb kürzester Frist Demicouds Reiterei vollständig in die Flucht. Damit riss er die Infanterie nochmals nach vorne. Tatsächlich gelang dem rechten Flügel der Preußen nun der Einbruch in das erste russische Treffen. Fermors linker Flügel wich über den Galgengrund zurück, sodass seine gesamte Armee allmählich eine Front nach Osten einnahm. Im allgemeinen Hauen und Stechen löste sich auf beiden Seiten jede Ordnung auf. Während einige preußische Bataillone und Eskadronen über den Galgengrund bis zu dem leichten Tross der Russen vordrangen und ihn zu plündern begannen, bekämpften sich andere noch mit seltener Verbissenheit und Wut. »Man schlug und stieß nun aufeinander los mit Flintenkolben, Bajonetten und Säbeln. Die Erbitterung beider Teile war unbeschreiblich. Schwer verwundete Preußen vergaßen ihre eigene Erhaltung und waren immer noch auf das Morden ihrer Feinde bedacht«, schrieb Johann Wilhelm von Archenholz.[42] Der Verfasser einer vielfach aufgelegten Geschichte des

Siebenjährigen Krieges war erst wenige Wochen nach der Schlacht in die preußische Armee eingetreten, in der er bis Kriegsende zum Hauptmann aufsteigen sollte. Somit zwar kein Augenzeuge, dürfte er aber wohl noch etliche hautnahe Schilderungen seiner Kameraden mitbekommen und verarbeitet haben.

Selbst Verwundete fanden kein Pardon und viele Russen stellten sich bis zum nächsten Morgen tot, ehe sie es wagten, die auf dem Schlachtfeld verbliebenen Preußen um Wasser zu bitten.[43] Ein letzter von Friedrich initiierter Angriff über den Galgengrund schlug am frühen Abend fehl. Durst, Erschöpfung und Munitionsmangel verhinderten einen vollständigen preußischen Sieg. Danach flaute das Gefecht merklich ab. So, wie die Schlacht mit einer Kanonade begonnen hatte, endete sie auch mit den letzten Schüssen der Artillerie. Am Ende einer wirren Schlacht hatten beide Parteien ihre Seiten vollständig getauscht. Die Preußen hatten die alte russische Stellung südlich von Quartschen besetzt, während die Russen jetzt eine Linie zwischen Zorndorf und Wilkersdorf bildeten.[44] In diesen Positionen verharrten beide Armeen auch noch am folgenden Tag. Bis auf ein den ganzen Tag anhaltendes Artillerieduell kam es am 26. August nicht mehr zu neuen Kampfhandlungen. Preußische Husaren beschäftigten sich damit, das Schlachtfeld abzureiten, um alle Russen, die noch Lebenszeichen von sich gaben, zu erstechen.[45] Fermor rückte am nächsten Tag mit den Resten seiner Armee auf Neu-Cammin ab, wo er sich mit seinem von den Preußen unbehelligt gebliebenen Tross vereinigte. Von den 44 000 Mann, die er am 25. August zur Schlacht aufgeboten hatte, war die Hälfte tot, verwundet oder vermisst. Auch die Hälfte seiner Geschütze war neben etlichen Standarten in die Hände der Preußen gefallen.[46] Auf der Gegenseite machte es Friedrich jedoch der Verlust von rund einem Drittel seiner Streitmacht schwer, von einem preußischen Sieg zu sprechen. Die große Chance war vertan. Die Russen zogen sich Anfang September wieder auf Landsberg zurück. Für den Rest des Jahres stellten sie keine Bedrohung mehr dar, aber sie blieben im Krieg.

Daun siegt bei Hochkirch

»Durch Zaudern hast Du gesiegt. Fahre fort, durch Zaudern zu siegen.« So lautete die launige Widmung einer Gedenkmünze, welche die dankbare Kaiserin ihrem liebsten Feldherrn Leopold Graf von Daun anlässlich der Befreiung von Olmütz schlagen ließ.[47] Die vorsichtige Operationsführung des Feldmarschalls nach dem Rückzug der Preußen aus Mähren war jedoch für viele Zeitgenossen bald Anlass, dem fraglos wohlwollend gemeinten Motto Maria Theresias eine kritische Deutung zu geben. Der große Spötter Friedrich verglich den Sieger von Kolin nur wenige Wochen später in einem Brief an seine Schwester mit dem römischen Diktator Fabius Maximus, dem bekanntlich schon die Zeitgenossen den Beinamen *Cunctator* (Zauderer) gegeben hatten. Dass die preußische Armee beinahe unangefochten die obere Elbe erreichte, legte man nicht ohne Berechtigung Daun zur Last, in dem man jetzt mehr und mehr den deutschen *Cunctator* sah.

In Wien verloren Kaiser Franz I. und seine Berater allmählich die Geduld mit ihrem höchsten Feldherrn und forderten immer deutlicher eine energischere Operationsführung. Daun litt sehr unter ihrem Druck und klagte schließlich Maria Theresia, seiner »allergnedischsten Frau«, sein Leid: Es sei gar nicht möglich, dem Kaiser recht zu tun. »Alles sei nicht genug. Es solle alles exterminiret werden, täglich attaquieren und schlagen.«[48]

In ihrer Antwort kam die Kaiserin jedoch nicht umhin, Dauns abwartendes Taktieren gegenüber den Preußen ebenfalls mit einer Ermahnung zu würdigen. Er dürfe es Friedrich auf keinen Fall gestatten, mit einem Teil seiner Armee unbedrängt den Russen entgegenzuziehen, von denen man inzwischen wusste, dass sie sich endlich der Oder näherten. Eine allzu passive Haltung der österreichischen Armee könnte die Verbündeten ihrerseits von größeren Anstrengungen abhalten. Vor allem Frankreich sei finanziell am Ende und spreche bereits offen von Frieden.

Derart zur Tat aufgerufen entschied sich Daun dem König nach Norden zu folgen. Allerdings schlug er dazu einen Parallelmarsch in die Lausitz vor. Von dort könne er entweder mit den Russen zusammenwirken, falls diese tatsächlich die Oder überschritten, oder aber er würde in Friedrichs Rücken auf Berlin vorstoßen. Dabei ließe sich die preußische Hauptstadt mit den von Norden kommenden Schweden in die Zange nehmen. Seine Kriegsherrin in Wien akzeptierte dankbar die vorgeschlagene Lösung und ermutigte Daun noch einmal ausdrücklich, einem Kampf auch bei unsicheren Aussichten nicht aus dem Wege zu gehen. Selbst eine verlorene Schlacht gegen den Preußenkönig sei besser, als gar nichts zu unternehmen.[49]

Mit kaiserlicher Rückendeckung setzte Daun seine Truppen endlich in Bewegung, wenn auch längst nicht mit dem erstaunlichen Tempo seines Gegners, der in nur zehn Tagen die Oder bei Frankfurt erreichte. Am 17. August überschritt die österreichische Hauptarmee mit 40000 Mann die böhmische Grenze und besetzte die Stadt Zittau. Das nur 20 Kilometer entfernte Görlitz erreichte Daun allerdings erst drei Tage später. Immerhin hatte er den soeben zum Feldmarschall-Leutnant beförderten Gideon Laudon mit einem schnellen Korps von 7000 Mann noch bis nach Cottbus vorgeschoben. Damit befand sich seine Spitze keine vier Tagesmärsche von Küstrin entfernt, das die Russen zu dieser Zeit noch belagerten. Ein österreichisches Streifkorps aus 500 Husaren erreichte am Tag der Schlacht von Zorndorf sogar die Stadt Frankfurt an der Oder, musste sich aber, da der Feind von allen Seiten rasch Truppen heranführte, wieder zurückziehen. In Görlitz war Daun wieder in die alte Entschlusslosigkeit verfallen und hatte sich, von Zweifeln geplagt, darauf beschränkt, ein befestigtes Lager zu beziehen. Vier wertvolle Tage verstrichen ohne eine nennenswerte Aktion. Der spätere Hass der Russen auf die Österreicher nahm hier seinen Anfang.[50] Anstatt weiter zur Oder vorzustoßen oder wenigstens Laudons kleines Korps den Russen zur Unterstützung zu schicken, hatte Daun in Wien nach neuen Instruktionen gefragt.[51] Durch einen Verbindungsoffizier ständig über die Abläufe im russischen Hauptquartier auf dem Laufenden gehalten, war man in der Hauptstadt inzwischen zu einer vorsichtigeren Einschätzung der Lage gekommen. Sämtliche Berichte zeigten, dass Fermor alles andere als ein energischer Befehlshaber zu sein schien. Schon am 17. August hatte die Kaiserin gegenüber Kaunitz die Befürchtung geäußert, dass sich die Russen am Ende kampflos von der Oder zurückziehen könnten, wodurch Friedrich die Gelegenheit erhielte, zusammen mit dem Korps des Generals Dohna über Dauns isolierte Armee herzufallen.[52]

Das Misstrauen gegenüber dem östlichen Alliierten war mit jedem Tag größer geworden. Den Angriff der Russen auf Küstrin bedauerte man als Fehler und für Fermors strikte Weigerung, die Oder zu überschreiten, brachten die Kaiserin und Kaunitz keinerlei Verständnis auf.[53] Schon am 21. August, noch vier Tage vor der Schlacht von Zorndorf, rückte man in Wien endgültig von der Absicht ab, sich mit der russischen Armee zu vereinigen. Stattdessen bot Kaunitz Daun drei neue Optionen an. Er könne entweder mit der Hauptarmee nach Schlesien ziehen und das dort zurückgelassene preußische Korps unter dem Befehl des Markgrafen Karl von Brandenburg-Schwedt schlagen. Oder Daun vereinigte sich mit den westlich der Elbe stehenden Reichstruppen unter dem Kommando des Prinzen Friedrich von Zweibrücken und dem Korps des Generals Serbellonis, um Dresden anzugreifen. Die dritte Option eines weiter gehenden Vormarsches der Hauptarmee auf Berlin wurde allerdings gar nicht mehr ernsthaft in Betracht gezogen, da man den Russen nicht zutraute, Friedrich auf dem rechten Oderufer lange genug zu binden. Tatsächlich versprach die Besetzung der sächsischen Hauptstadt gegenüber der schlesischen Option die besten Erfolgsaussichten. Mit der Einnahme Dresdens und der Befreiung des größten Teils von Sachsen hätten die Österreicher endlich den dringend benötigten Erfolg vor Ende der Feldzugssaison erzielt, der das brüchig werdende Bündnis zu festigen versprach. Daun brach daher am 26. August sein Lager in Görlitz ab und rückte unter Zurücklassung eines 12 000 Mann starken Korps unter dem Markgrafen Christoph von Baden-Durlach über Bautzen zur Elbe ab. Der neue Entschluss setzte rasches Handeln voraus und Daun benötigte für die knapp 100 Kilometer lange Distanz tatsächlich nur fünf Marschtage. Am 1. September traf er mit 30 000 Mann nördlich von Dresden bei Nieder-Röda an der Elbe ein.[54] Die Reichsarmee hatte auf der gegenüberliegenden Elbseite bereits mit der Belagerung der Festung Sonnenstein bei Pirna begonnen und hätte sich mit ihren 20 000 Mann jederzeit mit Dauns Österreichern vereinigen können. Zusammen mit dem Korps Serbellonis, das inzwischen aus Nordböhmen heranrückte, verfügten die Alliierten über rund 65 000 Mann. Das von Prinz Heinrich geführte preußische Korps wies dagegen nicht mehr als 30 000 Mann auf. Trotz der so eindeutigen Kräfteverhältnisse konnte man sich aufseiten der Verbündeten nicht zu einem sofortigen Angriff gegen das bei Gamig südlich von Dresden stehende preußische Korps durchringen. Dem Prinzen von Zweibrücken erschienen die preußischen Stellungen an der Müglitz zu stark.[55] Daun schien ihm auch nicht allzu energisch widersprochen zu haben. Schon kurz darauf zog er sich wieder von der Elbe zurück, um bei Stolpen, etwa einen Tagesmarsch ostwärts von Dresden, ein neues Lager zu beziehen.[56] In Wien begann nun auch Maria Theresia an ihrem Feldherrn zu zweifeln. In einem Handschreiben vom 6. September hieß es, Daun hätte sich in seinem Plan, bei Meißen über die Elbe zu gehen und die Preußen anzugreifen, nicht beirren lassen dürfen.[57] Selbst ohne die Reichstruppen wäre seine Überlegenheit über das Korps des Prinzen Heinrich erdrückend gewesen.

Auch wenn dank der übergroßen Vorsicht der beiden verbündeten Befehlshaber der sofortige Verlust Dresdens erst einmal abgewendet war, hatte Friedrich nicht einen Tag zu verlieren. Am 2. September war er mit 15 000 Mann von Küstrin aufgebrochen, um seinen Bruder zu verstärken. »Die große Perücke lässt uns Zeit«, schrieb er am 5. September aus Lübben an Prinz Heinrich. »Aber später hätten wir doch nicht kommen dürfen.« Tatsächlich hatten sich Daun und der Prinz von Zweibrücken doch noch auf einen gemeinsamen Angriff auf Prinz Heinrich geeinigt. Als Termin war der 11. September festgelegt worden, doch das Zeitfenster schloss sich jetzt rasch. Nur einen Tag vor dem geplanten Angriff verbreitete sich die Nachricht, dass Friedrich mit seiner Armee bereits bei Reichenberg stehe, kaum einen Tagesmarsch von Dresden entfernt. In nicht mehr als sieben Tagen hatte der König mit seiner Armee die 180 Kilometer lange Strecke von der Oder bewältigt und sich bei Großenhain mit dem aus Schlesien kommenden Armeekorps des Markgrafen von Brandenburg-Schwedt vereinigt. Mit nunmehr 40 000 Mann zog Friedrich genau am 11. September unter den Augen beider gegnerischen Heere in Dresden ein.[58] Friedrichs Absicht, der »dicklichen Exzellenz von Kolin« eine Schlacht zu liefern, wenn Daun nur seinen Kragen dazu hergeben würde,[59] erwies sich jedoch bald als unausführbar. Das Stolpener Lager war zu gut befestigt und in den folgenden beiden Wochen kam es zu keiner entscheidenden Aktion. Friedrichs Versuche, Daun aus seiner Stellung zu locken, schlugen sämtlich fehl.

In Wien hatte man derweil die Dresdner Option begraben und hoffte stattdessen, Daun könne vielleicht noch vor Einbruch des Winters wenigstens die schlesische Festung Neisse in seine Hand bringen. Ohne einen militärischen Erfolg, so schrieb Maria Theresia am 27. September an Daun, dürfe das Jahr nicht zu Ende gehen. Das Korps des Generals Ferdinand Philipp Harsch wurde dazu von Königgrätz über das Grenzgebirge nach Neisse in Marsch gesetzt, während Daun mit seiner Hauptarmee die Belagerung gegen Friedrich in seiner alten Stellung bei Görlitz abdecken sollte.[60] Am 5. Oktober brach der Feldmarschall daher sein Stolpener Lager ab und rückte noch in der Nacht nach Osten ab. Die Preußen bemerkten den Abmarsch erst am nächsten Morgen. Friedrich machte sich jedoch darüber keine Sorgen. Er war überzeugt, dass der Gegner über Zittau wieder nach Böhmen zurückkehren würde. Den Generalleutnant Wolf Friedrich von Retzow hatte er schon eine Woche zuvor mit etwa 9000 Mann an den Österreichern vorbei in den Raum von Bautzen geschickt. Sobald Friedrich die Meldung erhielt, dass Daun wider Erwarten bei Kittlitz, etwa zwei Tagesmärsche östlich von Stolpen, erneut Stellung bezogen habe, verstärkte er Retzows Korps auf 10000 Mann. Dazu erging der Befehl, den Strohm-Berg zu besetzen, der die rechte Flanke der neuen österreichischen Stellung beherrschte. Friedrich selbst traf mit seiner Armee am 10. Oktober ein und bezog etwa zehn Kilometer ostwärts von Bautzen zwischen den Dörfern Hochkirch und Rodewitz ein sehr weit auseinandergezogenes Lager. Die nachlässige Auswahl der Position unmittelbar vor dem gegnerischen Lager schien wie ein einziger Ausdruck der Verachtung des Königs für den Feldherrn Daun. Auf die warnenden Worte des Feldmarschalls Keith, dass die Österreicher es verdienen, »gehangen zu werden, wenn sie uns in diesem Lager ruhig lassen«, entgegen der König beinahe gleichgültig: »Wir müssen hoffen, dass sie sich mehr vor uns als vor dem Galgen fürchten.«[61]

Besonders die rechte preußische Flanke bei Hochkirch war gegen einen Angriff aus dem ausgedehnten Waldgelände um den Kruppritzer Berg, das bis auf wenige hundert Meter an die Ortschaft heranreichte, kaum zu verteidigen. Zu General Retzow, der mit seinem Korps im Norden Weißenberg besetzt hielt, bestand eine Riesenlücke. Friedrich glaubte gar nicht an einen Angriff der Österreicher und ließ bereits alle

Vorbereitungen für einen Linksabmarsch auf Weißenberg am 14. Oktober treffen.

Der Gegner war jedoch durchaus gewillt, die preußische Einladung anzunehmen. Dauns Kriegsrat hatte die Entscheidung zu einem Angriff auf Friedrichs Lager schon am 12. Oktober einhellig gefasst, noch ehe die neuerliche Ermahnung aus Wien, nun endlich gegen die Preußen eine Schlacht zu suchen, im Kittlitzer Feldlager eingetroffen war.[62] Außer dem Gelände und der Überraschung sprach auch ihre deutliche numerische Überlegenheit für die Österreicher. Gegen nur 40 000 Preußen konnte Daun immerhin 78 000 Mann aufbieten, nachdem er das zur Deckung gegen Schlesien bestimmte Korps des Markgrafen Christoph von Baden-Durlach wieder an sich gezogen hatte.[63] Der Angriff sollte in den frühen Morgenstunden des 14. Oktobers erfolgen und wurde sorgfältig vorbereitet. Gegenüber den Preußen erweckten die Österreicher am Vorabend mit einer Reihe von Maßnahmen den Eindruck, als ob sie am nächsten Tag ihr Lager abbrechen wollten, tatsächlich aber bezogen sämtliche ihrer Kolonnen im Schutze der mondlosen Nacht unbemerkt ihre Ausgangsstellungen. Im Norden sollte das Korps des Herzogs Karl Maria Raimund von Arenberg mit 23 Infanteriebataillonen das Retzowsche Korps angreifen, das gegenüber dem Strohm-Berg den linken Flügel der Preußen bildete. Arenberg sollte diese Kräfte binden und verhindern, dass sie auf dem anderen Flügel zum Einsatz gelangten. Dauns Schwerpunkt aber lag im Süden. Hier bahnten sich im Laufe der Nacht zwei parallel marschierende österreichische Infanteriekolonnen mit insgesamt 34 Infanteriebataillonen ihren schwierigen Weg durch das Waldgelände um den Kruppnitzer Berg. Sie sollten den rechten preußischen Flügel bei Hochkirch angreifen. Zwei durch Infanterie verstärkte Kavalleriekorps unter den Generalen Carl O'Donnel und Laudon sollten gleichzeitig über Meschwitz und Steindörfel die Preußen bei Hochkirch im Rücken fassen.

Nachdem die Österreicher planmäßig gegen 4 Uhr morgens ihre Ausgangsstellungen eingenommen hatten, begann der Angriff eine Stunde später auf ganzer Front. Ein halbes Dutzend Signalgeschosse erleuchtete kurzzeitig die Dunkelheit. Die Preußen wurden in ihren Zelten vollkommen überrascht und der König selbst weigerte sich anfangs in seinem Quartier in Rodewitz, das anschwellende Musketenfeuer als

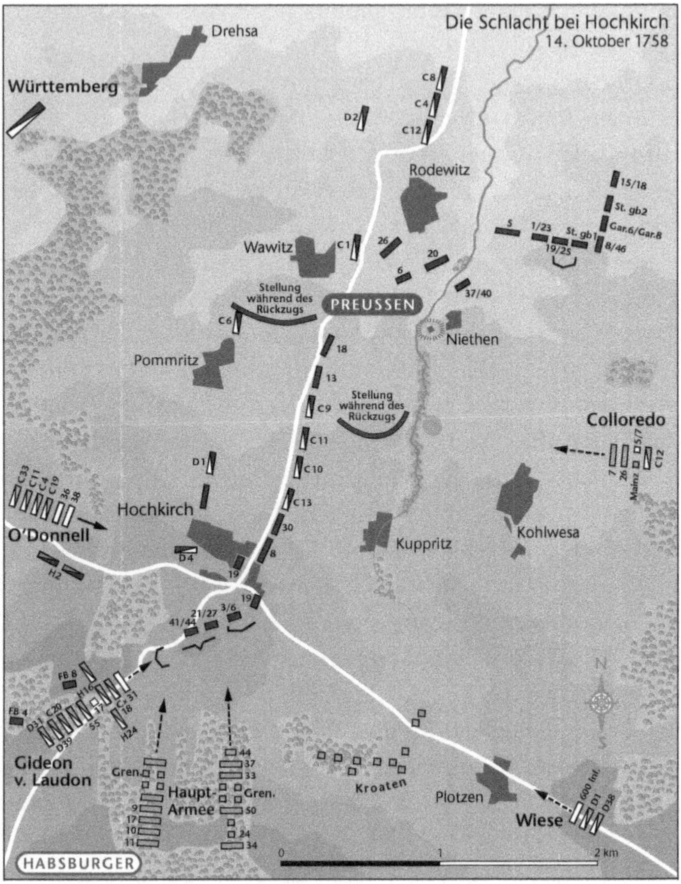

Schlacht bei Hochkirch.

Zeichen eines österreichischen Angriffs zu deuten.[64] Viele seine Musketiere wurden noch im Schlaf niedergemacht. Zwei preußische Freibataillone, die den Waldrand vor Hochkirch gesichert hatten, wurden von der Masse der Angreifer buchstäblich weggefegt und die drei Grenadierbataillone, die den Ort mit seiner markanten Kirche besetzt hatten, mussten unter hohen Verlusten ins offene Feld ausweichen. In kürzester Zeit stand Hochkirch in hellen Flammen und bot weithin eine gespenstische Kulisse für das morgendliche Gemetzel.[65] Nur das 2. Bataillon des Infanterieregiments Markgraf Carl hielt sich unter der Führung des Majors Simon Moritz von Langen innerhalb des befestigten Kirchhofs. Die schwere preußische Batterie südlich des Kirchhofes fiel dagegen in die Hände der Österreicher und ihre 20 Zwölfpfünder waren ihnen eine wertvolle Hilfe bei der Abwehr der preußischen Gegenangriffe, die etwa eine Stunde später einsetzten. Tatsächlich gelang es den Preußen noch einmal in die Ortschaft einzudringen, aber das Artilleriefeuer der Österreicher hatte gegen die in den engen Straßen von Hochkirch zusammengedrängten Bataillone eine verheerende Wirkung. Unter den zahllosen Gefallenen befand sich auch Feldmarschall James Keith, der von zwei Kugeln tödlich getroffen von seinem Pferd gesunken war. Fürst Moritz von Anhalt-Dessau fiel schwer verwundet in österreichische Gefangenschaft,[66] und dem jungen Prinz Franz von Braunschweig, einem Bruder der Königin, riss eine Kanonenkugel den ganzen Kopf weg.

Von der Kavallerie O'Donnels und Laudons in der Flanke bedroht, war Hochkirch auf Dauer nicht zu halten. Gegen 9 Uhr hatte Friedrich die Reste seiner Regimenter in einer Auffangstellung um Pommritz gesammelt, das etwa 800 Meter westlich des ursprünglichen Lagerplatzes lag. Unterstützt von Retzows Bataillonen, die nach und nach vom linken Flügel eintrafen, gelang es den Preußen, ihre neue Stellung zu behaupten. Auf der Gegenseite hatten die Österreicher Mühe, ihre durcheinandergeratenen Bataillone für eine Erneuerung des Kampfes zu ordnen. Daun schien auch wenig Interesse daran zu haben, da er fürchten musste, die bisher errungenen Vorteile wieder aufs Spiel zu setzen. So konnten die Preußen noch vor Mittag in erstaunlich guter Ordnung abziehen und bis zum Abend bei Klein-Bautzen, etwa sechs Kilometer vom Schlachtfeld, ein neues Lager beziehen.

Für Friedrich war die Bilanz des blutigen Morgens dennoch ernüchternd. Er hatte nicht nur knapp 9000 Mann verloren, was ein Viertel seiner Armee ausmachte, und dazu noch 66 schwere sowie 35 Bataillonsgeschütze. Er wusste zudem nur zu genau, dass ihn allein die Schuld für diese Niederlage traf, die sich trotz des tapferen Verhaltens seiner Truppen nicht schönreden ließ. Äußerlich bewahrte er die erforderliche Haltung, versuchte unter seinen Soldaten Zuversicht zu verbreiten, aber im privaten Gespräch mit seinem Vorleser de Catt zeigte

Friedrich der Große in der Schlacht bei Hochkirch: Tod des Generals Keith und der Prinzen von Braunschweig und Anhalt. Gemälde (um 1789) von Edward Francis Cunningham.

er sich voller Überdruss und Todessehnsucht.[67] Sein Ruf als *Roi Connétabel,* mit dem sich ein Gegner nur in Ausnahmesituationen einlassen durfte, war trotz Hochkirch nicht angeschlagen. Obwohl Daun nur 6000 Mann verloren hatte und noch über zahlreiche Regimenter verfügte, die gar nicht in den Kampf eingegriffen hatten, verzichtete er auf eine energische Verfolgung. Die anfängliche Euphorie in Wien wich dann auch bald wieder einer tiefen Ernüchterung über den deutschen *Cunctator.*[68] Der Sieg von Hochkirch brachte den Österreichern keine Vorteile. Friedrich konnte es sogar wagen, einige Bataillone aus dem Armeekorps des Prinzen Heinrich zum Ausgleich seiner Verluste heranzuziehen und am 26. Oktober von Görlitz den Marsch nach Schlesien anzutreten, wo die Österreicher am selben Tag mit der Beschießung der Festung Neisse begonnen hatten. Keine zwei Wochen nach der verlorenen Schlacht besaß er wieder die operative Freiheit. Statt den Preußen nach Osten zu folgen, beschloss Daun wieder zur Elbe zu ziehen, um zusammen mit der Reichsarmee einen letzten Versuch zur Einnahme Dresdens zu machen. Bei Pirna überschritt seine Armee auf zwei Schiffbrücken die Elbe. General Friedrich August von Finck, der dem Prinzen Heinrich im Kommando über das stark reduzierte preußische Korps gefolgt war, zog sich daraufhin nach Dresden zurück. Daun fehlte allerdings zur Einnahme der sächsischen Hauptstadt die Belagerungsartillerie. So mussten die Österreicher hilflos mit ansehen, wie der preußische Kommandant von Dresden, Generalleutnant Karl Christoph von Schmettau, als brutale Abwehrmaßnahme die Vorstadt in Brand schießen ließ, wofür ihm der König nach seiner Rückkehr aus Schlesien am 20. November ausdrücklich dankte.[69] Kaum sechs Wochen nach Friedrichs Desaster von Hochkirch hatte sich das Blatt noch einmal zugunsten des Hohenzollernstaates gewendet. Am 1. November hatten die Russen die Belagerung von Kolberg aufgeben müssen, vier Tage später waren die Österreicher von der Festung Neisse abgezogen, und nun musste auch Daun mit der Hauptarmee den Rückzug nach Böhmen antreten. Die Reichstruppen unter dem Prinzen von Zweibrücken zogen gleichfalls in Winterquartiere nach Franken. Wider Erwarten hatte Friedrich somit seine beiden kriegswichtigen Akquisitionen in vollem Umfang behaupten können. Er durfte nun gelassen abwarten, ob sich seine Gegner nach den ernüchternden Erfahrungen des zurückliegenden Kriegsjahres noch zu einem weiteren gemeinsamen Versuch aufraffen würden. Der britische Botschafter am preußischen Hof, Andrew Mitchell, kommentierte das erstaunliche Ergebnis des zurückliegenden Feldzuges aus seinem Dresdner Quartier am 12. Dezember 1758: »Die Taten des Preußenkönigs sind bewundernswert, die Schnelligkeit seiner Aktionen unglaublich. Doch trotz allem befänden wir uns in einer aussichtslosen Lage, wenn sich nicht seine Feinde der monströsesten Absurditäten schuldig gemacht hätten. Alles ist bisher gut gegangen. Doch so sehr ich mich auch dagegen wehre, erschreckt mich doch die Aussicht auf den nächsten Feldzug. Den König, der keine Furcht zu kennen scheint, treibt inzwischen eine Sehnsucht nach Frieden, wie ich sie nie zuvor bei ihm beobachtet habe.«[70]

4. William Pitts Krieg

Der lange Schatten des Admirals Byng

»Seit den Tagen Marlborougs hatte es nicht mehr eine so bedeutende Persönlichkeit wie ihn gegeben. Von seinem Büro in der Cleveland Road plante und gewann Pitt einen Krieg, der von Indien im Osten bis Amerika im Westen ausgefochten wurde. Der Ausgang des gesamten Kampfes hing vollkommen von der Energie dieses einsamen Mannes ab. Alle Macht, die Finanzen, die Verwaltung des Staates und das Militärwesen hatte er in seiner Hand gebündelt. Niemanden duldete er auf Augenhöhe und seine gesamte Position hing allein vom Erfolg im Felde ab. Zahlreiche Feinde stellten sich gegen ihn, doch im Kabinett tolerierte er weder Einwände noch Ratschläge. Er unternahm nie den Versuch, Ratschläge zu erteilen oder einen Ausgleich zu suchen, und scheute sich auch nicht, in die Ressorts von Newcastle und des Schatzkanzlers einzugreifen. Aber er besaß ein untrügliches Auge für die Auswahl jener Männer, die seine Pläne ausführen sollten. Er beseitigte unfähige Generale und ersetzte sie durch jüngere Kandidaten, auf die er sich ganz verlassen konnte: Wolfe, Amherst, Conway, Howe, Keppel und Rodney. So gewann er den Krieg.«

Geschichte der englisch sprechenden Völker
Winston Spencer Churchill[1]

Alles, was Großbritannien seit Beginn dieses Krieges unternommen habe, sei ausnahmslos zum Nachteil ausgeschlagen und scheine unter einem Verhängnis zu stehen, schrieb nach einer Kabinettssitzung am 6. Oktober 1757 ein völlig entmutigter 1. Lord der Admiralität, George Anson, an seinen Schwiegervater, Philip Yorke, Lord von Hardwicke.[2] Der Krieg in den nordamerikanischen Kolonien und zur See schien beinahe schon verloren. Seit Braddocks Niederlage am Monongahela hatte das Vereinigte Königreich im Kampf gegen Frankreich eine beispiellose Kette von Rückschlägen hinnehmen müssen. Dem Fall von Menorca im Juni 1756 war wenige Wochen später der Verlust von Fort Oswego gefolgt und in Indien hatte der zuständige Befehlshaber der *East-India-Companie* unter demütigenden Umständen Kalkutta dem Newab von Bengalen überlassen müssen.[3]

Auch das bald zu Ende gehende Jahr schien keinen Umschwung mehr zu bringen. In Norddeutschland war es dem Herzog von Cumberland an der Spitze eines Hannoverisch-Hessischen Observationskorps nicht gelungen, die französische Armee unter dem Herzog von Richelieu an der Besetzung Hannovers zu hindern. Im September 1757 hatten sich der Eroberer von Menorca und der Sieger von Culloden in der umstrittenen Konvention von Kloster Zeven darauf geeinigt, dass der Großteil des Kurfürstentums bis zur Elbe vorläufig unter französische Besatzung fallen sollte. Das neue Londoner Kabinett unter William Pitt und dem Herzog von Newcastle, von Georg II. bisher ängstlich aus seiner Deutschlandpolitik herausgehalten, war über die Vereinbarung entsetzt. In Wahrheit bedeutete Kloster Zeven eine Kapitulation, die selbst der König seinem bis dahin so bevorzugten Sohn nicht verzeihen konnte.[4] Die deutschen Untertanen ihrer britischen Majestät waren durch den »schändlichen Waffenstillstand« praktisch verpflichtet worden, die Armee des Erzfeindes für die Dauer des Krieges zu unterhalten. Einzig Cumberlands kurz darauf erfolgte Demission und sein Rückzug ins Privatleben ließen sich auf der Habenseite einer im Übrigen ernüchternden britischen Bilanz des Jahres 1757 verbuchen. Denn der Weggang des bulligen Herzogs, eines erklärten Rivalen Pitts, stärkte immerhin dessen politische Position am Hof von St. James.

Mit dem Rückzug des Hannoverisch-Hessischen Observationskorps zur Nordseeküste stieg schließlich auch die Gefahr, dass Preußen, Großbritanniens einziger Verbündeter auf dem Kontinent und von den Armeen gleich dreier feindlicher Großmächte umstellt, aus dem Krieg ausscheiden könnte. Dass der König bereits Kontakte mit Frankreich zu knüpfen versuchte, war London nicht verborgen geblieben. Doch Pitt schien Friedrichs wachsende Not erstaunlich kaltzulassen. Zu einer Entsendung britischer Truppen nach Deutschland konnte er sich mit Rücksicht auf seine starke Anhängerschaft in Torykreisen nicht entschließen und auch Friedrichs wiederholt durch Botschafter Mitchell übermittelte Bitte, eine britische Flotte in die Ostsee zu entsenden, lehnte er aus verschiedenen Motiven ab. Der wohl nicht unwichtigste Grund war, dass Anson vorerst kein einziges bemanntes Schiff entbehren konnte.

In Nordamerika hatte im August 1757 der Verlust von Fort William Henry an der Südspitze des Lake George den Franzosen den Weg nach

Albany und nach New York geöffnet. Entsetzen und Wut verbreitete zudem die Nachricht über die Grausamkeiten, welche die mit den Franzosen verbündeten Indianer an den abziehenden Briten verübt haben sollen. Die »Untaten der Wilden« legten die nordamerikanischen Kolonisten wie auch die Öffentlichkeit in Großbritannien den Siegern zur Last, auch wenn der französische Befehlshaber Louis Joseph de Montcalm mit Nachdruck noch versucht hatte, das Schlimmste zu verhindern.[5]

Einzig der Fall von Louisbourg hätte den Verlust von Fort William Henry wettmachen können, doch der von vielen Hoffnungen begleitete britische Angriff auf die beherrschende Festung im St.-Lorenz-Golf hatte wegen der starken französischen Flotte im Hafen von Louisbourg frühzeitig abgebrochen werden müssen. Ein Sturm, der Ende September 1757 sechs der neun britischen Linienschiffe vor der Küste von Kap Breton stark beschädigte und eines der Schiffe sogar zerstörte, komplettierte das Desaster.[6] Die Liste der britischen Rückschläge war damit aber noch nicht vollständig.

Anson ahnte an diesem Nachmittag, da er in niedergedrückter Stimmung an Hardwicke schrieb, nicht, dass kaum 24 Stunden später Admiral Sir Edward Hawkes Flotte mit einer weiteren Hiobsbotschaft in den Hafen von Spithead einlaufen würde. Die mit so vielen Erwartungen verknüpfte Expedition gegen das französische Marinedepot von Rochefort war ohne den ernsthaften Versuch einer Landung abgebrochen worden. Nicht einer der 8000 mitgeführten Soldaten hatte sich die Füße nassgemacht. Dieses Mal waren jedoch nicht die Admirale für den Fehlschlag verantwortlich, sondern die Befehlshaber der britischen Landungstruppen, die mit einer Unzahl übertriebener Bedenken eine entschiedene Aktion gegen den bedeutenden Kriegshafen in der Biskaya vereitelt hatten.[7] Erstmals schienen Großbritannien in einem Krieg mutige und entschlossene Befehlshaber zu fehlen. Es war bezeichnend, dass Georg II. sich mit dem jungen Ferdinand von Braunschweig einen preußischen General als Nachfolger für den gescheiterten Herzog von Cumberland ausleihen musste.

Die Öffentlichkeit tobte, als immer mehr Einzelheiten des gescheiterten Unternehmens vor Rochefort die Runde machten und Agentenmeldungen sogar bestätigten, dass die Stadt tatsächlich nur von knapp

4000 schlecht ausgebildeten Milizionären besetzt gewesen war. In den Straßen Londons sprach man offen von Verrat.[8] Einmal mehr fühlten sich die Briten an den unglückseligen Byng erinnert, dessen kaum schwerwiegendere Versäumnisse ihn im März vor ein Peleton gebracht hatten. Anders als den hingerichteten Admiral schützte jetzt aber die verantwortlichen Generale ein dichtes Netzwerk bester Beziehungen, und der Herzog von Newcastle erregte sich darüber, dass diese Männer, anstatt vor ein Kriegsgericht gestellt zu werden, sich in der Oper hinter dem Stuhl des Königs versammeln durften.[9] Vor allem William Pitt sah sich durch den Fehlschlag des Unternehmens, für das er sich so stark gemacht hatte, zutiefst desavouiert und war in seinem Zorn kaum zu bremsen.[10]

Genau in diesen Tagen hatte aber die Nachricht von Friedrichs spektakulärem Sieg bei Rossbach für einen deutlichen Stimmungsumschwung in Großbritannien gesorgt. Wenigstens der Verbündete schien noch siegen zu können. Plötzlich feierte man überall im Lande den so zäh kämpfenden Preußenkönig als neuen protestantischen Helden[11] und Pitt hatte jetzt im Unterhaus keine Mühe mehr, für das kommende Kriegsjahr ein Budget von 10,5 Mio. Pfund durchzusetzen. Der Betrag lag um ein Drittel höher als die Aufwendungen für 1757 und übertraf die französischen Möglichkeiten der Kriegsfinanzierung bei Weitem. Großbritannien war nun unter Pitt mehr denn je bereit, in einen langen Krieg einzutreten, den der Gegner kaum durchhalten konnte. Wie sehr Frankreich schon jetzt am finanziellen Abgrund stand, konnte man auf der anderen Seite des Kanals nur ahnen. Der Versuch der Versailler Regierung, nach 1749 eine zweite Kriegssteuer in Höhe von fünf Prozent auf Einkommen und Eigentum einzuführen (*Vingtième*) war Ende 1756 am Widerstand des Pariser Parlaments gescheitert. Zwar hatte der darüber empörte König die umstrittene Steuer trotzdem vom Kabinett beschließen lassen, aber ihre gewaltsame Eintreibung brachte längst nicht die erhofften Resultate.[12] Die Regierung versuchte, mit kurzfristigen Wechseln über die Runden zu kommen, erschütterte damit aber das Vertrauen der Finanzmärkte in seine Zahlungsfähigkeit erst recht.

Ein überraschender Lichtblick im trüben Londoner Herbst waren die im September 1757 aus Indien eintreffenden Nachrichten. Gewöhnlich hinkten sie ein halbes Jahr hinter den Ereignissen her und so erfuhr man erst jetzt, dass schon im Januar 1757 ein britisches Expeditionskorps von nicht mehr als 700 Mann, gestützt auf eine Flotte von vier Linienschiffen, genügt hatte, die Stadt Kalkutta zurückzuerobern und gleich dazu auch Chandernagore, den nördlich davon im Gangesdelta gelegenen Stützpunkt der Franzosen. Der Held der Stunde war der 33-jährige Robert Clive. Der Sohn eines Gelegenheitsrechtsanwalts aus der Grafschaft Shropshire war 1743 als Sekretär der Company nach Indien gegangen, hatte sich aber bald darauf schon in einem militärischen Kommando bewährt und war seither Soldat geblieben. Clive schien die idealen Eigenschaften eines britischen Offiziers und Befehlshabers zu verkörpern. Er besaß Selbstbewusstsein, Mut und hatte in der Schlacht bei Plassey am 23. Juni 1757 gegen das weit überlegene Heer des Naweb von Bengalen jenes kalkulierte Draufgängertum gezeigt, das es Großbritannien immer wieder ermöglichen sollte, mit wenigen Männern weite Räume unter seine Kontrolle zu bringen.[13] Die Nachricht von Clives Sieg bei Plassey traf schließlich im Februar 1758 in London ein, zur selben Zeit, als auch aus Nordwestdeutschland erste Erfolgsmeldungen die Öffentlichkeit zuversichtlicher stimmten. Unter der Führung Ferdinands von Braunschweig hatte die Hannoverisch-Hessische Observationsarmee, die auf Betreiben Pitts inzwischen ganz in britischem Sold stand, völlig überraschend eine Offensive gegen die weit verstreut in ihren Winterlagern stehenden Franzosen begonnen. Bis Mitte März war der düpierte Gegner über die Weser zurückgedrängt und nur zwei Wochen später befand sich die französische Armee nach dem Verlust von Minden bereits in vollem Rückzug auf den Rhein. Die lang erhoffte Wende des Krieges schien nun endlich in Sicht. In Schlesien bereitete sich Friedrichs Armee darauf vor, die Festung Olmütz zu belagern und damit auch Wien zu bedrohen, in Westfalen stand die Armee des Ferdinands von Braunschweig bereits kurz vor dem Rheinübergang, während in Nordamerika zwei Armeen zusammengezogen wurden, um Louisbourg und Fort Ticonderoga am Champlainsee einzunehmen.

Großbritannien profitierte mehr und mehr davon, dass sich die Kräfteverhältnisse zur See im Verlauf des letzten Jahres eindeutig zu seinen Gunsten geändert hatten. Während die französische Marine auf den im Herbst aus Louisbourg zurückkehrenden 19 Linienschiffen den

Ausfall von mehr als 4500 Seeleuten zu verkraften hatte, die an Typhus oder an Skorbut gestorben waren, hatte die britische Marine unter Ansons Leitung ihre dreijährige Schwächephase zu Beginn des Jahres 1758 endlich überwunden. Die Admiralität konnte zu dieser Zeit 82 große Linienschiffe sowie 24 kleinere mit je 50 Kanonen aufbieten, hinzu kamen 120 Fregatten. Als Besatzung standen inzwischen fast 70 000 Seeleute zur Verfügung, die vielfach aus der Handelsmarine stammten, wo man sie jetzt aufgrund eines neuen Gesetzes durch ausländische Matrosen ersetzen konnte. Anson scheute bei der Lösung des Mannschaftsproblems auch vor dosierter Gewalt nicht zurück, indem er für eine effektive Organisation der gefürchteten Pressgangs sorgte. Auch wenn die beeindruckende britische Flottenmacht in vielfältigen Aufgaben weltweit gebunden war,[14] stellten die 25 einsatzbereiten Linienschiffe in den französischen Häfen kaum noch eine Herausforderung für die britischen Inseln dar. Der chronische Mangel an Geld und Seeleuten hatte bewirkt, dass die französische Flotte im Vergleich zum Kriegsbeginn auf ein Drittel ihres Bestandes geschrumpft war. Mit einiger Not konnte Frankreich die Versorgung seiner nordamerikanischen Kolonien mit Getreide und Kriegsbedarf vorläufig aufrechterhalten, doch der französische Überseehandel war schon im Verlauf des zurückliegenden Jahres beinahe zusammengebrochen. Die Zahl der Schiffe in französischen Häfen sank gegenüber den Vorkriegswerten um mehr als 40 Prozent.[15] Ende 1757 befanden sich bereits 10 000 französische Seeleute in britischer Gefangenschaft, bis Kriegsende sollte sich dieser Aderlass noch auf mehr als 30 000 Mann erhöhen.[16]

Dass der langjährige und überaus effektive Marineminister Frankreichs, Jean Baptiste Machault d'Arnouville, zu dessen beeindruckender Bilanz der rasante Ausbau der französischen Flotte nach dem Aachener Frieden zählte, im Februar 1757 auf Druck der Pompadour vom König entlassen worden war, stärkte nicht gerade Versailles Position im atlantischen Seekrieg.

Auf der Gegenseite war es Pitt nach dem Abgang des Herzogs von Cumberland gelungen, seinen Einfluss auf die Ernennung britischer Befehlshaber erheblich auszuweiten. Als neuer Oberbefehlshaber der Streitkräfte Ihrer Majestät garantierte der 77-jährige Feldmarschall Sir John Ligonier, ein vor 60 Jahren nach Irland geflohener Hugenotte und

Mitglied der renommierten Royal Society, dass gegen den Willen Pitts kein Offizier mehr mit einem hohen Kommando betraut wurde. Dies betraf vor allem die Befehlsstruktur in Nordamerika, wo General James Abercrombie den glücklosen Lord Laudon als Oberbefehlshaber ablösen sollte. Entscheidend für Pitt war allerdings nicht der Umstand, dass John Campell, der 4. Lord von Laudon, nur eine mäßige militärische Performance aufzuweisen hatte und überdies ein Vertrauter des Herzogs von Cumberland war. Vielmehr sollte der Wechsel auch eine neue Politik gegenüber den Neuengland-Staaten glaubwürdig machen. Für eine große Offensive gegen Kanada musste das militärische Engagement der Kolonisten erheblich gesteigert werden, und das war nicht mit den brachialen Methoden Cumberlands oder Braddocks zu erreichen. Pitt war daher nicht nur um konziliantere Töne gegenüber den Kolonisten bemüht. In einem Brief an alle britischen Gouverneure teilte er die Abberufung Laudons mit und stellte klar, dass zukünftig Offiziere der Staatsmilizen bis zum Dienstgrad eines Oberst den entsprechenden Dienstgraden der britischen Armee gleichgestellt sein sollten. Im selben Schreiben versprach er außerdem, dass sämtliche Milizverbände dieselbe Ausstattung an Gewehren, Munition, Zelten und vor allem Artillerie erhalten sollten wie die regulären britischen Regimenter.[17] Die erhoffte Wirkung blieb nicht aus. Als Pitts Schreiben im März 1758 im Parlament von Massachusetts vorgelesen wurde, erhob sich frenetischer Jubel und die Abgeordneten bewilligten statt der 2000 Milizionäre, die Laudon zuvor vergebens gefordert hatte, nun sogar die dreifache Zahl. Die Reaktion in den übrigen Kolonien fiel ähnlich aus, sodass in wenigen Wochen mehr als 20000 Männer unter Waffen standen.[18]

Mit den jungen Generalen Jeffrey Amherst, James Wolfe und John Forbes betraten drei weitere Persönlichkeiten den nordamerikanischen Kriegsschauplatz, die dort schon in Kürze spektakuläre Erfolge erzielen sollten. Pitts Strategie in Nordamerika war keinesfalls neu und vielleicht nicht einmal zweckmäßig. Er wollte Kanada erobern, aber solange eine große französische Armee in Deutschland stand und jederzeit Hannover bedrohen konnte, war damit nichts gewonnen. Die Regierung Pitt brauchte jedoch unbedingt einen Erfolg, und der war aufgrund der günstigen Kräfteverhältnisse vorerst nur in Nordamerika zu erzielen.

Nach dem britischen Plan, den Pitt auch nach Laudons Ablösung nicht geändert hatte, sollten die Franzosen im Sommer an mehreren Abschnitten möglichst gleichzeitig angegriffen werden, um so ihre Streitkräfte zu zersplittern. Während am Hudson etwa 15 000 Mann unter dem Befehl von General Abercrombie bereitstanden, um auf Fort Ticonderoga zu marschieren, sammelten sich in Halifax weitere 14 000 Mann zum Angriff auf Louisbourg. Fielen beide Festungen früh genug in britische Hand, so könnten Abercrombie und Amherst die Franzosen noch im Herbst in ihrem kanadischen Kerngebiet in die Zange nehmen.

Die beste Nachricht seit Jahren – Der Fall von Louisbourg

Im Laufe des Frühjahrs hatte die britische Flotte unter dem Kommando von Admiral Edward Boscawen 23 Linienschiffe in den Häfen von Halifax, Boston und New York versammelt. Damit besaß sie erstmals ein deutliches Übergewicht zu den Franzosen, die mit vier Linienschiffen und vier Fregatten nur noch einen Bruchteil ihrer im Vorjahr aufgebotenen Flottenmacht nach Louisbourg hatten durchbringen können.[19] Das große Unternehmen, für dessen Gelingen sich Pitt in jeder Weise eingesetzt hatte, begann am 28. Mai 1758. Noch während des Auslaufens der Flotte aus dem Hafen von Halifax war der soeben aus Europa eintreffende Befehlshaber des Unternehmens, Generalmajor Amherst, an Bord eines der absegelnden Schiffe umgestiegen. Der 42-jährige Offizier galt als Protege Ligoniers und hatte zuvor in Deutschland die Versorgung der hessischen Truppen geleitet. Louisbourg war sein erstes großes Feldkommando. Amhersts Belagerungskorps von 14 000 Mann war die größte Streitmacht, die Großbritannien bisher in Nordamerika aufgeboten hatte. Sie bestand größtenteils aus britischen Regimentern, aus dem schottischen Hochland stammten zwei Bataillone, deren Angehörige eine Dekade zuvor noch als Jakobiten gegen die britische Regierung gekämpft hatten. Pitt hatte persönlich alle Bedenken hinsichtlich ihrer Loyalität vom Tisch gewischt und ihre Anwerbung befohlen. Die Angehörigen des 48. Infanterieregiments wiederum hatten seit dem

Debakel am Monongahela noch eine Rechnung mit den Franzosen offen. Amhersts erste und wohl wichtigste Maßnahme bestand darin, sich für eine Landung möglichst nahe bei Louisbourg zu entscheiden. Der soeben erst eingetroffene General entschied sich für einen Abschnitt etwa drei Kilometer westlich der Festung, den die Franzosen *La Cormorandière* nannten und dessen durch eine Reihe schroffer Felsen beherrschter Strand nicht gerade einladend auf die Ankömmlinge wirkte. Als die Briten nach zwei Tagen angespannten Abwartens in stürmischer See und Nebel am 8. Juni endlich in ihre Landungsboote steigen konnten, erwartete sie ein gut verschanzter Gegner. Die Franzosen hatten ihre Zeit genutzt und den gesamten Strand mit gefällten Bäumen beinahe unpassierbar gemacht. General James Wolfe, der das Landeskorps befehligte, hatte mit heftigem Widerstand gerechnet, doch das im Moment der Landung von allen Seiten einsetzende mörderische Feuer der etwa 1000 Verteidiger, übertraf alles, was der 31-jährige Offizier bisher erlebt hatte. Die Boote hatten nach dem ersten Schock bereits wieder abgelegt, als Wolfe gemeldet wurde, dass eine kleine britische Gruppe abseits der Hauptlandungszone an einem in die See ragenden felsigen Zipfel hatte Fuß fassen können. Kurz entschlossen dirigierte er die Masse seiner Truppen um und weitete die gegen französische Sicht geschützte Landungsstelle aus. Nach zweistündigem Kampf mussten die Franzosen erkennen, dass der britische Brückenkopf nicht mehr zu beseitigen war, und zogen sich aus Furcht, von der Festung abgeschnitten zu werden, teilweise fluchtartig zurück.[20]

Der Kommandant von Louisbourg und Gouverneur von *Île Royal*, Augustin de Drucourt, wusste, dass nach der erfolgreichen Landung der Briten der Fall der Festung nur noch eine Frage der Zeit war. Den Zeitpunkt der Kapitulation so lange wie möglich hinauszuzögern, ohne schließlich ein gewaltsames Eindringen des Gegners durch eine Bresche zu riskieren, war nach den militärischen Gepflogenheiten seiner Zeit die oberste Pflicht eines Festungskommandanten. Je länger Drucourt die Übergabe von Louisbourg hinauszögerte und je länger er mit seinen knapp 4000 Männern einer dreifachen britischen Übermacht Widerstand leistete, desto unwahrscheinlicher würde ein gegnerischer Angriff auf Quebec noch in diesem Jahr sein.

Louisbourg lag auf der westlichen von zwei Halbinseln, die den Eingang zu einer etwa zwei Kilometer langen und sich nach Norden ziehenden Bucht flankierten. In der 800 Meter breiten Zufahrt lagen einige kleine Inseln, auf deren größter die Franzosen eine schwere Batterie postiert hatten. Im Zusammenwirken mit drei anderen Batterien beherrschte sie den gesamten Raum der Bucht, die zugleich auch den französischen Linienschiffen als Hafen diente. Ein erfolgreicher Sturm auf die Festung selbst war erst möglich, wenn diese äußeren französischen Batterien von der Landseite her ausgeschaltet waren. Die brisante Aufgabe fiel erneut an General James Wolfe. Vier Tage nach der Landung der Briten in der Bucht von *La Cormorandière* setzte er sich an der Spitze eines Detachements von 1200 Mann in Marsch, um in einem weiten Bogen um die Bucht zunächst die französische Batterie auf der östlichen Halbinsel, die von den Briten Lighthouse-Batterie genannt wurden, zu nehmen. Innerhalb von nur einer Woche hatten Wolfes Männer ihren schwierigen Auftrag erfüllt. Seit dem 19. Juni dominierten britische Geschütze die Bucht und zwangen die französischen Schiffe, sich vor die Kaimauern der Festung zurückzuziehen. Durch etliche Überläufer wussten die Briten, dass die Stimmung unter den Truppen in der Festung, darunter auch viele Söldner aus deutschen Staaten und der Schweiz, von Anfang an gedrückt war. Immerhin verlieh die starke Befestigungslinie, die nach dem Beispiel des großen Vauban mit drei Bastionen, breitem Graben und Glacis Louisbourg auf der Landseite schützte, den Verteidigern in den ersten Wochen den nötigen Rückhalt. Die Angreifer waren zu einem förmlichen Belagerungsverfahren mit Annäherungs- und Parallelgräben gezwungen. Mitte Juli aber waren die Briten mit ihren Geschützen so nah an die Festung herangerückt, dass die Lage in der Festung mit jedem Tag kritischer wurde. Fast 1000 Granaten schlugen jetzt täglich in der Festung ein und die Löschtrupps der Franzosen konnten kaum noch ihrer Aufgabe gerecht werden. Ein Glückstreffer der Briten auf der *Entrepreneur*, der am 21. Juli das 64-Kanonen-Schiff und noch zwei benachbarte Schiffe in Brand setzte, leitete das Ende der Festung ein.

Nur vier Tage später drang im Schutz der Nacht zum 25. Juli eine Flottille britischer Ruderboote, zusätzlich begünstigt durch starken Nebel, in den Hafen ein. Die mit Äxten, Enterhaken und Pistolen bewaffneten Kommandos steckten die *Prudent* in Brand und zogen die *Bienfaisant*, das letzte Schiff der französischen Flotte in Louisbourg, aus dem Hafen.[21] Jederzeit konnten jetzt britische Schiffe bis an die Kaimauern heranfahren, um sie mit ihren Breitseiten zusammenzuschießen. Kommandant Drucourt verblieben dagegen nur noch drei oder vier einsatzfähige Geschütze in der Stadt. Mehr als die Hälfte der Verteidiger waren tot oder verwundet. Die Verluste auf britischer Seite waren dagegen angesichts des Erfolges mit 195 Toten und 363 Verwundeten bemerkenswert gering.

Eine Alternative zur sofortigen Kapitulation bestand nicht mehr. Am 26. Juli bot Drucourt den Briten die Übergabe von Louisbourg an. Amhersts Bedingungen waren außergewöhnlich hart. Noch voller Erbitterung über das grausame Schicksal ihrer Landsleute nach dem Fall von Fort William Henry verweigerten die Sieger den Franzosen die Ehre eines freien Abzugs mit Waffen und Fahnen. Drucourt musste akzeptieren, dass alle Verteidiger der Festung als Kriegsgefangene nach Großbritannien gebracht würden.[22] Am 27. Juli 1758 zogen die Briten gegen Mittag unter den Klängen des Grenadiermarsches in die verwüstete Stadt ein und die Franzosen legten ihre Waffen nieder. Die etwa 8000 Bewohner der Festung, Männer, Frauen und Kinder, teilten das traurige Schicksal der Acadier und wurden nach Frankreich deportiert.[23] Kapitän William Amherst, der jüngere Bruder des britischen Befehlshabers, erhielt den ehrenvollen Auftrag, die Nachricht vom Sieg nach London zu überbringen, das er in einer Rekordzeit von nur drei Wochen erreichte. Sonst kein Freund von Herzlichkeiten versicherte ihm Pitt unter Umarmungen, dass er der willkommenste Kurier sei, den das Königreich seit Jahrzehnten empfangen habe.[24] Erst wenige Tage zuvor war die Nachricht von General Abercrombies Niederlage vor Ticonderoga bekannt geworden, wo die Briten trotz einer vierfachen Überlegenheit sich als unfähig erwiesen hatten, die Franzosen aus ihren Stellungen zu vertreiben. Besonders schmerzlich für Pitt war, dass zu den fast 2000 Toten auf britisch-amerikanischer Seite auch seine große Hoffnung, Brigadegeneral George Augustus Howe, zählte.

Jetzt aber löste die Meldung vom Fall der Festung im ganzen Land ekstatischen Jubel aus. Nach drei Jahren voller Rückschläge war Louisbourg der erste echte britische Sieg und niemand mochte daran zwei-

Belagerung und Eroberung der französischen Festung Louisbourg (Nova Scotia) durch die Engländer unter General J. Amherst u. Admiral E. Boscawen, 26. Juli 1758.

feln, dass weitere Siege folgen würden. Die französische Flut wich zurück. Noch während überall im Vereinigten Königreich die Freudenfeuer brannten und in honorigen Reden eine Flut von Toasts ausgesprochen wurde, hatte sich in Nordamerika eine kampfstarke Abteilung von 3000 Kolonisten unter dem Befehl des Oberstleutnants John Bradstreet auf den 100 Kilometer langen Weg zum Ontariosee gemacht. Der 44-jährige Bradstreet war der Sohn eines britischen Leutnants und einer Kanadierin, der schon an der ersten Eroberung von Louisbourg im Jahre 1745 teilgenommen hatte und es in 20 Jahren im 51. Infanterieregiment zum Hauptmann gebracht hatte. Seine Beförderung zum Oberstleutnant durch den Gouverneur von Massachusetts hatte Lord Laudon noch im Dezember 1757 bestätigt.[25] Bradstreets lang gehegte Idee eines Angriffs auf Fort Frontenac fand nach dem Rückschlag von Ticonderoga endlich Gehör. Ambercrombie brauchte dringend einen Erfolg und das Risiko war überschaubar. Das Unternehmen stand unter äußerster Geheimhaltung, denn Fort Frontenac am Nordufer des Ontariosees war einer der wichtigsten Stützpunkte der Franzosen in Kanada. Von hier aus versorgten sie eine ganze Reihe anderer Forts im Bereich der großen Seen mit Handelsware und Nachschub. Bradstreet setzte darauf, dass die Besatzung von Frontenac zugunsten der Verteidigung Ticonderogas reduziert worden war und dass der Gegner kaum mit einem so kühnen Angriff ins Herz des französischen Kanadas gerechnet hatte. Am 22. August erreichte Bradstreets kleine Streitmacht nach einem Marsch von drei Wochen an der Stelle des zerstörten Forts Oswego das Südufer des Ontariosees. Zu seiner Erleichterung ließ sich die gefürchtete französische Flotte während der nächsten drei Tage nicht blicken, und so befahl er am 25. August, die mitgeführten 220 Boote zu Wasser zu lassen. Bradstreets Flottille steuerte die Stelle an, wo der See in den St.-Lorenz-Strom übergeht, und ließ etwa anderthalb Kilometer unterhalb des Forts die Boote an Land setzen. Frontenac war eine beeindruckende Festung mit vier steinernen Bastionen, jede fast vier Meter hoch, aber von ihren 60 Kanonen konnte jetzt kaum ein Fünftel bemannt werden. Ihr Befehlshaber, der 63-jährige Major Pierre-Jacques Payen de Noyan, hatte nur 110 Männer zur Verfügung. Durch indianische Späher war er schon seit Tagen über die Ankunft der Briten informiert, fürchtete aber, dass die sofort angeforderten Verstärkungen aus Montreal nicht mehr rechtzeitig eintreffen würden.

Als die Briten am 26. August ungehindert ihre vier Zwölfpfünder und vier Mörser kaum 150 Meter oberhalb des Forts in Stellung brachten, war das Schicksal von Frontenac besiegelt. Die Mauern der Bastionen hielten den britischen Zwölfpfündern nicht lange stand. Nach einem 24-stündigen Bombardement kapitulierte de Noyan am Abend des 27. August. Unter einer energischeren Führung hätte sich das Fort vielleicht bis zum Eintreffen der Verstärkungen nur vier Tage später halten lassen. Die Franzosen durften im Austausch gegen eine gleiche Zahl von britischen Gefangenen nach Montreal abziehen, anschließend plünderten Bradstreets Männer das mit riesigen Mengen von Vorräten und Waren versehende Fort und sprengten seine Bastionen vor ihrem Abzug. Die aus neun Kanonenbooten bestehende französische Flotte wurde versenkt. Die mitgeführte Beute hatte einen Wert von 35 000 Pfund, die Bradstreet zu gleichen Teilen an seine Leute weitergab.[26]

Sein erfolgreiches Unternehmen auf dem Ontariosee hatte kaum weniger strategische Bedeutung als der Fall von Louisbourg. Etliche Indianerstämme sahen nach dem Fall von Frontenac die Zeit gekommen, auf die Seite der Briten zu wechseln. Ein noch kühneres Unternehmen schien jetzt möglich und Bradstreet setzte sich nach seiner Rückkehr entschieden dafür ein. Mit einem Angriff auf Fort Niagara ließe sich die gesamte Position der Franzosen an den Großen Seen erschüttern. Die Tage der französischen Herrschaft am St. Lorenz schienen Ende 1758 gezählt. Am 21. November erreichte eine britisch-amerikanische Kolonne unter Brigadegeneral John Forbes den Monogahela. Daraufhin sprengte die französische Besatzung Fort Duquesne und zog sich auf Fort Machault zurück.[27] Braddocks Niederlage war damit zwar nicht vergolten, aber im Ergebnis neutralisiert. An der Stelle des alten französischen Forts errichteten die Briten eine neue Befestigung und nannten sie Fort Pitt. Später entstand an derselben Stelle die Stadt Pittsburg.

5. Unter Ferdinand von Braunschweig

»In solchen Ängsten kriegen wir die Franzosen nie wieder«

»Wenn es sich nur darum handelte, meinen eitlen Ruhm zu befriedigen, würde ich aus einem anderen Tone sprechen. Aber hiervon hängt das Wohl der Staaten ab, deshalb muß ich demgemäß handeln, und das ist es, was mich bestimmt, unerschütterlich bei meinem einmal gefassten Entschluss zu bleiben. Unter den Auspizien des Ewigen unternehme ich es, und ich habe das feste Vertrauen zu ihm, dass er mir seinen mächtigen Schutz gewähren wird.«

Ferdinand von Braunschweig an seinen Generaladjutanten
Johann Wilhelm von Reden[1]

Als Louis von Bourbon-Condé, Graf von Clermont und neuer Oberbefehlshaber der französischen Westfalenarmee, am 14. Februar 1758 in Hannover eintraf, musste er erstaunt feststellen, dass sein Vorgänger, der Herzog von Richelieu, bereits nach Paris abgereist war. Der 49-jährige Clermont, ein Urenkel des großen Condé, sollte ursprünglich Kleriker werden, hatte bald aber aus Neigung die Offizierlaufbahn eingeschlagen und sich unter Moritz von Sachsen in Belgien bewährt. Immer noch Vorsteher der einträglichen Abtei St. Germain des Près, leistete Clermont seit 20 Jahren seinen Militärdienst mit päpstlichem Dispens. Kritiker verspotteten ihn daher gern als kriegerischen Abt, halb Federbusch, halb Beffchen.[2]

Im hannoverischen Hauptquartier suchte Clermont vergebens nach Instruktionen oder Nachrichten des Abgereisten. Doch sehr bald musste er erkennen, dass ihm der »Vater der Marodeure«, der unlängst noch umjubelte Eroberer von Menorca, keine Armee, sondern eine vor sich hin siechende Ansammlung bewaffneter Männer hinterlassen hatte.

Ohne Ziel, ohne Disziplin und ohne Zelte hausten die Truppen, von Hunger und Infektionen heimgesucht, von ihren Offizieren um den Sold betrogen, unter unbeschreiblichen Bedingungen in der winterlichen Kälte. Über den Besuch einiger Hospitäler in Hannover schrieb ein entsetzter Clermont an einen Freund, dass der höllische Gestank dort selbst Gesunde umbringen würde.[3] In der Residenzstadt an der Leine, wo das blanke Elend herrschte, machte unter den Bürgern bereits das Wort die Runde, dass Deutschland der Kirchhof der Franzosen geworden sei.[4]

Voller Sarkasmus fasste Clermont in einem Brief vom 20. Februar 1758 an seinen königlichen Vetter in Versailles seine prekäre Lage zusammen: »Die Armee Ihrer Majestät ist in drei Teile gespalten. Jenes Drittel, das noch nicht unter der Erde liegt, besteht aus Plünderern und Befehlsverweigerern, das zweite Drittel liegt bereits unter der Erde und das letzte Drittel füllt die Hospitäler. Soll ich mich mit dem ersten Teil zurückziehen oder warten, bis er mit den anderen beiden vereint sein wird?«[5]

Die Antwort erteilte ihm der Gegner. Clermont hatte sein neues Kommando noch nicht wirklich angetreten, da begann am 18. Februar die Hannoverisch-Hessische Observationsarmee unter Ferdinand von Braunschweig, ihre Offensive gegen die weit über Norddeutschland verstreuten Franzosen. Der jüngere Bruder des regierenden Herzogs Karl von Braunschweig-Wolfenbüttel und Schwager des Königs von Preußen hatte die Zeit seit seiner Befehlsübernahme im November 1757 nicht ungenutzt verstreichen lassen. Aus den demoralisierten und heterogenen Kontingenten der Hannoveraner, Hessen, Braunschweiger und Bückeburger, die nach Cumberlands Abgang von den Franzosen in einem engen Brückenkopf um Stade zusammengedrängt worden waren, formte er in weniger als drei Monaten wieder eine schlagkräftige Armee von 35 000 Mann. Der Braunschweiger zeigte dabei ein erstaunliches Geschick, durch eine Mischung aus demonstrativer Solidarität mit dem einfachen Musketier und effektiver Logistik die Moral seiner Regimenter deutlich anzuheben und sich einen dauerhaften Ruf als fürsorglicher Truppenführer zu erwerben.[6]

Ferdinand war inzwischen klar geworden, dass er sich mit seinem Wechsel unter die britisch-hannoverischen Fahnen in eine außergewöhnlich delikate Lage begeben hatte. Obwohl für ihn jetzt nur noch die Befehle des britischen Monarchen Georg II. maßgebend sein sollten, der wiederum seine oberste Befehlsgewalt nur als deutscher Kurfürst ausübte, behielt er doch seinen Rang als preußischer Generalleutnant und fühlte sich – zumindest anfänglich – immer noch seinem alten Potsdamer Kriegsherrn und Förderer verpflichtet. Friedrich wusste dies auch trefflich auszunutzen und bombardierte seine »Leihgabe« weiterhin mit Kritik oder Ratschlägen. Dessen ungeachtet aber erhob auch das britische Kabinett unter William Pitt ein maßgebliches Mitspracherecht. Ferdinands Armee war immerhin von den Zahlungen des Parlaments abhängig und seine Operationen sah man in London inzwischen als Teil einer britischen Gesamtstrategie gegen Frankreich.[7]

Das probateste Mittel gegen den dreifachen Druck war der Erfolg und den hatte der erst 36-jährige Feldherr nach einer zweimonatigen Winterpause in kaum erwartetem Maß. Auch wenn die ihm unterstehenden Regimenter hinsichtlich Drill, Manöverpräzision und Disziplin keinen Vergleich mit den gewohnten preußischen Standards aushielten, gelang es Ferdinand, die Franzosen, um deren Disziplin und Kampfgeist es noch viel schlechter stand, über die Aller, die Weser und schließlich auch über den Rhein zu drängen. Dem überrumpelten Clermont blieb keine Zeit, aus seinen weit verstreuten und dezimierten Regimentern noch einmal eine schlagkräftige Truppe zu bilden. In einem Wettlauf mit dem Gegner musste er retten, was zu retten war, und das war nicht viel. Zu ernsthaften Kämpfen kam es kaum noch, nachdem mit Hoya und Verden gleich zu Beginn der Offensive zwei Schlüsselpositionen der Franzosen genommen werden konnten.

Begeistert von den sich überstürzenden guten Nachrichten schrieb Friedrich aus dem fernen Breslau an seinen Schwager und ehemaligen Schützling, dass er bloß alle Franzosen mit dem Zeichen des Westfälischen Friedens [IPO – Instrumentum Pacis Osnabrugensis] auf dem Hintern brandmarken und sie so über den Rhein jagen möge.[8] Als Clermonts Truppen sich am 31. März bei Wesel glücklich über den Strom retten konnten, hatten sie seit Beginn der Offensive allein 16 000 Mann als Gefangene und Dutzende von Geschützen verloren. Von der stolzen Armee ihrer Allerchristlichsten Majestät, die im Vorjahr mit fast 100 000 Mann an derselben Stelle ihren Vormarsch nach Deutschland begonnen hatte, war Clermont kaum die Hälfte geblieben. Mit satter Geringschätzung kommentierte der unbekannte Verfasser des preußischen Generalstabswerks den spektakulären Abschluss des sechswöchigen Winterfeldzuges: »Der große Kehraus war beendet.«[10] Frankreich hatte sein zweites »Rossbach« erlitten.

Alle Gesichter seien von Angst gezeichnet, schrieb der junge Louis Marie Fouquet, Graf von Gisor, an seinen Vater, den Herzog von Belle-Isle,[11] und Georg Ludwig, der Herzog von Holstein-Gottorp und Kommandeur des an Ferdinand detachierten preußischen Kavalleriekorps, bedauerte Ende März gegenüber seinem Oberbefehlshaber, dass er nun mit seinen Leuten in die Quartiere einrücken müsse, denn »in solchen Ängsten kriegen wir die Franzosen nie wieder.«[12] Eine gewaltige Menge an Vorräten und Kriegsmaterial war in die Hände seiner Husaren und Dragoner gefallen, die sich dem Gegner fast jeden Tag dicht an die Fersen geheftet hatten.

Den zermürbten Franzosen schien auch der Rhein keine Sicherheit mehr zu bieten, und Clermont dachte zum Entsetzen des Versailler Hofes bereits an einen weiteren Rückzug bis zur Maas. Selbst der König sah sich genötigt, einen zornigen Brief an seinen Vetter zu schreiben und ihm zu befehlen, die Rheinlinie um jeden Preis zu halten. Der 73-jährige Herzog Belle-Isle wiederum, inzwischen zum Kriegsminister avanciert, versprach vollmundig, die Westfalenarmee bis zum Sommer wieder auf 80 000 Mann zu bringen.[13] Tatsächlich gelangte aber in den folgenden Wochen nur wenig brauchbarer Ersatz an den Niederrhein. Hunderte von jungen Leuten musste Clermont zurückschicken lassen, da sie körperlich dem Militärdienst nicht annähernd gewachsen waren.[14]

Von den Erfahrungen der letzten Wochen nachhaltig verunsichert, neigte der sonst hochmütige Clermont inzwischen dazu, seinen Gegner zu überschätzen. Er ahnte nicht, dass Ferdinands Armee ebenfalls am Ende ihrer Kräfte stand und dass der Braunschweiger Anfang April selbst kaum noch 15 000 Mann unter Waffen bringen konnte.[15] Ferdinand war zunächst froh, mit seinen vom sechswöchigen Winterkrieg gezeichneten Truppen in Westfalen Quartier beziehen zu können. Der rasche Vormarsch, die raue, feuchte Witterung und die miserablen Straßenverhältnisse hatten ihren Tribut gefordert. Mehr als 6000 seiner

Leute füllten die Lazarette und etliche Kontingente hatte er als Besatzungen zurücklassen müssen.

Auch mit einer durch britische Subsidien wieder auf die alte Stärke gebrachten Armee wollte Ferdinand sich zunächst darauf beschränken, entlang der Lippe eine neue Verteidigungslinie zu beziehen. Mit dieser plötzlichen Passivität der neuen Feldherrenikone konnte der große Zahlmeister Pitt nicht einverstanden sein. Der Meister der geschliffenen Rhetorik, der sich in seiner 20-jährigen Parlamentslaufbahn den respektvollen Titel *Great Commoner* erworben hatte, musste die gewaltige Summe von 657000 Pfund, zu deren Zahlung sich Großbritannien am 11. April 1758 gegenüber Preußen verpflichtet hatte, im Parlament durchbringen. Dafür beanspruchte er handfeste Gegenleistungen. Pitt stand in diesen Monaten, da sich das Kriegsglück erst allmählich der britischen Seite zuwandte, unter gewaltigem Druck und zögerte nicht, ihn an den Deutschen weiterzugeben. Ferdinand müsse möglichst rasch den Rhein überqueren, lautete seine Forderung, die er im Laufe des Aprils mehrfach wiederholte.[16] Noch ehe die Franzosen sich von ihren jüngsten Verlusten erholen konnten, sollte die hannoverisch-hessische Armee Clermonts Stellung zwischen Wesel und Köln von Norden her aufrollen und die Reste des Gegners zum Rückzug in die österreichischen Niederlande zwingen. Pitts Ehrgeiz ging sogar so weit, dass er bereits an eine Invasion Frankreichs dachte, die er durch eine Reihe von Landungen in der Bretagne unterstützten wollte. Der Braunschweiger war diplomatisch genug, Pitts weitreichende Wünsche nicht direkt abzulehnen. Stattdessen betonte er, dass vor einem Rheinübergang der ganzen Armee wenigstens die Festung Wesel, die immer noch von vier französischen Infanterieregimentern gehalten wurde, genommen werden müsse. Dann wieder wandte Ferdinand ein, dass ein Übergang nahe der Grenzstadt Emmerich nur möglich sei, wenn auch die benachbarten Generalstaaten Frankreich den Krieg erklären würden.[17] Auch der Vorschlag einer nur begrenzten Operation auf dem linken Rheinufer konnte Pitt nicht überzeugen. Ein kleines Korps von 7000 Mann könne, so hatte Ferdinand vorgeschlagen, den Strom überqueren, einige französische Quartiere im Raum Kleve überfallen, um sich dann wieder zurückzuziehen.

Schließlich gab der Braunschweiger den Briten nach, zumal sich jetzt auch Friedrich für einen kräftigen Vorstoß über den Rhein aussprach. Der König zeigte sich plötzlich geradezu begeistert von den Möglichkeiten, die ein erfolgreicher Rheinübergang der britisch-preußischen Allianz bot. So könnten vielleicht sogar die Generalstaaten in den Krieg eintreten, in jedem Fall aber würde ein Rückzug Clermonts über die Maas die Entsendung eines französischen Hilfskorps nach Sachsen oder Böhmen nahezu unmöglich machen.[18] Um genügend Boote für den Übergang zusammenzubekommen, sandte Ferdinand Mitte Mai einen Agenten in die Niederlande, der über einen Generalunternehmer aus Utrecht die erforderlichen 80 Schiffe beschaffen konnte. Der Hauptübergang sollte Anfang Juni mit einem starken Korps von 14 000 Mann und 44 Geschützen durchgeführt werden, das Ferdinand bis zum 27. Mai bei Coesfeld zusammengezogen hatte. Ein weiteres Korps aus 28 Bataillonen Infanterie und 30 Eskadronen Kavallerie war zur selben Zeit unter Generalleutnant Graf August Friedrich von Spörcken bei Dülmen versammelt worden, um die Festung Wesel zu bedrohen und die Franzosen dadurch von der tatsächlichen Übergangsstelle abzulenken.[19] Das Täuschungsmanöver blieb jedoch ohne den gewünschten Erfolg. Der Kommandant der Festung Wesel verweigerte die zweimal geforderte Übergabe. Clermont wiederum war schon seit Mitte Mai durch Agenten über die Bewegungen des Gegners im Raum Coesfeld orientiert, glaubte aber nur an einen begrenzten Rheinübergang. Der Franzose schwankte in diesen Wochen zwischen kühnen Projekten und ängstlichem Zaudern. An einem Tag neigte er dazu, von seinem Brückenkopf bei Düsseldorf den Gegner auf der rechten Rheinseite im Rücken zu fassen, dann wieder glaubte er, dass ein weiterer Rückzug über die Maas unvermeidlich sei. Selbst eine Verzögerung des Brückenschlages der Observationsarmee um 24 Stunden, hervorgerufen durch die Proteste der niederländischen Schiffer, die hinter die wahren Absichten der Deutschen gekommen waren, half den Franzosen nicht.[20] Als Ferdinands Bataillone mit Holstein-Gottorps Kavallerie an der Spitze in der Nacht zum 2. Juni 1758 in Flachbooten den Strom überquerten, stießen sie nur auf eine geringe Zahl an Gegnern, die zudem völlig überrascht waren. Am folgenden Morgen hatte Ferdinand, der den Übergang persönlich kommandierte, die Masse seines Korps bereits auf das linke Ufer gebracht. Inzwischen war auch die Pontonbrücke bei Lobith fertiggestellt, sodass die Artillerie und der Train folgen konnten. Schon am selben Nachmittag zog der Braunschweiger unter dem Jubel der Bevölkerung in die Stadt Kleve ein.[21] Die französische Besatzung hatte sich unter Zurücklassung aller Kranken und Marschuntauglichen überstürzt nach Kalkar und weiter auf Xanten zurückgezogen. Versailles war alarmiert. Von Belle-Isle gedrängt, ließ sich Clermont davon überzeugen, seine Truppen endlich zusammenzuziehen und dem Gegner möglichst nah an der Übergangsstelle eine Schlacht anzubieten. Damit kam er Ferdinands Wünschen sehr entgegen, der mehrfach geäußert hatte, dass der Rheinübergang keinerlei Wert habe, wenn es nicht gelänge, die französische Armee zu schlagen.[22] An das Korps des Generals Spörcken ging der Befehl, nur vier Bataillone und einige Schwadronen vor Wesel zu belassen und mit dem Rest so rasch wie möglich auf das linke Rheinufer zu folgen. Da die ursprünglich auf holländischem Gebiet errichtete Pontonbrücke nach Rees verlegt werden musste, um diplomatische Schwierigkeiten mit Den Haag zu vermeiden, dauerte es bis zum 10. Juni, ehe Ferdinand die Masse seiner Armee bei Sonsbeck westlich von Xanten versammeln konnte. Clermont hatte inzwischen seine Armee aus insgesamt 87 Infanteriebataillonen und 111 Eskadronen in einer Stellung bei Rheinberg mit Front nach Westen in Stellung gebracht. Seine Position bot zwar eine Reihe taktischer Vorteile, verlief aber nur wenige Kilometer westlich des Rheins, der bei ungünstigem Verlauf der Schlacht zur Falle werden konnte.

Sobald Ferdinand die Aufstellung der Franzosen ausgemacht hatte, zeigte er sich über Clermonts Entgegenkommen hocherfreut und entwickelte sofort einen Angriffsplan nach friderizianischem Schema. Während der rechte Flügel und das Zentrum des Gegners nur frontal beschäftigt werden sollten, hatte das preußische Kavalleriekorps unter dem Herzog von Holstein-Gottorp den Auftrag, Clermonts linken Flügel zu umfassen und der französischen Armee insgesamt den Rückzug nach Süden zu verlegen. Der sonst bewährte General schlug jedoch mit seinem Detachement in der Nacht zum 11. Juni den falschen Weg ein und erschien am Morgen unvermutet im Rücken der eigenen Armee. Verärgert über den Irrtum verschob Ferdinand seinen Angriff auf den nächsten Tag. Clermont hatte jedoch die Absicht des Gegners erkannt und fürchtete, durch einen Angriff auf seinen linken Flügel von seinen Magazinen abgeschnitten zu werden. Er nutzte daher die Galgenfrist und zog in der folgenden Nacht mit seinen 50000 Mann, welche die Stärke der Angreifer fast um das Doppelte übertrafen, nach Moers ab. Seine Entscheidung löste unter den französischen Offizieren Wut und Ratlosigkeit aus. Der Graf von Clermont sei völlig von seinen Ratgebern abhängig und unfähig, einen selbstständigen Entschluss zu fassen, schrieb der Graf von Gisor an seinen Vater. Belle-Isle aber konnte nichts anderes tun, als seinen General daran zu erinnern, dass es wohl besser gewesen wäre, den Rückzug erst nach einer ungünstig verlaufenen Schlacht anzutreten als ganz ohne Kampf. Die Ehre der französischen Waffen müsse nun unbedingt wiederhergestellt werden, mahnte der Kriegsminister und brachte damit auch das allgemeine Entsetzen des Versailler Hofes zum Ausdruck.[23] Belle-Isle hatte sofort die Gefahr erkannt, die der durch Clermonts Rückzug isolierten Festung Wesel drohte, und den König davon überzeugt, das für Böhmen bestimmte Hilfskorps des Generals Soubise nach Düsseldorf heranzuziehen. Inzwischen war Clermont, der sich durch Ferdinands Vormarsch auf Rheurdt erneut in seiner linken Flanke bedroht fühlte, noch weiter auf Neuss zurückgegangen. Als er am 15. Juni dort eintraf, wurde ihm jedoch rasch klar, dass die massive Kritik im Heer und auch in Versailles an seiner bisherigen Führung keine andere Wahl ließ, als dem Braunschweiger noch einmal entgegenzuziehen. Selbst der letzte Musketier begann an der Führung zu zweifeln, als nach einem Gewaltmarsch von 30 Kilometern schon am nächsten Tag wieder kehrtgemacht werden sollte.

Kein zweites Rossbach – Ferdinand von Braunschweig bezwingt die Franzosen in der Schlacht von Krefeld

Als Clermont nach seiner Umkehr am 18. Juni die Gegend südlich von Krefeld erreichte, hatte ihn sein Angriffsgeist schon wieder verlassen.[24] Ein als Landwehr bezeichnetes Grabensystem, der seit dem Mittelalter die Grenze zwischen Kurköln und der Grafschaft Moers markierte, erschien dem Franzosen als ideale Position, in der sich die weiteren Schritte des Gegners ohne größere Gefahr abwarten ließen. Das von Osten nach Westen verlaufende Hindernis bestand aus drei dicht nebeneinander verlaufenden Gräben, in denen noch Wasser stand und deren etwa vier Meter hohe Böschungen dicht mit Bäumen und Buschwerk gesäumt waren. Insgesamt bot die Landwehr nach dem Urteil des Preußischen Generalstabswerks eine hervorragende Verteidigungsstellung. Auf einer Länge von zehn Kilometern war sie nur von wenigen Lücken unterbrochen, welche die Franzosen in den folgenden Tagen gut verbarrikadierten.[25] Obwohl Ferdinand, der seine Armee nordwestlich von Krefeld zwischen Kempen und Hüls versammelt hatte, auch nach zweitägiger Erkundungsphase nur eine ungenaue Vorstellung von der Aufstellung und der Stärke der Franzosen besaß, war er entschlossen, den Gegner in seiner starken Position anzugreifen. In der Nacht zum 23. Juni erhielten die Kommandeure ihre Befehle. Die Truppe stand seit 1 Uhr morgens marschbereit. Ferdinand hatte seine 30000 Mann zunächst in vier Kolonnen unterteilt. Die erste unter Graf von Spörcken hatte den Auftrag, mit 13 Bataillonen und 23 Eskadronen zwischen Krefeld und Rhein gegen den rechten Flügel der Franzosen vorzugehen und ihn möglichst lange zu binden. Unterstützt von einem Dutzend schwerer Geschütze sollte er den Schwerpunkt des Angriffs vortäuschen, während Ferdinand selbst mit zwei Infanteriekolonnen und der Kavallerie des Herzogs von Holstein-Gottorp den Versuch unternahm, in einer weit ausholenden Bewegung über St. Tönis und Anrath den linken Flügel der Franzosen in einem Umfassungsangriff zu zerschlagen. Um die Lücke zwischen seinen beiden Flügeln nicht zu groß werden zu lassen, hatte Ferdinand befohlen, aus Spörckens Truppen eine fünfte Kolonne aus sechs Bataillonen und sechs schweren Geschützen zu bilden, die unter dem Befehl des Generals Christoph Ludwig von Oberg den mittleren Teil der Landwehr angreifen sollte.

Die Infanterie seines rechten Flügels hatte Ferdinand seinem gleichnamigen Neffen, Karl Wilhelm Ferdinand, Erbprinzen von Braunschweig, dem späteren Heerführer Preußens bei Valmy und Auerstedt, unterstellt. Wegen des schwierigen Geländes aus zahllosen Abflussgräben und dichtem Buschwerk nahm ihr Anmarsch den gesamten Vormittag in Anspruch. Erst gegen 14 Uhr, drei Stunden nachdem Spörckens Artillerie das Feuer auf den rechten französischen Flügel eröffnet hatte, konnten sich die 17 Bataillone des Erbprinzen vor einem großen Graben zum Angriff formieren. Eine halbe Stunde später eröffneten

Johann Georg Ziesenis der Jüngere: Porträt des Herzog Ferdinand von Braunschweig-Wolfenbüttel (1721–1792), preußischer Feldmarschall, in seiner Robe des Hosenbandordens.

die mitgeführten acht Geschütze und drei Mörser das Feuer und die Truppe überwand an mehreren Stellen einen großen, drei Meter tiefen Graben, der von Süden auf die Landwehr zulief und den linken französischen Flügel im Bereich der Holterhöfe schützte. Ferdinand profitierte davon, dass Clermont die hier drohende Gefahr zu lange unterschätzte. Erst gegen 13 Uhr ließ er zum Generalmarsch schlagen und unterbrach den Mittagstisch mit seinen Offizieren. Unterstützt von General von Oberg, der mit seiner Kolonne die Landwehr im Bereich der Ortschaft Hückesmay durchbrechen konnte, gelang es den Bataillonen des Erbprinzen, sich nach etwa zweistündigem Kampf auf dem Plateau jenseits des großen Grabens zu etablieren und die französische Infanterie zurückzudrängen. Die Reste der hier eingesetzten 15 Bataillone des Generals Claude Louis Saint Germain mussten sich in den Schutz der französischen Kavallerie zurückziehen. Clermont hatte seine Reiterei in zweiter Linie postiert, von wo aus sie einige beherzte Attacken unternahm und die nachdrängenden Bataillone des Braunschweiger Erbprinzen auf Distanz hielt. Bei einem ihrer ersten Angriffe wurde auch der Graf von Gisor, der als Oberst ein Karabinier-Regiment führte, vom Pferd geschossen. Er verstarb drei Tage später in einem Lazarett in Neuss. Da Clermont sich zu lange von Spörckens Bombardement auf den rechten Flügel hatte täuschen lassen, trafen die endlich in Marsch gesetzten Verstärkungen zu spät ein, um auf seinem linken Flügel noch eine Wende zu bewirken. Obwohl mehr als 50 seiner Bataillone überhaupt nicht an den Feind geraten waren, entschloss sich Clermont mit seiner Armee vom Schlachtfeld abzuziehen, was immerhin in guter Ordnung geschah, da die erschöpften Bataillone des Erbprinzen, nachdem sie fast 20 Stunden marschiert waren und gekämpft hatten, zu einer ernsthaften Verfolgung nicht mehr fähig waren.

Auf der Basis eines gewagten Plans hatte Ferdinand von Braunschweig seinen ersten Sieg erfochten. Mit nur 30000 Mann war es ihm gelungen, eine überlegene französische Armee aus einer hervorragenden Stellung zu vertreiben und dem Gegner beinahe drei Mal höhere Verluste zuzufügen, als er selbst hatte hinnehmen müssen. Allerdings konnte Clermont seine Verluste, die etwas über 4000 Mann gelegen hatten, durch Heranziehung verschiedener Detachements vorerst ausgleichen. Obwohl er somit seinem Gegner immer noch mehr als 50000 Mann entgegenstellen konnte, zog er sich über Neuss hinaus auf Worringen und Köln zurück. Dort erreichte ihn die Nachricht von seiner Ablösung. Die Entscheidung dazu hatte der Ministerrat getroffen, noch ehe die Nachrichten von Krefeld in Versailles eingetroffen waren. Zu seinem Nachfolger bestimmte man den General Louis George Marquis von Contades. Der nach Clermont ranghöchste Offizier in der Westfalenarmee galt allerdings nur als Übergangslösung.

Trotz seines Sieges hatte sich die operative Lage des Braunschweigers auf dem linken Rheinufer kaum verbessert. Gewiss hatte der Ausgang der Schlacht Ferdinands Koalitionsarmee neuen Zusammenhalt gegeben und hohe Erwartungen geweckt. Da aber die Franzosen weiterhin Wesel und Düsseldorf hielten, während die verbündete Armee auf ihre einzige Übergangsstelle bei Rees angewiesen blieb, war an einen energischen Vorstoß über die Maas nicht zu denken.

Immerhin erwiesen sich die politischen Konsequenzen der siegreichen Schlacht von Krefeld als weitreichend. In Großbritannien löste die Nachricht von Ferdinands Erfolg große Begeisterung aus und steigerte die Popularität des Deutschen ungemein. Gegen Pitts Entschluss, die alliierte Armee nun auch mit britischen Truppen zu verstärken, regte sich im Parlament jetzt kaum noch Widerstand. Von dem aus St. Malo zurückkehrenden Kontingent wurden sechs Bataillone Infanterie zu 900 Mann und 14 Eskadronen Kavallerie für die erneute Verschiffung nach Emden vorgesehen. Das insgesamt 8500 Mann starke Korps unter Führung von Generalleutnant Charles Spencer Churchill, dem 3. Herzog von Marlborough, traf allerdings erst am 3. August im Hafen von Emden ein.[26] Inzwischen hatte Ferdinand am 7. Juli 1758 die Stadt Düsseldorf zur Übergabe zwingen können, musste es aber hinnehmen, dass ein kleines französisches Korps aus etwa 4500 Mann unter dem Befehl des Generals François de Chevert hinter seinem Rücken zur Lippe vorgestoßen war. Dort hatte es sich durch Teile der Weseler Besatzung verstärkt und hatte am 5. August den Übergang bei Rees angegriffen. Ferdinand hatte Glück. Der Überfall der Franzosen war noch einmal am geschickten Widerstand der als Brückenschutz eingesetzten sechs hannoverischen Bataillone gescheitert.[27] Doch der Rückzug über den Rhein nach Westfalen war bei wachsenden Versorgungsschwierigkeiten unvermeidbar geworden. Die eigenen Brotvorräte reichten nur noch bis zum 5. August und der Hochwasser führende Rhein zwang zum Abbruch der Pontonbrücke bei Rees. Zu allen Widrigkeiten fügte es sich, dass inzwischen auch die Franzosen am Main wieder aktiv geworden waren. Auf Druck von Kriegsminister Belle-Isle hatte Soubise mit seinem Korps aus deutschen und schweizerischen Regimentern am 16. Juli 1758 Marburg eingenommen. Eine 7000 Mann starke Vorhut unter dem Herzog von Broglie war eine Woche später bei Sandershausen nördlich von Kassel auf ein schwächeres hessisches Kontingent gestoßen und hatte es praktisch zersprengt.[28] Der Weg nach Hannover schien damit für Soubise frei. Ferdinand musste handeln und Kräfte zur Weser verschieben. Mit einer Mischung aus Glück und Geschick gelang es ihm, seine Armee in einem Gewaltmarsch von seinem Gegner zu lösen und am 8. August über eine neue bei Griethausen errichtete Brücke das rechte Rheinufer zu erreichen. Vier Tage später vereinigte er seine Truppen mit den britischen Verstärkungen in Coesfeld.

Auf den ersten Blick schien der zweimonatige Feldzug der Observationsarmee auf dem linken Rheinufer ein Fehlschlag gewesen zu sein. Trotz ihrer Niederlage bei Krefeld hatten die Franzosen ihre Lage konsolidieren können und der erhoffte Kriegseintritt der Generalstaaten war unterblieben. Auf der Habenseite ließ sich jedoch verbuchen, dass den Franzosen mit Ferdinand von Braunschweig nunmehr ein versierter und auch in Krisenlagen umsichtiger Feldherr gegenüberstand. Aus zusammengewürfelten norddeutschen Truppen hatte der Braunschweiger eine schlagkräftige Armee geformt, die inzwischen auch auf direkte britische Unterstützung zählen konnte. Am meisten aber honorierte Friedrich die Leistungen seines ehemaligen Generals, der es mit seinem Rheinübergang immerhin verhindert hatte, dass Soubises Korps nach Sachsen marschierte.

6. 1759 – Das asymmetrische Kriegsjahr

Minister Choiseuls strategische Fantasien

»Unser Überseehandel ist ruiniert, der Verlust Kanadas noch in diesem Jahr so gut wie sicher. Unsere Handelsposten in Afrika sind zerstört oder von den Engländern besetzt. Dagegen ist unsere Position in Indien trotz der Erfolge von Admiral Dupleix keineswegs so günstig, wie sich das manche gerne einreden. Alle unsere Versuche, neutrale und verbündete Mächte zu einem Bündnis gegen die Engländer zu bewegen, sind fruchtlos geblieben ... Der Krieg in Deutschland zieht sich in die Länge und scheint zu nichts zu führen. Angesichts dieser Lage bleibt mir nur, den König über ein Projekt zu informieren und um seine Zustimmung zu bitten, das der Marschall Belle-Isle ausgearbeitet hat und das in der Tat eine außergewöhnliche Unternehmung darstellt.«

Memorandum des Herzogs von Choiseul
für den *Haut Conseil* vom 14. Juli 1759[1]

Frankreichs neuer Außenminister, Etienne François Graf von Stainville, schien in seiner Persönlichkeit sämtliche typischen Eigenschaften eines französischen Hochadligen zu vereinen. Der Lothringer, den Ludwig XV. im August 1758 zum Herzog von Choiseul erhoben hatte, galt als arrogant, skrupellos und gewandt. Er verstand es bestens, der Eitelkeit seines Monarchen zu schmeicheln und sich auch mit einigem Geschick die Gunst der unberechenbaren Pompadour zu erhalten. Richard Waddington charakterisierte den Nachfolger des glücklosen Abbé Bernis als rastlosen Arbeiter, zugleich aber auch als ausgesprochenen Liebhaber der feinen Salons.[2]

Choiseul hatte seine Karriere als Soldat begonnen und mit Auszeichnung unter dem großen Moritz von Sachsen in Belgien gekämpft. Zum *Marschall de Champs* (Brigadegeneral) befördert, war er bald nach dem Aachener Friedensschluss in die Politik gewechselt und 1753 als Gesandter nach Rom geschickt worden. Drei Jahre später ernannte ihn der König zum Vertreter Frankreichs in Wien, dem wohl prestigeträchtigsten Posten der französischen Diplomatie. Mit der Politik der europäischen Mächte war der erst 40-jährige Diplomat bestens vertraut und beanspruchte – wie sein britischer Antipode William Pitt – von Anfang an eine führende Rolle im Kabinett. Er war tatkräftig, durchsetzungsstark, auch fantasievoll und hätte zu einem großen Gegner des Briten werden können. Wie Pitt zeigte sich Choiseul kompromisslos und setzte sich wie der *Great Commoner* dafür ein, dass der Krieg der beiden Großmächte bis zur letzten Entscheidung ausgefochten wurde. Doch bei aller Brillanz und Entschlossenheit neigte Choiseul auch dazu, an den Erfolg utopischer Projekte zu glauben, und dies machte ihn in dem großen Duell mit dem Briten zum Verlierer.[3]

Frankreich müsse angesichts seiner kritischen Lage, so forderte Choiseul, den Gegner direkt angreifen und ihn in die Knie zwingen. Allein eine erfolgreiche Landung in England könne das französische Kolonialreich jetzt noch retten, denn damit würde unweigerlich das britische Finanzsystem zusammenbrechen. Der Gedanke, einen Stoß direkt ins Herz des Gegners zu führen, schien auf den ersten Blick bestechend. Das Inselreich mit seiner nur kleinen Armee war verloren, wenn es 50000 Franzosen tatsächlich glückte, an der Themsemündung Fuß zu fassen. Dass die französische Flotte, die den Kanalübergang abschirmen sollte, zu Beginn des Jahres 1759 kaum mehr als 20 Linienschiffe bemannen konnte und damit nur noch ein Fünftel der britischen Flottenmacht ausmachte, konnte Choiseul nicht beirren. Kaum im Amt verlor er keinen Tag, um sein großes Landungsprojekt in die Tat umzusetzen. Mit seinem unwiderstehlichen Elan gelang es ihm recht schnell, die von den jüngsten Rückschlägen demoralisierte Versailler Ministerrunde und besonders den alten Marschall Belle-Isle, auf seinen Kurs einzustimmen.[4]

Für Choiseul konnte es nur einen Frieden geben, der Frankreichs Ehre und seinen Ruf als verlässlicher Verbündeter wahrte. Vor allem dieser unnachgiebigen Haltung verdankte er die Nachfolge Bernis, der mit seinen ängstlichen Reden von einem Frieden um jeden Preis die Verbündeten wiederholt irritiert hatte. Man könne nicht mit Ehre einseitig aus dem Bündnis mit Österreich ausscheiden, erklärte dagegen Choiseul. Ebenso sahen es der König und die austrophile Pompadour, und der neue Außenminister brachte das Kunststück fertig, Habsburg freiwillig zu einer substanziellen Minderung seiner vertraglichen Ansprüche an Frankreich zu bewegen. Im sogenannten Dritten Versailler Vertrag vom 30. Dezember 1758 verständigten sich der Bourbonenstaat und Österreich auf eine Auflösung ihres Offensivbündnisses vom 1. Mai 1757. Kaunitz und die Kaiserin verzichteten endgültig auf das ihnen zugesagte Hilfskorps, an dessen Erscheinen auf dem sächsischen Kriegsschauplatz sie ohnehin nicht mehr geglaubt hatten. Frankreich war nun nicht mehr verpflichtet, bis zur Eroberung von Schlesien und der Grafschaft Glatz im Krieg zu verbleiben, verzichtete zugleich aber auch auf die zugesagten territorialen Entschädigungen in den österreichischen Niederlanden. Wien akzeptierte sogar in einem weiteren, geheimen Papier eine Verringerung der ursprünglich von Frankreich zugesagten Subsidien. Das so gesparte Geld – immerhin jährlich fast neun Mio. Gulden oder 21 Mio. Livres – hoffte Choiseul für sein Landungsprojekt verwenden zu können, über das schon bald Paris und schließlich auch ganz Europa sprach. Der Bau Hunderter von Flachbooten in den Kanalhäfen, die nur einem Zweck dienen konnten, ließ sich kaum geheim halten. Choiseul und Belle-Isle planten im großen Stil. Nach einer Vorlage, die beide dem Kabinett am 14. Juli 1759 präsentierten, sollte die Hauptlandung im November mit einer Armee aus rund 48 000 Mann (60 Bataillone und 40 Eskadronen) nahe Portsmouth erfolgen. Dazu würden insgesamt 225 spezielle Boote hergestellt, von denen jedes 50 Pferde fassen konnte und mit einer Kanone im Bug versehen war. Außerdem sollten in Le Havre 100 Versorgungsschiffe zum Transport von Verpflegung, Munition und Artillerie versammelt werden. Zwölf Prähme nach schwedischer Bauart mit je 24 Geschützen und zwei Mörsern bildeten den unmittelbaren Geleitschutz im Kanal.[5]

Eine kleinere Landung von 20 000 Mann (24 Bataillone und ein Regiment Dragoner) im schottischen Clyde ginge dem voraus, um die nur noch mit geringen Kräften im Mutterland präsente britische Armee weiter zu zersplittern.[6] Allein diesem Zweck diente auch die fortgesetzte Präsenz einer starken französischen Armee an Rhein und Main. Choiseul kümmerte es wenig, ob Hannover tatsächlich noch einmal besetzt werden konnte. Ihm kam es allein darauf an, dass der kontinentale Krieg möglichst viele britische Truppen fesselte.

Ob der Außenminister tatsächlich geglaubt hatte, auch Schweden und Russland in sein Unternehmen einbeziehen zu können, ist ungewiss. Jedenfalls verhandelte er seit Januar 1759 mit Vertretern beider Mächte über eine Beteiligung an der Operation. Ein russisches Korps von 12000 Mann könne in schwedischen Schiffen von Norwegen aus nach Schottland gebracht werden, was bei günstiger Witterung, so Choiseuls Kalkül, in weniger als 30 Stunden zu bewältigen war. Selbst als beide nordischen Höfe mehr oder weniger höflich das ungewöhnliche Angebot ablehnten, betrieb Choiseul die Angelegenheit mit ungebrochenem Elan weiter. Nunmehr sollte von Ostende aus eine französische Expedition nach Schottland gestartet werden, wo man einmal mehr auf die Unterstützung der Jakobiten hoffte. Dass Charles Edward Stuart, der einst charismatische Bonnie Prince Charlie, nach der Katastrophe von Culloden ein gebrochener und dem Alkohol verfallener Mann war und völlig betrunken zu der am 7. Februar 1759 anberaumten ersten Unterredung erschien, konnte Choiseul nicht davon abhalten, weiterhin auf die Unterstützung der schottischen Emigranten zu setzen.[7] Bis zum Herbst sollten die Vorbereitungen abgeschlossen und alle französischen Flottenverbände in Brest vereint sein.

In Großbritannien waren Choiseuls Absichten schon im Februar bekannt geworden.[8] Vielleicht auch mit dem Hintergedanken, die Entsendung zusätzlicher britischer Truppen nach Nordamerika zu verhindern, hatte sich der französische Außenminister nie um besondere Geheimhaltung bemüht. Kabinett und Königshaus betrachteten jedenfalls die sich verdichtenden Gerüchte von einer drohenden Invasion mit wachsendem Unbehagen. Sorge bereitete dem Kabinett vor allem die Möglichkeit einer französischen Landung in Irland, wo man kaum mehr als 5000 Mann regulärer Truppen zur Verfügung hatte. An Verstärkungen für die Insel war nicht zu denken, da auch in England selbst kaum noch 10000 Rotröcke unter Waffen standen. Neue Freiwillige für den unattraktiven Militärdienst zu gewinnen blieb schwierig, Zwangsmaßnahmen wiederum ließen sich kaum mit den britischen Freiheitsrechten vereinbaren und mussten auf energischen Widerstand stoßen. Auch der Einsatz der neuen Milizen zur Bewachung der Kriegsgefangenen, wodurch etliche reguläre Truppen für andere Aufgaben frei wurden, erwies sich nicht als echte Lösung.

Erwartungsgemäß fiel daher der Flotte die Hauptlast der Verteidigung des Königreichs zu. Ein Kabinettsbeschluss vom 18. Mai 1759 sah vor, das französische Geschwader in Brest möglichst dauerhaft überwachen zu lassen und am Auslaufen zu hindern. Mit der schwierigen und aufreibenden Blockade wurde Admiral Sir Edward Hawkes Geschwader aus 23 Linienschiffen beauftragt. Anson stimmte dem schließlich zu. Kein anderer Minister wusste jedoch so gut wie der Lord der Admiralität, dass Besatzungen und Schiffe ihren Auftrag nur dann über Monate hinweg durchhalten konnten, wenn sie auf See ständig mit frischen Lebensmitteln versorgt würden und im Wechsel ein Teil der Schiffe in den Docks von Spithead wieder instand gesetzt und die Rümpfe gereinigt werden konnten.[9] Kein anderer als Anson war auch in der Lage, diese Voraussetzungen tatsächlich zu erfüllen.

William Pitt wiederum, der wegen der Truppenverschiffungen nach Deutschland und Nordamerika in die Kritik geraten war, bewertete die französischen Vorbereitungen, soweit sie bereits erkennbar waren, als Theater und war nicht bereit, auch nur ein Jota von seiner einmal gewählten Strategie abzuweichen.[10]

Militärisches Patt vor Quebec

Während die Invasionsgefahr in London noch die Gemüter erregte, bahnte sich an der fernen Mündung des St.-Lorenz-Stroms die Entscheidung des Krieges an. Am 4. Juni 1759 hatte eine britische Flotte aus 22 Linien- und 119 Transportschiffen unter dem Befehl von Vizeadmiral Charles Saunders die Bucht von Louisbourg verlassen und Kurs auf Quebec genommen. An Bord der Flotte befanden sich 8535 Soldaten, in der Mehrzahl Linientruppen und Artilleristen, aber auch ein Kontingent von 500 amerikanischen Kolonisten für den irregulären Kampf. Das gesamte Expeditionskorps war schwächer als geplant, da die von Pitt zugesagten, noch in der Karibik eingesetzten Regimenter wegen hoher Verluste durch Tropenkrankheiten nicht mehr einsatzbereit waren. Doch der Befehlshaber, Generalmajor James Wolfe, der Held von Louisbourg, gab sich unverzagt. Von Bord der Neptune aus versicherte er Pitt: »Wie immer das Unternehmen auch ausgehen wird, ich bin überzeugt, dass Ihre Majestät über das Verhalten ihrer Truppen nicht enttäuscht sein wird.«[11]

In Versailles konnte man zwar die Neu-Frankreich drohende akute Gefahr nicht länger ignorieren, doch waren Choiseul und Belle-Isle nicht bereit, Verstärkungen in größerem Umfang nach Nordamerika zu schicken. Vollauf mit den Vorbereitungen einer doppelten Landung in England und Schottland befasst, setzten beide Minister ihre Hoffnung darauf, dass der Marquis von Montcalm einen Angriff auf Quebec abwehren könnte. Der Oberbefehlshaber aller französischen Truppen in Kanada und Sieger von Fort Oswego, Fort William Henry und Ticonderoga sollte bis zu einem Frieden in Europa den völligen Verlust der Kolonie verhindern. Gelänge es wenigstens ein Kerngebiet in Kanada zu halten, würde dies die anstehenden Verhandlungen mit den Briten fraglos erleichtern.[12] Montcalm selbst zweifelte jedoch, dass er mit seinen wenigen Truppen einem zeitgleich vorgetragenen Angriff der Briten auf Niagara, Ticonderoga und Quebec widerstehen konnte. Mehr noch beunruhigte ihn die kritische Versorgungslage der Kolonie. Noch im November 1758 hatte er seinen Adjutanten, Louis Antoine Bougainville, nach Frankreich geschickt. Kanada benötige Unterstützung in jeder Form, Männer, Verpflegung, Waffen und Pulver, lautete dessen dringliche Botschaft an den Versailler Hof. Bougainville selbst entwarf ganz im Sinne seines Auftraggebers ein alarmierendes Bild der militärischen Lage in Übersee. Zusammen mit den Kolonisten konnten die Briten inzwischen mehr als 60000 Mann aufbieten, die Frankokanadier dagegen bestenfalls 12000 Mann. Die meisten der verbündeten Indianer hatten inzwischen die Seite gewechselt oder verhielten sich neutral.

Der erst 30-jährige Bougainville war kein Hinterwäldler, sondern ein begabter Mathematiker und sogar Mitglied der Londoner Royal Society. Mit Geschick, Esprit und Takt verschaffte er sich bei Hof Zutritt zu allen namhaften Persönlichkeiten und gewann viele Sympathien, doch in der Sache machte Kriegsminister Belle-Isle dem Ankömmling unmissverständlich klar, dass es über das bereits bestehende Kontingent von sechs regulären Regimentern hinaus keine Verstärkungen für Kanada geben werde. Einige Hundert Rekruten als Ersatz für die bisherigen Ausfälle sowie vier Fregatten für die Verteidigung Quebecs blieben die einzige Konzession.

Das Hauptproblem der Verteidigung Kanadas bestand darin, dass die Ernte selbst in guten Jahren, wenn alle Arbeitskräfte zur Verfügung standen, gerade einmal seine 90000 Bewohner ernähren konnte. Auch wenn es gelänge, zusätzliche 10000 Reguläre unbeschadet über den Atlantik nach Quebec zu schicken, so wäre ihre Versorgung nicht sichergestellt. Gerade jetzt durchlitt die Kolonie den dritten Hungerwinter in Folge, und während Bougainville darauf wartete, dass nach einem außergewöhnlich kalten Winter das Eis im St.-Lorenz-Strom zurückging, hatten in Quebec Hunderte von Frauen öffentlich gegen die vom Gouverneur Vaudrieul verhängte Rationierung von Lebensmitteln protestiert. Bougainville, der zehn Jahre später der erste Franzose sein sollte, dem eine Weltumseglung gelang und der beinahe Australien entdeckt hätte, kehrte erst am 10. Mai 1759 nach Quebec zurück. Ein Konvoi aus mehreren Fregatten und zehn Transportschiffen begleitete ihn. Ihre Ladung bestand aus den zugesagten Rekruten und den dringend benötigten Nahrungsmitteln. Zur Freude der Bevölkerung trafen in den folgenden zwei Wochen noch ein Dutzend weitere Versorgungsschiffe vor der Mündung des St. Lorenz ein. Doch der Stimmungsaufschwung in der Stadt war nur von kurzer Dauer. Ein weiterer Konvoi aus Bordeaux schaffte es nicht mehr an den britischen Linienschiffen vorbei, die seit Ende Mai die Mündung des Stromes blockierten.[13]

Abgesehen von den bescheidenen Verstärkungen führte Bougainville in seinem Gepäck noch neue Instruktionen aus Versailles mit. Sie bestätigten zu Montcalms Befriedigung ausdrücklich seine Position gegenüber dem Generalstatthalter Kanadas, dem Marquis von Vaudreuil. Seit der 47-jährige Montcalm zum Oberbefehlshaber aller Truppen in Kanada ernannt worden war, hatte der französische Aristokrat mit Vaudreuil, einem gebürtigen Kanadier, im Streit gelegen. Montcalm bezichtigte ihn wiederholt der Untätigkeit und hielt seine Verwaltung für korrupt. Über die erfolgversprechendste Strategie zur Verteidigung der Kolonie bestand zu keinem Zeitpunkt Einigkeit. Der 1698 in Quebec geborene und im Lande aufgewachsene Pierre de Rigaud de Vaudreuil befürwortete eine Art Guerillakriegführung, die sich auf das kanadische Kerngebiet zwischen Montreal und den Großen Seen beschränken sollte und auf die Unterstützung der Indianer des *Pays-d'en-Haut* setzte. Anders als der durch die europäische Kriegsdoktrin geprägte Montcalm maß der Kanadier Vaudreuil der Behauptung Quebecs keine entscheidende Bedeutung zu. Er war sogar bereit, die Stadt notfalls auch aufzugeben, um sich auf Montreal und die Großen Seen zurückzuziehen.[14] Montcalm wiederum misstraute einer Kampfführung, die sich so sehr auf die Hilfe der Indianer stützte. Als Europäer verachtete er die »Wilden« und hatte bei der Kapitulation von Fort William Henry erleben müssen, wie das Ansehen Frankreichs von den verbündeten Indianern durch ihr grausames Verhalten gegenüber den abziehenden Briten nachhaltig beschädigt worden war. Nun hatte ihm Versailles ausdrücklich den Rücken gestärkt und so konnte Montcalm darangehen, den Briten die große Abwehrschlacht zu liefern und dazu alle verfügbaren Truppen bei Quebec zu sammeln.

In der von Samuel de Champlain genau anderthalb Jahrhunderte zuvor gegründeten Stadt lebten damals etwa 6000 Menschen, von denen ein Drittel in den Milizen diente. Der größte Teil von Quebec, die sogenannte Oberstadt, lag auf einem schroff abfallenden Felsen, der zwischen dem St.-Charles-Fluss im Norden und dem breiteren St.-Lorenz-Strom im Süden in eine etwa fünf Kilometer breite Bucht, das sogenannte Basin, hineinragte, und war somit kaum im frontalen Angriff zu nehmen. Nur wenn es den Briten gelang, ober- oder unterhalb von Quebec zu landen, war ein Angriff auf seine weniger geschützte Rückseite möglich. Obwohl britische Flotteneinheiten schon zweimal (1690 und 1711) einen Angriff auf Quebec versucht hatten, waren die Verteidigungsanlagen auf der Landseite der Stadt nur unzureichend ausgebaut.

Im Nordosten von Quebec erstreckte sich der nach einem Ort etwa in seiner Mitte benannte Beauport-Abschnitt vom St.-Charles-Fluss etwa acht Kilometer weit bis zu den beeindruckenden Montmorency-Fällen. Hier hatte Montcalm in wochenlanger Arbeit zahlreiche Gräben und Geschützbatterien anlegen lassen und mit etwa 10000 Mann den größten Teil seiner Streitmacht eingesetzt. Weitere 1500 Mann gehörten zur Besatzung von Quebec, während der Abschnitt westlich der Stadt entlang des Oberlaufes des St. Lorenz bis hinauf nach *Pointe-aux-Trembles* von einem etwa 2000 Mann starken mobilen Kommando unter dem Befehl des zurückgekehrten Bougainville gesichert wurde.

Den Kern von Montcalms Armee bildeten die 2000 Soldaten der fünf regulären französischen Regimenter, die 1755 nach Kanada gebracht worden waren. Der größte Teil seiner Streitmacht bestand jedoch aus kanadischen Milizionären aller Altersgruppen, aus Marinesoldaten und den Besatzungen der vorerst stillgelegten Schiffe sowie schließlich aus 800 Indianern.[15]

Die 20 Proviantschiffe aus Frankreich hatte Montcalm etwa 20 Kilometer den St. Lorenz aufwärts nach *Pointe-aux-Trembles* gebracht. Dort würden sie nicht verloren gehen, falls Quebec tatsächlich aufgegeben werden musste.[16] Insgesamt war die Lage der Frankokanadier nicht aussichtslos. Sie waren dem Gegner numerisch überlegen und das schwierige Terrain begünstigte sie. Da die Briten mit vierwöchiger Verspätung von Louisbourg und Halifax aufgebrochen waren, verkürzte sich die gute Jahreszeit für militärische Operationen erheblich. Sollte Quebec bis zum Oktober gehalten werden können, war der Rückzug der Briten unausweichlich und damit ein großer, vielleicht sogar entscheidender Sieg errungen.

Umso größer war der Schock für die Verteidiger, als schon am 25. Juni 1759 Admiral Saunders' Flotte vor der Orleansinsel auftauchte, die mit ihrer gegen Quebec gerichteten Spitze das St.-Lorenz-Basin in einen nördlichen und südlichen Kanal teilte. Ohne ein einziges seiner 38 Schiffe und Transporter verloren zu haben, war das britische Geschwader von der offenen See durch die gefürchtete Traverse gesegelt, eine Fahrrinne, deren genauen Verlauf die Franzosen bisher als großes Geheimnis gehütet hatten. Der erstaunliche Erfolg war der exakten Kartografie des Kapitäns der *Pembroke* zu verdanken, einem gewissen James Cook, der am 10. Juni in sein Tagebuch notierte: Ich kehrte mit dem befriedigenden Gefühl zurück, nunmehr vollkommen mit dem Kanal vertraut zu sein.[17] Saunders ging mit seiner Flotte im südlichen Kanal vor Anker und in den folgenden zwei Tagen landete Wolfe seine Truppen zunächst auf der Westseite der Orleansinsel. Von hier aus konnte der britische Befehlshaber den gesamten Abschnitt zwischen dem St.-Charles-Fluss und den Montmorency-Fällen überblicken.

Eine schwache Stelle ließ sich jedoch nicht ausmachen, doch Wolfe neigte ohnehin dazu, oberhalb von Quebec den St. Lorenz aufwärts nach einem geeigneten Landeplatz zu suchen. Um die Fahrrinne zu beherrschen, musste der direkt gegenüber der Stadt der an St.-Lorenz-Mündung gelegene *Pointe-au-Père* besetzt und mit Geschützen bestückt werden. Gelang es von dieser überhöhten Position aus die Artillerie der etwa anderthalb Kilometer entfernten Stadtbefestigung auszuschalten oder zu schwächen, so könnte Admiral Saunders mit einem Teil seiner Schiffe unbehelligt in den St. Lorenz eindringen. Das Projekt machte an Land zunächst rasche Fortschritte. Bis zum 11. Juli gelang es den Briten, ein Dutzend schwere Schiffsgeschütze und Mörser auf die Höhe zu schleppen. Gegen Ende des Monats hatte sich ihre Zahl auf 29 Geschütze erhöht. Gegenangriffe der Verteidiger misslangen. Ein bei Nacht mit Brandbooten gegen Saunders' Schiffe im Südkanal vorgetragener Angriff wurde frühzeitig entdeckt und ein Kommandounternehmen der Quebecer Besatzung gegen die Geschütze auf *Pointe-au-Père* gelangte nicht einmal in die Nähe der britischen Batterie.

Am 12. Juli konnten die Briten erstmals das Feuer auf Quebec eröffnen und in den nächsten drei Wochen ging ein Hagel von etwa 4000 Granaten und 9000 Kanonenkugeln auf die Stadt nieder.[18] Außer der fast völligen Zerstörung der Stadt bewirkte das Bombardement aus militärischer Sicht nur wenig. Die französischen Batterien blieben intakt und ein widriger Wind aus Westen, vor allem aber ungünstiger Gezeiten in der Flussmündung verhinderten, dass Saunders' Schiffe wie geplant den St. Lorenz stromaufwärts vordringen konnten.

General Wolfe stand unter wachsendem Druck. Wiederholt musste er, von Gicht und Fieber geplagt, sein Kommando ruhen lassen. So verstrich Woche um Woche der günstigen Jahreszeit, ohne dass sich ein entscheidender Erfolg für die Briten abzeichnete. Wolfes Aufmerksamkeit richtete sich nun wieder auf den Beauport-Abschnitt nordöstlich von Quebec. Schon am 9. Juli hatte er zur Überraschung des Gegners eine Landung nordöstlich der Montmorency-Fälle befohlen und Artillerie an Land bringen lassen. Zwar zeigte sich bald, dass der reißende Fluss oberhalb der Fälle für größere Truppenverbände nur an einer von den Frankokanadiern gut gesicherten Furt passierbar war, doch musste ein befestigtes britisches Lager in ihrer Flanke die Verteidiger erheblich beunruhigen. Sobald der neue Stützpunkt gegen die ständigen Überfälle von Montcalms indianischen Streiftrupps gesichert war, versuchte Wolfe am 31. Juli eine Landung hart westlich der Fälle. Dabei sollten vier britische Regimenter zum Einsatz kommen, doch von Beginn an lief vieles schief. Zu Wolfes Verdruss stellte sich heraus, dass die Boote mit der Infanterie bei Flut viel zu nahe vor den feindlichen Stellungen an den Strand gelangen würden, wo sie sofort unter feindliches Feuer gerieten, ohne dass sie sich formieren konnten. Als endlich am Nachmittag die Ebbe eintrat, war es für einen Überraschungsangriff zu spät. Montcalm hatte den bedrohten Abschnitt inzwischen verstärkt und die ans Ufer gelangten britischen Einheiten erlitten hohe Verluste. Als Wolfe am späten Nachmittag das Unternehmen abbrechen ließ, war ihm bewusst, dass der Feldzug damit in eine ernste Krise geraten war. Fast 450 Mann waren an diesem Tag getötet oder verwundet worden. Das Vertrauen seiner drei Befehlshaber war auf einen Tiefpunkt gesunken. Die Kritik der Generale Monckton, Murray und Townshend, die sich in Bezug auf ihre militärische Erfahrung und ihren sozialen Status dem jüngeren Kommandeur weit überlegen fühlten, entzündete sich nicht nur an Wolfes provozierender Vorliebe für einsame Entschlüsse. Unmut erregte jetzt auch sein neuer Befehl, das Umland von Quebec systematisch in Schutt und Asche zu legen. Wolfe hatte zwar bei seiner Landung auf der Orleansinsel der örtlichen Bevölkerung die Schonung von Besitz und Leben zugesichert, wenn sie sich keiner feindlichen Handlung schuldig machte und sich neutral verhielt. Nun berief er sich plötzlich darauf, dass seine Bedingungen nicht erfüllt worden seien, obwohl ihm bekannt war, dass jeder Frankokanadier, der eine Waffe tragen konnte, zum Dienst in der Miliz verpflichtet war. Die amerikanischen Kolonisten begannen auf seinen Befehl, sämtliche Gehöfte niederzubrennen, Vieh und Getreide zu konfiszieren, Frauen und Kinder wurden als Geiseln genommen, für den Fall, dass der Gegner gefangene Briten misshandelte.[19] Wie Wolfe in einem Brief an William Pitt betonte, sollten die Terrormaßnahmen in erster Linie Montcalm herausfordern, sich zur Schlacht zu stellen. Brigadegeneral George Townshend, ein Mitglied des Unterhauses und William Pitt nahestehend, schrieb Anfang September darüber voller Empörung an seine Frau in England: Niemals zuvor habe er an einer derart schurkischen Unternehmung teilnehmen müssen. Ihre Operationen beschränkten sich auf Szenen der Grausamkeit und Verwüstung.[20] Die in Boston erscheinende Gazette übertrieb keineswegs, wenn sie ihren Lesern jubelnd verkündete, dass der Gegner wohl ein halbes Jahrhundert brauchte, um sich von diesen Schäden zu erholen. Wolfes umstrittener Befehl, dem nach Schätzungen fast 1500 frankokanadische Farmen zum Opfer fielen, verriet auch seine wachsende Ratlosigkeit. Seit ihrer Landung am 27. Juni hatte die britische Streitmacht bereits ein Zehntel ihrer Leute verloren. Die Möglichkeit eines Scheiterns des diesjährigen Feldzuges wurde mit jedem ergebnislos verstreichenden Tag realer, und die Zerstörung der Provinz würde wenigstens für die Zukunft die Verteidigungsfähigkeit des Gegners einschränken. Am 2. September verfasste Wolfe nach Monaten des Schweigens erstmals einen längeren Bericht an William Pitt, in dem er Rechenschaft über alle seine Maßnahmen gab und mit dem resignierenden Bekenntnis schloss, er wüsste bei all den Schwierigkeiten nicht mehr, wie er noch entscheiden sollte. Den Mut seiner tapferen Männer wolle er nur noch dann in die Waagschale werfen, wenn wirklich die Aussicht auf ein günstiges Resultat bestünde.[21] Der zutiefst irritierte Adressat im fernen London konnte daraus nur einen Schluss ziehen: Der Feldzug gegen Quebec stand vor dem Scheitern und seine Entscheidung für den jungen Wolfe als Befehlshaber hatte sich offenbar als übereilter Missgriff erwiesen.

Marschall Contades' Vormarsch endet bei Minden

Immerhin hatte sich für Pitt erst wenige Wochen zuvor mit dem Sieg bei Minden eine andere große Sorge erledigt. Auf dem deutschen Kriegsschauplatz in Westfalen und Hessen waren die Dinge lange nicht gut gelaufen. Seitdem Ferdinand von Braunschweig am 13. April 1759 bei Bergen vor den Toren Frankfurts von den Franzosen geschlagen worden war, befand sich seine alliierte Armee in vollem Rückzug auf Kassel und Paderborn.

Trotz der im vergangenen Sommer nach Norddeutschland entsandten britischen Verstärkungen schien die Lage dort vollkommen auf den Kopf gestellt. Während sich Pitt nach der siegreichen Schlacht von Krefeld sogar noch Hoffnungen gemacht hatte, dass die Armee des Braunschweigers sich weiter auf dem linken Rheinufer halten und vielleicht sogar in die österreichischen Niederlande vordringen könne, war seither mit jedem Monat die Stärke des Gegners gewachsen. Anders als im Katastrophenwinter von 1757/58 war die französische Armee dieses Mal erheblich besser durch die schlechte Jahreszeit gekommen und schien mit Beginn des Frühjahrs sogar ihre alte Stärke wiedergewonnen zu haben. Für den Sommer musste jetzt mit einer kraftvollen Offensive über Rhein und Lippe gerechnet werden. Unter Marschall Contades war die französische Armee zu Jahresbeginn zwischen Wesel und Köln – ohne die der Festungsbesatzungen – auf eine Stärke von 66 000 Mann angewachsen. Hinzu kamen 31 000 Mann des gemischten Korps aus Sachsen und Franzosen, das General Soubise am Main versammelt hatte.[22] Dagegen konnte Ferdinands alliierte Armee mit 58 Bataillonen und 78 Eskadronen nur einen Bestand von 66 000 Mann aufbieten, von denen jedoch 6000 Kranke und Untaugliche abgezogen werden mussten.[23] Bedrohlicher noch als die ungünstigen Kräfteverhältnisse war, dass Contades und Soubise den strategischen Vorteil besaßen, jederzeit eine große Zangenoperation gegen die mittlere Weser beginnen zu können. Der erneute Verlust Hannovers und sogar ein zweites »Kloster Zeven« waren nicht mehr auszuschließen. Gerade von Soubises Korps schien die größte Gefahr für Ferdinand auszugehen. In seiner Position zwischen Hanau und Frankfurt bildete es eine ständige Bedrohung der linken Flanke des Braunschweigers bei Kassel, zumal Soubise auch mit Verstärkungen von der Hauptarmee rechnen konnte.

Im September 1758 hatte Ferdinand schon einmal versucht, einen französischen Vormarsch zur Weser zu blockieren. Ein kleines Korps von 15 000 Mann unter dem Befehl von Christoph Ludwig von Oberg sollte als Sperrverband Soubise möglichst von Kassel fernhalten. Doch bei Lutterberg zwischen Kassel und Hannoversch-Münden war es den Franzosen am 10. Oktober gelungen, verstärkt durch 20 000 Mann von der Hauptarmee, die Truppen des betagten hannoverischen Generals zum Rückzug zu zwingen. Oberg durfte noch von Glück sprechen, dass er sich überhaupt mit dem Verlust von nur 1170 Offizieren und Mannschaften aus seiner prekären Lage hatte retten können.[24]

In Versailles war man mit dem halben Erfolg durchaus zufrieden gewesen und der König hatte sich beeilt, dem glücklichen Soubise, der tatsächlich kaum in die Schlacht eingegriffen hatte, den Marschallstab zu verleihen. Die Scharte von Rossbach, so musste die übertriebene

Geste des Monarchen gedeutet werden, galt nunmehr als wettgemacht. Das alte Vertrauen in den Günstling der Pompadour schien vollkommen wiederhergestellt, denn kurz nachdem Soubise am 2. Januar 1759 die Stadt Frankfurt besetzt hatte, um sich eine eigene Operationsbasis zu verschaffen, wurde er nach Frankreich abberufen. Der frisch ernannte Marschall sollte die für England bestimmten Landungstruppen führen. Sein Kommando in Deutschland übernahm sein bisheriger Stellvertreter, Victor François Herzog von Broglie. Trotz seiner 41 Jahre war der spätere erste Kriegsminister der Revolution ein erfahrener Soldat, der seit 1734 in sämtlichen Kriegen gekämpft hatte, an denen Frankreich beteiligt war. Unter Soubise hatte er das Debakel von Rossbach erlebt und brannte darauf, die peinliche Scharte auszuwetzen.

Auf der Gegenseite war Ferdinand beständig bemüht, seine numerische Unterlegenheit durch eine offensive Kampfführung auszugleichen. Westfalen und Hessen ließen sich nicht durch bloßes Verteidigen gleichzeitig behaupten. Vor die Wahl gestellt, schien dem Braunschweiger ein Schlag gegen Broglies Korps am Main noch die größten Erfolgsaussichten zu haben, und so war er in der ersten Aprilwoche mit einer Armee von 24000 Mann über Fulda in den Norden von Frankfurt vorgerückt. Das große französische Magazin in Friedberg sollte genommen werden. Ohne die dort gelagerten Vorräte konnte Broglie unmöglich eine Offensive durch das von fremden Truppen längst ausgesaugte Hessen zur Weser führen, so Ferdinands Kalkül.

Broglie war jedoch gewarnt gewesen und hatte den Gegner in einer günstigen Stellung bei der Ortschaft Bergen, die heute ein Stadtteil von Frankfurt ist, erwartet. Der Braunschweiger hatte zunächst den Versuch unternommen, den etwa gleichstarken Gegner, der sich innerhalb der Ummauerung des Ortes verschanzt hatte, von beiden Seiten zu umfassen. Da Ferdinand die Unterstützung seiner Geschütze fehlte, die wegen Transportproblemen erst gegen Ende der Schlacht zum Einsatz gelangten, konnte er an keiner Stelle in die gut gewählte Position des Gegners einbrechen.[25] Am Abend hatte Ferdinand die festgefahrene Schlacht abbrechen müssen. Ein Zehntel seiner Männer war tot, verwundet oder vermisst. Broglie verlor sogar 3400 Soldaten und verzichtete wohl deshalb auf die Verfolgung des geschlagenen Gegners. Gleichwohl war auf französischer Seite die Euphorie über den Erfolg gegen den bisher ungeschlagenen Braunschweiger groß. Vom Versailler Hof bedrängt, den siegreichen General durch Abstellungen zu verstärken, entschloss sich Contades nun, seine Hauptarmee ganz vom Rhein in den Raum von Gießen zu verschieben. Trotz der damit verbundenen Nachschubprobleme und der schwierigen Mittelgebirgsregion wollte er nun entlang der Fulda und Weser auf Minden vorstoßen und damit die alliierte Armee ausflankieren und zur Räumung Westfalens zwingen. Dass es den Franzosen tatsächlich gelang, bis Ende Mai rund 70000 Mann im Raum Gießen und Marburg zu konzentrieren, zeigt, dass sich die Leistungsfähigkeit der französischen Intendantur unter Belle-Isle deutlich verbessert hatte.[26] Voller Optimismus schrieb Contades am 3. Juni an den Kriegsminister, dass er seine Truppen niemals zuvor in einem derart guten Zustand ins Feld habe ziehen sehen.[27] Zur Deckung des Niederrheins hatte er Louis de Conflans, den Marquis d'Armentières, mit 15000 Mann bei Wesel zurückgelassen. Nach Möglichkeit sollte er aber auch nach Westfalen vorstoßen und Münster nehmen.

Contades' große Rochade nach Hessen hatte Ferdinand vollkommen überrascht. Der Braunschweiger vermochte der neuen Bedrohung zunächst auch nur wenig entgegenzusetzen. So konnte bereits am 11. Juni die französische Vorhut unter Broglie in Kassel einmarschieren und wenige Tage später den schwierigen Diemelabschnitt durchstoßen. Aus Stadtbergen schrieb ein optimistischer Contades an Belle-Isle, dass er sich dem Herzog Ferdinand überaus verpflichtet fühle, ihn freundlicherweise bis hierher gelassen zu haben. Nur 10000 Mann am Ausgang der Defileen wären von keiner Armee zu überwinden gewesen.[28] Am 23. Juni rückten die Franzosen, die ihr Glück kaum fassen konnten, in Detmold ein. Ferdinand, der es nicht gewagt hatte, die Franzosen bei Büren anzugreifen, sah sich nun gezwungen, seine zentrale Stellung zwischen Dortmund und Lippstadt zu räumen und zum Schutz seiner bedrohten linken Flanke sogar auf Osnabrück zurückzugehen. Der Feldzug trat damit in eine kritische Phase. Gelang es Contades, Minden an der Weser zu besetzen, war der Weg nach Hannover für die Franzosen frei. Seitdem der Gegner seinen Schwerpunkt vom Niederrhein nach Hessen verschoben hatte, wirkte der Braunschweiger unsicher und zunehmend ratlos. Er ziehe sich zu weit zurück, schrieb ihm Friedrich

Anfang Juli, und eine Woche später ermahnte er seinen ehemaligen General, die Schlappe von Bergen endlich zu vergessen und eine bessere Gelegenheit zur Schlacht zu suchen.[29] Ferdinand begriff wohl, dass von seinem alten Dienstherrn kaum effektive Unterstützung zu erwarten war, und suchte lieber die Abstimmung mit Georg II. Ob er sich die Weser abwärts zurückziehen oder auf dem rechten Weserufer die Verbindung mit Preußen halten sollte, lautete seine Anfrage in St. James.[30] Der König und Kurfürst mochte trotz wachsender Sorge um Hannover seinem bisher erfolgreichen Feldherrn keine Vorschriften machen und gewährte Ferdinand volle Handlungsfreiheit. Lediglich die Festung Stade, so seine Bedingung, sei mit einer starken Besatzung, Artillerie und genügenden Vorräten auszustatten, sodass sie sich längere Zeit halten konnte. Am 8. Juli in Osnabrück eingetroffen, war sich der Braunschweiger immer noch nicht über seinen nächsten Schritt im Klaren. Sollte er Westfalen halten oder an die Weser marschieren? England oder Preußen lautete die Alternative. Der Rat seiner Generale fiel naturgemäß widersprüchlich aus. Lord George Sackville, der nach dem Tod des Herzogs von Marlborough das britische Kontingent führte, plädierte für den Verbleib in Westfalen und den Schutz von Emden, während die hannoverischen Kommandeure, darunter Graf August Friedrich von Spörcken, sich entschieden für einen Marsch zur Weser einsetzten.

Ferdinand begriff, dass er einer Schlacht gegen die Franzosen nicht länger ausweichen konnte, wollte er nicht dasselbe Debakel wie der Herzog von Cumberland erleiden. Immerhin hatte er nach dem Zugang des Korps Georg August von Wangenheim aus Münster fast 50000 Mann unter Waffen. Am 10. Juli beauftragte Ferdinand seinen Neffen, den Erbprinzen von Braunschweig, mit einer Vorhut sofort nach Minden aufzubrechen, um die Weserfestung noch vor dem Eintreffen der Franzosen zu verstärken. Auf halbem Wege erreichte ihn jedoch die Hiobsbotschaft, dass Broglie seinem Neffen zuvorgekommen war und die Stadt im Handstreich eingenommen hatte. Dennoch setzte Ferdinand nach kurzer Beratung am 12. Juli seinen Marsch zur Weser fort, um wenigstens Nienburg zu retten, wo erhebliche Vorräte für seine Armee lagerten. Am 14. Juli erreichte seine Armee Stolzenau an der Weser, etwa auf halbem Wege zwischen Nienburg und Minden, und ließ sofort zwei Brücken über den Fluss legen. Das Täuschungsmanöver ging auf. Broglie, der rechts der Weser Bückeburg belagerte, befürchtete einen Angriff in seinem Rücken und zog sich auf die französische Hauptarmee bei Minden zurück. Contades war derweil bemüht, seine bisherigen Erfolge erst einmal zu sichern. Durch etliche Abstellungen in Hessen und Ostwestfalen war seine Streitmacht bereits stark geschwächt. Von seinen ursprünglichen 129 Infanteriebataillonen verblieben ihm jetzt nur noch 83 Verbände.[31] Sobald dem Marquis von Armentières die Einnahme Münsters gelungen war, beabsichtigte Contades dessen Korps zur Belagerung von Lippstadt heranzuziehen und zugleich das dort belassene Observationskorps nach Minden zu verschieben. Erst wenn seine Streitmacht neu gruppiert war, konnte an ein weiteres Vorrücken auf Hannover gedacht werden.[32]

Ferdinand war dies alles nicht verborgen geblieben. Wenn er den Gegner in dieser Phase der Konsolidierung mit seiner gesamten Macht zur Schlacht stellen konnte, ließ sich die Lage vielleicht wenden. Kaum hatte er sich in Stolzenau etabliert und Nienburg gesichert, rückte er am 17. Juli von Norden über Petershagen auf Minden vor. Doch Contades wich seinem Angriff über die Mindener Heide aus und bezog hinter der Bastau eine uneinnehmbare Stellung. Das Flüsschen schlängelte sich damals durch ein nur auf wenigen Dämmen passierbares großes Sumpfgebiet und floss südlich von Minden in die Weser.

Für den Braunschweiger begann sich das Zeitfenster zu schließen. Ungünstig lautende Gerüchte aus Westfalen, dass die Stadt bereits vor dem Marquis von Armentières kapituliert habe, bestätigten sich schließlich am 30. Juli. Ferdinand bedurfte durchaus nicht der stichelnden Ermahnung des Preußenkönigs, der ihm schrieb, dass niemand, der etwas vom Kriegshandwerk verstehe, die ständigen Rückzüge an der Spitze einer so schönen und zahlreichen Armee billigen könne.[33] In den beiden zurückliegenden Wochen war sein neuer Schlachtplan herangereift. General von Wangenheim sollte mit 15 Bataillonen Infanterie sowie etwa 2000 Kavalleristen angelehnt an die Weser zwischen Kutenhausen und Todtenhausen im Schutz einer großen Schanze Stellung beziehen. Ferdinand hatte dem Korps die Rolle des Lockvogels für die Franzosen zugedacht. Während der Gegner den scheinbar isolierten Wangenheim attackierte, wollte er ihm mit der Masse seiner Armee in die offene

Flanke fallen und bezog daher am 28. Juli sein Lager westlich von Minden bei Hille.

Das zukünftige Schlachtfeld war im Osten von der Festung Minden mit ihrem Glacis sowie der Weser begrenzt, im Süden von der Bastau mit ihrer sumpfigen Niederung. Darüber spannte sich ein Viertelkreis von Dörfern und kleineren Waldstücken, von Hahlen im Süden bis Kutenhausen im Norden. Dieser Bogen wölbte sich über eine weite, vier Kilometer breite Ebene aus bereits abgeernteten Kornfeldern und größeren Heideflächen, der sogenannten Mindener Heide mit der Ortschaft Malbergen etwa in ihrer Mitte.

Obwohl Contades weder durch die Umstände noch durch Belle-Isle zu einer Schlacht gedrängt wurde,[34] konnte er dem leichten Happen, der sich ihm mit Wangenheim zu bieten schien, nicht widerstehen. Die Aufgabe, Wangenheims isoliertes Korps anzugreifen, fiel ausgerechnet Broglie zu. Der ehrgeizige und empfindliche General, der sich seit Contades' überraschender Rochade nach Hessen in die zweite Reihe gestellt sah, sollte noch in der Dunkelheit mit seinem Korps von 14000 Mann die Weser auf der Stadtbrücke von Minden überqueren und sodann links des Flusses gegen Kutenhausen vorgehen. Sobald er den Gegner dort zerschlagen hatte, lautete sein Auftrag, nach Westen gegen die Flanke des Gegners zu schwenken. Zugleich wollte Contades mit seiner 40000 Mann starken Hauptarmee die Bastau auf mehreren Brücken nach Norden überschreiten und sodann auf der Mindener Heide Front nach Westen machen. Mit seinen insgesamt 52000 Mann und 170 Geschützen aller Kaliber war Contades der alliierten Armee nicht entscheidend überlegen. An Artillerie herrschte sogar ein Gleichstand.[35] Der Franzose postierte seine Infanterie jeweils auf die Flügel, bei Hahlen und Malbergen, während die Kavallerie entgegen der taktischen Grundregel wegen des dort sehr günstigen Geländes das Zentrum seiner Schlachtordnung bildete. Auf der Gegenseite ließ Ferdinand am 1. August 1759 gegen 6 Uhr seine Truppen, die sich bereits seit 1 Uhr morgens unter Waffen und mit gesattelten Pferden bereitgehalten hatten, in acht Kolonnen von Westen her durch eine gegen Feindsicht schützende Waldkulisse auf die Mindener Heide rücken. Dem rechten Flügel unter Graf von Spörcken befahl er rechts angelehnt an der Ortschaft Hartum Aufstellung zu nehmen, der linke unter dem braunschweigschen General Christoph von Imhoff sollte sich im Norden bis zum Dorf Stemmer ausdehnen. Inzwischen hatte an der Weser bei Kutenhausen das Gefecht bereits begonnen und der Geschützdonner war weithin zu hören. Broglie war zwar pünktlich in seiner Ausgangsstellung vor Kutenhausen eingetroffen, musste aber feststellen, dass die gegnerische Position mit einer Schanze und drei schweren Geschützbatterien stärker als erwartet war. Er forderte daher von Contades, dass sich von dessen rechtem Flügel noch die Kolonne des Grafen von Nicolay seinem Angriff anschließen sollte. Die dadurch eingetretene Verzögerung nutzte Wangenheim, der von Broglies früher Annäherung in seinem Lager nördlich von Kutenhausen überrascht worden war, und ließ rasch die vorderen Schanzen besetzen. Während Broglie noch auf das Nachziehen seines linken Nachbarn wartete, entwickelte sich ein heftiges Artillerieduell mit Wangenheims 32 Geschützen. Auch Ferdinand konnte den Lärm hören, als er gegen 6 Uhr auf der Mindener Heide erschien. In Unkenntnis der genauen Lage auf seinem nördlich Flügel befahl er dem Grafen von Spörcken, mit seinen Bataillonen sofort zu einem Entlastungsangriff auf Contades' Armee anzutreten, ehe die Franzosen ihre Aufstellung abschließen konnten. Dutzende ähnlicher Aufträge hatten in diesem Krieg bereits zu einem Desaster geführt. Denn Spörckens Bataillone wurden weder von der noch bei Hartum zurückhängenden Kavallerie Lord Sackvilles unterstützt, noch war ihr Angriff artilleristisch vorbereitet worden. Doch an diesem Tag sollte Ferdinands alle taktische Vernunft missachtender Befehl den Sieg bringen. Insgesamt drei britische und drei hannoverische Bataillone des ersten und zweiten Treffens unter dem Kommando des Generalmajors Lord Granby rückten derart schnell auf das französische Zentrum vor, dass ihnen die drei Bataillone des dritten Treffens kaum noch zu folgen vermochten. Die dünne rote Linie der Briten ließ sich auch durch das heftige Feuer der schweren französischen Geschütze bei Hahlen nicht aufhalten. Da Contades vorerst die Infanterie fehlte, ließ er seine Kavallerie gegen den immer noch ungestüm vorrückenden Gegner angreifen. Zunächst waren es nur elf Eskadronen, die sich auf die Briten stürzten und dabei dieselbe Erfahrung machen mussten wie schon bei Krefeld. Gegen eine kaltblütig abwartende Infanterielinie, die erst aus zehn Metern Distanz das Feuer eröffnete, hatten sie keine Chance. Unbeeindruckt von der Masse der reiterlos über das Kampffeld irrenden Pferde schickte Contades nun auch die übrigen 50 Eskadronen vor, die Waldgraves Bataillone rechts umgingen und von hinten angriffen. Dies war die kritischste Phase für die alliierte Armee, da auch drei sächsische Bataillone gegen Waldgraves rechte Flanke vorrücken und nur durch den Einsatz zweier hastig nach vorne geführter hannoverscher Bataillone zurückgedrängt werden konnten. Inzwischen hatten britische Geschütze von Spörckens rechtem Flügel die gefährlichen französischen Batterien bei Hahlen zum Schweigen gebracht, während Ferdinand sich beeilte, dem bedrängten Waldgrave weitere Bataillone des rechten Flügels zu Hilfe zu schicken. Zum Verdruss des Braunschweigers versäumte es Lord Sackville, seine verzweifelt kämpfenden Landsleute mit der Kavallerie zu unterstützen. Der Brite berief sich dabei auf angeblich vage Befehle, obwohl jedem erfahrenen Kavallerieführer in dieser Lage hätte klar sein müssen, was zu tun war. Sackvilles kaum begreifliche Untätigkeit führte wenige Monate später zu einer kriegsgerichtlichen Untersuchung in London, die mit seiner unehrenhaften Entlassung aus dem Militärdienst endete. Selbst der ihm nahestehende William Pitt ließ ihn fallen.[36]

Die Schlacht endete bereits kurz nach 11 Uhr, als es dem nördlichen Flügel der alliierten Armee unter Führung der Kavallerie des Herzogs von Holstein-Gottorp gelungen war, zwei französische Infanteriebrigaden aus der kleinen Ortschaft Malbergen herauszudrängen und die dort eingesetzten acht schweren Geschütze der Franzosen zu überrennen. Damit war Contades auf beiden Flügeln und in seinem Zentrum geschlagen. Nur Broglies Korps im Norden war von der Niederlage verschont geblieben, da es auf Contades' Befehl keine weiteren Angriffe gegen Wangenheim unternommen hatte. Nach dem Verlust von Malbergen gab der Franzose den Befehl zum Rückzug über die Bastau, der fast in eine Flucht ausartete und von Broglies noch intakten Brigaden gedeckt werden musste. Die Franzosen hatten an diesem für sie verheerenden Tag 7500 Mann und 43 Geschütze verloren, drei Mal mehr als der Gegner. Auf alliierter Seite hatten vor allem Waldgreves so unbeirrt avancierende Bataillone mit rund 1400 Toten und Verwundeten die Hälfte aller alliierten Verluste hinnehmen müssen. In Versailles bekannte ein zutiefst schockierter Choiseul in einem Brief an Kaunitz, dass er inzwischen erröte, wenn er über die Armee sprechen müsse. Es wolle einfach nicht in seinen Kopf, wie ein Haufen aus Hannoveranern und anderen Deutschen die Armee des Königs hatte schlagen können.[37]

Wohl nur dem Umstand, dass Sackville mit seinen 24 Eskadronen nicht in die Schlacht eingegriffen hatte, verdankte es Contades, dass ihm ein völliger Zusammenbruch und damit ein zweites Rossbach erspart geblieben war. Gleichwohl reichte die Bedeutung von Ferdinands Sieg bei Minden weit über Friedrichs Erfolg gegen Soubise hinaus. Mit Contades' Niederlage vor den Toren von Minden war nicht nur Frankreichs Strategie der Eroberung eines deutschen Faustpfandes endgültig gescheitert. Auch das seit Ludwig XIV. bestehende Dogma der französischen Unbesiegbarkeit hatte nicht mehr zu kittende Risse erhalten. Der Spott war allgemein. Kaum jemals hätte sich eine Armee lässiger verhalten als die französische an diesem Tag, notierte Johann Wilhelm von Reden, der Generaladjutant des Braunschweigers, in sein Tagebuch.[38] Um seine Nachschublinien fürchtend, entschloss sich Contades am nächsten Tag, mit den Resten seiner demoralisierten Streitmacht über Herford auf Kassel zurückzugehen, wo er sich am 13. August mit dem von Lippstadt kommenden Korps von d'Armentières vereinigen konnte. Schnell stellte sich heraus, dass ein weiterer Rückzug auf Gießen unumgänglich war. Ende September wurde Contades, der in Versailles und in der Armee sämtliches Vertrauen verloren hatte, ausgerechnet durch seinen Rivalen Broglie abgelöst. In London und in ganz England eröffnete die eine Woche später eintreffende Nachricht vom Sieg der alliierten Armee bei Minden den außergewöhnlichen Reigen öffentlicher Jubelfeiern, die Englands Kirchenglocken im Herbst 1759, dem *annus mirabilis,* nicht mehr zur Ruhe kommen ließen. Besonders die Nachrichten über die ungewöhnliche Tapferkeit der britischen Bataillone unter Waldgreve sorgten für eine Euphorie, die auch durch die Meldungen über Lord Sackvilles an Feigheit grenzende Untätigkeit nicht getrübt werden konnte. Nicht zuletzt deshalb begann man in Minden einen britischen Sieg zu sehen,[39] und Ferdinand galt schon bald als britischer Feldherr, der vom König zu Recht mit dem Hosenbandorden und einer beachtlichen Dotation von 20000 Pfund geehrt wurde.[40]

6. 1759

Frankreich verliert Quebec – Die Schlacht auf der *Plaine d'Abraham*

Günstig lautende Nachrichten von den beiden anderen amerikanischen Kriegsschauplätzen hellten Anfang August die angeschlagene Stimmung im britischen Lager vor Quebec auf. General Jeffery Amherst hatte am 26. Juli Ticonderoga am Champlainsee besetzt, der Ort der einzigen britischen Niederlage im Vorjahr, und im Westen war am selben Tag Fort Niagara am Südufer des Ontariosees in britische Hand gefallen. Die Begeisterung unter Wolfes Truppen war groß und alle erwarteten, dass Amherst schon in wenigen Wochen am St. Lorenz stehen würde. Auf der Gegenseite fürchtete auch Montcalm eine Fortsetzung der britischen Offensive gegen Montreal und schickte 1000 Mann unter dem Kommando seines Stellvertreters, General François Gaston Lévis, den St. Lorenz hinauf.

Wolfe sah sich jedoch durch die Erfolge der anderen Armeen noch stärker unter Zugzwang gesetzt. Dass Amherst durchaus nicht die Absicht besaß, vor dem Fall von Quebec weiter nach Norden vorzurücken, konnte er nicht wissen.

Ohne eine letzte Anstrengung wollte sich Wolfe nicht aus der St.-Lorenz-Mündung zurückziehen. Wieder einmal durch einen heftigen Fieberschub ans Bett gefesselt, entschloss er sich zu einer ungewöhnlichen Maßnahme. Erstmals seit der Landung auf der Orleansinsel holte Wolfe den Rat seiner drei Brigadiers ein. Deren gemeinsam erarbeiteter Plan empfahl eine nächtliche Landung von 4000 Mann etwa zehn Kilometer südwestlich von Quebec am nördlichen Ufer des St. Lorenz bei *Cap Rouge*. Gelänge es, dort einen sicheren Brückenkopf zu bilden, so wäre Montcalms Streitmacht bei Beauport von ihrer Nachschubbasis abgeschnitten. Wolfe, der sich im Verlauf der ersten Septemberwoche wieder so weit erholt hatte, dass er sich endlich wieder seinen begeisterten Soldaten im Lager zeigen konnte, verwarf den Vorschlag in entscheidenden Teilen. Zwar ließ er, wie es seine Brigadiers gefordert hatten, am 1. September das Lager oberhalb der Montmorency-Fälle räumen, aber er entschied sich insgeheim für einen erheblich näher zur Stadt gelegenen Landepunkt. Seine Wahl fiel auf eine kleine Bucht etwa anderthalb Kilometer oberhalb von Quebec, die sogenannte

Anse-au-Foulon. Von ihr führte ein steiler, von den Verteidigern jedoch verbarrikadierter Pfad die etwa 50 Meter hohen Felsen hinauf auf eine weite Ebene, die sich bis zu den Stadtbefestigungen erstreckte. Die Einheimischen nannten sie nach Abraham Martin, einem Weggefährten des Stadtgründers Champlain, der dort eine Farm betrieben hatte, die *Plains d'Abraham.* Dort hoffte Wolfe seinen Gegner zu der lange herbeigesehnten Schlacht stellen zu können. Die britische Flotte beherrschte inzwischen den Oberlauf des St. Lorenz bis zum *Pointe-aux-Trembles,* und so konnte sich in der Nacht zum 13. September die erste Staffel von etwa 1700 Rotröcken in ihren 30 Flachbooten unangefochten dem Landepunkt nähern. Zweieinhalb Monate waren seit der Landung auf der Orleansinsel vergangen. Während die seit Mitternacht eingesetzte Ebbe die britische Flottille die etwa zwölf Kilometer lange Passage flussabwärts zu einem allen noch unbekannten Ziel zog, spürte jeder der zum absoluten Schweigen vergatterten Soldaten, dass es nun der Entscheidung des langen Feldzuges entgegenging. Wolfe hatte den genauen Landeort nicht einmal seinen drei Generalen verraten, eine einfache Vorsichtsmaßnahme gegen Verrat und das Durchsickern wichtiger Nachrichten, auf die nur wenige Befehlshaber des *Ancien Régime* verzichteten.

Noch ehe die Masse der ersten Staffel in der Bucht eingetroffen war, hatten um kurz nach 4 Uhr zwei Dutzend Freiwillige vom 24. Leichten Infanterieregiment den schwierigen Aufstieg bewältigt. Die schottischen Hochländer hatten sich gewandt an Sträuchern und Wurzeln den Abhang emporgezogen und, oben angekommen, die überraschten Wachen des Gegners überwältigt. Auf dem nunmehr geöffneten schmalen Bergpfad folgte der Voraustruppe sofort die gesamte erste Staffel, während einige Fregatten und Schaluppen bereits die zweite britische Staffel von *Cap Rouge* heranbrachte. Eine dritte Staffel mit zwei 6-Pfünder-Geschützen kam von der Orleansinsel und gelangte direkt vom gegenüberliegenden Ufer des St. Lorenz in den inzwischen frei gewordenen Booten zur Bucht. Wolfe wartete deren Eintreffen jedoch gar nicht ab, sondern begann schon gegen 6 Uhr mit der ersten Staffel auf Quebec vorzurücken. Zwei Stunden später hatte sich die gesamte britische Streitmacht, zehn Infanteriebataillone mit insgesamt 4500 Mann, in etwa einem Kilometer Entfernung von der Stadt zu einer ungewöhnlich langen Schlachtlinie formiert, die entgegen der gültigen taktischen Regel nur noch aus zwei Gliedern Infanterie bestand. Es war die Geburtsstunde der »dünnen roten Linie«, die in den kommenden 100 Jahren auf den Schlachtfeldern Spaniens, Belgiens und der Krim für Furore sorgen sollte. Noch vor einer Woche hätte niemand im britischen Lager einen derartigen Erfolg für möglich gehalten, aber noch war längst nicht alles entschieden. Fraglos hatte Wolfe von Beginn an viel Glück gehabt. Einige seiner Offiziere hatten während der Annäherung auf dem Fluss in bestem Französisch die gegnerischen Posten überlistet und eine vorzeitige Entdeckung verhindert. Doch die Täuschung Montcalms, die geschickte Nutzung der Gezeiten und die präzise verlaufende Anlandung der Truppe zeugten von hohem militärischem Können.

Die Nachricht von der britischen Landung erreichte den französischen Befehlshaber in Beauport bereits kurz nach 6 Uhr. Montcalm wusste, dass er keine Minute mehr zu verlieren hatte. Von seinen verbliebenen 7000 Mann ließ er etwa ein Viertel zur Bewachung des Lagers zurück und eilte mit dem Rest über den St.-Charles-Fluss. Mit knapp 5000 Mann war er Wolfe zumindest numerisch gewachsen.[41] Durch die engen Gassen der Stadt strömten seine Truppen aus den westlichen Toren und formierten sich vor einem leichten Höhenzug, der *Buttes-à-Neveu*, in drei Kolonnen. Noch konnte er hoffen, dass der Gegner erst mit schwachen Kräften auf dem Plateau stand und bisher keine Zeit gefunden hatte, seine Geschütze den steilen Abhang hinaufzubringen. Daher entschied er sich für einen sofortigen Angriff und verzichtete darauf, das Eintreffen Bougainvilles und seiner 2200 Mann abzuwarten, die immer noch ahnungslos den Abschnitt zwischen *Pointe-aux-Trembles* und *Cap Rouge* überwachten.

Wolfe hatte seine erste Aufstellung, wie es ein halbes Jahrhundert später auch der Herzog von Wellington praktizierte, in einer Senke genommen, sodass die angreifenden Frankokanadier erst nach Passieren der *Buttes* das volle Ausmaß der britischen Stärke erkannten. Während das Feuer der Angreifer aus zu großer Distanz fast wirkungslos über die Köpfe der Briten hinwegstrich, warteten Wolfes Bataillone mit außergewöhnlicher Kaltblütigkeit ab. Leutnant John Knox, ein Teilnehmer und Augenzeuge der Ereignisse, hat seine Eindrücke in einem Tagebuch festgehalten.

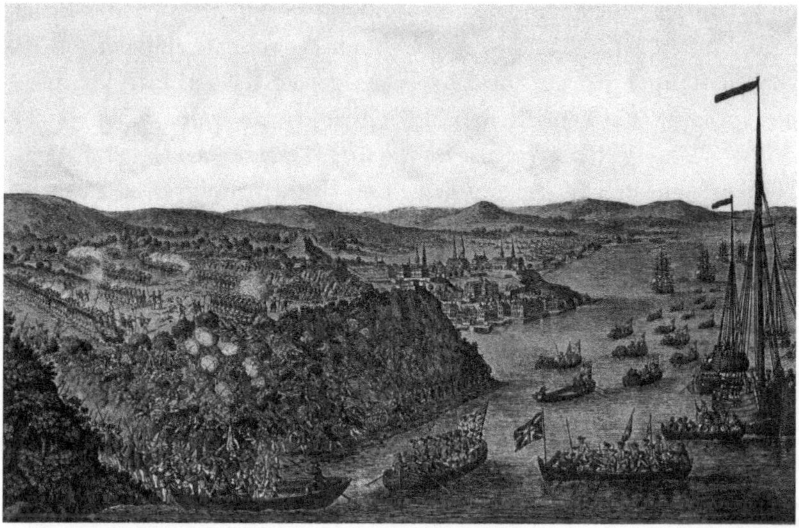

Der Kampf um Quebec am 13. September 1759.

»Gegen 10 Uhr begann der Gegner unter lautem Geschrei und mit erhobenen Waffen in drei Kolonnen vorzurücken. Zwei von ihnen zogen sich zu unserer Linken hin, die dritte zu unserer rechten Flanke. Dabei feuerten sie unregelmäßig aus einer Distanz von 100 und mehr Metern auf beide Enden unserer Linie. So gelangten sie bis auf etwa 40 Meter an unsere Truppen heran, die bis dahin mit außergewöhnlicher Furchtlosigkeit unter striktem Gehorsam zu ihren Offizieren ihr Feuer zurückgehalten hatten. Ihre demonstrative Kaltblütigkeit zusammen mit der verheerenden Wirkung unserer beiden Feldgeschütze hatte auf der Gegenseite schon für beträchtliche Verunsicherung gesorgt, als unsere genau zum richtigen Zeitpunkt mit höchster Einheitlichkeit abgegebene Salve den Angreifer in völlige Panik versetzte. Unfähig diesen Feuerhagel auszuhalten, wandten sich die Überlebenden, kopflos geworden, zur Flucht.«[42]

Ein halbes Dutzend weitere britische Salven warf den Rest von Montcalms Streitmacht auf die Befestigung zurück. Das Schicksal Quebecs und ganz Kanadas war innerhalb nur weniger Minuten entschieden. Die Frankokanadier zogen sich überstürzt wieder über den St.-Charles-

Fluss zurück. Sie hatten fast 1500 Mann verloren. Auch die Briten hatten mit 664 Toten und Verwundeten hohe Verluste zu beklagen, die vor allem durch das genaue Einzelfeuer der nach Guerillaart kämpfenden Indianer und kanadischen Milizen verursacht waren.

Der schmerzlichste Verlust für die Briten war jedoch General Wolfe, der von mehreren Treffern in Brust und Hüfte niedergestreckt worden war und wenige Minuten später auf dem Schlachtfeld verstarb. Von zwei Adjutanten aus der Schusslinie gebracht, soll der General noch befohlen haben, die Brücke über den St.-Charles-Fluss zu nehmen, um Montcalm den Rückzug abzuschneiden, was jedoch aus verschiedenen Gründen unterblieb.[43]

Wolfes Tod im Augenblick des Sieges weist fraglos Parallelen zu Horatio Nelsons Ende in der Seeschlacht bei Trafalgar im Jahre 1805 auf, und es war Wolfes Heroismus in der wohl wichtigsten Schlacht dieses Krieges, der dem 1758 geborenen Admiral zeitlebens als Vorbild diente. In beiden Fällen begünstigte ihr Schicksal, ihren militärischen Triumph nicht überlebt zu haben, eine lang anhaltende Verklärung. Auf Benjamin Wests zwölf Jahre nach der Schlacht von Quebec entstandenem Gemälde, das in der englischen Öffentlichkeit sofort regen Zuspruch erhielt, wirkt der Tod des jungen Feldherrn unter dem Union Jack, umgeben von Generalen, Offizieren, einfachen Soldaten und einem in seltsamer Kontemplation versunkenen Mohawk-Indianer, wie eine Apotheose.

Vier Tage nach Wolfes Sieg auf der »Ebene Abrahams« kapitulierten die 2000 Verteidiger Quebecs. 60 britische Geschütze und fast ebenso viele Mörser, die vor den Mauern der Stadt aufgefahren worden waren, ließen ihnen kaum eine andere Wahl. General Townshend, der als neuer Befehlshaber an die Stelle Wolfes getreten war und die Belagerung unbedingt noch vor Eintreten des Winters abschließen wollte, versprach den Bewohnern, ihr Eigentum und ihre Religion zu achten.[44] Die Besatzung sollte unter Wahrung der militärischen Ehren nach Frankreich verbracht werden, was immerhin ein günstigeres Los war als das der Verteidiger von Louisbourg. Vaudrieul und Bougainville zogen sich mit den Resten ihrer Streitmacht, noch etwa 8000 Mann, ins Landesinnere zurück. Der britische Feldzug in Kanada war noch nicht beendet, aber Frankreichs Tage in Nordamerika waren von jetzt an gezählt.

Der König von Preußen flötet auf dem letzten Loch – Kunersdorf und Maxen

Friedrich hatte die Wintermonate 1758/59 nach den Rückzügen der Russen und der Österreicher im schlesischen Breslau verbracht. Der stark gealterte und durch den Tod so vieler Vertrauter vereinsamte Monarch nutzte die Zeit vor der nächsten Feldzugssaison, um sich neben den geliebten Ablenkungen durch Literatur, Musik und sarkastische Verhöhnungen seiner Gegner in einem ausführlichen Memorandum Rechenschaft über die ihm noch verbliebenen militärischen Optionen zu geben.[45] Die Aussichten waren alles andere als ermutigend, und am Weihnachtsabend schrieb er an Ferdinand von Braunschweig: »Erwarten Sie keine großen Dinge mehr! Wir sind vollkommen zerrüttet. Die Blüte unserer Infanterie ist dahin.«[46] Zwar gelang es Friedrich bis zum Ende des Frühjahrs 1759 noch einmal, die Verluste des letzten Kriegsjahres durch neue Aushebungen und den üblichen Gefangenenaustausch mit den Österreichern numerisch auszugleichen. Doch die auf dem Papier imposant erscheinende Stärke seiner Armee von 128 000 Mann konnte nicht verbergen, dass die Qualität, die Disziplin und der Korpsgeist der ersten Kriegsjahre unwiederbringlich verloren waren. Mit Mühe vermochte Friedrich die materiellen Verluste von Hochkirch wieder auszugleichen und seine schwere Artillerie nochmals auf einen Stand von knapp 300 Geschützen zu bringen.[47] Auch finanziell stand seine Kriegführung für wenigstens ein weiteres Jahr auf solidem Fuß. Im Dezember 1758 hatte das britische *House of Commons* Preußen nochmals einen Zuschuss von vier Mio. Talern bewilligt, was immerhin ein Siebtel seiner jährlichen Kriegskosten deckte. Die verbleibende Finanzlücke hoffte Friedrich durch Münzverschlechterung und verschärfte Kontributionen in Sachsen und Mecklenburg schließen zu können.[48]

Doch welche Strategie sollte er zukünftig verfolgen? Die wachsende Stärke der Österreicher erlaubte Friedrich keine großen Offensiven mehr. Die Qualität der gegnerischen Artillerie und Dauns Vorliebe, sich in kaum einnehmbaren Positionen zu verschanzen, nötigte ihm bei allem Spott, den er immer wieder gern über Maria Theresias zögerlichen Feldherrn ausschüttete, allmählich Respekt ab. Die Grundsätze der österreichischen Kriegführung, so befand er in seinem Dezember-Memorandum, seien die Folge reiflicher Überlegung.[49] Nur mit Glück und Mühe war es Friedrich zuletzt gelungen, Schlesien und Sachsen gegen eine deutliche Übermacht zu behaupten. Wollte Daun diese Beute wieder in seine Hand bekommen, musste er sich selbst exponieren, musste von seinen kaukasischen Höhen heruntersteigen und konnte dann durch Zusammenfassen aller seiner Kräfte zerschlagen werden.[50] Vor allem aber musste Friedrich eine dauerhafte Vereinigung der Armeen Russlands und Österreichs verhindern. Nur solange diese beiden Gegner getrennt blieben, hatte er überhaupt eine Chance, den Krieg bis zum Winter zu überstehen. Danach würde man weitersehen. Auf die von London eingebrachte Idee einer spanischen Vermittlung ging der König nur halbherzig ein, dagegen setzte er große Hoffnungen auf einen neuen russisch-türkischen Krieg und ließ deswegen auch wiederholt bei der Hohen Pforte durch seinen Beauftragten Karl Adolf von Rexin sondieren.[51]

Anfang Mai war die Zeit für diplomatische Bemühungen jedoch erst einmal beendet. Den Druck der feindlichen Allianz hatte Friedrich bisher nicht lockern können. Seine Armee hatte der König erneut in vier Korps aufgeteilt. Das größte Kontingent mit einer Stärke von 44 000 Mann und 180 schweren Geschützen hatte er unter seinem direkten Befehl im Raum von Landshut versammelt. Oberschlesien hielt General Heinrich August de la Motte Fouqué mit 18 000 Mann. Die Verteidigung Sachsens hatte der König wie im Vorjahr in die bewährten Hände seines Bruders Heinrich gelegt, während Generalleutnant Christoph Graf von Dohna mit 28 000 Mann den Vormarsch der Russen auf die Oder verzögern sollte. Doch die beiden Monate Mai und Juni verstrichen, ohne dass einer der Kontrahenten den Eröffnungszug wagte. Daun verharrte mit fast 100 000 Mann bei Münchengrätz und beschränkte sich darauf, seine Rekruten zu drillen, während Friedrich im Lager von Landshut sich die Langeweile mit spöttischen Kommentaren über seinen Widersacher vertrieb, der angeblich von Papst Clemens XIII. nach seinem Sieg von Hochkirch mit einem »geweihten Hut« ausgezeichnet worden war.[52]

Erst Anfang Juli setzte sich der deutsche *Cunctator* mit 80 000 Mann in Richtung Lausitz in Bewegung, nachdem Kaunitz und die Kaiserin ihren ständigen Ermahnungen zu mehr Initiative einen ausdrücklichen Befehl hatten folgen lassen.[53] Als Reaktion auf Dauns Bewegung bezog

Friedrich zunächst mit der Hauptarmee ein befestigtes Lager bei Schmottseifen am Bober. Von dort gedachte er über die Österreicher herzufallen, wenn sie sich tatsächlich über Sagan und Crossen mit den Russen an der Oder vereinigen wollten.[54] Die russische Armee unter General Fermor hatte lange gebraucht, um sich mit ihren etwa 80 000 Mann von der Weichsel auf Posen vorzuschieben. Der Petersburger Ministerrat hatte dem General in Absprache mit Wien am 14. Juni 1759 den ausdrücklichen Befehl erteilt, die Oder so rasch wie möglich zu überschreiten und sich bei Crossen oder Carolath mit der ihm entgegenmarschierenden österreichischen Hauptarmee zu vereinigen. Sollte eine der beiden Armeen schon vorher von den Preußen angegriffen werden, war jeder der beiden Alliierten verpflichtet, dem anderen zu Hilfe zu kommen, sofern der Abstand nicht mehr als zwei Tagesmärsche betrug. Auf keinen Fall aber durfte sich Fermor dem Verbündeten unterordnen oder gar das Wohl seiner Armee für österreichische Interessen aufs Spiel setzen.[55]

Allerdings sollte es nicht mehr Fermors Aufgabe sein, die neue Direktive aus Petersburg umzusetzen, denn schon am 29. Juni war er durch den dienstälteren Grafen Pjotr Semjonowitsch Saltykow als Oberbefehlshaber ersetzt worden. Die Entscheidung der Zarin war in der gesamten Armee auf großes Erstaunen gestoßen. Zwar hatte man Fermor nie als echten Russen angesehen und er schien auch für viele russische Offiziere zu deutliche Sympathien für die Deutschen gehegt zu haben. Aber der neue Oberbefehlshaber war in der Armee fast völlig unbekannt und Saltykows Ankunft in Königsberg fast ohne Gefolge in der bescheidenen Uniform eines ukrainischen Milizregiments hatte nur wenig Eindruck hinterlassen.[56] Saltykow hatte in jungen Jahren auf Befehl Peters I. eine militärische Ausbildung in Frankreich absolviert, aber in seiner fast 40-jährigen Laufbahn als Offizier nur einmal ein höheres Kommando im Schwedisch-Russischen Krieg von 1743 geführt. Der 60-jährige Offizier war ein unbeschriebenes Blatt, aber zur Überraschung vieler erwies sich der vormalige Milizkommandeur aus Charkow als ein gut kehrender neuer Besen. Saltykow kümmerte sich persönlich um viele militärische Details und machte sich, indem er eine verbesserte Versorgung durchsetzte, in der Truppe sofort beliebt. Vor allem steigerte er mit seinem Befehl, die Armee nur noch im Divisionsverband marschieren zu lassen, deren Geschwindigkeit erheblich. Die

Preußen hatten bald Gelegenheit, mit der verbesserten Qualität ihrer russischen Widersacher Bekanntschaft zu machen. Anders als sein Vorgänger Fermor vertraute Saltykow sehr auf seine 6000 Kosaken und setzte sie sofort auf die rückwärtigen Verbindungen von Dohnas Korps an. Der preußische General sah sich nun selbst mit der Strategie konfrontiert, mit der er die Russen hatte zurückdrängen wollen. Sein Rückzug in die Neumark löste beim König einen Wutausbruch aus. Kurzerhand ersetzte er ihn am 21. Juli durch seinen Günstling, Generalleutnant Karl Heinrich von Wedell. Der abgelöste General solle sich, so Friedrich voller Hohn, zur Verbesserung seiner Gesundheit nach Berlin oder an einen anderen geeigneten Ort begeben.[57] Derweil waren die Russen überraschend nach Süden auf Crossen geschwenkt und standen an diesem 21. Juli bereits kurz vor der Oder bei Züllichau. Dem armen Wedell klang der Wunsch seines Monarchen nach einer Schlacht noch in den Ohren, und so stellte er sich den Russen bei Züllichau in den Weg. Dass es besser gewesen wäre, den Gegner einfach zur Oder ziehen zu lassen, um sich danach auf seine rückwärtigen Verbindungen zu stürzen, wusste auch der General nur zu gut, aber von Friedrichs bedrohlichen Weisungen wagte er nicht abzuweichen.[58] Auf der Gegenseite erwies sich Saltykow als alter Fuchs. Der Russe vermied einen direkten Angriff, sondern marschierte einfach an der linken Flanke der Preußen vorbei und postierte sich in der Nacht zum 23. Juli seinerseits auf den Höhen beiderseits von Paltzig. Die neue nach Osten gerichtete Stellung war durch die sumpfige Niederung des Eichmühlen-Fliess noch zusätzlich geschützt und nur an wenigen Punkten überhaupt angreifbar. Wedell hatte die Bedeutung von Paltzig nach dem Vorbeimarsch der Russen zwar sofort erkannt, war aber nicht schnell genug gewesen, um sie selbst zu besetzen. Da das Gelände die Angriffsmöglichkeiten beschränkte, konnte er seine Bataillone nur gegen den rechten Flügel der Russen vorgehen lassen. Dreimal vergeblich versuchten es die Preußen am 23. Juli, nur mangelhaft unterstützt durch ihre 60 schweren Geschütze, und wurden jedes Mal zurückgeworfen. Als am Abend die letzte Angriffswelle in die Ausgangsstellung zurückging, hatte Wedell rund 8000 Mann verloren, dazu zählen allerdings auch 2000 Deserteure. Der Verlust der Russen war nur halb so hoch.[59] Entscheidend aber war, dass Saltykow nunmehr ungehindert zur Oder ziehen konnte, wo er am 26. Juli bei Crossen einen kleinen Brückenkopf bildete und darauf wartete, dass die österreichische Hauptarmee auf der anderen Seite des Flusses erschien. Doch Daun, der immerhin bis Forst vorgerückt war und damit nur noch zwei Tagesmärsche von der Oder entfernt stand, entschied sich plötzlich anders. Er sah jetzt seine rückwärtigen Verbindungen durch das Korps des Prinzen Heinrich bedroht, das Friedrich unter gänzlicher Entblößung Sachsens nach Bautzen befohlen hatte. Angesichts der neuen Lage beschränkte sich der Feldherr der Kaiserin darauf, die Generale Laudon und Hadik mit je 20 000 Mann nach Crossen zu schicken. Wohl keine Entscheidung eines Heerführers hat den Verlauf des Krieges gegen Preußen mehr beeinflusst als Dauns übertriebene Vorsicht in dieser einmalig günstigen Konstellation. Als Laudons Boten am 31. Juli in Crossen eintrafen, um den Russen den Anmarsch nur eines österreichischen Korps zu melden – Hadiks Korps war inzwischen wieder auf die österreichische Hauptarmee zurückgefallen –, bekam Saltykow einen Wutanfall. Er warf Daun Feigheit und Verrat vor und entschied sich kurzerhand zum Abmarsch nach Norden. Er sehe sich außerstande, in das große Geheimnis der Daunschen Strategie einzudringen, begründete der Russe voller Sarkasmus gegenüber dem St. Petersburger Hof seinen Entschluss.[60] Laudon, dem Saltykow anfangs noch sehr misstraute, empfahl er, rechts der Oder auf Frankfurt vorzurücken, wo er sich nach der Einnahme der Stadt mit seinem Korps vereinigen wollte.

Friedrich schien vorerst gerettet, auch wenn ihm die schlimmste Phase des Krieges noch bevorstand. Wedells herbe und klare Niederlage gegen die Russen wurmte ihn außerordentlich. Er schimpfte auf die eigene Infanterie, die angeblich keinen Angriffsgeist gezeigt habe, und bemühte sich, den peinlichen Rückschlag gegen den immer noch verachteten Gegner möglichst schönzureden. Gegenüber Ferdinand von Braunschweig bezifferte er seine Verluste auf nur 1400 Mann, die der Russen dagegen auf das Zehnfache.[61] Entgegen aller strategischen Vernunft, wonach ein Angriff auf den isolierten Daun wohl mehr Erfolg versprochen hätte, war Friedrich jetzt um jeden Preis entschlossen, die erlittene Schmach den Russen persönlich heimzuzahlen. Er befahl Prinz Heinrich mit seinem Korps nach Sagan, wo er seinem Bruder das Kommando über die Hauptarmee mit dem Auftrag übergab, ihm den Rücken gegen Daun freizuhalten. Der König selbst marschierte am 29. Juli mit 21 Bataillonen, 35 Eskadronen und 70 schweren Geschützen von Sagan nach Markersdorf und weiter auf Beeskow an der Spree.[62] Zunächst war er bemüht, Laudons Korps abzufangen, und hetzte seine Männer über die verstaubten Pisten des südlichen Brandenburg. Doch es gelang nur, General Laudons Train bei Guben abzufangen.[63] Als sich der Österreicher am 3. August mit Saltykows Armee bei Frankfurt vereinigte, zog der König drei Tage später bei Müllrose die Reste des Wedelschen Korps an sich und verstärkte sich außerdem mit dem aus Torgau eintreffenden Korps des Generals Friedrich August von Finck. Mit 45000 Mann und 140 schweren Geschützen überquerte er am 11. August die Oder bei Göritz südlich von Küstrin auf zwei Kriegsbrücken und schlug gegen Mittag ein Lager zwischen Leissow und Bischofsee mit Front nach Südwesten auf.[64] Wie bei Zorndorf beabsichtigte Friedrich den Gegner von Norden zu umfassen. Die preußischen Chancen standen allerdings deutlich ungünstiger als vor einem Jahr. So gelang es ihm nicht, genaue Kenntnis vom Verlauf und der Beschaffenheit der Wege zu gewinnen, die durch das Waldgebiet der Neuendorfer Heide in die Südflanke der russischen Stellung führten. Auch das Gelände um Kunersdorf sollte für die Preußen am nächsten Tag böse Überraschungen bereithalten.

Vor allem aber hatte Saltykow sechs Tage Zeit gehabt, sich mit 60000 Mann und 200 schweren Geschützen auf den Höhen zwischen Frankfurt und dem niedergebrannten Kunersdorf in einem gut befestigten Lager einzurichten.[65] Der Judenberg oberhalb des Oderlaufes bildete den westlichen Eckpunkt seiner ungewöhnlichen Stellung, die sich mit einer Tiefe von anderthalb Kilometern etwa fünf Kilometer weit nach Nordosten bis zum Mühlberg erstreckte. Ihre linke Flanke war durch die sumpfige Niederung des Hühner-Fliess praktisch unangreifbar, wie Friedrich von seinem Aussichtspunkt auf dem Trettiner Spitzberg feststellen musste. Dass das russische Lager besonders auf seiner Südostseite befestigt und durch den Großen Spitzberg praktisch uneinnehmbar war, konnte der König von Norden aus nicht erkennen. Genau dort hatte Saltykow zwei große Batterien eingraben lassen, mit denen er die Ortsausgänge von Kunersdorf und die Passagen zwischen den drei Teichen am südöstlichen Ortsausgang beherrschte. Den einzigen Schwachpunkt seines inzwischen ganz von Erdaufwürfen, Schanzen und Wolfsgruben umgebenen Feldlagers bildete der Mühlberg im Nordosten. Saltykow hatte ihn in seine Stellung einbezogen und mit fünf Infanterieregimentern besetzt, obwohl er durch einen etwa fünf Meter tiefen und 60 Meter breiten Einschnitt, den sogenannten Kuhgrund, vom Rest des Lagers getrennt war und durch den nordöstlich gelegenen Walk-Berg beherrscht wurde. Als Friedrich am 12. August, nach einem fast zehnstündigen Marsch durch das Waldgelände des Bischofseer Forsts, gegen 11.30 Uhr die Schlacht eröffnete, griff er genau diesen exponierten Teil von Saltykows Lager an. Das Kreuzfeuer aus 60 schweren Geschützen, die auf dem Walk-Berg, dem Klosterberg und dem Kleinen Spitzberg in Stellung gebracht worden waren, setzte die 40 russischen Geschütze auf dem Mühlberg nach und nach außer Gefecht und erschütterte die dort eingesetzten fünf Regimenter. Die preußische Vorhut, die eine halbe Stunde nach Beginn der vernichtenden Kanonade mit neun Bataillonen zum Angriff auf den Mühlberg antrat, traf kaum noch auf Widerstand. Ein Fünftel der russischen Armee war damit zerschlagen und Friedrich hätte sich bei nüchterner Abwägung seiner Möglichkeiten mit diesem Erfolg zufriedengeben können. Saltykows zweite Stellung oberhalb des Kuhgrundes war zu stark und seine kaum 1000 Meter breite Front gegen Umfassungsangriffe bestens geschützt. Im Süden konnte die russische Artillerie auf dem Großen Spitzberg, der wie eine Bastion aus der Front herausragte, mit ihrem Feuer jeden preußischen Flankenangriff aus Kunersdorf heraus zerschlagen. Die nördliche Flanke wiederum deckte das weite Sumpfgelände des Hühner-Fliess. Dies alles lag für den König, der sich inzwischen auf den soeben eroberten Mühlberg begeben hatte, klar auf der Hand. Doch Friedrich brauchte unbedingt einen entscheidenden militärischen Erfolg. In London bereiteten Newcastle und Pitt zusammen mit Botschafter von Knyphausen bereits eine gemeinsame britisch-preußische Friedensinitiative vor, die einen Kongress aller Krieg führenden Mächte zum Ziel hatte und im Herbst publik gemacht werden sollte. Da durfte Preußen militärisch nicht mit leeren Händen dastehen. So entschied sich der König gegen die offenbar von einigen hohen Offizieren geäußerten Bedenken für eine Fortsetzung der Schlacht.[66] Selbst Seydlitz soll sich, so Archenholz, für einen Abbruch des Kampfes ausgesprochen haben.[67] Tatsächlich war Kunersdorf kaum der geeignete Ort für den Versuch, einen politisch verwertbaren taktischen Erfolg zu erzielen. Friedrichs Schlachtplan hatte auf Voraussetzungen beruht, die an diesem Tag durch das Gelände und das geschickte Verhalten des Gegners einfach nicht gegeben waren. Dass unter diesen Umständen die Einnahme des Mühlberges das Äußerste war, was er erreichen konnte, wollte der König nicht einsehen.

In den folgenden Stunden versuchte die preußische Infanterie den südlichen Rand des Kuhgrundes zu erklimmen, scheiterte aber immer wieder an dem sich versteifenden Widerstand der russischen Regimenter und dem Kartätschenfeuer ihrer Geschütze. Während Friedrichs Infanterie sich in brütender Hitze in schlecht koordinierten Angriffen durch den Kuhgrund bis zur Erschöpfung verausgabte, versuchte die Kavallerie unter Seydlitz und dem Herzog Friedrich Eugen von Württemberg dem Geschehen noch eine Wende zu geben. Das Scheitern ihrer Bemühungen leitete die endgültige Niederlage der Preußen ein. Behindert durch die engen Durchlässe von Kunersdorf und der angrenzenden Teiche rieb sich die preußische Reiterei in einer Kette von Einzelgefechten auf. Ihrer Anführer beraubt und durch die Artillerie auf dem Großen Spitzberg dezimiert, war sie am späten Nachmittag gegen den Generalangriff der russisch-österreichischen Kavallerie unter Führung Laudons machtlos. Überstürzt wichen ihre Reste auf die preußische Infanterie zurück, die jetzt ebenfalls in Panik auseinanderbrach und in Scharen in die Wälder floh. Einzig das zur Deckung der Artillerie eingesetzte Regiment Diercke hielt noch eine Zeit lang stand, wurde zuletzt aber völlig aufgerieben. Fast 100 schwere Geschütze und Haubitzen fielen in feindliche Hand. Der König selbst hatte noch versucht, einige Dutzend Versprengte um sich zu sammeln, sah sich aber schließlich von Kosakenhorden umschwärmt und musste von den Zieten-Husaren des Rittmeisters von Prittwitz herausgehauen werden. Als Friedrich bei Nacht wieder die Oder erreichte, hatte er kaum mehr als 3000 Mann mit sich. In Reitwein auf der linken Oderseite schrieb er jenen berühmten Brief an seinen Kabinettsminister Karl Wilhelm Finck von Finckenstein, der mit der theatralischen Wendung endete: »Ich glaube, alles ist verloren. Ich werde den Untergang meines Vaterlandes nicht überleben. Leben Sie wohl für immer.«[68] Daraus sprach die Verzweiflung des ersten Moments, aber wohl mehr noch die Scham, vor aller

Welt seinen militärischen Nimbus eingebüßt zu haben. Friedrich hatte sich bei Kunersdorf als militärischer Dilettant präsentiert, der wieder einmal seinen Gegner unterschätzt hatte, der es außerdem versäumt hatte, das Gelände genau zu erkunden, und der sich zu stark von seinen Emotionen hatte leiten lassen. Einige seiner Offiziere brachten dies nach der Schlacht auch unverblümt zum Ausdruck.

In den nächsten Tagen besserte sich die Lage auf niedrigem Niveau. Das Schicksal Preußens könne immerhin nun wieder in Wochen statt in Tagen bemessen werden, bemerkte Friedrich Ende August zu Minister Finckenstein. Kunersdorf hatte ihn zwei Fünftel seiner Armee und fast die gesamte schwere Artillerie gekostet.

Schon am Tage nach dem Desaster war es seinen Offizieren allerdings gelungen, wieder eine Streitmacht von 18000 Mann noch auf dem rechten Oderufer zusammenzubringen.[69] Bis Ende des Monats wuchs diese Zahl auf 33000, mit denen sich Friedrich bei Fürstenwalde auf halbem Wege nach Berlin dem Gegner stellen wollte. Doch Saltykow kam nicht. Zwar überschritt der Russe am 16. August die Oder, verharrte aber eine Woche bei Müllrose südlich des Friedrich-Wilhelm-Kanals und wartete auf die Armee Dauns. Auch wenn er zusammen mit Laudons Korps Friedrichs fragile Streitmacht um das Doppelte übertraf, mochte er den nächsten Waffengang, der ihm den Weg in die preußische Hauptstadt öffnen musste, lieber den Österreichern überlassen. Mit einigem Recht wies der Russe darauf hin, dass seine Armee bisher in zwei Schlachten die Hauptlast der Koalition getragen hatte. Allein am Tag von Kunersdorf hatten die Russen 13 500 Tote und Verwundete zu beklagen. Laudons Verluste beliefen sich auf 1400 Mann.[70]

Der deutsche *Cunctator* war inzwischen auf Triebel vorgerückt und kam endlich am 22. August mit Saltykow in Guben zusammen. Von einem Vormarsch auf Berlin war plötzlich keine Rede mehr. Wohl beeinflusst von dem wieder einmal jedes Risiko scheuenden Daun einigten sich beide Befehlshaber jetzt darauf, erst die Einnahme von Dresden durch die Reichsarmee abzuwarten, um danach gemeinsam in Schlesien Winterquartiere zu beziehen.[71] Nachdem Petersburg der Vereinbarung zugestimmt hatte, bezog Saltykow am 30. August eine neue Position weiter südlich bei Lieberose, um wie vereinbart die Belagerung Dresdens gegen Friedrichs Armee zu decken.[72]

Schlacht von Kunersdorf am 12. August 1759:
»Friedrich läuft Gefahr, bei Frankfurt oder Kunersdorf von Kosaken gefangen zu werden und wird von Joachim Bernhard von Prittwitz gerettet«. Kolorierter Kupferstich von Peter Haas.

Der König jubelte über diese kaum zu fassende Eselei und sprach in einem Brief an seinen Bruder mit einiger Übertreibung vom Mirakel des Hauses Brandenburg. Der überraschende Rückzug der Russen gab ihm die Möglichkeit, ein kleines Korps von 5000 Mann unter dem Befehl des aus Württemberg stammenden Generals Johann Jakob von Wunsch – einem ehemaligen Schlossergesellen, der schon in der württembergischen, bayerischen und niederländischen Armee gedient hatte – nach Dresden zu schicken, um zu verhindern, dass die sächsische Hauptstadt in die Hände der Reichsarmee fiel. Prinz Heinrich blieb derweil nicht untätig, sondern machte sich in den ersten Septembertagen von Sagan aus auf den Weg nach Görlitz, um die Verbindungen der Österreicher nach Böhmen zu unterbrechen. Mit Erfolg. Daun verlor die Nerven und ging am 12. September von Spremberg auf Bautzen zurück. Der Wiener Hof war entsetzt und in den Straßen kursierten jetzt erstmals Spottlieder auf den Feldmarschall, dem seine Gattin eine Schlafmütze ins Feldlager geschickt haben soll. Der erst zwei Tage zuvor zum Feldmarschall beförderte Saltykow argwöhnte wieder eine österreichische Intrige und, beunruhigt durch die ständige Nähe des Preußenkönigs, der inzwischen nur zehn Kilometer westlich bei Waldow ein Lager bezogen hatte, entschloss er sich trotz allen österreichischen Bittens und Drängens zum Abmarsch zur Oder. Friedrich beeilte sich, den abziehenden Russen in einem Parallelmarsch über Cottbus und Forst auf den Fersen zu bleiben, und erreichte tatsächlich mit 21000 Mann am 24. September vor Saltykow die Oderfestung Glogau. Ohne den Besitz dieses Platzes konnte Saltykow nicht daran denken, in Schlesien zu überwintern, und so rückte er schließlich am 26. Oktober 1759 wieder zur Weichsel ab. Ein drittes Mal wollte der Russe sein Kriegsglück gegen Friedrich nicht wagen, und so schien dem bei Kunersdorf Geschlagenen aus seiner bitteren Niederlage noch ein Vorteil zu erwachsen.[73] Trotz zweier eindeutiger Siege über die bis dahin beste Armee Europas war der Ertrag des Feldzuges für die Russen gleich Null. Laudon, der fast drei Monate lang unter dem russischen Doppeladler gestanden hatte und dabei offenbar recht gut mit Saltykow zurechtgekommen war, musste mit seinem Korps den Umweg über Kalisch und Krakau nach Ungarn nehmen.[74]

Friedrich hatte nun alle Zeit der Welt, die Lage in Sachsen zu bereinigen, wo am 5. September Dresden zu seinem großen Verdruss in die Hände der Reichsarmee gefallen war. General von Wunschs Korps war nur um 20 Stunden zu spät vor den Toren der Elbmetropole erschienen.[75] Obwohl Generalleutnant Karl Christoph Graf von Schmettau, der Stadtkommandant, eine königliche Vollmacht hatte, notfalls Dresden gegen freien Abzug mit Kriegskasse und Waffen übergeben zu dürfen, war er seit dieser unglücklichen Verkettung für Friedrich eine *persona ingrata* und erhielt keine neue Verwendung mehr. Der König selbst teilte nach dem Abzug der Russen seine bescheidene Armee, überließ General Fouque mit einem kleinen Korps den Schutz Schlesiens und stieß mit 17000 Mann nach achttägigem Marsch am 13. November zur Armee seines Bruders nördlich von Meißen. Friedrich war entschlossen, die Österreicher noch vor dem Winter endgültig aus Sachsen zu verdrängen, und zeigte sich unzufrieden mit Prinz Heinrichs angeblicher Untätigkeit, der sich darauf beschränkt hatte, die Festung Torgau zu halten.[76] Mit knapp 60000 Mann gegen 80000 Österreicher waren die neuen Kräfteverhältnisse für Friedrich beinahe schon günstig, doch eine Schlacht konnte er gleichwohl nicht wagen. Daun hatte sich vorerst im Plauenschen Grund auf dem linken Elbufer unweit von Dresden verschanzt. Verpflegungsschwierigkeiten etwa durch das Zufrieren der Elbe mussten die Österreicher aus ihrer Stellung zwingen und es gab durchaus Anzeichen für einen weiteren Rückzug des Gegners. Die Reichsarmee rückte aus ihrer Stellung bei Dresden ab, bezog Winterquartiere bei Cotta im Erzgebirge und auch für Daun schien der Plauener Grund keine Dauerstellung zu sein.[77] Sofort nach seiner Ankunft versuchte Friedrich daher die österreichische Absetzbewegung zu beschleunigen. Dem bewährten Generalleutnant Graf von Finck befahl er am 14. November mit einem Korps von 15000 Mann und 70 Geschützen über Freiberg und Dippoldiswalde auf das Plateau von Maxen vorzurücken. Von dort sollte er Druck auf Daun ausüben und seine Nachschublinien unterbrechen. Das Plateau oberhalb der Müglitz lag in der tiefen linken Flanke der Österreicher, war aber mehr als einen Tagesmarsch von der preußischen Hauptstellung bei Wilsdruff entfernt. Auf die darauf zielenden Einwände seines Generals reagierte der Monarch sehr ungehalten. Finck erfinde Schwierigkeiten, wo keine seien. Selbst durch die unverblümt vorgetragenen Einwände seines Bruders ließ sich Friedrich nicht mehr von seinem Plan abbringen und versicherte seinem ebenfalls beunruhigten Vorleser Henri de Catt, dass Maxen eine uneinnehmbare Position sei.[78]

Entgegen Friedrichs blasierter Vorhersage war Daun jedoch keineswegs in »Bestürzung und Confusion« geraten.[79] Nachdem Finck am 18. November auf dem Maxener Plateau eingetroffen war, erkannten die Österreicher sofort die sich ihnen bietende Gelegenheit und agierten sehr schnell und zielstrebig. Daun rückte gleich am nächsten Tag mit einem starken Korps von 17000 Mann auf den Pass von Dippoldiswalde vor, der ohne Kampf in seine Hand fiel, da Finck ein ursprünglich dort zurückgelassenes Nachkommando von 3000 Mann wohl auf Druck des Königs wieder an sich gezogen hatte.[80] Damit war schon am

20. November die einzige Verbindung Fincks zur Hauptarmee unterbrochen. Am selben Tag rückten noch zwei weitere feindliche Detachements von je 6000 Mann von Norden und Südosten gegen Maxen vor. Am späten Nachmittag kam es zu den ersten Kämpfen und am Abend waren Fincks Bataillone mit einem Verlust von 2000 Mann aus Maxen herausgedrängt. Weiterer Widerstand schien bei überhandnehmender Desertion aussichtslos und am nächsten Morgen akzeptierte der General, dem kaum mehr als 5000 Mann und acht Geschütze verblieben waren, die Aufforderung der Österreicher zur Kapitulation. Ein in letzter Stunde entsandter Entsatz unter General von Hülsen mit sieben Bataillonen und 31 Eskadronen drang nicht mehr durch und der Versuch des Generals von Wunsch, wenigstens mit der Kavallerie aus der Umklammerung zu entkommen, musste auf Verlangen der Österreicher eingestellt werden.[81]

Für die Preußen war Fincks Kapitulation ein noch härterer Schock als Kunersdorf. Niemals zuvor hatte sich ein ganzes preußisches Korps mit acht Generalen und 500 weiteren Offizieren dem Feind ergeben müssen. Vor allem der Verlust von 35 Eskadronen Kavallerie war so schwerwiegend, dass der König seine Reiterei von der alliierten Armee Ferdinands von Braunschweig abziehen musste. Schlimmer noch aber war der Vertrauensverlust, den der Sieger von Rossbach und Leuthen gegenüber seinem Offizierkorps erlitten hatte. Friedrich hatte offenbar nichts aus seinen Fehlern bei Kunersdorf gelernt und wieder einmal bei nur unzulänglicher Beurteilung des Geländes den Gegner leichtfertig unterschätzt.

»Seitdem der König sich mit meiner Armee in Sachsen vereinigte«, so kommentierte ein mehr verzweifelter als wütender Prinz Heinrich drei Wochen nach der Katastrophe einen Brief seines Bruders, »hat er Verwirrung und Unglück über uns gebracht. Alle meine Anstrengungen und alle bereits errungenen Vorteile sind durch Friedrich zunichte gemacht worden.«[82] Dem jetzt wieder im preußischen Feldlager weilenden Botschafter Großbritanniens, Andrew Mitchell, war nach diesen erneuten Verlusten und der zwischen Verzweiflung und Unmut schwankenden Stimmung in der Armee unklar, wie Preußen noch ein weiteres Kriegsjahr durchhalten könnte. Niemals zuvor habe er den König so betroffen und niedergedrückt erlebt.[83]

Kein »Trafalgar« – Das Ende der französischen Flotte im Golf von Quiberon

Der 69-jährige Hubert de Brienne, Graf von Conflans, war einer der ältesten und am meisten angesehenen Admirale Frankreichs. Er durfte sogar, was in der Marine höchst selten war, den begehrten Titel eines Marschalls von Frankreich tragen. Auf dem Admiral und seinen 21 Linienschiffen im Hafen von Brest ruhten inzwischen die Hoffnungen des Versailles Hofs, dass das Wagnis einer Landung in England und Schottland noch gelingen könnte. Doch es war schließlich Conflans, der mit seinem Ausbruch aus Brest sowie der Niederlage in der Bucht von Quiberon sämtliche Landungsprojekte zu Makulatur werden ließ und damit den Schlussakkord im französischen Katastrophenjahr 1759 setzte.

Außenminister Choiseul war in diesem Sommer, als General Wolfe noch Quebec belagerte, mehr denn je zur Landung in England entschlossen und ließ sich auch von britischen Störversuchen, wie der zweitägigen Bombardierung von Le Havre Anfang Juli 1759, nicht irritieren.[84] Er schien inzwischen regelrecht von dem Gedanken besessen. An seinen dänischen Amtskollegen, den Grafen Johann Hartwick von Bernsdorff, schrieb er am 29. Juli mit entlarvender Offenheit, dass sämtliche französischen Truppen, die nicht in Deutschland kämpften, gegen England eingesetzt würden. Wenn die 50000 Mann der ersten Expedition verloren gingen, so versicherte er dem wohl darüber ziemlich entsetzten Adressaten, würde er mit Einverständnis des Königs noch einmal die gleiche Truppenzahl aufbringen und so lange nicht von dem Unternehmen ablassen, wie Frankreich noch Männer besäße.[85]

Choiseul und Belle-Isle hatten stets damit gerechnet, dass zur Abschirmung der Landungsoperation auch das in Toulon beheimatete Mittelmeergeschwader herangezogen werden musste. Doch ebenso wie Conflans in Brest sah sich Admiral Jean François Bertet da la Clue durch eine britische Flotte dauerhaft blockiert. Mit ihren 13 Linienschiffen kontrollierten die Admirale Edward Boscawen und Thomas Brodick seit Anfang Mai die südfranzösische Küste und brachten Handel und Fischfang des Gegners zum Erliegen. Immerhin verschafften sie damit La Clue auch die willkommene Möglichkeit, die Besatzungen seiner zwölf Linienschiffe und drei Fregatten durch zivile Seeleute zu ergänzen. Als Anfang Juli Boscawen und Brodick mit dem Großteil ihrer Schiffe zu unaufschiebbaren Ausbesserungsarbeiten nach Gibraltar zurückgekehrt waren, ergriff der Franzose die Gelegenheit zum Ausbruch aus Toulon. Am 5. August 1759 führte La Clue sein gesamtes Geschwader aus dem Hafen und passierte zwölf Tage später bei Nacht die Meerenge von Gibraltar. Zwischenziel und Sammelpunkt der Franzosen war der Hafen von Cadiz. Frühzeitig durch eine vor Ceuta kreuzende Fregatte informiert, nahm Boscawen mit sieben einsatzbereiten Schiffen noch in der Nacht die Verfolgung des Gegners auf und sichtete am 18. August bei Tagesanbruch die Segel der französischen Flotte. La Clues Geschwader war bald nach dem Durchbruch in zwei Teile auseinandergefallen. Der Admiral hatte sich entschieden, wegen der günstigen Windverhältnisse auf westlichem Kurs zu bleiben, während die hinteren Schiffe seiner Flotte, wie ja ursprünglich beabsichtigt, weiter auf Cadiz Kurs hielten. La Clue hielt den am Mittag am Horizont auftauchenden Gegner zunächst für den zurückhängenden Teil seiner Flotte, musste aber, als seine Zeichen nicht beantwortet wurden, zu seiner Überraschung feststellen, dass ihm der Gegner bereits dicht auf den Fersen war. Boscawens Schiffe waren deutlich schneller und konnten bereits am frühen Nachmittag das Feuer auf den letzten Franzosen, das 74-Kanonen-Schiff *Centaure*, eröffnen. Gegen 16 Uhr hatte Boscawen mit seinem Flaggschiff, der *Namur*, das Führungsschiff des Gegners eingeholt, musste aber nach dreistündigem Gefecht und dem Verlust seines mittleren Mastes La Clue in die einbrechende Dunkelheit entkommen lassen. Während die angeschlagene *Centaure* von allen vorbeiziehenden britischen Schiffen mit Breitseiten belegt wurde und nach dem Verlust eines Drittels ihrer Besatzung die Segel streichen musste, steuerte La Clue mit seinen verbliebenen Schiffen zunächst Cap St. Vincent an der Südwestspitze von Portugal an. Doch das plötzliche Abflauen des bisher so günstigen Ostwindes verhinderte das Entkommen der sechs verbliebenen französischen Segler. Bedrängt von Boscawens Flotte suchten sie Zuflucht in der nahen Bucht von Lagos. Der Brite war entschlossen, sich seine Beute nicht mehr nehmen zu lassen. Ohne Rücksicht auf die Neutralität Portugals folgte er dem Gegner in die Bucht und lieferte sich mit den Geschützen der Hafenbefestigung ein

Artillerieduell. Von der Entwicklung überrascht, entschloss sich La Clue, sein Flagschiff, die *Océan*, auf den Strand zu setzen und somit wenigstens die wertvolle Besatzung zu retten. Die Briten steckten sie später zusammen mit einem anderen gestrandeten Franzosen in Brand und brachten drei weitere von La Clues Seglern als Prise auf. Nur zwei Linienschiffen gelang es in der anschließenden Nacht in Richtung Rochefort zu entkommen.[86] Der zurückgebliebene Teil von La Clues Geschwader hatte zwar den Hafen von Cadiz erreicht, wurde dort aber von Admiral Brodicks Schiffen für den Rest des Jahres blockiert und fiel für den Schutz der Landungsoperation aus.

Selbst nach diesem ernüchternden Rückschlag, der einmal mehr die seemännische und taktische Unterlegenheit der französischen Marine schonungslos offengelegt hatte und für zukünftige Unternehmen nichts Gutes erwarten ließ, hielt das Versailler Kabinett mit stoischer Beharrlichkeit an seinen Landungsplänen fest.[87] Wenigstens der Versuch einer Landung in Schottland sollte noch unternommen werden, und so versammelten sich im Laufe des Septembers etwa 70 Transportschiffe in der Bucht von Morbihan an der südbretonischen Küste. Im Hafen von Vannes hielten sich 20000 Soldaten unter dem Befehl von Emmanuel-Armand de Vignerod, des Herzogs von Aiguillon, zur Verladung bereit. In Versailles hatten Choiseul und der neue Marineminister Nicolas René Berryer, vormals Polizeichef von Paris und oberster Spitzel der Pompadour, zunächst beschlossen, die sechs als Eskorte benötigten Linienschiffe aus Brest abzuziehen. Die durchaus zweckmäßige Entscheidung brachte indes den alten Conflans auf den Plan, der sich ohnehin bereits von allen bisherigen Beratungen ausgeschlossen gefühlt hatte und sich nun gegen eine Aufteilung seiner Flotte entschieden zur Wehr setzte.[88] Niemand am Hof wagte den ehrwürdigen Greis zurechtzustutzen, und als Conflans am 3. Oktober den Ministern einen alternativen Vorschlag vorlegte, nach dem nunmehr die gesamte Flotte aus Brest auslaufen sollte, um das britische Blockadegeschwader unter Hawke zum Kampf zu stellen, gab man nur zu gerne nach. Dass es unsinnig war, mit dem ganzen Geschwader zum Kap von Quiberon zu segeln und in die Bucht von Morbihan vorzustoßen, leuchtete Choiseul, Berryer und selbst Belle-Isle wohl ein, doch niemand mochte in der gedrückten Stimmung nach dem Bekanntwerden des Verlustes von

Quebec einen verdienten Admiral zurückhalten, der vielleicht doch für Frankreich einen Achtungserfolg erzielen würde.

Ohne Bedenken, dass dadurch Frankreichs letzte noch intakte Seestreitmacht einem gewaltigen Risiko ausgesetzt würde, erklärte sich Versailles Mitte des Monats, wohl auch unter dem Eindruck der Nachricht vom Fall Quebecs, mit dem Plan des Admirals einverstanden. Offenbar litt Conflans als Befehlshaber eines blockierten Geschwaders unter der Frustration, seit Beginn des Krieges nicht zu einem einzigen Einsatz gegen den Feind gekommen zu sein.[89] Dank der Rückkehr eines Dutzends französischer Handelssegler aus der Karibik, denen es gelungen war, dem britischen Blockadegeschwader zu entgehen, um in Brest Zuflucht zu finden, konnte Conflans aus den Besatzungen seinen eigenen Mannschaftsbestand auffüllen. Mitte November schien es so weit zu sein. Ein stürmischer Westwind hatte Admiral Hawke gezwungen, am 9. November mit seinem Blockadegeschwader nach Torbay auszuweichen. Nur fünf Tage später brachte Conflans seine 21 Linienschiffe und fünf Fregatten aus dem Hafen. Auf dem Papier war seine Flotte eine ansehnliche Streitmacht, vor allem Conflans Flagschiff, die *Royal Soleil*, wies mit ihren 110 Geschützen eine beachtliche Kampfkraft auf. Doch Offiziere wie Mannschaften waren durch die erzwungene jahrlange Liegezeit in Brest dem Seedienst entwöhnt, und zudem waren die von Handelsschiffen requirierten Matrosen nach so langer Zeit auf See kaum für den Dienst auf einem Kriegsschiff motiviert. Fünf Tage später hatte die Brester Flotte sich mit Mühe in Linie geordnet und näherte sich am Abend des 19. Novembers der Südküste der Bretagne und Kap Quiberon. Mit seinen Ausläufern bis hinunter zu den Cardinal-Riffen bildete das Kap den oberen Eckpunkt des gleichnamigen Golfes, in dessen nördlichem Teil sich die kleinere Morbihan-Bucht mit dem Hafen von Vannes befand. Conflans hoffte, das schwache britische Blockadegeschwader aus vier Linienschiffen unter Kapitän Robert Duff zersprengen zu können, ehe er Kurs auf Morbihan nahm. Duff teilte jedoch sein Geschwader am nächsten Morgen auf und versuchte mit einer Hälfte nach Norden zu entkommen. Conflans setzte ihm mit dem Großteil seiner Flotte nach. Dass ihm Hawke schon dicht auf den Fersen war und dabei einen anfänglichen Vorsprung von 200 Meilen mühelos aufgeholt hatte, erfuhr er nur zu bald. Die 23 Segel am nördlichen

Horizont ließen keinen Zweifel. Als Optionen blieben Conflans nur der Kampf, die Flucht nach Rochefort oder der Rückzug in den scheinbar sicheren Nordteil der Bucht. Der französische Admiral gab der dritten Möglichkeit den Vorzug und setzte darauf, dass die schwierigen Navigationsverhältnisse und das stürmische Wetter mit bis zu 40 Knoten Windgeschwindigkeit seinen Gegner von einer Verfolgung in die Bucht hinein abhalten würden.[90] Doch Hawke wies die Einwände seines Navigators beim Passieren der Cardinal-Riffe brüsk zurück und befahl ihm, sein 100-Kanonen-Flagschiff, die *Royal George*, neben Conflans *Royal Soleil* zu legen.[91] Zuvor hatten seine Schiffe bereits die französische Nachhut gestellt und drei Segler, darunter die *Formidable*, ein 80-Kanonen-Schiff, stark beschädigt. Zwei Schiffe konnten den Briten entkommen, während die *Formidable* gegen 16 Uhr vor den Briten ihre Segel strich. Mit dem Rest seiner Flotte war Conflans zwar noch in den Golf von Quiberon eingefahren, konnte dort aber seine Schiffe nicht mehr gegen die nachdrängenden Briten zu einer Schlachtlinie formieren. Bis zum Einbruch der Dunkelheit, etwa gegen 17 Uhr, entwickelten sich bei anhaltendem Sturm eine Reihe von Einzelgefechten, in denen die Franzosen zwei ihrer Schiffe auf tragische Weise verloren. Die *Thésée* und die *Superbe* kenterten, nachdem Wasser durch die unteren Stückpforten ins Schiff eingedrungen war. Von den beiden 600-köpfigen Besatzungen, darunter die gesamte männliche Bevölkerung etlicher bretonischer Fischerdörfer, konnten kaum 25 Mann gerettet werden. Hawke hatte mit der *Royal Soleil* nur einen kurzen Kampf führen können, ehe ihm Conflans nach Süden entkommen war. Am nächsten Morgen musste der französische Admiral feststellen, dass seine Flotte in alle Winde zerstreut war. Vier Schiffe hatten noch in der Nacht Kurs auf Rochefort genommen, sieben weitere Segler versuchten, sich unter Überbordwerfen ihrer Geschütze in die Mündung des Vilaine zu retten, während die *Héros*, ein 64-Kanonen-Schiff, inzwischen so stark beschädigt war, dass sie für einen weiteren Kampfeinsatz nicht mehr infrage kam. Conflans entschloss sich daraufhin, sein Schiff zu opfern und die Besatzung zu retten, indem er die *Royal Soleil* unweit des Hafens von Le Croisic stranden ließ. Die Briten steckten sein Flaggschiff zwei Tage später zusammen mit der ebenfalls gestrandeten *Héros* in Brand. Nachdem auch noch die *Flexible* und die *Juste* an der Mündung der Loire

Schiffbruch erlitten hatten, war damit insgesamt ein Drittel der französischen Schiffe mit fast 2500 Seeleuten im Golf von Quiberon verloren gegangen. Hawke hatte dagegen nur zwei seiner Schiffe eingebüßt. Doch mit dem Ergebnis der Schlacht waren weder er noch das Kabinett in London zunächst zufrieden.[92] Es war nicht der erhoffte spektakuläre Sieg, den fast ein halbes Jahrhundert später Admiral Horatio Nelson in vergleichbarer Konstellation vor Kap Trafalgar über die französisch-spanische Flotte erringen sollte. Hawkes Bericht an die Admiralität klang dann auch reichlich apologetisch. »In Anbetracht der Jahreszeit, des schweren Sturmes, eines flüchtenden Feindes, des kurzen Tageslichtes und der schwierigen Küstenbeschaffenheit darf ich kühn behaupten, dass alles geschah, was überhaupt geschehen konnte.«[93] Dass die britischen Admirale ganze Arbeit geleistet hatten, erschloss sich erst bei näherer Betrachtung. Auch wenn sich von den Geschwadern La Clues und Conflans insgesamt noch 20 Linienschiffe in die Häfen von Rochefort und Cadiz hatten retten können, verfügte Frankreich am Ende des Katastrophenjahres 1759 über keine einsatzbereite Marine mehr. Choiseul musste sich den bitteren Realitäten beugen und ließ sogleich alle Vorbereitungen für eine Landung in England abbrechen. Als bescheidener Epilog seiner großen Absichten darf wohl die Fahrt des Kapitäns François Thurot gesehen werden, dem es am 15. Oktober 1759 gelang, mit vier Fregatten und 1000 Mann Infanterie zunächst aus dem Hafen von Dünkirchen zu entkommen. Nachdem ein Sturm sein kleines Geschwader zunächst an die schwedische Küste verschlagen hatte, landete er am 21. Februar 1760 tatsächlich in der Nähe des nordirischen Carrickfergus, wo die mitgeführten Truppen einige erfolgreiche Gefechte gegen einheimische Aufgebote führten, um schließlich von den Behörden Belfasts gegen Gestellung von Proviant und Frischfleisch zur Weiterfahrt bewogen zu werden. Die abenteuerliche Fahrt endete nur eine Woche später bei der Isle of Man, wo ein britisches Geschwader die drei verbliebenen französischen Fregatten nach kurzem Kampf aufbrachte. Thurot kam dabei ums Leben.[94] Sollte Choiseul je von seinem Schicksal erfahren haben, hätte er es als weiteren Beleg sehen können, dass seine ausschweifenden Pläne für eine Landung in England auf Sand gebaut waren.

7. 1760–1763 – Der Krieg ist entschieden

Gemeinsames Friedensangebot von Sieger und Besiegtem – Die britisch-preußische Erklärung von Rijswijk

»Am meisten aber lieget Mir die Beysorge auf dem Herzen, dass über Vermögen gewaffnet bleiben und meine getreuen Unterthanen statt der ihnen zu gönnenden Erleichterung noch mehrers mit Auflagen belegen, mithin eine Militärische Regierungsform auf den Fuß der Preussischen eingeführet werden müsse; Welcher Vorgang auch andere Mächte zur Nachfolge nöthigen, und endlich ganz Europa zur unerträglichen Last fallen würde. Diesen und allen anderen üblen Folgen wäre durch die alleinige Schwächung des Königs in Preussen abgeholfen, und es bestehet dahero der wahre Gegenstand des gegenwärtigen Krieges nicht blosserdings in der Wiedereroberung Schlesiens und Glatz, sondern in der Glückseligkeit des menschlichen Geschlechts und in der Aufrechterhaltung Unserer Heiligen Religion, von welcher Ich in Teutschland fast die alleinige Stütze abgebe.«

Denkschrift Kaiserin Maria Theresias an Feldmarschall Daun, datiert vom 24. Juli 1759[1]

Mehr noch als »Quebec« hatte »Quiberon« den Krieg der beiden großen Kolonialrivalen zur Entscheidung gebracht. Frankreichs Flotte bestand im November 1759 nur noch aus zwei Dutzend gestrandeter und isolierter Schiffe, der endgültige Verlust Kanadas war kaum mehr zu vermeiden und sein antiquiertes Finanzsystem lag in den letzten Zügen. Bereits Ende Oktober hatte Versailles erstmals die Zinszahlungen auf erstrangige, durch zukünftige Staatseinnahmen gesicherte Anleihen aussetzen müssen.

Auf der Gegenseite hatte Großbritannien mit einer Kette beeindruckender Siege sein *annus mirabilis* feiern können, sodass seine Kirchenglocken, wie der notorische Spötter Horace Walpole süffisant bemerkte, durch ihr ständiges Siegesläuten unbrauchbar zu werden drohten.[2] Allerdings dämpften die rasant steigenden Kriegskosten die anfängliche Euphorie der Parlamentarier. Gegenüber 1757 hatten sich die Aufwendungen für Flotte und Heer beinahe verdoppelt. Für 1760 belief sich das Staatsbudget bereits auf 15,5 Mio. Pfund, von denen sieben Mio. auf den Kapitalmärkten beschafft werden mussten.[3] Die Pitt-Newcastle-Regierung sah sich gerade wegen ihrer Erfolge wachsender öffentlicher Kritik ausgesetzt. Eine Bedrohung der Britischen Inseln bestand nicht mehr, Frankreich war in jeder Beziehung am Boden, und Pitt wusste, dass er das Parlament nur noch mit Mühe dafür gewinnen konnte, die Mittel zur Fortsetzung des Krieges in Deutschland zu bewilligen.

Den Preußenkönig wiederum beschäftigte schon seit dem Sommer die Sorge, dass ein siegreiches Großbritannien sich überraschend mit Frankreich einigen könnte, um sich damit aus seiner kostspieligen Allianz mit Preußen zu verabschieden. Wenn der skrupellose Akrobat der europäischen Diplomatie, der seinen alten französischen Alliierten zweimal mit frivoler Chuzpe im Stich gelassen hatte, gegenüber Botschafter Mitchell den großen Pitt einen Ehrenmann nannte, in dessen Händen seine Interessen sicher aufgehoben seien, war dies nicht mehr als ein Pfeifen im dunklen Wald.[4]

Von drei Seiten bedrängt brauchte Preußen dringend ein militärisches Wunder oder einen raschen Frieden. Doch es sollte nach den Vorstellungen des Potsdamer Autokraten ein durch kleine Vorteile versüßter Frieden sein, »eine Salbe für unsere Brandwunde«, wie sich Friedrich im Oktober, kaum zwei Monate nach dem Desaster von Kunersdorf, in einem Brief an seinen Londoner Geschäftsträger, den Baron von Knyphausen, ausdrückte.[5] Seltsamerweise hielten Pitt und Newcastle auch dann noch an ihrem so offensichtlich zur Belastung gewordenen Alliierten fest, als im Herbst in rascher Folge die militärischen Erfolgsmeldungen von allen Fronten ganz London in wachsende Begeisterung versetzten. Auf den ersten Blick schien ihre Loyalität zu dem taumelnden Militärstaat jenseits der Elbe erstaunlich und fand auch keineswegs überall Unterstützung. Walpole höhnte etwa, dass der große König jetzt zum König von Küstrin geschrumpft sei, und spekulierte, ob es nicht günstiger wäre, ihm eine lukrative Apanage im Ohiotal zu verschaffen.[6]

Ob Friedrich nun seine schlesische Beute behauptete oder sein Königreich am Ende von den Österreichern, Schweden und Russen zerstückelt würde, konnte Pitt und Newcastle nicht wirklich in ihren Entscheidungen beeinflussen.

Wenn das Kabinett gleichwohl bereits im Juni 1759 auf Friedrichs Anregung das Projekt eines allgemeinen Friedenskongresses unter Einschluss Preußens intensiv erörterte und es auch weiter auf der Tagesordnung beließ, so geschah dies nicht etwa aus einer ungewöhnlichen Nibelungentreue zu dem am Ende seiner Kräfte stehenden Preußen. Großbritanniens fortgesetzter Schulterschluss mit dem Potsdamer Autokraten erfolgte allein aus innenpolitischen Erwägungen. Nach außen zogen Pitt und Newcastle in der Friedensinitiative an einem Strang, verfolgten damit aber höchst unterschiedliche Absichten. Als Schatzkanzler war dem Herzog von Newcastle naturgemäß daran gelegen, einen immer teurer werdenden Krieg möglichst rasch zu beenden und die am Horizont drohende Zerrüttung der britischen Staatsfinanzen wenigstens in Grenzen zu halten. Mehr noch störte ihn aber, dass mit jedem Tag, an dem der Krieg gegen Frankreich mit weiteren militärischen Erfolgen fortgesetzt würde, sich die Macht seines alten Intimfeindes Pitt vergrößerte.

Der wiederum sah, ganz anders als der zum Pazifismus neigende Newcastle, bei anhaltendem britischem Kriegsglück vorerst keinerlei Grund, mit Frankreich zu einem vorzeitigen Abschluss zu gelangen. Welchen Sinn hätte der lange Krieg überhaupt gehabt, wenn man sich nun ohne Not auf Kompromisse einließ? Was rechtfertigte überhaupt die Opfer und Kosten dieses Waffenganges, wenn nicht die einmalig günstige Gelegenheit energisch ergriffen würde, die Macht des Bourbonenstaates nachhaltig zu brechen und die Streitigkeiten in Nordamerika ein für allemal zugunsten Großbritanniens zu regeln? Im Parlament gab sich Pitt jedoch moderat und hielt am 13. November eine viel gelobte Rede, in der er vieldeutig von einem Frieden sprach, der nicht jedem in Großbritannien gefallen würde.[7]

Die geplante gemeinsame Erklärung Großbritanniens und Preußens konnte Pitt ruhigen Gewissens mittragen, da er genau wusste, dass ein Frieden unter Einbeziehung Friedrichs für Frankreichs Außenminister Choiseul eine kaum akzeptable Kautel war.[8] Selbst der entscheidend abgeschwächte Dritte Versailler Vertrag schloss dies definitiv aus. Wenn Großbritannien, so Pitts Kalkül, dennoch den Krieg fortsetzen musste, lag es eben an der französischen Halsstarrigkeit und kein britisches Parlament würde der Regierung in diesem Fall die dazu benötigten Mittel verweigern.

Die militärische Lage der beiden Verbündeten hätte wenige Tage nach Quiberon und Maxen nicht asymmetrischer sein können, als Großbritannien und Preußen am 25. November 1759 in Den Haag ihre gemeinsame Erklärung publik machten. Das den Geschäftsträgern der drei großen Krieg führenden Mächte in Schloss Rijswijk ausgehändigte Papier – Schweden, Sachsen und die übrigen Reichsstände überging man – sprach von einem gerechten und ehrenvollen Frieden, enthielt jedoch noch keine konkreten Forderungen oder Zugeständnisse.[9] Tatsächlich hatte sich das britische Kabinett noch gar nicht festgelegt, was mit den Gebieten in Kanada und der im Frühjahr 1759 eroberten Karibikinsel Guadeloupe geschehen sollte.[10]

Die ersten Reaktionen der Gegenseite fielen erwartungsgemäß verhalten bis ablehnend aus. Wenig überraschend bestand Kaunitz nach wie vor auf einer deutlichen Schwächung Preußens, das sonst jederzeit in der Lage sei, Österreich in seiner Existenz zu bedrohen. Sollte zudem Friedrichs Macht ungebrochen bleiben, würde seine Politik in Europa Schule machen und schließlich zu einer Militarisierung des ganzen Kontinents führen. Die Zarin und ihre Minister wiederum argwöhnten hinter dem Rijswijker Papier einen Versuch Friedrichs, die antipreußische Allianz zu spalten – und sie hatten damit nicht einmal Unrecht.[11]

Auch Außenminister Choiseul zeigte vorderhand nur wenig Interesse an der Erklärung, die ihn angesichts der desolaten militärischen Lage Frankreichs überrascht hatte.[12] Zunächst vertrat er die Auffassung, dass der Krieg zwischen Großbritannien und Frankreich in separaten Verhandlungen ohne Preußen beendet werden müsse. Der Franzose zeigte sich sogar überzeugt, dass selbst jetzt noch ein Friedensschluss auf der Grundlage des territorialen *status quo ante* erreichbar sei. Noch hielt Frankreich die Insel Menorca besetzt und auch die Festung Wesel galt inzwischen als Austauschobjekt. Für die Rückgabe von Menorca erwartete Choiseul nicht weniger als die Räumung von Guadeloupe, Louisbourg, Quebec und der westafrikanischen Insel Gorea.[13] Das Ohiotal sollte nach Choiseuls Vorstellungen zu einer neutralen Zone erklärt werden, was Frankreich vier Jahre zuvor noch entschieden abgelehnt hatte. Für kurze Zeit gelang es ihm sogar, den neuen spanischen Monarchen, Karl III., der seinem am 10. August 1759 verstorbenen Bruder Ferdinand VI. auf den Madrider Thron gefolgt war, für eine bewaffnete Vermittlung zu gewinnen.[14] Die Idee war nicht weniger realitätsfremd als seine früheren Pläne einer Landung in Großbritannien. Mit seinen zerrütteten Finanzen und seiner verrotteten Flotte konnte es Spanien unmöglich darauf ankommen lassen, mit Großbritannien auf dem Höhepunkt seiner militärischen Leistungsfähigkeit einen Waffengang zu riskieren. Nach einer vorsichtigen Sondierung in London, wo Pitt und Newcastle gegenüber dem Beauftragten Spaniens Zweifel an dessen Neutralität bei der Neuregelung nordamerikanischer Fragen geäußert hatten, zog Karl III. seine Zusage an Choiseul vorerst zurück.[15]

Während die gegnerische Koalition noch an einer gemeinsamen Stellungnahme zur britisch-preußischen Friedensinitiative arbeitete, bahnten sich zu Beginn des neuen Jahres im neutralen Den Haag erste direkte Kontakte zwischen dem Grafen Louis-Auguste d'Affry, dem französischen Geschäftsträger, und Sir Joseph Yorke, seinem britischen Gegenpart, an. Auch wenn das britische Kabinett die französischen Vorstellungen als überzogen bewertete, entschied man sich für eine Fortsetzung der Gespräche. Pitt blieb skeptisch und beharrte auf der Einbeziehung Preußens. Choiseul wiederum mochte zwar nicht einseitig aus dem Bündnis mit Österreich und Russland ausscheren, aber die inzwischen im Raume stehenden Forderungen der Zarin nach territorialen Entschädigungen im Baltikum standen konträr zu den Zielen der französischen Politik. Ein Erstarken Russlands in Nordeuropa konnte ebenso wenig im Interesse Frankreichs liegen wie die Zerschlagung Preußens. Choiseuls Aufforderung an Wien, Friedensgespräche mit Preußen ernsthaft in Erwägung zu ziehen, da auch von einem neuen Feldzug keine Besserung der militärische Lage zu erwarten sei, wies Kaunitz höflich, aber bestimmt zurück.[16] Noch war Wien nicht bereit und setzte weiterhin auf eine militärische Entscheidung. So gelangten auch die bilateralen Gespräche in Den Haag im April 1760 zu einem Abbruch, zumal Choiseul wenig Geschick bewies, als er ausgerechnet einen ehemaligen Jakobiten nach London entsenden wollte. Das erleichterte es

Pitt, den ganzen Vorgang zu torpedieren, indem er die Aufrichtigkeit der Franzosen infrage stellte.[17] Die Gespräche wurden nicht fortgesetzt und der militärisch längst entschiedene Krieg ging in die nächste Runde.

Finale am St. Lorenz – Les adieux au Canada

Der Verlust von Quebec hatte Frankreichs Position in Kanada zutiefst erschüttert. Noch aber war nicht alles verloren. Noch behauptete sich das französische Kerngebiet um Montreal, am Richelieu-Fluss und am östlichen Ontariosee. Gouverneur Vaudreuil und sein militärischer Arm, General Gaston François Chevalier von Lévis, der Nachfolger Montcalms, hielten um Montreal knapp 4000 Reguläre unter Waffen. Beide rechneten damit, zu Beginn des Frühjahrs zusätzlich etwa 8000 Milizionäre zu den Fahnen rufen zu können. Doch ohne Nachschub aus dem Mutterland war die Kapitulation dieser immer noch beachtlichen Streitmacht nur mehr eine Frage der Zeit. Mit dem verfügbaren Proviant waren die Frankokanadier zwar durch den Winter gekommen, es fehlten aber Geschütze und Munition. Eine Chance, sich bis zu einem Friedensschluss in Europa zu halten, bestand nur, wenn es gelang, Quebec so bald wie möglich zurückzuerobern und die St.-Lorenz-Bucht wenigstens für eine kurze Zeit für französische Schiffe zu öffnen.

Für Brigadegeneral James Murray, dem ersten britischen Kommandanten von Quebec, war es als professionellem Militär kein Geheimnis, dass die Stadt für die Frankokanadier das einzige Fenster zur Außenwelt sein würde. Dem Gegner blieb gar keine Wahl, als seine verbleibenden Kräfte für einen massiven Angriff auf Quebec zu riskieren, sobald es die Witterung zuließ. Murrays Männern hatte der kanadische Winter arg zu schaffen gemacht. Von seiner Garnison waren Ende März 1760 nur noch 3500 Mann kampffähig, fast 1000 der Soldaten waren ohne zureichende Bekleidung der extremen Witterung zum Opfer gefallen und weitere 1800 standen wegen Typhus, Skorbut oder Erfrierungen auf einer beunruhigend langen Krankenliste. Gleichwohl war die Stimmung in der Stadt nicht gedrückt. Die Bewohner verhielten sich erstaunlich friedlich und das Umland war trotz etlicher vom Gegner unternommener Streifzüge einigermaßen gesichert.

Als die Frankokanadier unter Lévis am 20. April 1760 mit rund 7000 Mann und zwölf uralten Geschützen bei *Pointe-aux-Trembles*, etwa zehn Kilometer oberhalb von Quebec erschienen, war daher Murray einzig über den frühen Zeitpunkt ihres Angriffs überrascht. Der St. Lorenz hatte bis dahin kaum mehr als eine schmale Fahrrinne in der Mitte seines Laufes aufgewiesen und den Franzosen war es tatsächlich gelungen, darin zwei kleine Fregatten und etliche Schalupen flussabwärts durchzubringen. Weder Lévis noch Murray wussten, ob zuerst französische oder britische Schiffe in die Bucht gelangen würden. Bis sich herausstellte, ob Frankreich tatsächlich noch in der Lage war, Schiffe mit dem erforderlichen Kriegsbedarf früh genug aus seinen Häfen auslaufen zu lassen, wollte Lévis die Briten in der Stadt isolieren. An einen ernsthaften Sturm auf Quebec konnte er erst denken, wenn aus Frankreich die angeforderte Artillerie, die erforderliche Munition und vielleicht auch noch zusätzliche reguläre Truppen in der Bucht eingetroffen waren. Für Murray waren die Überlegungen seines Gegners leicht nachzuvollziehen. Sollten tatsächlich französische Schiffe zuerst in die Bucht einlaufen, war Quebec verloren. Für diesen Fall durfte er den Versuch nicht unterlassen haben, Lévis' Aufgebot schon vorher zu schlagen und somit vielleicht zum Rückzug zu zwingen. So entschloss er sich am 28. April, den Gegner genau an der Stelle, wo ein halbes Jahr zuvor Montcalm geschlagen worden war, zur zweiten Schlacht um Quebec zu erwarten. Doch dieses Mal behielten die Franzosen die Oberhand. In einem zweistündigen Gefecht, in dem die Briten fast ein Drittel ihrer Leute verloren, zwangen Lévis' Männer das britische Aufgebot zum Rückzug in die Stadt und nahmen auch die 22 auf dem Gefechtsfeld zurückgelassenen Geschütze in Besitz. Trotz seines eindeutigen Sieges und der hochwillkommenen Beute wagte es Lévis nicht, den Briten energisch nachzusetzen und die Stadt sofort im Sturm zu nehmen. Stattdessen traf er alle Vorbereitungen für eine förmliche Belagerung, die erst nach zwei Wochen abgeschlossen werden konnten. Ein einziges französisches Linienschiff, das es jetzt in die Bucht schaffen würde, so Jean Louis Desandrouins, der Chefingenieur der Franzosen, und Quebec wäre verloren. Doch das erste Schiff, das am 12. Mai in der Bucht erschien, trug zum Entsetzen der Frankokanadier nicht das Lilienbanner. Es war die *Vanguard*, ein 70-Kanonen-Schiff unter dem

Kommando von Commodore Robert Swanton, der sofort an Quebec vorbeistieß und unter dem Jubel von Murrays Männern die beiden französischen Fregatten oberhalb der Stadt unter Beschuss nahm. Wieder einmal hatte Großbritannien einen Wettlauf gewonnen. Auch aus Frankreich waren am 10. April 1760 immerhin fünf Versorgungsschiffe unter dem Schutz einer einzigen Fregatte aus dem Hafen von Bordeaux in Richtung St.-Lorenz-Golf gestartet. Doch es waren zu wenige und sie liefen viel zu spät aus. Finanzielle Schwierigkeiten, organisatorisches Unvermögen und mangelndes Interesse des Kabinetts hatten die Verzögerung um entscheidende vier Wochen verursacht. Erst am 14. Mai trafen schließlich drei der Schiffe vor der St.-Lorenz-Bucht ein. Sie waren ganze sechs Tage zu spät. Sobald Kapitän Chenard Giraudais von der Begleitfregatte *Machault* erkannt hatte, dass die Briten ihm zuvorgekommen waren, ließ er einen geschützten Ankerplatz in der Chaleur-Bucht in Neu-Braunschweig ansteuern. Dort verschanzten sich die Besatzungen und die 200 verbliebenen Regulären mit Unterstützung etlicher frankokanadischer Siedler, die vor den Briten in die Wälder geflohen waren, in der Mündung des Restigouche-Flusses. Als am 8. Juli ein britisches Geschwader die Bucht angriff, mussten die Franzosen ihre Schiffe in Brand stecken und versuchen, auf dem Landweg zu Lévis' Truppen zu gelangen. Zu diesem Zeitpunkt hatte der Endkampf um Kanada längst begonnen. Schon am 13. Mai hatten die Frankokanadier ihre Stellung vor Quebec überstürzt räumen müssen und waren stromaufwärts auf *Trois Rivières* zurückgegangen. Ihre beiden Fregatten waren dabei verloren gegangen. Am selben Tag, als die Franzosen von der *Machault* sich auf ihren beschwerlichen Weg zum St. Lorenz gemacht hatten, war auch Murray mit rund 2200 Mann auf einer kleinen Flotte von 30 Transportbooten und zehn schwimmenden Batterien von Quebec stromaufwärts in Richtung Montreal aufgebrochen. Zwei zusätzliche Regimenter aus Louisbourg waren noch im Anmarsch und vereinigten sich später mit Murrays Streitmacht. Sporadisch vom Ufer aus beschossen, bewegte sich seine Armee langsam, aber stetig auf den Etappenpunkt *Trois Rivières* zu, der auf halbem Weg zwischen Quebec und Montreal lag.

Als die Briten am 8. August den Ort erreichten, erwartete sie bereits Lévis' Streitmacht, mehr als 2000 Reguläre in ihren weißen Waffenröcken, dazu einige Dutzend Milizionäre und vielleicht 50 Indianer in ihren Feldbefestigungen auf dem Strand. Hauptmann John Knox vom 43. Infanterieregiment beeindruckte das pittoreske Szenario, an dem die eigene Flotte mit ihren schwimmenden Batterien in Linie und in unangreifbarer Distanz für den Gegner vorbeiparadierte. Im Hintergrund bildete die parkähnliche Landschaft mit etlichen hübschen Siedlungen im Licht eines milden Sommertages einen so wundervollen Anblick, wie ihn sich die lebhafteste Fantasie kaum hätte ausmalen können.[18]

Zu der von den Frankokanadiern erhofften Schlacht kam es jedoch nicht. Die Briten blieben auf dem Fluss und steuerten unbeirrt auf Montreal zu, das sich nur noch 60 Kilometer entfernt stromaufwärts befand. Nur dann und wann gingen sie an Land, um mit den Bewohnern Lebensmittel gegen Salz zu tauschen. Bereitwillig leisteten jetzt auch viele Frankokanadier den Eroberern den Treueid, während Lévis' Streitmacht durch die fortgesetzte Desertion entmutigter Milizionäre mit jedem Tag weiter schrumpfte. Vom Mutterland im Stich gelassen, geriet *La Nouvelle France* immer mehr in Auflösung.

Murrays Expedition war Teil einer großen, dreifachen Zangenoperation, mit der die Briten beabsichtigten, ihre Streitkräfte noch im Verlauf des Sommers vor Montreal zu vereinigen, um Frankreichs Herrschaft in Kanada endgültig zu brechen. Im Süden war General William Haviland Anfang August mit 3400 Mann vom Nordufer des Champlainsees aufgebrochen, von wo aus er entlang des Richelieu-Flusses zum St. Lorenz gelangen wollte. Den Weg versperrte ihnen allerdings Fort *Île-aux-Noix*, das auf einer Insel im Fluss lag und von 1100 Frankokanadiern unter dem Kommando von Louis Antoine Bougainville besetzt war. Nachdem Haviland mit Artillerie und Mörsern die gegnerische Flottille in Brand geschossen hatte, drohte Bougainville und seiner Besatzung die Einkreisung. Doch ein rechtzeitig eintreffender Befehl von Gouverneur Vaudreuil, sich auf Montreal zurückzuziehen, bewahrte sie vor der Gefahr, völlig aufgerieben zu werden.

Zur gleichen Zeit wie Haviland hatte auch Oberbefehlshaber Jeffrey Amherst mit seiner bei Fort Oswego am Ontariosee versammelten Hauptmacht aus 5500 Regulären, 4500 Kolonisten und 700 Iroquois-Indianern seine schwierige Passage den St. Lorenz abwärts begonnen.

Ernsthaften Widerstand leisteten ihm nur noch die Verteidiger von Fort Lévis, das auf einer Insel mitten im Fluss lag und von Amhersts Artillerie drei Tage beschossen werden musste, ehe es am 26. August kapitulierte.[19] Elf Tage später hatte seine Expedition das westliche Ende der großen Insel erreicht, auf der Montreal lag. Zusammen mit den Truppen Havilands und Murrays verfügte Amherst jetzt über fast 18 000 Mann. Die Frage war somit nicht mehr, ob die Stadt in britische Hände fiel, sondern ob es mit oder ohne Kampf geschehen würde. Gouverneur Vaudreuil plädierte angesichts der völlig unzureichenden Befestigungen von Montreal für eine sofortige Übergabe. So ließen sich vielleicht noch günstige Bedingungen für die Bewohner der Stadt herausgeschlagen. Als Soldat und Offizier neigte Lévis dagegen zur ersten Option. Als ihm aber die Anführer der verbündeten Indianer in einer eigens einberufenen Konferenz bedeuteten, dass sie sich, wie schon die anderen Stämme, mit den Briten arrangieren wollten, willigte er schweren Herzens in Kapitulationsverhandlungen ein.[20] Das von Oberst Bougainville am 6. September den Briten überbrachte Papier enthielt eine stattliche Liste von immerhin 50 Klauseln. Dazu gehörte etwa der ausgefallene Wunsch der Frankokanadier, dass der französische König und seine Nachfolger auch zukünftig das Recht besitzen sollten, den Bischof von Montreal zu ernennen.[21] Amherst konzedierte das meiste davon, bestand aber auf einer Übergabe der Regimentsfahnen, die er als Zeichen seines Sieges nach London schicken wollte. Auch mussten sich die Angehörigen der regulären Regimenter verpflichten, nach ihrer Rückführung ins Mutterland im Verlauf dieses Krieges nicht mehr gegen Großbritannien die Waffen zu erheben. Lévis protestierte auf seine Art gegen die ihn am meisten verletzende Bedingung. Dass er die Fahnen verbrennen ließ, versetzte Amherst zwar in Wut, führte aber zu keiner Verschärfung der Kapitulation. Die Frankokanadier behielten ihre lokale Verwaltung sowie ihre Priester, und wer nicht im Lande bleiben mochte, würde auf britischen Schiffen nach Frankreich gebracht werden. Mit der Übergabe von Montreal am 8. September 1760 endete die 150-jährige Geschichte von *La Nouvelle France*. Für den Versailler Hof hatte sich Vaudreuil durch die kampflose Übergabe von Montreal zum idealen Sündenbock gemacht, wodurch sich leicht der mangelnde Wille und die Unfähigkeit des Mutterlandes zur Verteidigung seiner Kolonie kaschieren ließen. Die weißen Bewohner Kanadas hielten zwar weiter an ihrer Kultur und Sprache fest, aber sie vergaßen nie, dass Frankreich sie im Stich gelassen hatte.

Am zukünftigen Schicksal des Landes bestand für den siegreichen britischen Kommandeur nicht der geringste Zweifel, als er etwa einen Monat später seinen Bericht an Pitt mit dem triumphierenden Satz abschloss: »Ich kann Ihnen versichern, Sir, dass dieses Land so ruhig und so sicher ist wie jede andere Provinz unter der Herrschaft Ihrer Majestät.«[22]

Aufgeben ist keine Option – Landshut, Liegnitz, Torgau und das Bombardement Dresdens

Obwohl der Feldzug von 1759 mit der Kapitulation eines ganzen preußischen Korps bei Maxen zu Ende gegangen war, überwog in Wien die Skepsis über Dauns bisherige Manöverkriegführung. Wie kaum jemals seit dem Jahr 1740 hatte Preußens Militärmacht so nah vor seiner Vernichtung gestanden und doch behauptete Friedrich auch nach dem preußischen Katastrophenjahr noch immer ganz Schlesien und die Hälfte von Sachsen. Graf Kaunitz wusste, dass sich die günstige Konstellation des Sommers mit einer russischen Armee in Schlagdistanz an der Oder nicht mehr beliebig oft herbeiführen ließ. Die finanziellen Belastungen für die Monarchie waren enorm. Für das laufende Jahr errechnete sich für die habsburgische Ländermasse ein Fehlbetrag von acht Mio. Gulden, was die Kaiserin zwang, selbst ihrem stets so hochgeschätzten Offizierkorps empfindliche Kürzungen bei Stellen und Bezügen zuzumuten.[23]

Wenn das Kriegsziel der Niederwerfung Preußens überhaupt noch erreicht werden konnte, so ein allmählich resignierender Kaunitz, dann allein noch im kommenden Feldzug. Es mussten nun aber erheblich größere Risiken eingegangen und notfalls auch ohne die Russen eine Entscheidung gesucht werden. Der Staatskanzler hatte sich daher schon im Herbst um den Rat von Gideon Ernst Laudon bemüht, jenes Feldherrn, der mit seinem Korps zu Saltykow durchbrechen konnte und der für seine Verdienste bei Kunersdorf zum Feldzeugmeister befördert worden war. Dass Laudon unbedingt zu einer offensiven Kriegführung und zur Eroberung von Schlesien riet, war voll und ganz nach dem Geschmack von Kaunitz, der längst mit dem ewig zögernden Daun die Geduld verloren hatte. Nach einem auch von Maria Theresia gebilligten Plan sollte Laudon im Frühjahr mit einer eigenen Armee von 40000 Mann nach Schlesien eindringen und nacheinander die Festungen Glatz sowie Breslau erobern. Daun hatte zur gleichen Zeit mit der österreichischen Hauptarmee und Zweibrückens Reichstruppen den Preußenkönig in Sachsen zu fesseln. Sollte Friedrich nach Schlesien abmarschieren, hatte ihm Daun mit einem Teil seiner Armee zu folgen und den Gegner dort gemeinsam mit Laudon zur Schlacht zu stellen.[24]

Auf der Gegenseite war es dem Preußenkönig nur mit unendlicher Mühe gelungen, für den bevorstehenden Feldzug noch einmal eine Feldarmee von 110000 Mann zusammenzubringen. Ein Gefangenenaustausch mit der österreichischen und russischen Armee war in diesem Winter nicht zustande gekommen.[25] Es war daher fraglich, ob sich mit den wieder einmal unter die Fahnen Preußens gepressten österreichischen und sächsischen Kriegsgefangenen ohne die notwendige Menge erfahrener Offiziere überhaupt etwas Zählbares erreichen ließe. Besonders die Kavallerie hatte im Vorjahr stark gelitten und Friedrichs Forderung an Ferdinand von Braunschweig, ihm zwei seiner Dragonerregimenter zurückzugeben, hatte fast zum Zerwürfnis mit seinem ehemaligen General geführt.[26] Aus dem, was ihm an Truppen noch verblieben war, hatte Friedrich schließlich zwei Armeen und ein Korpsgebildet. Mit der Hauptarmee von 55000 Mann, 100 schweren Geschützen sowie 32 Haubitzen bezog er eine Aufstellung nördlich von Meißen, während sein Bruder Heinrich mit 35000 Mann im niederschlesischen Sagan verblieb, um Saltykow an einer Vereinigung mit den Österreichern zu hindern. Weiter südlich hielt sich Generalleutnant de la Motte Fouqué mit weiteren 14500 Mann im Raum Landshut.[27]

Der Feldzug von 1760 begann für Preußen so glücklos, wie der vorangegangene geendet hatte. Friedrichs Versuch, noch vor dem Eintreffen der Reichsarmee in Sachsen ein isoliertes 20000 Mann starkes Korps der Österreicher unter dem Generalleutnant Franz Graf von Lacy auf dem Ostufer der Elbe zu zerschlagen, scheiterte Anfang Juni. Der Nachfahre irischer Emigranten konnte sich rechtzeitig im Schutz der Nacht auf Dauns Hauptarmee zurückziehen.[28] Während sich Friedrich noch bei Henri de Catt über sein anhaltendes Pech beklagte und wieder einmal vom Suizid sprach, erreichte ihn aus Schlesien eine neue Hiobsbotschaft. General de la Motté Fouqué war am 23. Juni mit seinem gesamten Korps bei Landshut fast völlig aufgerieben worden. Friedrich war an dieser neuerlichen Katastrophe, die der von Maxen kaum nachstand, nicht unschuldig. Hatte er doch seinem Jugendfreund aus Rheinsberger Tagen mit verletzender Schärfe befohlen, nach Landshut zurückzukehren, das dieser zuvor aus eigenem Entschluss geräumt hatte, um sich mit der Armee des Prinzen Heinrich zu vereinigen.[29] Als Friedrich die Zweckmäßigkeit des Rückzuges erkannte und eine Gegenorder schickte, war es schon zu spät. Nicht zum ersten Mal hatte der einst von Friedrich verschmähte Laudon zugeschlagen und den nach Landshut zurückgekehrten de la Motté Fouqué mit dreifacher Übermacht angegriffen. Dass sich die eingeschlossenen Preußen energisch zur Wehr gesetzt hatten, belegte zwar die hohe Zahl von 2000 Gefallenen, war aber für Friedrich nur ein bescheidener Trost. 8000 seiner Soldaten, darunter auch der schwer verwundete la Motté Fouqué, mussten in Gefangenschaft gehen. Immerhin hatten sich noch 900 Kavalleristen aus dem Desaster nach Breslau retten können, ebenso wie das von de la Motté Fouqué bei Freiberg zurückgelassene Detachement aus vier Bataillonen Infanterie und zwei Husaren-Eskadronen.[30] Sobald Friedrich die Nachricht erhielt, dass Laudon gemäß seiner ursprünglichen Absicht mit der Belagerung von Glatz begonnen hatte, teilte er seine Hauptarmee und zog am 3. Juli von Groß-Döbritz in Gewaltmärschen nach Schlesien. Nach drei Tagen stellte sich jedoch heraus, dass ihn Daun mit seinen Truppen überholt hatte und bereits bei Görlitz stand.[31] Kurzerhand entschloss sich Friedrich zur Rückkehr nach Sachsen, um in Abwesenheit der österreichischen Hauptarmee den Versuch zur Wiedereinnahme von Dresden zu unternehmen. Der einwöchige Beschuss der Stadt durch eilig aus Torgau und Magdeburg herbeigeschaffte Geschütze verursachte zwar massive Schäden in der Kulturmetropole, beeinflusste aber kaum den Durchhaltewillen der österreichischen Besatzung.[32]

Das Bombardement hat Friedrich jedoch viel von seinem internationalen Renommee gekostet. Selbst Andrew Mitchell, der Preußen und

Die Trümmer der Dresdner Kreuzkirche nach dem preußischen Bombardement. Gemälde (1765) von Bernardo Bellotto.

seinem Monarchen stets wohlgesinnte britische Geschäftsträger, bemerkte in einem Brief an Staatssekretär Holderness, dass er nur mit Schrecken an das Bombardement und viele andere schlimme Geschehnisse denken könne. Offenbar veränderten sich die Menschen im Unglück, so der Brite, und ein fortgesetztes Unglück würde schließlich auch jede Humanität auslöschen.[33]

Nach Prag und Olmütz war Dresden schon die dritte Belagerung, die Friedrich erfolglos abbrechen musste. Am 21. Juli ließ er die Beschießung einstellen und die Geschütze abziehen. Inzwischen war Daun mit der österreichischen Hauptarmee nach Sachsen zurückgekehrt und hatte vom Ostufer aus Verbindung mit der Besatzung der Stadt aufgenommen. Noch mehrere Tage verharrte der König in seinen Stellungen vor Dresden und hoffte, dass sich sein alter Gegner auf eine Schlacht einlassen würde.[34] Die Nachricht vom überraschend frühen Fall der Festung Glatz am 26. Juli veranlasste Friedrich, ein zweites Mal den Weg nach

Schlesien einzuschlagen. Er hoffte, wenigstens noch Breslau halten zu können, das Laudon inzwischen eingeschlossen hatte und beschoss. Es kümmerte ihn jetzt auch nicht, dass ihm Daun und Lacy dichtauf folgten. Anfang Juli waren auch die Russen mit 65 000 Mann in Schlesien eingedrungen, wagten es aber vorerst nicht, die Oder zu überqueren. Saltykow rechtfertigte seine Untätigkeit gegenüber Petersburg mit der Behauptung, dass ihn die Österreicher nicht unterstützen würden.[35] Am 7. August traf Friedrich nach fünf Marschtagen mit nur 30 000 Mann in Bunzlau ein und erreichte drei Tage später Liegnitz an der Katzbach, einem linken Zufluss der Oder. Der parallel zu den Preußen marschierende Daun hatte zwei Tage später die Katzbach bei Goldberg, etwa 30 Kilometer südlich von Liegnitz, erreicht, wo er auf Lacy wartete und in der Zwischenzeit auch Laudon von Breslau an sich heranzog. Breslau war damit vorerst gerettet, da aber Prinz Heinrich zur Deckung gegen Saltykows Russen an der Oder verbleiben musste, sah sich Friedrich nunmehr allein einer dreifachen österreichischen Übermacht gegenüber. Trotz der eindeutigen Kräfteverhältnisse bedurfte es immer noch der dringlichen Ermahnung aus Wien, um den vorsichtigen Daun zum Angriff auf seine vermeintlich sichere Beute zu bewegen.[36] Am 14. August hatte sich der Feldmarschall endlich zum Angriff entschlossen und sein Plan hatte Hand und Fuß. Laudon und Lacy sollten jeweils die preußischen Flügel binden, während seine Hauptarmee die Katzbach überschritt, um Friedrichs Zentrum südwestlich von Liegnitz zu attackieren. Der Preußenkönig schien in der Falle zu sitzen, aber nun kam ihm das so lange entbehrte Glück zu Hilfe. Obwohl Friedrich Dauns genaue Pläne für den nächsten Tag nicht kannte, entschied er sich, sein bisheriges Lager, das ihm ungünstig erschien, nach Norden zu verlegen und damit näher an die Armee seines Bruders heranzurücken. Vom Gegner zunächst nicht bemerkt ließ er am Abend sein altes Lager bis auf einige Dutzend Husaren, welche die Wachfeuer am Brennen halten sollten, räumen und zog durch Liegnitz nach Norden ab. Etwa gegen 3 Uhr stießen seine Regimenter in dem von der Katzbach und der Schwarzwasser gebildeten Dreieck auf Laudons Korps, das den Fluss nach einem Nachtmarsch stromabwärts überschritten hatte, um von Norden auf Liegnitz vorzurücken. Beide Heerführer waren vollkommen überrascht. Da Laudon zunächst glaubte, es nur mit einer preußischen Nachhut zu tun zu haben, beging er den Fehler, ohne weitere Gefechtsaufklärung den Gegner sofort anzugreifen. Doch Friedrich hatte seine Armee beiderseits des Rehberges rasch zur vollen Schlachtordnung entfaltet und bereitete den Österreichern einen blutigen Empfang. Nun zeigte sich, dass die preußischen Regimenter keineswegs nur dazu geeignet waren, sich dem Feind auf weite Distanz zu zeigen, wie Friedrich noch zu Beginn des Feldzugs geklagt hatte.[37] Überall behielten sie die Oberhand und umfassten schließlich auch die rechte Flanke der Österreicher. Nach dreistündigem Kampf musste der ehrgeizige Laudon gegen 6 Uhr wieder über Bienowitz auf das rechte Ufer der Katzbach zurück. Von seinen 24 000 Mann hatte er ein Drittel verloren, die preußischen Verluste beliefen sich dagegen auf nur 3400 Tote und Verwundete.[38] Zu Friedrichs Glück hatten Daun und Lacy nicht mehr eingreifen können. Letzterer hatte in der Dunkelheit vergeblich nach einer geeigneten Stelle gesucht, die Schwarzwasser zu überqueren, während Daun sich durch ein paar preußische Nachhuten unter Führung Zietens von der Überquerung desselben Flüsschens hatte abhalten lassen. Schließlich war er am Morgen ebenso wie Laudon wieder auf das rechte Ufer der Katzbach zurückgegangen. So erwies sich die Schlacht bei Liegnitz für die Preußen nach einer beispiellosen Kette von Rückschlägen als der dringend benötigte Hoffnungsschimmer. Das Kriegsglück blieb Friedrich gewogen. Denn Daun verzichtete zu Kaunitz' Verdruss auf eine Verfolgung der Preußen, die noch am selben Tage auf dem linken Ufer der Katzbach Parchwitz erreichten. Stattdessen beschränkte er sich auf eine Scheinbelagerung von Schweidnitz, um den Gegner zum Angriff herauszufordern. Obwohl auch Friedrich eine Entscheidungsschlacht wünschte und er dazu die Masse des bisher von seinem Bruder geführten Korps an sich gezogen hatte, vergingen die folgenden Wochen mit Manövrieren und gegenseitigem Belauern.

Währenddessen hatten die Russen an der Oder in beinahe völliger Tatenlosigkeit verharrt und waren erst auf den persönlich vorgetragenen Wunsch Laudons immerhin mit einem Armeekorps unter General Zacharias Tschernyschew bei Auras über den Fluss gegangen. Sobald ihm jedoch die Niederlage der Österreicher bei Liegnitz gemeldet worden war, beorderte Saltykow sein Korps sofort zurück und trat den Rückzug auf Militsch an. Danach flüchtete sich der Sieger von Kunersdorf in eine Krankheit und sein Stellvertreter Fermor musste am 12. September vorerst wieder die Armee übernehmen.[39]

Mit großer Genugtuung erfuhr Friedrich Ende September, dass die Entsendung eines kleinen Korps von knapp 4000 Mann unter Generalmajor Hans Paul von Werner an die pommersche Küste den gewünschten Erfolg gebracht hatte. Unter dem Befehl des bewährten Oberst Heinrich von der Heyde hatte Kolberg erneut dem Gegner widerstehen können. Wie im Vorjahr hatten die Russen, dieses Mal sogar unterstützt durch ein Geschwader versucht, die Festung an der Mündung der Persante einzunehmen. Eine heftige Gegenattacke der um Werners Korps verstärkten Besatzung hatte den Gegner am 18. September völlig demoralisiert und zum Abzug bewogen. Im Glück erwies sich der König als generös. Beide Befehlshaber avancierten durch ihren Erfolg zu Generalleutnants.[40]

Kaum glaubte Friedrich diese Krise bewältigt, schockierten ihn die Meldungen, dass der Gegner zu einem Raid auf das kaum verteidigte Berlin angesetzt hatte. Die Idee dazu stammte von dem französischen Verbindungsoffizier im russischen Lager, Marc-René de Montalembert, und war von den Russen begeistert aufgegriffen worden.[41] Es war die einzige gemeinsame Operation von Österreichern und Russen im gesamten Feldzug von 1760. Daun und Fermor stellten unter dem Befehl von Lacy und Tschernyschew je ein mittleres Korps von rund 17000 Mann zusammen. Die Russen marschierten am 16. September von Beuthen an der Oder über Guben und Fürstenwalde nach Norden, während Lacy erst am 28. September von Bunzlau aufbrach. Am 2. Oktober erreichte die russische Vorhut unter General Gottlob Heinrich Tottleben die Außenbezirke der preußischen Hauptstadt und versuchte in einem Überraschungsangriff ihre dürftigen Befestigungsanlagen zu durchbrechen. Inzwischen hatte sich jedoch die schwache Besatzung von Berlin durch Zuzug aus Torgau und Vorpommern auf 18000 Mann verstärkt und widerstand in den nächsten Tagen allen russischen Angriffen. Erst als am 8. Oktober auch die Österreicher unter Lacy nach einem pausenlosen Marsch vor Berlin eintrafen, zog sich die Besatzung in der folgenden Nacht über Spandau auf Brandenburg zurück und überließ die Stadt dem Gegner. Die Sieger ließen sich durch die Zusage von Kontributionen in Höhe von zwei Mio. Talern, die Friedrich später der Stadt erstattete, von Plünderungen im großen Stil abhalten. Lediglich das Schloss der Königin in Schönhausen und Schloss Charlottenburg wurden angeblich vor allem von den Sachsen übel zugerichtet. Als Fermor, der inzwischen auf Frankfurt an der Oder nachgerückt war, am 11. Oktober erfuhr, dass der preußische König mit seiner Hauptarmee im Anmarsch sei, zog er am nächsten Tag sein Korps aus Berlin zurück. Lacy war mit seinen Truppen schon tags zuvor abgerückt und vereinigte sich am 22. Oktober wieder mit Dauns Hauptarmee, die bei Torgau an der Elbe stand. Friedrich musste neben der Zerstörung eines Teils seiner unersetzbaren Antikensammlung den Verlust von 143 Geschützen und rund 10000 Musketen verschmerzen, nahm aber mit Erleichterung die Meldung auf, dass die Schäden in der Spandauer Gewehrfabrik und im Berliner Arsenal nur oberflächlicher Natur seien.[42] Schwerwiegender war jedoch, dass der erfolgreiche österreichisch-russische Raid auf Berlin der Reichsarmee unter dem Herzog von Pfalz-Zweibrücken die Gelegenheit gegeben hatte, Leipzig und Wittenberg zu besetzen. Damit war praktisch ganz Sachsen in die Hand der Alliierten gefallen.

Friedrich sah sich genötigt, trotz der fortgeschrittenen Jahreszeit einen Gegenschlag zu führen, denn auf Sachsen konnte er nicht verzichten. Er profitierte immerhin davon, dass sich Fermor noch weiter auf Landsberg an der Warthe zurückgezogen hatte. Bereits am 23. Oktober traf der König mit 40000 Mann vor Wittenberg ein und ging vier Tage später bei Rosslau und Appollensdorf auf das Westufer der Elbe. Zum Verdruss der Österreicher zog sich die Reichsarmee daraufhin auf Leipzig zurück. Von Wien mit deutlichen Worten zum Kampf verpflichtet, war Daun zunächst mit seiner Armee bei Torgau verblieben.[43] Dort hatte er auf dem Westufer des Stroms oberhalb von Süptitz und Großwig eine Höhenstellung mit Front nach Norden bezogen. Friedrich hoffte zunächst, den Gegner durch einen Flankenmarsch auf Schildau, das südwestlich von Torgau lag, aus seiner starken Stellung manövrieren zu können. Als die Österreicher jedoch in ihrer Stellung verharrten, entschloss sich der König am 2. November zur Schlacht. Seinen ins Schildauer Hauptquartier bestellten Kommandeuren teilte er am Nachmittag mit, dass er am nächsten Tag den Feldmarschall Daun anzugreifen beabsichtige. Der Gegner halte zwar eine gute Position, aber wenn man ihn schlage, würde er in die Elbe gesprengt oder gefangen werden.

Danach sei der Krieg, den wohl jedermann überdrüssig wäre, mit einem Schlag beendet.[44]

Am nächsten Morgen rückte er von Schildau aus mit 48 500 Mann und 309 Geschützen in vier Kolonnen gegen die Heerstraße von Torgau nach Leipzig vor. Unter dem Befehl des Generalleutnants Joachim von Zieten sollte seine rechte Kolonne mit 21 Bataillonen und 55 Eskadronen die Österreicher auf der Höhe oberhalb von Süptitz von Süden attackieren. Friedrich dagegen wollte mit den übrigen drei Kolonnen auf parallelen Wegen durch das ausgedehnte Waldgelände der Dommitzschen Heide die rechte Flanke des Gegners umgehen und Dauns Position von Norden angreifen, wo das Gelände weniger steil war. Der kaiserliche Feldmarschall hatte jedoch, da Friedrichs rechte Kolonne bei Weidenhein durch ein Stück offenes Gelände an seinem linken Flügel vorbeizog, die Absicht seines Gegners frühzeitig durchschaut und sich auf einen Kampf nach zwei Seiten eingestellt. Von seinen 33 000 Mann postierte Daun etwa zwei Drittel mit Front nach Norden. Der rechte Flügel der Österreicher stützte sich dabei auf Zinna, der linke hielt das Höhengelände oberhalb von Süptitz, während in seiner ursprünglich nach Süden gerichteten Position die 8000 Mann seines zweiten Treffens verblieben. Nicht unmittelbar in die Stellung einbezogen war das Korps des Generals Lacy, das mit seinen 18 000 Mann oberhalb des Großen Teiches bei Torgau eine Reserve bildete und jetzt Zietens südliche Angriffsgruppe in ihrer rechten Flanke bedrohte.

Erst gegen 12.30 Uhr hatte die rechte Kolonne, die hauptsächlich aus Infanteriebataillonen bestand, ihren etwa 20 Kilometer langen Umgehungsmarsch abgeschlossen und das freie Gelände bei Elsnig erreicht. Von dort wandte sie sich scharf nach Süden und entfaltete sich entlang des Striebaches zum Angriff. Von einem Ausblickspunkt bei Neiden hatte Friedrich die gegnerische Stellung in Augenschein genommen und fürchtete beim Anblick starker Wagenkolonnen in Richtung Torgau schon eine Absetzbewegung Dauns. Daher entschloss er sich zu einem sofortigen Angriff, auch wenn große Teile seiner Kavallerie und Artillerie noch nicht heran waren. Tatsächlich aber hatte Daun nur seinen Train auf das rechte Elbufer verlegen wollen.

Die zunächst verfügbaren zehn preußischen Grenadierbataillone mussten bereits in ihrer Entfaltung Verluste hinnehmen. Etliche Zeugen berichten von einem bisher nie erlebten Artilleriebeschuss. Ein österreichischer Gegenangriff warf die Reste von Friedrichs militärischer Elite auf ihre Ausgangsstellungen zurück. Die Preußen wurden im Verlauf des Nachmittags zwar immer stärker, schafften auch bei weiteren Angriffsversuchen schließlich den Einbruch in die erste österreichische Linie, konnten sich dort aber nicht dauerhaft halten. Bei Einbruch der Dunkelheit akzeptierte Friedrich, den zwischenzeitlich ein Treffer in der Brust vom Pferd geworfen hatte, seine Niederlage und ritt vom Schlachtfeld. Auch Daun begab sich nunmehr im Gefühl des Sieges gegen 17 Uhr nach Torgau, um eine stark blutende Wunde im Fuß behandeln zu lassen. Somit schien die Schlacht schon vorbei und die Österreicher Herr der Süptitzer Höhe, als von Süden her Zietens Regimenter auf das Schlachtfeld drangen. Erst spät am Nachmittag hatte sich der Husarengeneral von Lacy gelöst und sich nach links auf Süptitz gezogen, wo allerdings eine Reihe von Teichen seinen Angriff auf die Höhe behinderte. Erst über einen unbewachten Damm gelang es einer preußischen Brigade gegen 18 Uhr in den Rücken der Österreicher zu kommen. Dieser Glücksfall stellte den Verlauf des Nachmittags auf den Kopf und machte die Preußen zu Siegern. Von Norden her ließ General Johann Dietrich von Hülsen, der das Geschützfeuer von Süptitz her richtig deutete, noch einmal die arg dezimierten preußischen Bataillone vorgehen, und dieses Mal gelang es ihnen, sich auf der Höhe festzusetzen, wo sie sich mit Zietens Kolonnen zusammenschlossen. Die überrumpelten Österreicher zogen in Richtung Torgau ab und gegen 22 Uhr erstarb allmählich der Gefechtslärm. Während dieser letzten und entscheidenden Phase der Schlacht unternahm Lacy mit seinem noch völlig intakten Korps weder einen ernsthaften Versuch, Zieten an seinem Abzug zu hindern, noch schickte er Verstärkungen in die österreichische Hauptstellung. Friedrich hatte die Schlacht zwar letztlich gewonnen, aber Jubelstimmung wollte im preußischen Lager nicht aufkommen. Die Verluste waren so hoch, dass der König besonders im Hinblick auf den britischen Alliierten strikte Order gab, die echten Zahlen geheim zu halten. Schätzungen gehen davon aus, dass von dem 30000 Mann starken Teil seiner Armee, den er nach Norden geführt hatte, mehr als die Hälfte an diesem Nachmittag getötet, verwundet oder gefangen genommen worden waren. Allein die zehn Grenadierbataillone hatten von insgesamt 5400 Offizieren und Mannschaften 2580 Kämpfer verloren.[45] Mit 2000 Toten, etwa 4000 Verwundeten und bis zu 10 000 Gefangenen lagen die Verluste der Österreicher nur wenig darunter.[46] Die Reste seiner Armee ließ Daun noch in der Nacht bei Torgau über die Elbe führen und begann auf dem rechten Elbufer den Rückzug auf Dresden. Lacy marschierte parallel dazu auf dem linken Ufer nach Meißen ab, von den Preußen erst am übernächsten Tag verfolgt. Zwar hätte Daun, der wegen seiner Verletzung den Befehl über die Armee an General O'Donnel übertragen hatte, liebend gern Winterquartiere in Böhmen bezogen, doch ein klarer Befehl der Kaiserin verpflichtete ihn, in Sachsen zu bleiben und vor allem Dresden zu behaupten. So bezogen die Österreicher wieder die alte Stellung des letzten Winters im Plauener Grund, während Friedrich seine Truppen zwischen Meißen und Freiberg verteilte. Mit Glück hatte er ein weiteres Kriegsjahr gegen die Koalition überstanden, doch ein glimpflicher Friede schien mehr denn je in unerreichbarer Ferne.

Frankreich klammert sich an Rhein und Main – Zwischen Kassel und Kloster Kamp

Der Herzog Emannuel von Croy zählte zu dem stattlichen Aufgebot französischer Aristokraten, die mehr ehrgeizig als begabt kläglich daran scheiterten, Frankreichs Kriegsanstrengungen den benötigten Auftrieb zu verliehen. Um seine Chancen bei Hofe zu verbessern, pflegte der 41-jährige Herzog, Verfasser eines umfangreichen Tagebuchs, seine potenziellen Förderer bei Hofe, darunter auch die Pompadour, mit Denkschriften zur Kriegführung zu Lande und zur See zu bombardieren. Damit war er durchaus nicht erfolglos, denn zu seinen Förderern zählte inzwischen auch der Marschall Soubise, der den soeben zum Generalleutnant beförderten Offizier gerne zur Armee nach Deutschland mitgenommen hätte. Croy glaubte, sich mit einer neuen Denkschrift, die er sogleich in der nächsten Nacht zu Papier brachte, für das Vertrauen des Marschalls bedanken zu müssen. Als Croy darin aber seinem zukünftigen Befehlshaber vorschlug, sich mit der Armee im Feldzug von 1760 nach Sachsen zu wenden, um dem Marschall Daun bei

Dresden die Hand zu reichen und Preußen endgültig auszuradieren, reagierte Soubise eher kühl. Es könne überhaupt kein Gedanke sein, dem König von Preußen zu schaden, beschied der Marschall dem darüber erstaunten Croy, sondern es ginge Frankreich in Deutschland allein um den Besitz von Hannover.[47] Croy mochte einwenden, dass es ein falscher Krieg sei, der Frankreich nichts nütze und bisher als einziges Resultat nur Unsummen gekostet habe.

Es änderte nichts daran, dass Frankreich auch in seinem vierten Feldzug in Deutschland entschlossen war, seine Truppen gegen Hannover und gegen Ferdinand von Braunschweigs alliierte Armee marschieren zu lassen. Frankreich sei in eine Stellung zu setzen, in welcher es im nächsten Oktober den Frieden diktieren kann, schrieb Kriegsminister Belle-Isle am 15. Dezember 1759 an den neuen Oberbefehlshaber der französischen Armee in Deutschland, den Marschall Victor-François Broglie. Die Waffenehre der Nation müsse wiederhergestellt werden, um ihr die gebührende Überlegenheit und Achtung wiederzugeben.[48] Nach dem Verlust von Quebec und der Zerschlagung seiner Flotte in der Bucht von Quiberon brauchte Außenminister Choiseul unbedingt einen militärischen Erfolg, wenn er tatsächlich mit Großbritannien auf Augenhöhe verhandeln wollte.

Dank der Halbierung des Marinebudgets konnten Choiseul und Belle-Isle bis Anfang Mai die französische Feldarmee in Deutschland – ungeachtet der Garnisonstruppen – auf eine neue Höchststärke von 130000 Mann und 150 schweren Geschützen bringen.[49] Das Hauptziel der Franzosen war zunächst die Rückeroberung Hessens, das Contades im Vorjahr allzu rasch geräumt hatte, um von dort nach Möglichkeit weiter auf Göttingen und Hannover vorzustoßen. Dazu hatte sich die Hauptarmee mit 80000 Mann unter dem direkten Befehl Broglies im Raum von Frankfurt und Hanau versammelt. Broglies rechte Flanke schirmte ein Korps unter Prinz Xavier von Sachsen zwischen Lohr und Gemünden ab, während am Niederrhein eine weitere Armee von 32600 Mann unter dem Befehl des Generals Claude Louis Saint-Germain bereitstand, entweder in Westfalen einzudringen oder Broglies Hauptarmee durch einen Marsch entlang von Ruhr und Diemel zu unterstützen.[50]

Die Aussicht, noch einmal durch das ausgeplünderte Hessen zur Weser vorstoßen zu müssen, behagte Broglie durchaus nicht, und so hatte er dem Hof einen alternativen Plan vorgelegt. Danach sollte die Hauptarmee in Thüringen eindringen, wo er bessere Möglichkeiten der Versorgung vermutete. Von dort wollte er mit den Österreichern und der Reichsarmee in Sachsen einen Schulterschluss herstellen und den Braunschweiger dadurch zwingen, gleichfalls mit dem größten Teil seiner Streitmacht zur Elbe zu ziehen, um die Verbindung zu Preußen nicht zu verlieren. Am Niederrhein könnte Saint-Germain inzwischen die Gelegenheit nutzen und Westfalen mit Münster besetzen. Broglies Plan war nicht abwegig, aber Versailles lehnte ihn ab. Choiseul und Belle-Isle fürchteten eine Vermischung der beiden bisher getrennten Kriegsschauplätze, die man gerade im Hinblick auf die anstehenden Friedenssondierungen mit Großbritannien unbedingt vermeiden wollte. Im Übrigen aber gewährten beide Minister dem Marschall hinsichtlich des ersten Plans volle Handlungsfreiheit.

Ob Ferdinand tatsächlich den französischen Köder geschluckt hätte, scheint allerdings fraglich. Schon seine Anfrage in London, ob er den zukünftigen Feldzug offensiv oder defensiv führen sollte, zeigte, dass der Braunschweiger sich längst als britisch-hannoverischer Befehlshaber verstand, der sich gegenüber seinem alten Dienstherrn zunehmend unabhängiger verhielt. So hatte Ferdinand sich in dem Streit um die Rückgabe zweier Dragonerregimenter zu Friedrichs großem Verdruss an den Hof von St. James gewandt.[51] London war Auftraggeber, Truppensteller sowie Zahlmeister seiner alliierten Armee und garantierte ihren Nachschub. Im Parlament sorgte Pitt für Geld und Verstärkungen. Allein auf sein Betreiben war das britische Kontingent für den kommenden Feldzug inzwischen auf 22 300 Mann angestiegen. Eine Verbindung mit Preußen hatte daher für Ferdinand kaum noch strategische Bedeutung.

Allerdings waren Londons Erwartungen an seine alliierte Armee nicht minder hoch gesteckt als die des Preußenkönigs. König Georg II. und seine Minister erwarteten von ihrem deutschen Feldherren nicht weniger als ein zweites Minden. Nur widerwillig akzeptierten sie Ferdinands Entscheidung für eine defensive Operationsführung, die kaum spektakuläre Erfolge versprach.[52] Schon die numerische Unterlegenheit der Armee in Deutschland legte dies aber nahe. Der Braunschweiger verfügte Anfang Mai 1760 über 98 000 Mann, von denen aber 13 000 als leichte Truppen galten. Den Graf von Spörcken hatte Ferdinand mit rund 25 000 Mann zum Schutze Westfalens an der Lippe zurückgelassen, während er mit seiner Hauptstreitmacht eine Linie nördlich von Lahn und Ohm hielt. Wider Erwarten begann der lange Feldzug von 1760 mit einem empfindlichen Rückschlag. Noch ehe Ferdinand seine Versorgung abgeschlossen hatte, war Broglie am 24. Juni mit seiner Hauptarmee zur Ohm zwischen Amöneburg und Homburg vorgerückt und hatte sich nur zwei Wochen später mit Teilen der Armee Saint-Germains bei Korbach vereinigt. Gleichzeitig rückte Prinz Xavier von Sachsen mit 20 000 Mann gegen die linke Flanke der alliierten Armee vor und bedrohte bereits Kassel. Ein Sieg des Braunschweiger Erbprinzen bei Warburg an der Diemel, durch den die Franzosen am 31. Juli mit einem schmerzhaften Ausfall von 4200 Mann zum Rückzug hinter den Fluss gezwungen wurden, konnte den Verlust von Kassel mit seinen wichtigen Magazinen noch am selben Tag nicht wettmachen. Mit Ferdinands Einverständnis hatte der hannoverische General Graf Georg Ludwig von Kielmansegg die Stadt geräumt, um wenigstens seine 11 000 Mann zu retten. Er konnte aber nicht verhindern, dass sich Prinz Xavier nur einen Tag später in den Besitz von Münden am Zusammenfluss von Weser und Werra setzte und am 5. August sogar in Göttingen einrückte. Auch wenn sich bald zeigte, dass die französische Offensivkraft mit diesem Erfolg schon an ihr Ende gekommen war und Ferdinands Streifkorps in vielen kleineren Gefechten die Franzosen allmählich zermürbten, so konnte das bisherige Ergebnis des Feldzugs aus britischer Sicht nur als ernüchternd bewertet werden. Ferdinand benötigte einen sichtbaren Erfolg und hoffte, ihn abseits des hessischen Patts am Niederrhein erzielen zu können. Durch den Abmarsch von Saint-Germains Armee nach Korbach bot Wesel mit seinen vernachlässigten Festungsanlagen und einer nur schwachen Besatzung aus 2500 Schweizern und wenigen Artilleristen ein lohnendes Ziel für eine rasch und entschlossen durchgeführte Diversion. Mit dem Besitz von Wesel stand und fiel Frankreichs militärische Position im Reich.

Am 23. September brach der Erbprinz von Braunschweig mit 22 Bataillonen Infanterie und 20 Kavallerieeskadronen zum Rhein auf und erreichte eine Woche später das Vorfeld von Wesel. Die Festung am Zusammenfluss von Rhein und Lippe schützte die gesamte linke

Flanke der Franzosen. Ihre Wegnahme würde der alliierten Armee den Weg zur Maas und in die österreichischen Niederlande öffnen und Broglies Position in Hessen unhaltbar machen. Der Gedanke war bestechend, doch die Durchführung fiel eher mager aus. Anstatt die Festung nach dem Vorschlag des Erbprinzen sofort im Handstreich zu nehmen, hatte sich Karl Wilhelm Ferdinand für eine förmliche Belagerung von Wesel entschieden. Das Zeitfenster dafür war jedoch sehr knapp bemessen. Broglie würde keine Zeit verstreichen lassen, der bedrohten Festung rasche Hilfe zu schicken. Die Umgruppierungen aufseiten der alliierten Armee entlang der Diemel waren ihm nicht entgangen und Anfang Oktober brachten ihm Meldungen vom Niederrhein die Gewissheit, dass der Abmarsch des Erbprinzen Wesel galt. Während der schweizerische Befehlshaber Graf von Castella mit seinen begrenzten Mitteln fieberhaft die Befestigungsanlagen ausbessern ließ, erhielt der junge Generalleutnant Charles Eugène de La Croix, Graf von Castries, ein Neffe des Kriegsministers Belle-Isle, den Auftrag, mit Verstärkungen aus Hessen, Flandern und der Normandie die inzwischen eingeschlossene Festung zu entsetzen. Mit einem Korps von 16 000 Mann zog er von Neuss in den Raum von Rheinberg, wo er bereits am 14. Oktober auf die Vorposten der alliierten Armee stieß. In der folgenden Nacht gelang es ihm, auf Booten die Flusssperre zu durchbrechen und 700 Mann in die Festung zu bringen.

Karl Wilhelm Ferdinand hatte zwei Tage zuvor den Rhein bei der Ortschaft Elverich überschritten und insgesamt 23 Infanteriebataillone und 20 Eskadronen auf dem linken Ufer versammelt. Die Franzosen hatten sich mittlerweile zwischen Rheinberg und Kloster Kamp entlang der alten *Fossa Eugeniana* verschanzt. Der Erbprinz kannte das Gelände aus dem Feldzug von 1758 und entschied sich, die linke Flanke der Franzosen bei Kloster Kamp anzugreifen. In der Nacht zum 16. Oktober überschritten seine Bataillone den alten Graben und nahmen im lautlos vorgetragenen Bajonettangriff das Kloster. Von dort stießen sie, zwei Bataillone Hochländer voraus, durch die von Hecken und Gräben durchzogene Landschaft bis Kamperbusch vor, einer Ansammlung aus zerstreuten Einzelgehöften, von denen jedes dem Gegner gute Verteidigungsmöglichkeiten bot. Dort versteifte sich der Widerstand der Franzosen, die inzwischen voll alarmiert waren. Es zeigte sich, dass die alliierten Kräfte zu schwach waren, um den Gegner aus der Ortschaft zu drängen und seine linke Flanke aufzurollen. Schließlich warf ein französischer Flankenangriff die Truppen des Erbprinzen zurück, dem es nicht gelang, rechtzeitig seine Reserve heranzuführen. Seine Kavallerie zersprengte zwar die scharf verfolgenden Franzosen und ermöglichte die Sammlung der zersprengten Bataillone, doch nach diesem Rückschlag glaubte der Erbprinz nicht mehr an eine erfolgreiche Erneuerung des Angriffs, zumal seinen erschöpften Truppen auch die Munition fehlte. Obwohl die eigenen Verluste mit rund 1500 Toten, Verwundeten und Vermissten nur halb so hoch wie die des Gegners ausgefallen waren[53] und er mit dem baldigen Eintreffen des Kielmannseggschen Korps rechnen konnte, zog sich der Erbprinz nur zwei Tage später wieder über den Rhein zurück. Die Aufgabe der Belagerung von Wesel war für Ferdinand von Braunschweig eine tiefe Enttäuschung. Er stand mit leeren Händen da und sein alter preußischer Dienstherr, der zuvor vergeblich Unterstützung in Sachsen gefordert hatte, überschüttete ihn mit Häme. Auch in London, wo mit dem Tod König Georgs II. am 25. Oktober 1760 eine völlig neue Lage eingetreten war, zeigte man sich tief enttäuscht über den Fehlschlag. Noch im August hatte man ausgelassen den Sieg des Erbprinzen bei Warburg gefeiert, nun kippte die öffentliche Stimmung und Pitt betrieb mit Energie einmal mehr ein Landungsunternehmen an der westfranzösischen Küste. Britische Truppen sollten die Insel Belle-Isle vor der Bucht von Quiberon einnehmen, um sie bei Friedensverhandlungen als Tauschobjekt gegen Menorca ins Spiel zu bringen. Der endlose Krieg in Deutschland wurde immer unbeliebter und Anfang November sah sich der *Great Commoner* durch die Veröffentlichung eines kritischen Pamphlets erstmals in die Defensive gedrängt. Israel Maudits Betrachtungen über den gegenwärtigen Krieg in Deutschland kritisierten nicht nur die Leistungen Ferdinands. Auch sei König Friedrich alles andere als ein Verteidiger des protestantischen Glaubens. Der Autor forderte, die Verteidigung Hannovers aufzugeben, da die Franzosen das Kurfürstentum niemals dauerhaft in Besitz nehmen könnten. Großbritanniens Kriegsanstrengungen sollten daher allein auf die Kolonien gerichtet werden.[54] Hinter der Broschüre, die mit 5000 Exemplaren eine außergewöhnliche Verbreitung im Vereinigten Königreich fand, standen vermutlich Politiker, die es noch nicht wagten, Pitt offen anzugreifen. In seiner Not entschloss sich Pitt, das Belle-Isle-Projekt wieder aufzugreifen. Am 29. März verließ ein Expeditionskorps aus elf Linienschiffen und einem Dutzend Fregatten mit rund 8000 Mann unter dem Kommando von Admiral Augustus Keppel und General Studholme Hodgson den Hafen von Spithead und setzte sich zur französischen Westküste in Marsch.[55] Inzwischen war Ferdinands mit so großen Hoffnungen begonnene Winteroffensive mit einem Rückzug über die Diemel zu Ende gegangen. Die Franzosen hatten das eingeschlossene und belagerte Kassel ebenso wie Göttingen behaupten können und Pitt brauchte nun mehr denn je einen militärischen Erfolg an anderer Stelle. Zunächst aber geriet das Unternehmen in eine kritische Lage, als ein erster Landungsversuch bei Port-Andro auf der Ostseite der unzugänglichen Insel mit dem Verlust von fast 500 Mann scheiterte. Unbeirrt schickte Pitt weitere Verstärkungen. Ein zweites »Rochefort« durfte es nicht geben und tatsächlich führte der nächste Versuch am 22. April zur Besetzung des größten Teils der Insel. Einzig die Zitadelle von Le Palais, dem Hauptort der Insel, hielt sich noch bis Anfang Juni. Die 2000 überlebenden Verteidiger streckten am 9. Juni die Waffen, nachdem eine Bresche in die Befestigung geschossen worden war. Versailles war schockiert, London jubelte, aber es gab auch kritische Stimmen, die wie etwa Horace Walpole von einem nutzlosen Erfolg sprachen. Der Herzog von Newcastle sorgte sich in bizarrer Logik sogar, dass Versailles verärgert sein könne und damit die Aussichten auf neue Friedensgespräche getrübt würden.[56]

Der Krieg in Indien bis zum Fall von Pondicherry

In der großen transatlantischen Auseinandersetzung zwischen Briten und Franzosen war Indien nie mehr als ein Nebenkriegsschauplatz gewesen. Die Geschehnisse auf dem Subkontinent wurden gewöhnlich erst sechs Monate später in Europa bekannt und jede in London oder Versailles beschlossene Maßnahme konnte sich dort bestenfalls ein Jahr später auswirken. Das Klima war für die meisten Europäer nicht zuträglich und die Monsunzeit unterbrach ohnehin jede militärische

Operation für Monate. Vor allem aber verfolgten wichtige europäische Akteure wie François Joseph Dupleix, Charles de Bussy oder Robert Clive eine persönliche Agenda, die nicht immer mit den Interessen ihrer Gesellschaften oder ihrer Regierungen übereinstimmte.

In der ersten Hälfte des 18. Jahrhunderts waren Großbritannien und Frankreich zunächst nur durch private, mit einem königlichen Monopol ausgestattete Handelsgesellschaften auf dem Subkontinent vertreten gewesen. Die französische *Compagnie des Indes* war im Vergleich zur *East India Companie* ein Neuling, verfügte aber bereits über Handelsstationen im Golf von Bengalen (Chandernagore) und an der karnatischen Küste im Süden (Pondicherry). Die britische Rivalin wiederum war in Kalkutta (Fort William) und Fort St. David sowie Madras mit Stützpunkten vertreten. Gegen Zahlung einer jährlichen Prämie an die örtlichen Machthaber hatten beide Gesellschaften ursprünglich in ganz Bengalen gebührenfrei Handel treiben können.[57] Die lokalen *Nawebs* oder *Nezabs* profitierten vor allem durch den kontinuierlichen Zufluss an Edelmetall. Da die Inder selbst kaum Handelsschiffe unterhielten und auch über keine bedeutenden Silber- oder Goldvorkommen verfügten, war die Geschäftstätigkeit der Europäer sehr willkommen.[58]

Hatten noch während des Spanischen Erbfolgekrieges zu Beginn des Jahrhunderts die lokalen Vertreter Großbritanniens und Frankreichs auf Feindseligkeiten verzichtet, da beide Parteien eine Beeinträchtigung ihrer Geschäfte fürchteten, endete in den 1740er-Jahren die Phase der einträglichen Neutralität abrupt. Inzwischen hatten Briten und Franzosen begonnen, die politischen Umbrüche nach dem Tod des Mogulkaisers Aurangzeb im Jahre 1707 für ihre Zwecke zu nutzen. Während das in Dehli zentrierte Mogulreich seinen Einfluss auf seine Gouverneure einbüßte, waren beide Gesellschaften dazu übergegangen, in eigenen Produktionsstätten einheimische Arbeiter nach genauen Vorgaben Baumwolltextilien für den europäischen Markt herstellen zu lassen. Mit Einverständnis der lokalen Machthaber übten sie auf vorerst noch eng begrenzten Arealen bereits Hoheitsrechte aus, errichteten Lagerhäuser und Verwaltungsgebäude, zogen Steuern ein und drillten Einheimische als Sepoys für den Militärdienst. Die taktische Überlegenheit der nach europäischem Muster ausgebildeten Infanteristen erhöhte den politischen Spielraum der Europäer beträchtlich. Sie zögerten inzwischen auch nicht mehr, in den ständigen Konflikten zwischen den örtlichen Machthabern Partei zu nehmen und sich dadurch weitere Privilegien zu sichern. Im Verlauf des Österreichischen Erbfolgekrieges konnten die Franzosen mithilfe einer Korsarenflotte unter dem Befehl des Admirals La Bourdonnais das damals noch wenig befestigte Madras erobern, das für die Briten das entscheidende Bindungsglied zu ihren Positionen in Bengalen war. Auch als die Franzosen die Stadt nach dem Frieden von Aachen an die *East India Companie* zurückgaben, kehrte in Indien keine Ruhe ein. Die Briten eroberten 1751 unter der Führung eines jungen Schreibers der Gesellschaft mit Namen Robert Clive die Stadt Arkot und widerstanden darin den Gegenangriffen eines weit überlegenen Gegners. Auf französischer Seite wiederum avancierte Charles de Bussy zum Königsmacher am Hof von Haiderabad und wehrte mit seiner Armee einen Angriff der Marathen auf seinen Schützling ab. Zur Belohnung für seine Dienste erhielt der Franzose vier Bezirke als Lehen, aus deren Erträgen er seine Truppen finanzieren konnte. Das Pariser Direktorium fürchtete jedoch die Kontrolle zu verlieren und berief 1754 den allzu eigenmächtig agierenden Dupleix aus Indien ab. De Bussy konnte bleiben, musste aber seine Lehen zurückgeben.[59]

Trotz des französischen Einlenkens eskalierte die Rivalität zwischen den beiden europäischen Mächten erneut, als Robert Clive im Januar 1757 mit Unterstützung eines britischen Geschwaders das vom *Naweb* von Murchibad besetzte Fort William bei Kalkutta zurückeroberte und dabei auch gleich die benachbarte französische Niederlassung Chandernagore nach kurzer Belagerung in seine Hand brachte.

Versailles musste nun reagieren und schickte den Grafen Thomas Artur von Lally mit zwei Infanterieregimentern nach Südostindien. Der 55-jährige Sohn eines irischen Jakobiten landete mit seiner Streitmacht nach einer fast einjährigen Reise und einer Zwischenlandung in Rio de Janeiro am 22. April 1758 in Pondicherry. Sein Auftrag lautete, die britische Präsenz in Indien zu beenden. Die Chancen dazu standen nicht schlecht, da Lally mit seinen 3000 Mann die Zahl der britischen Regulären um das Dreifache übertraf. Zur See aber dominierte die in Bombay stationierte britische Flotte unter dem Befehl von Admiral Sir George Pocock. Das französische Geschwader unter Admiral Graf Anne-Antoine von Aché de Serquigny wies zwar die gleiche Zahl an Linienschiffen auf, war aber auf die Insel Mauritius im Indischen Ozean als Basis angewiesen. Nach der verlustreichen Seeschlacht vor Negapatam am 3. August 1758, der ersten von insgesamt drei Seeschlachten vor der karnatischen Küste, musste es einen langen Rückweg in Kauf nehmen, um die angefallenen Schäden ausbessern zu lassen.[60] Von Anfang an litt die französische Kriegführung unter erheblichem Geldmangel. Die Geschäftstätigkeit der Compagnie war durch den Krieg fast zum Erliegen gekommen und Lally hatte nur eine Summe von zwei Mio. Pfund nach Indien mitgebracht, die schnell aufgebraucht war. Dringend benötigte Transportmittel für die Artillerie, einheimische Hilfstruppen und vor allem Verpflegung waren unter diesen Bedingungen kaum zu beschaffen. So konnte Lally erst im Dezember 1758 mit der Belagerung von Madras beginnen, dessen Fort St. George die Briten zwei Jahre zuvor mithilfe von 4000 Arbeitern zu einer starken Befestigung mit sechs Bastionen ausgebaut hatten. Die Belagerten profitierten davon, dass sie von benachbarten Potentaten unterstützt wurden, die mit Streifkorps im Hinterland von Madras den Franzosen die Beschaffung von Verpflegung erschwerten. Mit der Arroganz eines europäischen Aristokraten hatte Lally, der von den Verhältnissen in Indien keine Vorstellung besaß, viel zu spät begonnen, sich um die Unterstützung der Einheimischen zu bemühen. Als es den Briten im Februar 1759 sogar gelang, über See 600 Reguläre unter Führung von Oberst William Draper als Verstärkung in das Fort zu bringen, brach der Franzose die Belagerung ab und zog sich mit seiner hungernden Armee nach Pondicherry zurück.[61] Ein Jahr später unterlag Lally den Briten am 22. Januar in der Schlacht von Wandiwash, das etwa auf halbem Wege zwischen Madras und Pondicherry lag. Nachdem ein explodierender Munitionswagen fast 80 Marinesoldaten getötet oder verwundet hatte, löste sich die französische Armee in Panik auf. Lally verlor fast alle Feld-geschütze und über 600 Mann. Das Eintreffen weiterer Verstärkungen aus dem Mutterland ermöglichte es den siegreichen Briten, die Franzosen allmählich auf ihren Hauptstützpunkt Pondicherry zurückzudrängen und dort einzuschließen. In der Hoffnung auf Entsatz durch die französische Flotte hielt die Besatzung. Dass Admiral Aché aus Frankreich den Befehl erhalten hatte, wegen eines drohenden britischen Angriffs in Mauritius zu verbleiben, wusste Lally zwar, aber er behielt die von einer durchgebrochenen Fregatte überbrachte Nachricht für sich. Als die Stadt nach mehrmonatiger Belagerung am 15. Januar 1761 kapitulierte, war der Siebenjährige Krieg in Indien zu Ende. Lally und die 1400 Überlebenden Kombattanten wurden nach Großbritannien gebracht und die Stadt wurde zerstört.[61a] Im Frieden von Paris erhielten die Franzosen die Stadt zurück und verwalteten sie noch bis 1954, sieben Jahre über das Ende der britischen Herrschaft in Indien hinaus.

Warten auf das Mirakel – Von Bunzelwitz nach Burkersdorf

Auf Friedrichs ausdrücklichen Befehl plünderten am 18. Januar 1761, dem 60. Geburtstag der preußischen Monarchie, Truppen des Freikorps Du Vergiers unter Führung von Oberstleutnant Karl Theophil Guichard Schloss Hubertusburg, die östlich von Leipzig gelegene Jagd- und Sommerresidenz des sächsischen Kurfürsten. Dass ausgerechnet am selben Ort fast genau zwei Jahre später sein »erbärmliches Hundeleben«[62] tatsächlich noch ein glimpfliches Ende finden würde, konnte der sichtlich gealterte König in seinem Leipziger Winterquartier natürlich nicht ahnen. Die Plünderung von Hubertusburg sollte eine Vergeltung für die schon drei Monate zurückliegende Verwüstung von Schloss Charlottenburg durch sächsische Truppen sein. Angeblich habe der Befehl unter Friedrichs Offizieren großes Ärgernis hervorgerufen.[63] Die Überlieferung von der mannhaften Weigerung der beiden zunächst mit der Plünderung beauftragten Offiziere, Johann Friedrich Adolf von der Marwitz und sodann Karl Friedrich von Saldern, ist jedoch ebenso widersprüchlich wie die Behauptung, der König habe ihnen als persönliche Belohnung das gesamte Schloss zur Plünderung überlassen wollen.[64]

Ein Kriegsherr, der zu Beginn des fünften Kriegsjahres jeden Kreuzer mehrmals umdrehen musste, hatte kaum Veranlassung, seine Offiziere mit üppigen Dotationen zu verwöhnen und dafür auch noch die massive Kritik der empörten Adelswelt Europas einzustecken.[65] Als Tatsache bleibt, dass die ungewöhnlich prächtige Anlage bis auf die blanken Mauern geleert wurde, nur die Schlosskapelle blieb verschont. Gemälde, Skulpturen, Geschirr, Bücher, Mobiliar und selbst die Tapeten des Schlosses wurden von Guichards darin geübten Männern fortgeschleppt, kupferne Dachteile abmontiert sowie das Blattgold der Türklinken abgeschabt und eingeschmolzen.

Die planmäßig vollzogene Demontage von Hubertusburg und die konsequente Verwertung seines kostbaren Inventars waren keineswegs ein Rachakt, sondern fügten sich eher in das Bild einer angeschlagenen Militärmonarchie, die in diesem Frühjahr ihre letzten Reserven mobilisierte. Es galt wohl als ungeschriebenes Gesetz unter den Fürsten des *Ancien Régime*, nur den gegnerischen Untertanen zu schaden, nie aber dem Standesgenossen selbst, doch Verstöße gegen den *common sense* hat es immer gegeben. Die preußische Not war groß.

Zwar hatte das britische Unterhaus, beeinflusst auch von den geschönten Nachrichten über Torgau, noch einmal die jährliche Subvention für Preußen bewilligt, doch war in den letzten beiden Kriegsjahren Friedrichs territoriale Basis empfindlich geschrumpft. Der König hatte daher auch nicht einen Moment gezögert, als ihm dank Ferdinands hessischer Winteroffensive und Spörckens Sieg bei Langensalza plötzlich ganz Thüringen und Franken offenstand. Mit großer Routine pressten preußische Streifkorps Geld, Verpflegung und Rekruten aus den unglücklichen Regionen.[66] Sie überraschten dabei auch etliche kleinere Detachements der Österreicher und Reichstruppen in ihren Winterlagern und gliederten fast 4000 Gefangene sogleich in ihre Reihen ein.[67]

So kam noch einmal ein numerisch beeindruckendes Feldheer von rund 110000 Mann zusammen, für das aus den Zeughäusern und Gießereien 532 Geschütze und Mörser zur Verfügung gestellt werden konnten.[68] An eine siegreiche Schlacht war mit diesem allerletzten Aufgebot nicht mehr zu denken, und so verfolgte der König auch keinen anderen Plan, als alles, was er jetzt noch behauptete, in den nächsten Winter zu retten. Eine Lösung seiner Lage erwartete er nur noch von einem allgemeinen Friedenskongress oder durch das von seinem Botschafter an der Hohen Pforte mit Ausdauer betriebene Eingreifen der Türken.[69] Auf österreichischer Seite schien man trotz des zuletzt enttäuschenden Kriegsverlaufs und trotz aller Zwistigkeiten mit dem russischen Alliierten entschlossen, einen letzten Versuch der Rückeroberung

Schlesiens zu unternehmen. Mit der Ausgabe von verzinslichen Schatzanweisungen nach englischem Vorbild, die auch als Zahlungsmittel innerhalb der Monarchie galten, hatte Wien einen immerhin eleganteren Weg der Kriegsfinanzierung gewählt.[70] Sorge bereitete Staatskanzler Kaunitz allerdings die Führung der Armee. Da Laudon von den dienstälteren Generalen wie Lacy und Carl O'Donnel als Oberbefehlshaber nicht akzeptiert wurde, ließ sich der seit Torgau gesundheitlich angeschlagene Daun mit vielen guten Worten noch einmal bewegen, sein altes Kommando über die österreichische Hauptarmee in Sachsen wieder anzutreten. Er tat dies allerdings unter der bemerkenswerten Bedingung, damit zu keinerlei entscheidenden Operationen mehr verpflichtet zu sein.[71] Alles hing nunmehr von Laudon und der Frage ab, ob es ihm gelingen würde, sich an der Oder endlich mit der russischen Armee zu einem gemeinsamen Schlag gegen Friedrich zu vereinen. Der Großteil der Armee verblieb zwar unter Dauns Befehl zunächst bei Dresden, doch konnte er notfalls Laudon verstärken, der mit zunächst nur 40 000 Mann in Schlesien einrückte.[72] Das etwa 20 000 Mann starke Korps der Reichsarmee stand in diesem Jahr erstmals unter dem Befehl des österreichischen Generals Johann Baptist Serbelloni, fiel aber militärisch noch weniger ins Gewicht als in den Jahren zuvor.

Da Friedrich seit Mitte April über die defensiven Absichten Dauns zuverlässige Nachrichten besaß,[73] konnte die Entscheidung des kommenden Feldzugs nur in Schlesien fallen und dorthin brach der König am 4. Mai mit seiner Hauptarmee von 30 000 Mann auf. In Sachsen verblieben unter dem Befehl Prinz Heinrichs, der nach seinem Bruch mit dem König wieder zur Armee zurückgekehrt war, nur 35 000 Mann mit knapp 200 Geschützen, der Schutz Hinterpommerns und der Festung Kolberg war dem Prinzen Friedrich Eugen von Württemberg mit 14 000 Mann anvertraut.[74]

Nach zehntägigem Marsch vor Schweidnitz eingetroffen bezog Friedrich eine Stellung bei Kunzendorf westlich der Festung und zog zunächst auch das Korps des Generalmajors Carl Christoph von der Goltz an sich heran. Obwohl Daun ihn wider Erwarten nicht verfolgt hatte und er jetzt in Schlesien über knapp 60 000 Mann verfügte, wagte der König keinen Angriff auf Laudons deutlich unterlegene Armee. Zudem hatten sich die Österreicher bei Friedrichs Eintreffen wieder ins

Gebirge zurückgezogen und warteten dort auf die Ankunft der Russen an der Oder.

Der König musste sich während des gesamten Junis darauf beschränken, eine Sperrposition zwischen den Österreichern und der russischen Armee zu halten. Mitte des Monats schickte er jedoch Goltz mit einem kleineren Korps aus knapp 20 000 Mann zurück zur Oder, wo er aus einer Stellung bei Glogau den Vormarsch der Russen verzögern sollte.

Mit Feldmarschall Alexander Borissowitsch Buturlin verzeichnete die Armee der Zarin seit Kriegsbeginn bereits den vierten Befehlshaber an ihrer Spitze. Über Buturlin, einem durchaus fähigen Organisator, waren etliche Gerüchte im Umlauf. Er galt als früherer Liebhaber Elisabeths und man sagte dem 66-jährigen Offizier auch die seltsame Neigung nach, einfache Soldaten zum Trinken zu verführen und sie im Rausch zu Offizieren zu befördern.[75] Ob nun Gerücht oder Wahrheit, seiner Karriere hatte es nicht geschadet. Buturlin konnte, nachdem der letzte Feldzug kaum Verluste gekostet hatte, ohne Mühe eine Armee von 90 000 Mann unter Waffen bringen, die er in fünf etwa gleichstarke Korps unterteilte.

Mit rund 20 000 Mann sollte General Pjotr Alexandrowitsch Rumjantschew in Pommern einrücken und dort, unterstützt durch ein mit der Flotte herangeführtes zusätzliches Korps aus 6000 Mann, die Festung Kolberg einnehmen. Mit dem Rest seiner Armee wollte Buturlin über Posen, das er am 19. Juni erreichte, in vier Kolonnen zur Oder zwischen Breslau und Brieg vorrücken. Ein Versuch von Generalleutnant Zieten, der dem am 30. Juni plötzlich verstorbenen von der Goltz im Kommando gefolgt war, Buturlins Kolonnen zwischen Obra und Warthe einzeln zu attackieren, scheiterte am 2. Juli bei Kosten an der Obra. Die Russen waren bereits vereinigt und rückten parallel zu den auf Breslau abziehenden Preußen über Borek und Militsch auf Namslau vor. Dort trafen sie am 20. Juli ein und machten erst einmal eine zweiwöchige Rast. Nachdem ihm durch Zieten der Rechtsabmarsch der Russen gemeldet worden war, rückte Friedrich sofort von Schweidnitz nach Süden auf Neisse, um eine drohende Vereinigung von Laudon und Buturlin bei Oppeln zu verhindern. Friedrichs rascher Anmarsch versetzte Buturlin in Unruhe und er zögerte daher, an der ursprünglich geplanten Stelle die Oder zu überschreiten. Laudon war durch Kuriere in ständiger Verbindung mit den Russen und regte jetzt einen Oderbrückenschlag nördlich von Breslau an, was Buturlin offenbar akzeptierte. Tatsächlich erreichten die Russen, mit einer kurzen Kanonade einen Angriff auf Breslau vortäuschend, am 11. August die Oder bei Leubus in der Nähe der Katzbachmündung, wo sie schon im Vorjahr kurzzeitig den Strom überquert hatten. Friedrich versuchte jetzt noch einmal, sich zwischen Buturlin und Laudon zu schieben, erkannte aber, dass beide Gegner schon zu nahe aneinandergerückt waren. In ein bei Wahlstatt geführtes Gefecht griff schon die österreichische Kavallerie ein. Der König entschloss sich daraufhin, in einem Gewaltmarsch die Höhen von Freiburg und Kuntzendorf zu besetzen, um Laudon von seinen Magazinen abzuschneiden. Als ihm der Österreicher hierbei zuvorkam, bezog Friedrich schließlich am 20. August ein befestigtes Lager auf dem Plateau bei Bunzelwitz, hart nördlich der Festung Schweidnitz. Fünf Tage später vereinigten sich Russen und Österreicher an der Jauer. Damit war der Feldzug in seine kritischste Phase geraten. Nach drei vergeblichen Versuchen konnten beide Hauptarmeen erstmals gemeinsam gegen Friedrich operieren. 130 000 Russen und Österreicher standen gegen knapp 60 000 Preußen, die sich allerdings mit ihren 300 Geschützen gut verschanzt hatten und unablässig ihre Stellungen verbesserten.[76] Friedrichs keineswegs überragende Position verlief von dem Weiler Bunzelwitz etwa sechs Kilometer nach Nordwesten, um bei Zedlitz in einem rechten Winkel nach Osten abzuknicken. Auf ihrer Rückseite beherrschten die preußischen Stellungen aus erhöhter Lage die Ortsausgänge von Peterwitz, Neudorf und Würben. Das Tal der Weistritz deckte das preußische Lager im Südosten.

Der König hegte die Hoffnung, dass sich seine vereinigten Gegner an den preußischen Schanzen blutige Nasen holen würden[77] und dass er die halbherzigen Russen schließlich zum Abzug über die Oder bewegen könne. Er wäre noch zuversichtlicher gewesen, hätte er von den Differenzen im Lager der Alliierten gewusst. Während Laudon im gemeinsamen Kriegsrat auf einen raschen Angriff drängte, fürchtete Buturlin insgeheim, dass wieder einmal die Russen die Kastanien für die Österreicher aus dem Feuer holen sollten. Tatsächlich war er mit seiner Armee ganz auf die Versorgung durch die Österreicher angewiesen und beunruhigt, sich so weit entfernt von der Oder auf eine Schlacht einlassen zu müssen. Der alte Feldmarschall konnte sich selbst dann nicht zur Teilnahme an einem gemeinsamen Angriff durchringen, als Laudon sich zuletzt sogar entschlossen zeigte, das preußische Lager allein zu stürmen und von den Russen nur forderte, die Preußen vor ihren Stellungen passiv zu binden. Als Buturlin aber am Angriffstag zum Entsetzen der Österreicher seine ursprüngliche Zusage zurückzog und einmal mehr Versorgungsprobleme für seine Armee anführte, hatte Friedrich die Hängepartie von Bunzelwitz gewonnen. Nur eine Woche später rückten die Russen tatsächlich unter Zurücklassung des Korps von General Tschernyschew wieder zur Oder ab und überquerten den Strom am 13. September. Der König setzte sofort zur Verfolgung an und ließ Generalleutnant Friedrich Dubislav von Platen mit einem kleinen Korps aus 14 Bataillonen und 25 Eskadronen unterhalb von Breslau ebenfalls über die Oder gehen. Am 15. September glückte den Verfolgern bei Gostyn ein Überfall auf Buturlins Train, bei dem mehr als 5000 Wagen voller Verpflegung und Munition sowie sieben Geschütze in die Hände der Preußen fielen. Damit war der Ersatzplan der Russen, der vorsah, ein zweites Mal die preußische Hauptstadt einzunehmen, vereitelt. Platens Korps rückte über die Warthe nach Norden ab, um die Verteidiger von Kolberg zu verstärken.

Mit Buturlins Abzug in Richtung Weichsel schien der diesjährige Feldzug schon zu Ende und Preußen fürs Erste wieder gerettet. Doch Friedrich freute sich zu früh, als er am 27. September an seinen Bruder schrieb, dass er sich keine Sorgen mehr machen müsse.[78] An diesem Tag befand er sich mit seiner Armee schon auf dem Weg nach Neisse, von wo aus er Mähren bedrohen wollte, was Laudon zwingen sollte, ihm zu folgen. Im Hinblick auf kommende Friedensgespräche schien es Friedrich von Vorteil, die Österreicher vor dem Winter aus Schlesien herauszumanövrieren. Wieder einmal hatte er jedoch seinen Gegner unterschätzt. Laudon war unmittelbar nach dem tiefe Enttäuschung auslösenden Abzug der Russen von einer Gallenkolik heimgesucht worden, die ihn mehrere Tage ans Bett gefesselt hatte. Friedrichs überraschender Abzug nach Neisse brachte ihn jedoch wieder auf die Beine. Der König hatte den Bogen überspannt und Schweidnitz ohne ausreichenden Schutz den Österreichern ausgeliefert. Fieberhaft erteilte

Laudon alle Befehle, die vier Außenwerke der Festung im Sturm zu nehmen. Die Überraschung glückte vollkommen. Am 1. Oktober 1761 musste Generalmajor Karl Anton Leopold von Zastrow, der Kommandant der Festungsbesatzung, deren Reste sich in die Stadt zurückgezogen hatten, mit seinen vier Bataillonen kapitulieren. 3500 Preußen gerieten in Gefangenschaft. Friedrich war düpiert und hoffte zunächst, die Festung im Gegenangriff zurückerobern zu können. Doch dazu fehlte ihm Graf von Platens Korps, das wider Erwarten in Pommern gebunden blieb. Dort hatte es die Streitmacht des Prinzen Friedrich Eugen von Württemberg bei der Festung Kolberg auf 20000 Mann verstärkt und der König erwartete, dass diese Streitmacht ausreichte, um Rumjantschews Russen zum Rückzug an die Weichsel zu bewegen. Zweimal hatte das pommerische Kolberg den Russen widerstanden und nach dem Abzug des russischen Geschwaders im Oktober schien die Festung auch über den nächsten Winter gehalten werden zu können. Doch Friedrich hatte die kritische Versorgungslage von Kolberg übersehen, die den Prinz von Württemberg zwang, sich am 14. November mit seinem Korps aus der Stadt nach Stettin zurückzuziehen. Der folgerichtige Versuch der Preußen, durch einen Umgehungsmarsch Rumjantschews Rückzugslinien zu bedrohen, scheiterte an der Witterung und am erbarmungswürdigen Zustand seiner Regimenter.[79] Als die erschöpfte Besatzung von Kolberg am 16. Dezember 1761 kapitulierte, hatten die Russen ihren bisher größten Erfolg erzielt. Sie besaßen nun Winterlager in Pommern und auch in der Neumark und konnten – ebenso wie Laudon in Schlesien – im kommenden Frühjahr ihre Offensive direkt von preußischem Boden beginnen. Auch in Sachsen war Prinz Heinrich im Oktober durch den Verlust von Döbeln aus seiner Stellung bei Meißen herausgedrängt worden, sodass die Preußen nur noch einen schmalen Streifen im Norden des Kurfürstentums hielten.[80] Mehr als die Hälfte des Raumes, den Friedrich noch am Ende des ersten Kriegsjahres behauptet hatte, war inzwischen verloren und niemand sah deutlicher als Friedrich selbst, dass der Krieg damit verloren war.

Die folgenden Wochen verbrachte er mit verzweifelt anmutenden Plänen zu einer letzten Offensive nach Böhmen, dann wieder belebte ihn die Hoffnung auf einen Kriegseintritt der Türkei. Sollte aber die Hohe Pforte bis zum 20. Februar nicht die Feindseligkeiten gegen Russland eröffnen, wollte Friedrich seine Gegner um Frieden nachsuchen. Das, was der Siegerwille von Preußen noch übrig lassen würde, sollte dann von seinem Neffen weiterregiert werden. Friedrichs Stimmung hob sich auch dann nicht, als ihn am 19. Januar 1762 die Nachricht vom Tod der Zarin erreichte. Zwar war dem König durchaus bekannt, dass Elisabeths Neffe, Carl Peter Ulrich von Holstein-Gottorp, der ihr nun als Zar Peter III. auf den Thron folgte, zu seinen glühendsten Verehrern zählte und alles Preußische kritiklos verherrlichte.[81] Der von dem neuen Herrscher so rasch und radikal vollzogene Politikwechsel überraschte den König in seinem Breslauer Quartier dann aber doch. Ende Januar wurde bekannt, dass die russischen Truppen sämtliche Feindseligkeiten gegen Preußen einstellten und Tschernyschews Korps bereits den Befehl zum Rückzug aus Schlesien erhalten hatte. Am 23. Februar ließ der neue Zar durch seinen leitenden Minister Michail Larionowitsch Vorontsow bekannt geben, dass Russland Frieden zu schließen wünsche und sogar auf sämtliche Eroberungen in Preußen verzichten werde.[82] Als nur wenige Monate später, am 5. Mai 1762, der Friede zwischen Russland und Preußen geschlossen wurde, dem sich nur wenige Wochen später sogar ein Offensiv- und Defensivbündnis beider Mächte anfügte, schien das größte aller »Mirakel des Hauses Brandenburg« perfekt. Kaunitz' Koalition befand sich in voller Auflösung. Auch die bankrotten Schweden, deren Rolle in diesem Krieg allenfalls als Fußnote fassbar war, schlossen nur zehn Tage später in Hamburg ihren Frieden mit den Preußen und räumten Demmin sowie die Inseln Wollin und Usedom. Voller Sarkasmus hatte Friedrich Stockholms Annäherungen zunächst mit der Frage quittiert, ob er sich denn jemals im Krieg mit Schweden befunden hätte?[83]

Hinter Friedrichs ›brandenburgischem Wunder‹ stand jedoch nicht das undurchschaubare Wirken einer dem Haus Hohenzollern wohl gesinnten Vorsehung, sondern einzig nüchterne Tatsachen. Friedrichs jahrlange Selbstinszenierung als Heldenkönig und aufgeklärter Monarch hatte ihm in ganz Europa viele Bewunderer verschafft. Nun saß einer dieser Bewunderer, dem er nie persönlich begegnet war, auf dem russischen Thron. Peter III. verfolgte aber jenseits seiner Verehrung für alles Preußische auch handfeste Interessen in seiner ehemaligen norddeutschen Heimat, die er schon als 13-Jähriger hatte verlassen müssen. Der neue Zar plante tatsächlich einen Feldzug gegen Dänemark, das vor einem halben Jahrhundert Teile des Herzogtums Schleswig besetzt hatte, und setzte dabei auf die Hilfe Preußens. Eher widerwillig unterstützte Friedrich die Bemühungen seines neuen Alliierten, die seinem bisherigen Alliierten unmöglich gefallen konnten und im April 1762 die Streichung aller britischen Subventionen zur Folge hatte.[84] Mit seinen energisch betriebenen Kriegsvorbereitungen gegen Dänemark hatte Zar Peter allerdings den Bogen überspannt. Schon die bedingungslose Preisgabe aller mit so großen Opfern eroberten preußischen Gebiete hatte Unmut im russischen Offizierkorps ausgelöst, doch für die deutschen Interessen eines Herrschers, der offen die Sitten und die Religion seiner Untertanen ablehnte, mochten sie sich auf keinen Fall schlagen. Ein Militärputsch und die Absetzung des Zaren zugunsten seiner Gattin, Sofie Auguste von Anhalt-Zerbst, schienen am 8. Juli 1762 die Lage noch einmal auf den Kopf zu stellen. Doch die deutsche Prinzessin, die als Zarin den Namen Katharina II. annahm, ließ den Frieden mit Preußen unverändert bestehen und kündigte nur das Militärbündnis.

Friedrich hatte inzwischen den Großteil seiner Armee in Schlesien konzentriert, wo ihm ein letztes Mal Leopold von Daun als Gegner gegenüberstand. Die Österreicher hatten längst die Absicht einer völligen Rückeroberung Schlesiens aufgegeben, hofften aber durch den Frieden wenigstens die Grafschaft Glatz zurückzuerhalten. Als Faustpfand zum Austausch gegen das von Friedrich zum Teil noch besetzte Sachsen sollte unbedingt Schweidnitz bis zu einem Waffenstillstand in österreichischer Hand verbleiben. Anfangs noch durch das russische Korps des Generals Tschernyschew verstärkt, versuchte Friedrich zunächst, seinen Gegner durch Flankenmärsche von der Festung abzudrängen. Doch Daun setzte sich schließlich mit seiner Armee in einer starken Stellung auf den Höhen oberhalb der Orte Reussendorf und Dittmannsdorf fest. Seinen rechten Flügel hatte er am Höhengelände südlich von Burkersdorf angelehnt, das durch Schanzen verstärkt war, ebenso wie die seinen Rücken sichernde Stellung bei Leutmannsdorf. Ungern ging Friedrich das Wagnis einer Schlacht ein, zumal ihn Tschernyschew am 18. Juli mit der Nachricht über den Thronwechsel in St. Petersburg schockiert hatte und zugleich seinen sofortigen Abmarsch ankündigte. Der König verstand es jedoch, den General, der zu seinen Verehrern zählte, durch Ausflüchte und eine großzügige Dotation zu bewegen, seinen Abmarsch noch um drei Tage hinauszuschieben. Tschernyschew verblieb also mit seinen 19000 Mann vor der Hauptfront der Österreicher und hinderte Daun daran, seine rechte Flanke und seinen Rücken rechtzeitig zu verstärken. Genau dort aber griff Friedrich am 21. Juli an und warf den Gegner im ersten Ansturm aus seinen Stellungen. Offiziere und Mannschaften kämpften wie in früheren Tagen, zeigten Initiative, Angriffsgeist und Geschick, indem sie die österreichischen Stellungen mehrfach umgingen. In der Nacht zogen sich die Österreicher mit einem Verlust von 2000 Mann ins Eulengebirge zurück. Es war Friedrichs letzte von insgesamt 15 Schlachten und er hatte sie ausgerechnet gegen den »Kaukasier« gewonnen, dessen Armee wieder einmal auf scheinbar unangreifbaren Höhen verschanzt war. Keinen Tag verlierend begann der König mit der Belagerung von Schweidnitz, das mit einer Besatzung von 10000 Mann und gut verproviantiert den Preußen allerdings noch drei Monate Widerstand leistete. Erst am 9. Oktober 1762 kapitulierte der Kommandant der Festung, Franz Graf von Guasco, nachdem ein letzter Entsatzversuch Dauns gescheitert war.

Der letzte Akt des Krieges in Europa vollzog sich jedoch in Sachsen, wohin Friedrich sofort nach dem Fall von Schweidnitz gezogen war. Am 29. Oktober schlug Prinz Heinrich die Reichstruppen in der Schlacht von Freiberg und Friedrich gratulierte seinem Bruder überschwänglich zu diesem Erfolg, der ihn um 20 Jahre jünger gemacht hätte. Seine Hoffnung, dass nun auch noch Dresden wieder in seine Hand fallen würde, erfüllte sich jedoch nicht. Die Österreicher ließen sich einmal mehr nicht aus ihrer starken Stellung am Plauener Grund manövrieren und der König sah sich darauf beschränkt, mit seinen bewährten Methoden die von der Reichsarmee geräumten Teile Sachsens auszupressen. An einen neuen Feldzug glaubte er allerdings nicht. In den Requisitionen sah er nur ein politisches Druckmittel. Der Krieg schien abzusterben. In Paris hatten am 3. November Briten und Franzosen einen Vorfrieden geschlossen und am 29. November empfing der König in seinem Meißener Quartier den ihm bekannten sächsischen Rat Karl Thomas von Fritsch. Offiziell bat der Sachse im Namen seines Monarchen um Schonung des Landes. Sein wirklicher Auftrag bestand jedoch darin, dem König einen diplomatischen Notenwechsel Kaunitz' mit

Friedrich II. im Jahr 1763 mit Kommandostab und Landkarte. Gemälde von Johann Georg Ziesenis.

dem sächsischen Gesandten in Paris zu übergeben, aus dem Wiens Bereitschaft zu einem gerechten und billigen Frieden klar hervorging.[85] Da seine Kaiserin es als unzumutbar empfand, den ihr verhassten Friedrich direkt um Frieden zu bitten, hatte der nie um eine Lösung verlegene Kaunitz diesen Ausweg gewählt. Der Anfang war gemacht.

Der Ausklang des Krieges zwischen Rhein und Weser

Mit jedem neuen Kriegsjahr war es Frankreich gelungen, seine Streitmacht in Deutschland noch einmal zu vergrößern. War der Herzog von Estrées im Sommer 1757 mit 95 000 Mann über den Rhein bis zur Elbe gezogen, so erreichte das französische Heer vier Jahre später bereits eine Stärke von 160 000 Mann. Doch die erhofften militärischen Erfolge waren ausgeblieben. Broglie hatte zwar im Frühjahr 1761 Göttingen und Kassel behaupten können, aber eine erneute Invasion des Kurfürstentums Hannover lag außerhalb seiner Möglichkeiten. Auch Choiseul, der nach dem Tod des alten Belle-Isle am 26. Januar 1761 das Kriegsministerium übernommen hatte, zog die große Lösung nicht mehr in Betracht. Nachdem der französische Vorstoß entlang von Fulda und Weser zweimal gescheitert war, wollten die Franzosen den Schwerpunkt ihrer Operationen wieder an den Niederrhein verlegen. Unter dem Marschall Soubise sollte eine auf 100 000 Mann verstärkte Armee Westfalen und Münster besetzen, nach Möglichkeit aber auch die Festungen Lippstadt und Hameln. Dazu sollte Soubise von Broglie unterstützt werden, der mit 60 000 Mann von Kassel aus über die Diemel zur Lippe vorzustoßen hatte.

Wie auf allen Schauplätzen des Siebenjährigen Krieges reduzierte sich auch im Westen die Strategie der Konfliktparteien auf das Ziel, möglichst große Territorien oder wichtige Festungen zur eigenen Versorgung in Besitz zu nehmen und als Tauschobjekte in die anstehenden Friedensverhandlungen zu retten.

Entgegen den Plänen Choiseuls und Soubises musste der bereits für Mitte Mai terminierte Feldzug wegen zahlreicher logistischer Probleme um einen ganzen Monat verschoben werden.[86] Dem Gegner blieben somit vier Wochen mehr zur Erholung von den Strapazen und Verlusten seines Winterfeldzuges. Er hatte sie bitter nötig. Ferdinands Armee war nach ihrem Rückzug über die Diemel in jeder Hinsicht in einem beklagenswerten Zustand. Mit nur 30 000 Mann war sie Anfang April auf ein Drittel ihrer Sollstärke geschrumpft, die acht britischen Bataillone unter dem Befehl Lord Granbys zählten zusammen gerade einmal 700 Mann.[87] Dass der Braunschweiger diese erschütterte Streitmacht in nur drei Monaten wieder auf einen Stand von knapp 80 000 Mann bringen konnte, stellt eine bemerkenswerte Leistung dar. Gleichwohl war seine Lage von Beginn an kritisch, da er es nur mit einem der Gegner aufnehmen konnte. Ferdinand entschloss sich, zunächst Soubise anzugreifen, der am 12. Juni den Rhein überschritten und bei Unna ein fast uneinnehmbares Lager bezogen hatte. Der Franzose erkannte jedoch zu früh, dass die alliierte Armee ihn nach ihrem Umgehungsmarsch in seinem

Rücken angreifen wollte, und rückte weiter auf Soest vor. Soubise wusste auch: Solange er die gegnerische Hauptarmee hinter sich hatte, konnte Broglie unbehelligt die Diemel überschreiten und zu ihm stoßen. Das bei Warburg stehende Korps des Generals von Spörcken war für eine nachhaltige Verteidigung der Diemellinie zu schwach und zog sich in der ersten Juliwoche kampflos über Rietberg und Detmold auf die Hauptarmee zurück. Broglie trieb Spörcken zunächst in scharfer Verfolgung weit nach Norden und erreichte schließlich über Paderborn am 8. Juli den Anschluss an Soubises Armee bei Soest.[88] Die rasche Vereinigung wäre tatsächlich ein beachtlicher Erfolg gewesen, wenn die beiden französischen Befehlshaber in ihren Absichten harmoniert hätten. Der größte Störfaktor war fraglos Broglie. Der Marschall hatte im zurückliegenden Feldzug einige Erfolge erzielen können, und vor allem hatte er der überraschenden Winteroffensive der alliierten Armee widerstanden und im März 1761 Ferdinand wieder in die Ausgangsstellungen zurückgetrieben. Broglie war der einzige aller Befehlshaber Frankreichs, der bisher noch keine Niederlage hatte einstecken müssen. In der Unterstellung unter Soubise, dem Günstling der Pompadour und dem Blamierten von Rossbach, konnte er nur eine ungerechtfertigte Zurückstellung und einen neuerlichen Affront des Hofes sehen.

Als ob Ferdinand von den Differenzen im gegnerischen Lager gewusst hätte, war er mehr denn je entschlossen, selbst den nunmehr vereinten Franzosen eine Schlacht zu liefern. Noch am Tage nach dem Zusammenschluss von Soest erkundete er zehn Kilometer ostwärts von Hamm eine günstige Stellung zwischen Lippe und Ahse, die hier in einem Abstand von etwa zehn Kilometern annähernd parallel flossen. Von hier aus wollte er die Franzosen in ihrer linken Flanke bedrohen, falls sie sich entschlossen, Lippstadt zu belagern. Tatsächlich schnappte der ehrgeizige Broglie nach dem ihm angebotenen Köder und drang im französischen Kriegsrat darauf, Ferdinands neue Stellung mit überlegenen Kräften anzugreifen. Soubise stimmte dem Plan schließlich zu. Mit der gegnerischen Hauptarmee in der linken Flanke war an weitere Operationen nicht zu denken und aufgrund der Vorsorgungslage konnten beide französische Armeen nicht unbegrenzte Zeit zusammen operieren.[89]

Am 15. Juli ließ Broglie am Nachmittag seine Armee in drei Kolonnen von Oestinghausen gegen den linken Flügel des Braunschweigers bei Vellinghausen vorgehen. Gleichzeitig sollte Soubise südlich der Ahse den rechten Flügel der alliierten Armee umgehen, der sich hinter dem Salzbach, einem von sumpfigen Wiesen umgebenen südlichen Zulauf der Ahse, verschanzt hatte. Der anfangs schwächere Teil von Ferdinands Position befand sich nördlich der Ahse. Gelang es Broglie hier, über Vellinghausen auf Hamm durchzustoßen, war die alliierte Armee von der Lippe abgeschnitten und es drohte ihr die Zerschlagung. Zunächst hatte Broglie Erfolg. Im Laufe des Abends gelang es seiner Spitzenbrigade, in heftigen Kämpfen Lord Granbys britischen Regimentern Vellinghausen und das südlich davon gelegene Schloss Nateln zu entreißen. Die im Eilmarsch eintreffenden Hessen des Generals Heinrich von Wutginau stabilisierten jedoch die Front und verschafften Ferdinand die Zeit, in der Nacht große Teile seiner Artillerie über die Ahse auf den linken Flügel zu verschieben.[90] Zusammen mit den am nächsten Morgen eintreffenden sechs Bataillonen des Grafen von Spörcken wies Ferdinands linker Flügel nun eine Gefechtsstärke von 35 Infanteriebataillonen auf und war damit ebenso stark wie die Angreifer. So angriffslustig sich Broglie noch am Vorabend gezeigt hatte, so zaghaft schien er plötzlich. Weil er dem Vorstoß auf Hamm keine Chancen mehr einräumte, entschloss er sich schon gegen 10 Uhr zum Rückzug in seine Ausgangsstellung. Dass Soubise südlich der Ahse dank der nächtlichen Verschiebung starker Kräfte nun gute Aussichten hatte, den ursprünglichen Umfassungsplan zu realisieren, schien Broglie nicht zu stören. Düpiert brach daraufhin auch Soubise seinen inzwischen begonnenen Angriff auf Ferdinands rechten Flügel ab. Die Enttäuschung war riesig. Eine große Chance, dem Krieg in Deutschland noch eine Wende zu geben, schien vertan. Broglie versuchte, sich in seinem Bericht an Choiseul wegen seines verfrühten Rückzugs zu rechtfertigen, und klagte fälschlicherweise über die mangelnde Unterstützung durch Soubise. Obwohl die Franzosen insgesamt nur 3500 Mann verloren hatten und fast die Hälfte der Infanterie ihrer Armeen gar nicht zum Einsatz gekommen war, verzichteten die beiden Befehlshaber auf eine Erneuerung des Angriffs. Für Ferdinands Truppen brachte der Erfolg von Vellinghausen nach den Enttäuschungen des Winterfeldzuges die lange entbehrte moralische Stärkung. Das Renommee des Braunschweigers erreichte in London einen neuen Höhepunkt.

Die unerwartete Siegesbotschaft nahm Pitt zum Anlass, seine Antwort auf Choiseuls Verhandlungsnote vom 15. Juli in einem scharfen und fast abweisenden Ton zu formulieren.[91]

Wieder einmal wechselten die Franzosen nach ihrem Rückschlag die Strategie. Beide Armeen trennten sich wieder. Durch 36 Bataillone und 50 Eskadronen verstärkt sollte Broglie versuchen, den Gegner über die Weser zu locken und damit Soubise die Gelegenheit zu geben, nach Westfalen vorzudringen und Münster einzunehmen. Ferdinand war die erneute Teilung der Franzosen nicht entgangen, ohne vorerst allerdings den Zweck zu durchschauen. Soubise rückte mit seiner stark reduzierten Armee Anfang August nach Dortmund, während Broglie den Weg nach Paderborn einschlug. Der Braunschweiger nahm zunächst an, dass Broglie sich wieder nach Hessen zurückziehen würde. Ein Versuch, zwei französische Korps bei Stadtberge an der Diemel einzukreisen, scheiterte jedoch am 4. August an der schlechten Witterung und unpassierbaren Wegen.[92] Als Ferdinand die Nachricht erreichte, dass Soubise am 16. August vor Münster erschienen sei, schickte er den Braunschweiger Erbprinzen mit seinem Korps nach Westfalen zurück. Allein die Nachricht vom Anmarsch des numerisch deutlich schwächeren Korps veranlasste den Franzosen, mit der Masse seiner Armee wieder hinter die Lippe auszuweichen. Derweil schaffte Broglie am 18. August bei Höxter seinen ersten Weserübergang und etablierte sich mit seiner Armee zwischen Nordhorn und Göttingen. Ferdinand ließ nur geringe Kräfte über den Fluss folgen. Statt eine direkte Konfrontation mit dem Franzosen zu suchen, entschloss er sich, durch einen Vorstoß über die Diemel bis nach Kassel hinunter die fragile Versorgungslinie der Franzosen zu unterbrechen. Broglie blieb davon unbeeindruckt. Er marschierte von Höxter weiter zur Leine, bezog ein festes Lager bei Einbeck und entsandte etliche Detachements bis nach Braunschweig, womit er Ferdinand nötigte, seine Armee immer wieder zu zersplittern und durch strapaziöse Märsche allmählich aufzureiben.

Soubise verstand es jedoch nicht, den so gewonnenen Spielraum für größere Operationen am Niederrhein zu nutzen. Ein erneuter Vorstoß nach Westfalen unterblieb. Im November ging er über den Rhein zurück und verteilte seine Truppen auf ihre Winterlager. Die alliierte Armee beendete ihren Feldzug am 11. November mit der Rückeroberung von Einbeck und bezog danach Winterquartiere nördlich der Diemel. Fünf Monate Kampf und Manövrieren hatten keiner Seite einen zählbaren Vorteil gebracht. Im folgenden Kriegsjahr traten erstmals deutliche Truppenreduzierungen ein. In der französischen Armee führte inzwischen Soubise das alleinige Kommando und wurde dabei vom alten Marschall von Estrées beraten. Broglie war im Frühjahr nicht mehr zur Armee zurückgekehrt, nachdem er sich mit Soubise überworfen hatte. Mit nur noch 110000 Mann verzichteten die Franzosen erstmals auf eine Offensive zugunsten einer Abnutzungsstrategie, die möglichst viel Territorium behaupten, vorrangig aber Großbritannien finanziell ausbluten lassen sollte.[93]

Die alliierte Armee wies mit ihren 95000 Mann fast dieselbe Stärke wie im Vorjahr auf. Gegenüber John Stuart, dem 1. Lord von Bute hatte Ferdinand seine Armee im Winter als sehr stark bezeichnet und nur noch Verbesserungen im Pionier- und Transportwesen angemahnt.[94] Der Braunschweiger war entschlossen, das nunmehr günstigere Kräfteverhältnis zu einer Offensive zu nutzen. Die Einnahme von Kassel, die anderthalb Jahre zuvor gescheitert war, sollte der Abschluss seines Feldzuges sein. Dazu mussten die Franzosen jedoch mindestens über die Ohm zurückgedrängt werden, was nicht ohne Kampf zu erreichen war. Am 24. Juni griff der Braunschweiger bei Wilhelmsthal, etwa zehn Kilometer nördlich von Kassel, zwei verschanzte französische Korps in Flanke und Rücken an und warf sie nach neunstündigem Kampf auf die Hauptarmee zurück, die östlich von Kassel stand. Obwohl die französischen Verluste mit 4500 Mann fast sechsmal so hoch waren wie die des Siegers, besaßen Soubise und Estrées in ihrer neuen Stellung immer noch alle Möglichkeiten, eine Belagerung von Kassel zu verhindern. Die Operationen kamen zunächst zum Stillstand. Die alliierte Armee hielt das Westufer der Fulda zwischen Diemel und Eder, die Franzosen verharrten auf dem Ostufer. Erst als Ferdinand am 23. Juli die Fulda überschritt und mit Erfolg den von den Sachsen bei Lutterberg gehaltenen nördlichen Eckpfeiler der gegnerischen Stellung angriff, zog sich die französische Hauptarmee entlang des Ostufers der Fulda zurück. Die Position der Franzosen in Hessen erodierte. Am 16. August kapitulierte Göttingen, und selbst nachdem Soubise die Niederrheinarmee an sich gezogen hatte, wagte er so kurz vor dem Beginn der offiziellen Friedensgespräche in Paris keine Schlacht mehr. Mit dem Gegner hinter der Ohm konnte Ferdinand im Oktober mit der Belagerung von Kassel beginnen. Die Kapitulation der Stadt am 4. November hatte jedoch keine Auswirkungen mehr auf den Vorfrieden von Paris, der nur einen Tag zuvor abgeschlossen worden war. Ein Schreiben der beiden gegnerischen Befehlshaber übermittelte dem Braunschweiger am 8. November die erfreuliche Nachricht. Nachdem London die Nachricht bestätigt hatte, wurde am 15. November 1762 ein Waffenstillstand geschlossen. In fünf Feldzügen seit 1758 war die alliierte Armee Ferdinands zu einem militärischen Machtfaktor zusammengewachsen, hatte einen meist numerisch überlegenen Gegner in Schach gehalten und ihn in mehreren großen Feldschlachten besiegt. Zu Unrecht stand und steht der Feldherr aus Braunschweig im Schatten seines großen militärischen Lehrmeisters. Ferdinands fünf Feldzüge bewiesen Klugheit, taktisches Können und Entschlossenheit im richtigen Moment. William Pitts oft zitiertes Diktum, dass Amerika in Europa erobert worden sei, war keineswegs falsch. Es bezog sich jedoch nicht auf die Taten des Potsdamer Kriegerkönigs, sondern einzig auf die Rolle der alliierten Armee. »Prinz Ferdinand ist der wahre Retter Europas, denn er allein hat die Heeresmacht des Militärstaates Frankreich erschüttert.«[95]

Der Krieg nach dem Krieg – Spaniens letzter Auftritt im Kreis der Großmächte

Am 5. Oktober 1761 trat William Pitt nach vierjähriger Amtszeit als Außenstaatssekretär seiner britischen Majestät zurück. Trotz seiner nach wie vor großen Popularität im ganzen Land kam dieser Schritt keineswegs überraschend.[96] Vor allem die letzte Sitzung des Kabinetts drei Tage zuvor hatte ihm gezeigt, dass er unter den Ministern in zentralen Fragen des Krieges inzwischen isoliert war. Der junge Georg III. sowie sein Berater und Mentor Lord Bute, wünschten den Frieden mit Frankreich ebenso wie alle übrigen Minister. An Pitt klebte aber nicht nur der Vorwurf, dass er die Verhandlungen mit Außenminister Choiseul durch die unnötige Schärfe in seinen Antworten zum Scheitern gebracht habe. Zuletzt hatte er auch noch zu einem Krieg gegen Spanien gedrängt, das seit dem 15. August 1761 mit Frankreich verbündet war. Zwar konnte Pitt ebenso wenig wie seine Kabinettskollegen wissen, dass die neue Allianz der beiden bourbonischen Mächte eine geheime Militärkonvention enthielt, doch hatte er während der zurückliegenden Verhandlungen mit den Franzosen nie wirklich an Choiseuls Friedenswillen geglaubt. Nie war er den Verdacht losgeworden, dass der Franzose aller bemerkenswerten britischen Zugeständnisse zum Trotz nur auf Zeit spielte. Sogar in der umstrittenen Frage des Stockfischfangs vor Neufundland und der Überlassung eines dafür erforderlichen Basishafens hatte das auf allen Kriegsschauplätzen siegreiche Großbritannien ein Entgegenkommen signalisiert. Selbst Pitt hatte der Überlassung von Fischereirechten widerwillig zugestimmt.[97] Als Choiseul jedoch daraufhin die Forderung stellte, dass nun auch die kolonialen Interessen Spaniens in die Verhandlungen einbezogen werden sollten, war die Katze endgültig aus dem Sack.[98] Selbst dem friedenswilligsten Minister im Londoner Kabinett mussten Zweifel an den ehrlichen Absichten des Franzosen kommen, als ein Ende Juli 1761 abgefangener Brief an den Stockholmer Hof zweifelsfrei belegte, dass Choiseul zielstrebig auf einen Eintritt Spaniens in den Krieg hinarbeitete.[99] Lediglich das Eintreffen der jährlichen spanischen Silberflotte aus Südamerika sollte noch abgewartet werden. Doch keiner der Minister hatte so weit gehen wollen wie Pitt, der im Kabinett wiederholt einen präventiven Schlag gegen Spanien gefordert hatte. Allein das sofortige Abfangen der Silberflotte hätte wohl den neuen Krieg noch verhindern können.[100]

Lordkanzler Hardwicke fand immerhin die Vorstellung absurd, dass es das iberische Königreich mit seiner vernachlässigten Flotte und seinem bescheidenen Heer von kaum 40 000 Mann tatsächlich wagen könne, sich mit einer siegreichen Großmacht auf dem Höhepunkt ihrer Kriegführungskompetenz anzulegen. Mit einer voreiligen Kriegserklärung an Spanien, so warnte wiederum der sichtlich kriegsmüde Herzog von Newcastle, würde Großbritannien nicht nur seinen Händlern in spanischen Gewässern ungeheuren Schaden zufügen, es spielte letztlich auch Choiseul in die Hände, der doch genau diese Eskalation anstrebe.

Nach dem Abgang Pitts herrschte unter den Ministern zunächst Ratlosigkeit. Schließlich rang sich das Kabinett nach einer mehrwöchigen Phase des Zögerns dazu durch, von Spanien ultimativ eine eindeutige

Versicherung seiner friedfertigen Absichten zu fordern. Als der britische Botschafter in Madrid am 7. Dezember 1761 von Premierminister Ricardo Wall die entsprechende Antwort erbat, war dem Nachfahren irischer Emigranten, der seit 45 Jahren als Offizier und Diplomat in spanischen Diensten gestanden hatte, klar, dass die Phase des Verschleierns endgültig verstrichen war. Von den Franzosen mit der Aussicht auf Menorca und der Besetzung Portugals geködert, gab Wall, ursprünglich ein Befürworter strikter Neutralität, alle Zurückhaltung auf und zitierte sofort den spanischen Geschäftsträger aus London zurück. Zugleich gab er den Befehl an die Garnisonen sämtlicher spanischer Häfen, die Verteidigungsbereitschaft herzustellen und alle dort ankernden britischen Schiffe festzusetzen. In einem kurz darauf nach London geschickten Memorandum machte er die beleidigende Art der britischen Forderung für die Verschlechterung der Beziehungen verantwortlich.[101] Dem Nachfolger Pitts als Außenstaatssekretär, Charles Wyndham, Lord Egremont, blieb damit kaum noch eine andere Wahl, als am 2. Januar 1762 mit einer in deutlichen Worten gehaltenen Replik Spanien den Krieg zu erklären. Damit schien die letzte Hoffnung auf einen raschen Frieden, wie sie der König, Bute und Newcastle bis zuletzt noch gehegt hatten, endgültig zerschlagen. Egremonts geharnischte Antwort ließ auch keinen Zweifel daran, dass Großbritannien die kommende Auseinandersetzung mit Spanien mit allen Mitteln führen wollte. Vier Tage später traf sich im Konferenzraum von Westminster oberhalb des Paradeplatzes der Garde das siebenköpfige Kriegskabinett unter Lord Bute, um eine geeignete Strategie gegen Spanien festzulegen. Wie kaum sonst in dem schon sechs Jahre dauernden Kampf zeigte sich in dieser Runde der globale Charakter des Krieges. Über eine Reihe von Karten gebeugt, die sämtliche damals bekannten Erdteile abbildeten, war das hohe Gremium entschlossen, den Krieg notfalls an jedem beliebigen Punkt der Welt auszutragen. Nach erstaunlich kurzer Beratung einigten sich die Minister auf den Vorschlag Georg Ansons, mit Havanna und Manila die beiden Säulen der kolonialen Macht Spaniens gleichzeitig anzugreifen.[102] Dass es wohl ein halbes Jahr dauern würde, ehe das für Manila bestimmte Korps überhaupt von der indischen Ostküste lossegeln konnte, schreckte niemanden in der hohen Runde, ebenso wenig wie die Einsicht, dass wohl nicht alle der anwesenden Minister noch das Eintreffen der Erfolgsnachricht erleben würden. Einen schnelleren Erfolg rechnete man sich für Kuba aus. Die für Havanna vorgesehenen Kräfte sollten zu gleichen Teilen aus New York, Großbritannien und aus Martinique kommen. Dass der soeben erst begonnene britische Angriff auf die französische Karibikinsel bei Beginn der neuen Operation bereits erfolgreich abgeschlossen sein würde, setzten die Minister selbstbewusst voraus. Tatsächlich musste der französische Admiral und Gouverneur von Martinique, Le Vassor de La Touche, die ihm anvertraute Insel nach dreiwöchigem Kampf am 15. Februar an die Briten übergeben. Der Hauptort der Insel, Fort Royal, war bereits am 3. Februar von den Franzosen aufgegeben worden. Gegen eine Übermacht von 13 000 Briten unter dem Kommando von Generalmajor Robert Monckton, einer der drei Befehlshaber von Wolfe vor Quebec, hatte La Touche kaum eine Chance gehabt. Unterstützung aus dem Mutterland war zwar in Aussicht gestellt, aber eine Flotte aus sieben Linienschiffen unter dem Befehl von Admiral Charles Courban-Blénac war erst drei Wochen später in der Karibik eingetroffen.[103]

Als das von Admiral Sir George Pocock befehligte Geschwader aus fünf Linienschiffen, einer Fregatte und rund 70 weiteren Transport- und Versorgungsschiffen am 5. März 1762 den Hafen von Portsmouth verließ, war dies alles in Europa noch nicht bekannt. Ebenso wenig ahnten die Minister, die wenige Tage zuvor in Portsmouth der Einschiffung von 4500 Infanteristen zu der wohl kühnsten Operation des gesamten Krieges beigewohnt hatten, dass Bute und Newcastle inzwischen mit Einverständnis des Königs auf einem geheimen diplomatischen Kanal den Gesprächsfaden mit Choiseul wieder aufgenommen hatten.[104]

Dem Außenminister Frankreichs dürfte dies als Glücksfall erschienen sein, denn allmählich dämmerte es ihm, dass seine spanische Karte nicht stach und dass sich Frankreichs militärische Lage mit jedem Tag verschlechterte. Durch den Tod der Zarin Elisabeth am 5. Januar 1762 hatte sich die Situation in Europa grundlegend gewandelt und Choiseul musste nun fürchten, dass sich Russland und Österreich mit Preußen separat einigen könnten. Frankreich wäre dadurch völlig isoliert.

Trotz des drohenden Verlustes von Martinique, auf das er wegen des einträglichen Zuckerrohrgeschäftes unter keinen Umständen verzichten wollte, setzte Choiseul mit bemerkenswerter Chuzpe darauf, dass

Großbritannien seine durchaus akzeptablen Bedingungen des letzten Sommers aufrechterhalten würde. Gegenüber Bute und Newcastle, deren politische Schwäche er nach Pitts Abgang völlig zutreffend einschätzte, spielte er sich in einem nur als dreist zu bezeichnenden Memorandum als Sieger auf und erneuerte darin noch einmal Forderungen, die nach den Verhandlungen des Sommers bereits als erledigt galten. Frankreichs damalige Zugeständnisse seien lediglich im Hinblick auf die öffentliche Meinung erfolgt, hieß es nun provozierend.[105] Dieses Mal hatte sich Choiseul nicht verrechnet. Trotz seines herablassenden Tenors blieben Bute und Newcastle bemüht, den Gesprächsfaden nicht abreißen zu lassen. Das erweiterte den Spielraum des Franzosen erheblich. Choiseul hätte allerdings niemals gedacht, dass Georg III. sogar so weit gehen würde, in einem Brief an Lord Bute die Hoffnung zu äußern, dass die angelaufene Operation gegen Havanna scheitern möge. Ein beispielloser Akt der Illoyalität, der, wäre er bekannt geworden, sein Königtum wohl ernstlich in Gefahr gebracht hätte.[106]

Tatsächlich hatte das britische Expeditionskorps auf Kuba mit erheblichen Schwierigkeiten zu kämpfen. Admiral Pocock war mit seiner Flotte am 20. April 1762 zunächst vor Barbados eingetroffen. Dort gliederte er Admiral George Rodneys Geschwader, das die Eroberung Martiniques unterstützt hatte, in seinen Verband ein, nahm Robert Mocktons Landungstruppen auf und steuerte durch den alten Bahamas-Kanal entlang der kubanischen Nordküste sein Ziel an. Der Gouverneur von Havanna, Don Juan de Prado, war völlig überrascht, als ihm am 6. Juni die Segel der britischen Flotte gemeldet wurden. An einen britischen Angriff gegen die durch eine Bucht geschützte Stadt hatte der Spanier zunächst nicht glauben wollen und deshalb auch nach Bekanntwerden des Kriegszustandes nur einige halbherzige Versuche unternommen, den La-Cabana-Höhenzug im Osten der Bucht von Havanna zu verstärken. Nachdem aber bald Gewissheit über die britischen Absichten bestand, raffte man sich immerhin dazu auf, die Einfahrt zur Bucht durch die Versenkung dreier Linienschiffe zu blockieren.

Den Befehl über das britische Expeditionskorps, das durch die Truppen aus Martinique auf 12 000 Mann verstärkt worden war, führte Generalleutnant George Keppel, der 3. Lord Albemarle. Anstatt von Westen her die Stadt direkt anzugreifen, entschied er sich dazu, seine

Truppen im Osten der Bucht von Havanna, am Cojimar-Fluss, an Land gehen zu lassen. Sein Entschluss sollte sich bald als zeitraubender Irrtum herausstellen. Fast sechs Wochen lang hingen die Briten vor dem Fort El Morro fest. Die als uneinnehmbar geltende Festung trotzte auf einem Felsen am nördlichen Ausgang der Bucht mit ihren massiven Mauern allen Bemühungen der Angreifer, eine Bresche zu schießen. Selbst die unter größtem Aufwand von der acht Kilometer entfernten Landungszone herangebrachten 32-pfündigen Schiffskanonen zeigten kaum Wirkung. Ein in den Fels geschlagener 18 Meter tiefer und 30 Meter breiter Graben, der von der Seeseite nicht erkannt worden war, erwies sich für die Briten als zusätzliches Hindernis.[107] Auf dem felsigen Untergrund ließen sich keine Schutzgräben anlegen, es fehlte auch Erde zum Befüllen der mitgebrachten Sandsäcke, sodass die Angreifer schließlich Baumwollballen, die sie von einem vorbeifahrenden Handelsschiff besorgt hatten, als Schutz verwendeten. Tropenkrankheiten verursachten weitere empfindliche Ausfälle unter den britischen Truppen. Einen Versuch, das Fort von der Seeseite her unter Beschuss zu nehmen und wenigstens das Feuer der spanischen Geschütze von den eigenen Batterien abzulenken, bezahlte Pococks Flotte am 1. Juli mit 48 Toten, 148 Verwundeten und einem gestrandeten Schiff. Ernsthafte Schäden an der Befestigung waren jedoch nicht entstanden, zumal auch der Erhöhungswinkel der Schiffsgeschütze nicht ausreichte. Eine Wiederholung des Versuchs kam daher nicht mehr infrage.

Schließlich entdeckten die Angreifer auf der Seeseite des Forts eine Mauer zum Schutz gegen das Seewasser, deren Krone so breit war, dass man sich darauf während der Dunkelheit einzeln dem Fuß des Festungswalls nähern konnte. Als ihm dies gemeldet wurde, entschloss sich Keppel, eine Minenkammer anzulegen und die Mauern des Forts durch eine Sprengung zum Einsturz zu bringen. Mithilfe von 40 Bergleuten aus Cornwall, die er aus den Schiffsbesatzungen zusammenstellen ließ, gelang es den Briten tatsächlich, bis zum 30. Juli eine ausreichend große Sprengkammer anzulegen. Nachdem sämtliche Gegenangriffe der Festungsbesatzung im Verlaufe des Vormittags abgewehrt waren, ließ Keppel die Mine am frühen Nachmittag zünden. Ihre Wirkung übertraf sämtliche Erwartungen. Den sofort angreifenden Sturmtruppen gelang es, über den Schuttberg die Plattform zu erreichen, ehe die Spanier zur Stelle waren. Damit war das Schicksal der Festung entschieden. Von ihren 700 Verteidigern ergab sich etwa die Hälfte, mehr als 200 Spanier kamen beim Versuch, die Bucht zu durchschwimmen, ums Leben. Die britischen Verluste waren mit nur 14 Toten und 28 Verwundeten erstaunlich gering.

Noch hielt sich Havanna selbst, aber als die Briten am 11. August 1762 mit der Beschießung der Stadt von drei Seiten begannen, kapitulierte Gouverneur De Prado nur drei Stunden später. Neun spanische Linienschiffe und sämtliche Handelssegler im Hafen wurden zur britischen Beute. Die Prisensumme belief sich auf insgesamt 737 000 Pfund. Jeder überlebende Rotrock erhielt davon den stolzen Betrag von vier Pfund ausgezahlt, die Seeleute etwas weniger. Fast 7000 Soldaten und Matrosen kamen nicht mehr in den Genuss dieser Prämie. Sie waren während des zweimonatigen Feldzugs einer der vielen Infektionskrankheiten erlegen oder während der Kampfhandlungen getötet worden. Als die Nachricht vom Fall Havannas in Spanien eintraf, bemerkte Karl III. dazu trotzig, er werde deshalb keine Nacht weniger ruhig schlafen. Aber die Bilanz seines Kriegseintritts war ernüchternd.

Spaniens Versuch, das unter britischem Einfluss stehende Portugal zu besetzen, hatte sich inzwischen als peinlicher Fehlschlag erwiesen. Erst nach Monaten war das mit nur 40 000 Mann vergleichsweise kleine spanische Heer, das seit Jahrzehnten keinen Krieg mehr hatte führen müssen, im nordspanischen Salamanca vollständig versammelt gewesen. Verspätet und aus der falschen Richtung ausgeführt, hatte sich die spanische Invasion bald im unzugänglichen Norden des Nachbarlandes festgelaufen. Als einzigen Erfolg konnte die zuletzt auch durch ein französisches Hilfskorps unterstützte Invasionsarmee die Übergabe der Grenzfestung Almeida am 15. August 1762 verzeichnen. Ein britisches Korps aus 7000 Mann unter General John Burgoyne, der 15 Jahre später im Amerikanischen Unabhängigkeitskrieg die Kapitulation von Saratoga unterzeichnen musste, verhinderte im Oktober den Durchbruch der Spanier auf die Stadt Abrantes am Tagus. Anfang November trat die spanische Armee den Rückzug über die Grenze an, den sie erst am 24. November abschließen konnte. Zu diesem Zeitpunkt war der Pariser Vorfriede zwischen Frankreich und Großbritannien bereits drei Wochen alt.

Getrennte Friedensschlüsse – Paris und Hubertusburg

Am 9. September 1762 herrschte Volksfeststimmung in Paris. Die Hauptstädter feierten den offiziellen Beginn der Friedensverhandlungen mit einem Tedeum, einem Feuerwerk und allen Arten von Illumination. Reichere Bürger warfen Geld, Brötchen oder kleine Würste in die Menge, der Wein floss in Strömen und die Leute tanzten auf den Straßen.[108] Noch wurde in Portugal und in Deutschland gekämpft, noch steuerte ein britisches Geschwader auf der anderen Seite der Welt den Hafen von Manila an, während andere britische Schiffe bereits mit der Botschaft vom Fall Havannas auf dem Atlantik unterwegs waren. Aber der Friede war endlich in Sicht. Mit dem Eintreffen der britischen Delegation unter John Russel, dem 4. Herzog von Bedford, sollten die offiziellen Verhandlungen mit Großbritannien beginnen. Die modebewussten Pariser staunten am nächsten Tag über die antiquierte Kleidung der 300 Delegierten von der anderen Seite des Kanals, die wahrhaftig ohne Stock durch die Straßen ihrer Stadt spazierten. Man war schockiert, dass die Fräcke der Engländer die Knie nicht bedeckten, während die Aufschläge ihrer Ärmel bis zu den Ellbogen reichten. Niemals habe man, so berichtete eine anonyme vornehme Pariserin an einen französischen Offizier in Hessen, Leute von schlechterem Geschmack in der Hauptstadt gesehen.[109]

Der Herzog von Bedford galt unter den Angehörigen der früheren Regierung nicht als ideale Wahl. Der alte Lord Hardwicke wunderte sich, dass Lord Bute eine so wichtige Mission einem Mann anvertraut hatte, der als arrogant und unberechenbar galt und dessen Interessen mehr dem Kricketsport als der Politik galten.[110] Doch der 52-jährige Aristokrat, der als Lordsiegelbewahrer und damit ohne echtes Ressort dem Kabinett angehörte, teilte vollkommen den pazifistischen Kurs der neuen Regierung eines Friedens um fast jeden Preis. Über die Grundzüge des Vertrages hatten Frankreich und Großbritannien in Vorverhandlungen bereits Einigkeit erzielt. Trotz der neuerlichen herben Rückschläge auf allen Kriegsschauplätzen war es Choiseul dabei gelungen, die vor einem Jahr diskutierten Bedingungen aufrecht zu erhalten. Großbritannien würde demnach ganz Kanada erhalten sowie Louisiana rechts des Mississippi. Die Inseln Martinique und Guadeloupe sollten ebenso wie die von den Briten schon im Dezember 1758 besetzte Sklaveninsel Gorea vor der Küste Senegals an Frankreich zurückgegeben werden.[111] Im Gegenzug hatte sich Choiseul bereit erklärt, die noch von der französischen Armee besetzten Reichsgebiete in Hessen und am Niederrhein nach der Ratifizierung des Vertrages zu räumen. Frankreich erhielt außerdem die Fischereirechte vor Neufundland sowie die Inseln Saint-Pierre und Miquelon als dazugehörige Stützpunkte. Belle-Isle, das die Briten erst im Juni 1761 erobert hatten, ging im Tausch gegen Menorca zurück an Frankreich. Ebenso durfte es seine Handelsstützpunkte in Indien behalten. Dass Choiseul Spanien in den Krieg hineingezogen hatte, erwies sich jetzt als ärgerliches Hemmnis auf dem Weg aus dem Krieg. So musste zunächst Karl III. durch ein erpresserisches Schreiben zum Einlenken gebracht werden. Choiseul ließ den zuvor so heiß umworbenen Verbündeten nunmehr wissen, dass er nicht mehr mit französischer Unterstützung rechnen könne, falls er den Krieg allein fortsetzen wolle.[112] Nur wenige Tage, nachdem der Brief nach Madrid abgegangen war, drohte den Verhandlungen von anderer Seite Gefahr. Am 3. Oktober 1762 schlug die Nachricht vom Fall Havannas wie eine Bombe in Paris ein. Einzig Choiseul und der König bewahrten die Fassung. Dass Großbritannien nun für die Rückgabe seiner jüngsten Eroberung die Abtretung Floridas oder Puerto Ricos als angemessene Entschädigung forderte, konnte allerdings niemanden überraschen. So blieb Choiseul keine andere Wahl, als Spaniens Verluste an Großbritannien mit dem französischen Restlouisiana zu kompensieren. Die Zeit drängte für beide Parteien. In Hessen befand sich Soubises Armee in vollem Rückzug über die Ohm, und nur einen Tag nach der Unterzeichnung des Vorfriedens am 3. November 1762 in Schloss Fontainebleau, der Frankreich nach den Worten Choiseuls unerwartet günstige Bedingungen einräumte,[113] konnte Ferdinand von Braunschweig seine Laufbahn als Feldherr mit der Kapitulation von Kassel krönen. Für Bedford und Bute wiederum galt es, den in Großbritannien umstrittenen Vorfrieden noch vor dem Zusammentritt des Parlaments im November zustande zu bringen. Wie kaum anders zu erwarten war, zählte William Pitt neben Hardwicke zu den pointiertesten Kritikern des von der neuen Administration zu verantwortenden Abkommens.

In der Generaldebatte im *House of Commons* am 10. Dezember 1762 zerpflückte er in einer mehr als dreistündigen Rede jeden einzelnen Artikel des Vertrages und beklagte besonders, dass es Frankreich gelungen sei, trotz seiner jüngsten Niederlagen die günstigen Bedingungen des Vorjahres zu behaupten. Großbritannien habe, so Pitt, weitere 14 Mio. Pfund an Kriegskosten aufwenden müssen, ohne einen einzigen Vorteil erzielt zu haben.[114] Den Erwerb von Florida hatte der *Great Commoner* bei seiner Klage allerdings unterschlagen. Der Rivale jenseits des Kanals, so das vernichtende Resümee des durch einen schweren Gichtanfall angeschlagenen Politikers, der sich während seiner Rede mehrmals setzen musste, werde dank der Rückgabe von Guadeloupe und Martinique eine maritime Macht bleiben und Großbritannien weiterhin gefährlich sein. Pitt konnte sich jedoch mit seinen Warnungen nicht mehr durchsetzen. Auch wenn Hardwicke ihm in seiner Rede beipflichtete, konnte es kaum einem der Parlamentarier entgangen sein, dass der einst führende Kopf des erfolgreichsten aller britischen Kriegskabinette inzwischen politisch isoliert war. Zudem waren die Pariser Verhandlungen schon zu weit gediehen und der Friedenswunsch in der Bevölkerung zu groß. Die parlamentarische Revolte blieb aus. Der von der Regierung und vom König ausgeübte massive Druck auf die Abgeordneten sorgte mit 319 zu 64 Stimmen sogar für ein recht eindeutiges Votum zugunsten des Vertrages, der schließlich am 10. Februar 1763 in Paris unterzeichnet wurde.[115]

Eine von Pitt ebenfalls hart kritisierte Folge des Vertrags war die nunmehr eingetretene politische Isolation Großbritanniens. Der preußische König, der schon im Frühjahr über die Kürzung der Subsidien erbost gewesen war, reagierte mit wachsender Feindschaft gegen den ehemaligen Verbündeten. Dass die Pariser Vereinbarung es den Franzosen dank einer besonderen Klausel sogar erlaubte, Preußens niederrheinische Gebiete an die Österreicher zu übergeben, machte ihn fassungslos. Gegenüber Knyphausen klagte Friedrich, dass England, das doch überall siegreich geblieben sei, ihn ohne Not habe fallen lassen, sprach vom ›bösen Willen einiger Leute‹. Zu Friedrichs Glück erwies sich Wien als außerstande, die von den Franzosen vertragsgemäß zu räumenden preußischen Exklaven am Rhein zu besetzen. Obwohl die Kaiserin zunächst die Offerte eines zusätzlichen Faustpfandes durchaus

Frieden von Hubertusburg vom 15. Februar 1763: Allegorische Darstellung Kupferstich v. Joh. Daniel Schleuen.

begrüßt hatte, war damit ein weiteres Hindernis auf dem Weg zu formalen Friedensgesprächen zwischen Preußen und Österreich aus dem Weg geräumt. Offenbar sorgte ein am 19. Dezember bei Friedrich eingehendes persönliches Schreiben der neuen Zarin, in dem sie Preußen unverhohlen mit einer bewaffneten russischen Vermittlung drohte, für eine Beschleunigung des Friedensprozesses.[116] Friedrich dankte ihr in einem höflichen Antwortschreiben und wies auf seine gerechtfertigte Forderung nach Wiederherstellung seines Besitzes hin.[117] Dass die junge Zarin einen neuerlichen Krieg auf sich nehmen würde, um Österreich die Grafschaft Glatz zu sichern, glaubte er nicht.

Im Bewusstsein seiner überlegenen Position griff der König nun bereitwillig die österreichische Offerte auf, in der Kaunitz am 10. Dezember seinen Gegner zu direkten Gesprächen an einem neutralen Ort aufgefordert hatte. Die Wahl fiel auf das zwei Jahre zuvor verwüstete Schloss Hubertusburg, das etwa in der Mitte zwischen Leipzig und Dresden lag. Für die am 30. Dezember beginnenden trilateralen Verhandlungen musste das seither leerstehende Gebäude allerdings notdürftig wiederhergerichtet werden. Die preußische Seite vertrat der Geheime Legationsrat Ewald Friedrich von Hertzberg, der Verfasser einer ausführlichen Rechtfertigung der präventiven Besetzung Sachsens und spätere Staatsminister. Seine Instruktionen waren klar und einfach. Für Friedrich kam nichts anderes als der *status quo ante bellum* infrage. Eine Entschädigung des sächsischen Kurfürsten lehnte der König strikt ab.[118] Für den Kaiserstaat war der Hofrat Heinrich Gabriel von Collenbach, angereist, Kursachsen wurde durch Karl Thomas von Fritsch vertreten.

Es wäre verfehlt, den schließlich am 15. Februar 1763 unterzeichneten Friedensvertrag als Kompromiss zu bezeichnen. Im Bewusstsein seiner wiedergewonnenen militärischen Stärke hatte sich Preußen in Hubertusburg auf ganzer Linie durchgesetzt. Halbherzige Versuche der Österreicher, die nach Böhmen hineinragende Grafschaft Glatz zu behalten und dafür Entschädigungszahlungen an Preußen zu leisten, schmetterte Friedrichs Vertreter ebenso ab wie die Versuche Sachsens, eine Kompensation für die siebenjährige Besatzungszeit zu erhalten. Außer Friedrich war keine Partei bereit, noch einmal einen Waffengang zu riskieren, und so konnte sich Preußen mit seiner Maximalposition am Ende durchsetzen. Als einzige Konzession erklärte sich der König bereit, in seiner Rolle als Kurfürst von Brandenburg bei der nächsten Kaiserwahl dem ältesten Sohn der Kaiserin seine Stimme zu geben. Bis zur Unterzeichnung des Vertrages nahm sich Friedrich überdies das Recht heraus, weiterhin mit brachialen Mitteln bis hin zur Geiselnahme Kontributionen aus seinem Teil Sachsens herauszupressen. Seinem Bevollmächtigten Hertzberg bekundete er zwei Tage später seine vollste Zufriedenheit. Es sei doch ein gutes Ding um den erreichten Frieden, aber man müsse sich das nicht anmerken lassen.[119] Zur Königin hatte er schon am 5. Februar nach Madgeburg Nachricht geschickt und es ihr freigestellt, nach Berlin zurückzukehren. Als Elisabeth Christine elf Tage später tatsächlich in der Hauptstadt eintraf, war von Charlottenburg an die Zahl der begeisterten Menschen an den Straßen so groß, dass ihre Kutsche kaum weiterfahren konnte. Als schließlich noch am selben Abend die Nachricht vom Friedensschluss im Berliner Schloss einging, vermerkte der die Königin seit Magdeburg begleitende Reichsgraf Heinrich von Lehndorff melancholisch in seinem Tagebuch:

> *»Somit hat alle unsere Not ein Ende. Wenn man aber bedenkt, welche unzähligen Opfer dieser Krieg gefordert hat, wie viele Provinzen verwüstet, wie viele Familien ruiniert worden sind, und das alles, um die Herrscher im* status quo ante *zu sehen, so möchte man über den Wahnwitz der Menschheit laut aufschreien.«*[120]

Epilog auf den Philippinen

Am 16. April 1763 traf nach einer Fahrt um die halbe Welt der Brigadegeneral William Draper wieder im Hafen von Plymouth ein. Erst 15 Monate zuvor war er von England nach Indien aufgebrochen, um von dort aus das fernöstliche Manila zu erobern. Nun brachte er persönlich die Nachricht von der Eroberung der Stadt von den Philippinen zurück. Draper selbst hatte vor der denkwürdigen Sitzung vom 6. Januar 1762 dem inzwischen verstorbenen Georg Anson von seiner Idee überzeugen können, den zentralen Umschlagpunkt für Spaniens lukrativen Handel mit China direkt anzugreifen und damit Havanna die zweite Säule des spanischen Überseeimperiums zum Einsturz zu bringen.[121]

Sechs Monate nach seiner Abfahrt war Draper am 10. Juli im indischen Madras eingetroffen, hatte in kürzester Frist die Vorbereitungen für seine Expedition abgeschlossen und war von dort am 1. August 1762 mit einer kleinen Streitmacht aus knapp 2000 Mann in See gestochen. Seine verwegene Truppe aus 600 Soldaten seines eigenen 79. Infanterieregiments, 300 Mann der Marinetruppen, 780 indischen Sepoys sowie einigen Dutzend Artilleristen hatte sich auf ein Geschwader von acht Linienschiffen, drei Fregatten und einem Versorgungsschiff verteilt.[122] Nach einer ungestörten Überfahrt von 50 Tagen mit nur einem

Zwischenhalt im niederländischen Malakka hatte das britische Expeditionskorps am Abend des 23. September die philippinische Hauptinsel Luzon im Norden des Archipels gesichtet und war einen Tag später nur zwei Kilometer südlich von Manila an Land gegangen. Der spanische Gouverneur der Stadt mit dem beeindruckenden Namen Don Manuel Antonia Rojo del Reio et Vieria, ein leibhaftiger Erzbischof, war von der Ankunft der Briten im Golf von Manila ebenso überrascht gewesen, wie schon wenige Wochen zuvor sein kubanischer Amtsgenosse in Havanna. Selbst nach neun Monaten hatte die Nachricht von der britischen Kriegserklärung an Spanien den fernöstlichen Stützpunkt noch nicht erreicht, und so hatte der ahnungslose Erzbischof bei den Briten zunächst anfragen lassen, ob man sich etwa in Seenot befände und Hilfe benötige. Sein freundliches Angebot war von Draper mit der brüsken Aufforderung zur Kapitulation beantwortet worden, was die empörten Spanier natürlich abgelehnt hatten. Da die Briten zu wenige Truppen hatten, um die gesamte Stadt mit ihren 100000 Einwohnern einzuschließen, musste mit zwei Dutzend an Land gebrachten Schiffsgeschützen eine Bresche in die damals veraltete Stadtbefestigung geschossen werden. Die heute noch zu sehende Befestigung um den alten Stadtkern von Manila (Intramuros) wurde erst nach dem Abzug der Briten errichtet.

Nach nur dreitägiger Beschießung konnte die an der Südwestecke Manilas liegende Bastion San Diego am 6. Oktober 1762 am frühen Morgen gleich im ersten Sturm genommen werden. Die britischen Verluste betrugen nur 35 Tote und 100 Verwundete.[123] Am selben Abend hatte schließlich auch die Zitadelle im Norden der Stadt kapituliert. Erzbischof Rojo musste am nächsten Tag eine Erklärung unterzeichnen, die sämtliche Einwohner von Luzon zu Untertanen Ihrer Britischen Majestät machte. Den Unterworfenen wurde immerhin Glaubensfreiheit konzediert. Die Briten hatten allmählich Routine bei der Eroberung katholischer Territorien.

Nur drei Wochen später war Draper mit etlichen erbeuteten spanischen Standarten wieder in See gestochen und hatte einen zivilen Beamten der Ostindien-Gesellschaft als Gouverneur in Manila zurückgelassen. Der sollte die mittlerweile aufständischen Filipinos im Umland von Manila bekämpfen und vor allem die dem Erzbischof abgepresste

Kontribution von einer Mio. britischen Pfund eintreiben. Als Draper schließlich mit einer Zwischenlandung in Indien nach mehr als einjähriger Abwesenheit wieder in Großbritannien eintraf, musste er feststellen, dass die Meldung über den erfolgreichen Abschluss seines Unternehmens kaum Resonanz im Land auslöste. Der Friede mit Frankreich war bereits zwei Monate alt und der Artikel 23 des Pariser Vertrages sah die kompensationslose Rückgabe aller Territorien vor, die – wie Manila und Luzon – nicht in den Vertrag einbezogen worden waren.[124] Immerhin hatte sich für Draper und seine führenden Offiziere die weite Expedition finanziell gelohnt. Sein offizieller Anteil an der spanischen Kontribution belief sich auf genau 17681 Pfund. Über seinen gigantischen Gewinn aus der gekaperten Ladung der spanischen Galeone *Santa Gertrudis* gibt es dagegen nur Schätzungen.[125]

Am 1. April 1764 verließ der letzte Brite die Philippinen. Als 134 Jahre später wieder ein westliches Geschwader in die Bucht von Manila eindrang, waren es keine britischen Schiffe, welche die Spanier endgültig aus ihrem Inselreich vertrieben, sondern die Flotte eines neuen Imperiums, dessen Geschichte zum Zeitpunkt des Pariser Friedens noch nicht begonnen hatte, für die aber der Siebenjährige Krieg schon die Vorgeschichte gewesen war.

8. Der doppelte Krieg und zwei überraschende Kriegsausgänge

»Wenn es als der Begriff einer großen Macht aufgestellt werden könnte, dass sie sich wider alle anderen, selbst zusammen genommen, zu halten vermögen müsse, so hatte Friedrich Preußen zu diesem Range erhoben. Seit den Zeiten der sächsischen Kaiser und Heinrichs des Löwen zum ersten Male sah man im nördlichen Deutschland eine selbständige, keines Bündnisses bedürftige, auf sich selber angewiesene Macht. Es erfolgte, dass Frankreich von dem an in deutschen Angelegenheiten wenig oder nichts vermochte.«

Leopold von Ranke, Die großen Mächte[1]

Die Friedensschlüsse von Paris und Hubertusburg setzten im Februar 1763 einen doppelten Schlussstrich unter den Siebenjährigen Krieg. Dass von seinen etwa 1,2 Mio. Opfern in Europa fast die Hälfte auf die Zivilbevölkerung entfiel, zeigt, wie irreführend die Rede von der gezähmten Barockkriegführung war. Preußen trug mit etwa 575000 Menschen, darunter 180000 Soldaten, den Löwenanteil der Verluste. Knapp zwölf Prozent seiner Bevölkerung hatten damit den Krieg nicht überlebt, was den Verlustraten Polens und Serbiens im Zweiten Weltkrieg entsprach.[1a] Die Habsburgischen Länder hatten 300000 Tote zu beklagen, von zwei Mio. Sachsen kamen 90000 ums Leben, Frankreich verlor etwa 70000 Soldaten, Russland 120000. Weitere 40000 entfielen auf Großbritannien, Portugal und Schweden.[2]

Genau genommen bezeichnet der Siebenjährige Krieg zwei höchst verschiedene Konflikte, von denen der erste zwischen Frankreich und Großbritannien in einer globalen Arena von Kalkutta bis Kassel ausgetragen wurde, mit Spanien in einer späten Nebenrolle. Im zweiten Fall kämpfte Preußen in einem regionalen Krieg gegen eine Koalition aus Österreich, Russland, Schweden und den süddeutschen Reichsständen. Dass Großbritannien mit Preußen verbündet war und Frankreich wiederum mit der antipreußischen Koalition, widerlegt diese Sichtweise nicht. In beiden Allianzen flossen nur Subsidien, die London und Paris aufbrachten, um in Europa nicht ohne Alliierten dazustehen. Weder hatte Frankreich ein wirkliches Interesse daran, Österreich wieder in den Besitz von Schlesien zu setzen, noch kümmerte es London, ob Preußen seine Beute behaupten konnte. Trotz Friedrichs wiederholter Bitten hatte sich Großbritannien auch beharrlich geweigert, Flotteneinheiten in die Ostsee zu schicken. Man wollte Russland nicht provozieren.

Das verbindende Glied zwischen beiden Kriegsszenarien schienen am ehesten noch die Feldzüge Ferdinands von Braunschweig gegen die Franzosen zu sein. Obwohl der Braunschweiger auch nach seinem Wechsel in die Dienste Georgs II. seinen Rang als preußischer General behielt und Friedrich weiterhin mit ihm wie mit einem Untergebenen korrespondierte, führte Ferdinand doch seine Armee allein im Auftrag und auf Rechnung Großbritanniens. Er schützte auch nicht etwa Preußens westliche Flanke, sondern einzig und allein das Kurfürstentum Hannover. Eine ernsthafte Bedrohung Preußens durch französische Armeen hatte tatsächlich nie bestanden, auch wenn sich Friedrich später als der von Feinden umringte einsame König inszeniert hat und von den Völkern sprach, die von allen vier Enden der Erde auf ihn eindrängten.[3]

Tatsächlich waren Soubises Vormarsch zur Saale und die Schlacht von Rossbach nicht mehr als eine einmalige Arabeske auf Wunsch der Pompadour. Für den Rest des Krieges verzichtete Frankreich dann auch weitgehend auf militärische Aktionen gegen Preußen. Im Rahmen seiner langfristigen Reichspolitik hatte Versailles auch kaum ein Interesse an der von Graf Kaunitz geplanten Zerschlagung des Hohenzollernstaates. Im französischen System war Preußen als deutsches Gegengewicht zu Österreich bei allem Ärger über Friedrichs Kapriolen einfach unverzichtbar.

Gegen Großbritannien und Hannover gerichtet, waren Frankreichs Feldzüge in Deutschland eindeutig Teil des globalen Konflikts der beiden Kolonialmächte, in dem Versailles seine maritime Unterlegenheit durch die rasche Inbesitznahme eines politischen Faustpfandes zu kompensieren versuchte. Wenn William Pitt in seiner berühmten Rede vor dem britischen Parlament am 13. November 1761 davon sprach, dass Amerika in Deutschland erobert worden sei, so meinte er damit durchaus nicht den Kriegsbeitrag Preußens, sondern die Feldzüge Ferdinands von Braunschweig.[4] Allein den Erfolgen seiner alliierten Armee an Rhein und Weser war es zu verdanken, dass Großbritannien nicht in die Not geriet, bedeutende koloniale Konzessionen an Frankreich machen zu müssen.

Auch wenn somit beide Konflikte getrennt voneinander abliefen, bedingten sie einander doch kausal. Ohne Frankreichs Kalkül, mit seinen weit überlegenen Landstreitkräften das von König Georg II. in Personalunion regierte Kurfürstentum Hannover in einem kurzen Feldzug als politisches Faustpfand zu erobern, wäre es am 1. Mai 1756 wohl kaum zu dem spektakulären Pakt zwischen Wien und Versailles gekommen, der wiederum vier Monate später Friedrichs Präventivschlag gegen Sachsen auslöste. Einzig die Aussicht, mit österreichischer Duldung einen neutralen Reichsstand angreifen zu können, hatte Frankreich zu dem spektakulären diplomatischen Schritt bewogen. Friedrich musste darauf reagieren. Abwarten war keine Option. Ihn als den universalen Bösewicht darzustellen, der mit seinem Überfall auf das südliche Nachbarland nicht nur einen kontinentalen Krieg vom Zaune gebrochen habe, sondern gleich auch sämtliche Übel eines späteren Nationalismus aus der Büchse der Pandora befreite, kann nur als grobe Überzeichnung gesehen werden.[5]

Mit Blick auf die jeweilige Ausgangslage zählen beide Kriege wohl zu den erstaunlichsten der neueren Geschichte, denn ihr Ausgang stellte die jeweiligen Kräfteverhältnisse vollkommen auf den Kopf. In Bezug auf Bevölkerung, Truppen und ökonomische Stärke hätte Frankreich seinen globalen Krieg gegen Großbritannien nicht verlieren dürfen. Es konnte mühelos 460 000 Mann mobilisieren[6] und seine Flotte war der britischen bei Kriegsbeginn keineswegs uneinholbar unterlegen. Unter Berücksichtigung derselben materiellen Parameter hätte wiederum Preußen unmöglich einen Krieg gegen Österreich, Russland und Schweden ohne wesentliche Gebietsverluste durchstehen können. Allen Voraussetzungen zum Trotz trat in beiden Fällen jedoch genau das Unwahrscheinliche ein. Preußen überlebte und Frankreich wurde von Großbritannien militärisch gedemütigt. Trotz seiner 24 Mio. Einwohner, seiner riesigen kompakten Landmasse, seiner entwickelten Ökonomie und seinen ertragreichen Besitzungen in Übersee musste der Bourbonenstaat seit 1759 eine beispiellose Kette von Niederlagen gegen Großbritannien und dessen norddeutschen Verbündeten hinnehmen.

Schon Friedrich hatte Preußens ungeschmälertes Überleben als Mirakel bezeichnet und niemand hat seinem Urteil seither widersprochen. Als Ursachen des brandenburgischen Wunders hat man seit Kaunitz die zeittypischen Mängel der Koalitionskriegführung angeführt, die Länge der Kommunikationswege oder die in entscheidenden Augenblicken oftmals zu ängstliche Operationsführung österreichischer oder russischer Befehlshaber.[7] Demnach habe Friedrich in seiner Doppelrolle als *Roi Connétable*, der in seinen riskanten militärischen Entschlüssen niemandem verantwortlich gewesen sei, einen entscheidenden Vorteil besessen.[8] Angesichts der unbestreitbaren Tatsache, dass die Höfe in Wien und St. Petersburg nicht müde wurden, ihre Feldkommandeure zu größerem Wagemut zu drängen, wirkt dieses Argument allerdings nicht sehr überzeugend.

Es fällt tatsächlich schwer, sich Preußens Überleben ohne die titanische Energie des Potsdamer Autokraten vorzustellen. Mit Glück, Geschick und wachsender Rücksichtslosigkeit widerstand Friedrich schließlich der erdrückenden Macht der Zahlen. Besonders zwei seiner Maßnahmen sicherten sein Überleben. So eröffnete er den Krieg mit der Besetzung des neutralen Sachsens, was im Übrigen keine größere Verletzung des Völkerrechts darstellte als Frankreichs späterer Angriff auf das ebenfalls um Neutralität bemühte Kurfürstentum Hannover. Mit der Vereinnahmung von zwei Mio. Untertanen des Kurfürsten Friedrich August II. verbesserte er mit einem Coup seine ökonomische Basis um 40 Prozent. Darüber hinaus erschütterte Friedrichs rücksichtslose Angriffslust in den Schlachten von Zorndorf und Kunersdorf die Moral sämtlicher russischer Befehlshaber so nachhaltig, dass sie seither um fast jeden Preis eine weitere Schlacht gegen den Kriegerkönig vermeiden wollten.[9] Der Beitrag der russischen Armeen in den Feldzügen von 1760 und 1761 war jedenfalls – abgesehen von der Einnahme Kolbergs im Dezember 1761 – zu vernachlässigen. So erwuchs ihm sogar aus der taktischen Niederlage noch ein unerwarteter strategischer Erfolg. Friedrich selbst hatte trotz seiner anfänglichen Schlachtenmanie nie an einen kurzen Krieg geglaubt. In seinem politischen Testament von 1752 war er bereits zu der Einsicht gelangt, dass wohl mehrere

Feldzüge gegen Österreich nötig seien, und zu diesem Zeitpunkt hatte er noch auf Frankreich als seinen Verbündeten zählen können. Friedrichs Strategie zielte in Wahrheit auf einen Zerfall der Koalition, wie er in der Kriegführung des *Ancien Régime* nicht unüblich war.

Doch erst der zweifache Thronwechsel im Jahre 1762 brachte Russland aus der Allianz mit Österreich, die ihm nicht wirklich genutzt hatte. Friedrich hatte immer darauf gehofft, aber die persönliche Feindschaft der Zarin zu sehr unterschätzt. Wie die folgenden hundert Jahre bis zu Bismarcks Reichsgründung dann zeigten, konnte das Zarenreich mit einem um Schlesien erweiterten Preußen in der Rolle des Juniorpartners gut leben.

Anders als Friedrich setzte Frankreich ganz klar auf einen kurzen Krieg. Gelang ihm die rasche Besetzung Hannovers, würde Großbritannien unbedingt nachgeben müssen. Eine lange und kostspielige Auseinandersetzung in Nordamerika wäre damit vermieden. Als das Kalkül jedoch nicht aufging, verfiel der gerade ins Amt gelangte Außenminister Choiseul auf den weitaus verwegeneren Plan einer großen Landung in England. Ohne Frage besaß der Lothringer Tatkraft, Intelligenz sowie diplomatisches Geschick im Übermaß und ragte damit unter den Ministern Ludwigs XV. weit hervor. Er hätte der große Gegenspieler William Pitts werden können. Doch sein wiederholtes Unvermögen, zu erkennen, dass für seine in der Theorie bestechenden Projekte die materiellen Voraussetzungen einfach nicht vorhanden waren, machte ihn eher zu einer Verhängnisgestalt Frankreichs.

Gerade Choiseuls erratischer Kurs zeigt beispielhaft, warum Europas erste Militärmacht so kläglich darin versagte, seine überlegenen Ressourcen effektiv in militärische Schlagkraft zu transformieren. Vieles spricht dafür, dass es ein Problem der Eliten war. Tatsächlich steckte in Frankreichs Politik von Beginn an ein Element des Unbestimmten, des Nicht-zu-Ende-Gedachten, ja sogar des Verspielten, als ob die notorische Unterhaltungssucht des Monarchen auf seine Minister und Generale abgefärbt hätte. Da war zunächst die leichtfertige Aufgabe des so verheißungsvoll begonnenen maritimen Aufholprogramms, angeblich aus Mangel an Geld, das doch später für so viele andere Zwecke vorhanden war.[10] Es folgte der spektakuläre Wechsel der Allianzen im Frühjahr 1756, vor dessen Konsequenzen Frankreich zu Kaunitz' Verdruss nur wenige Monate später wieder zurückschreckte. Sodann kam der waghalsige Plan einer Invasion Hannovers auf, aus dessen Scheitern das nicht minder fantastische Projekt einer Landung in England hervorging. Das alles aber wurde noch durch den verantwortungslosen Irrsinn Choiseuls übertroffen, der das marode und hoffnungslos rückständige Spanien in einen suizidalen Konflikt mit Großbritannien genau auf dem Höhepunkt seiner militärischen Schlagkraft hineinzog. Kanada, für dessen Behauptung und Erweiterung Frankreich einmal in den Krieg eingetreten war, wurde von Choiseul kaltblütig im Stich gelassen und als Allererstes in den Verhandlungen mit Großbritannien zur Disposition gestellt. Dass der inzwischen zum Marineminister ernannte Politiker nach dem verlorenen Krieg wieder ein Flottenbauprogramm initiierte, dürfte nach all dem kaum noch erstaunen.

Dagegen sticht der klare Kurs des Kriegsgegners Großbritannien ab. Gewiss unterlag auch William Pitt einem Lernprozess, ehe er etwa seinen Widerwillen gegen ein militärisches Engagement auf dem europäischen Kontinent aufgab. Doch in den vier Jahren, in denen der Außenstaatssekretär der maßgebende Mann im Kabinett war, blieb Großbritannien seiner Linie treu. Es verstärkte kontinuierlich seine Flotte, verbesserte die Auswahl seiner führenden Offiziere und gewann durch eine Mischung aus Konzilianz und sanftem Druck die Unterstützung der amerikanischen Kolonisten bei der Eroberung Kanadas. Als das britische Kabinett am 6. Januar 1762 darüber beriet, welche Operationen gegen Spanien eingeleitet werden sollten, zeigte sich Großbritannien erstmals in der Rolle einer unbestrittenen Weltmacht, die inzwischen in der Lage war, auf jedem Kontinent Krieg zu führen. Dass Frankreich in Paris überaus günstige Friedensbedingungen erhielt und seine Position als maritime Macht bewahren konnte, hatte der inzwischen aus dem Kabinett ausgetretene Pitt nicht mehr verhindern können. Großbritannien zahlte für den unbedingten Friedenswillen eines Lords Bute und seines königlichen Schützlings nur 15 Jahre später mit dem Verlust seiner Neuengland-Staaten. Auch wenn Frankreich durch seine Allianz mit den aufständischen Kolonisten die ersehnte Rache für Quebec, Minden und Quiberon nehmen konnte, war seine dominierende Rolle in Europa verloren gegangen. Seit dem Dreißigjährigen Krieg hatte es der Bourbonenstaat als sein ererbtes Recht betrachtet, sich als angebliche Schutzmacht in die Angelegenheiten des Reiches einzumischen. Der Ausgang des Siebenjährigen Krieges beendete vorerst diese leidvolle Phase. Frankreich war durch seinen unprovozierten Krieg gegen einen neutralen Reichsstand in Deutschland moralisch diskreditiert und seine Armee seit Rossbach und Minden dem allgemeinen Spott preisgegeben.[11] Frankreichs traditionelle Rolle als Gegengewicht zu Habsburg im Reich war nach 1763 auf Preußen übergegangen. Dieser neue Dualismus der beiden deutschen Mächte endete erst mit Preußens Sieg bei Königgrätz 1866. Für den Westen und die Mitte Europas begann mit den Friedensschlüssen von Hubertusburg und Paris eine für das kriegerische 18. Jahrhundert ungewöhnliche lange Friedensphase von fast 30 Jahren, die auch durch den kurzen Bayerischen Erbfolgekrieg von 1778/79 nicht wirklich unterbrochen wurde. Maria Theresias Sorge vor der Militarisierung Europas durch ein siegreiches Preußen erwies sich als unbegründet. Der Weg vom Potsdamer Militärstaat zum auftrumpfenden Wilhelminismus des frühen 20. Jahrhunderts verlief alles andere als gradlinig. Unter Friedrichs direkten Nachfolgern unterhielt Preußen zwar weiterhin eine große Armee, doch seine einstige Rolle als Kasernenhof Europas war in dem verträumten Spreearkadien Friedrich Wilhelms II. bald nur noch eine verblassende Erinnerung. Nur zwei Dekaden nach dem Abgang des letzten *Roi Connétable* brachte die erneuerte Militärmacht Frankreich die noch erhaltene friderizianische Fassade an einem einzigen Tag zum Einsturz.

Der Siebenjährige Krieg in der Welt – Britisch-französischer See- und Kolonialkrieg 1756 bis 1763

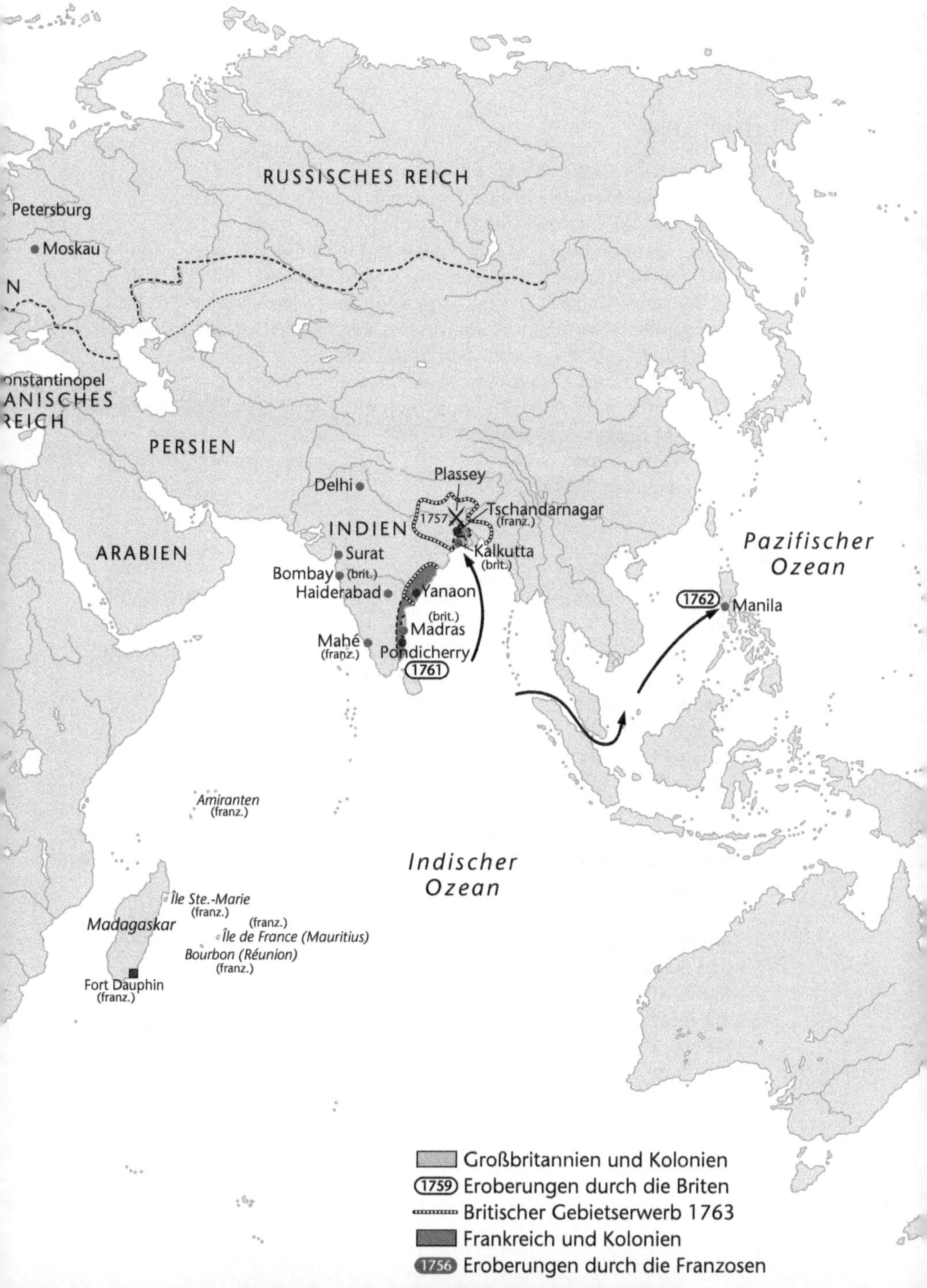

RUSSISCHES REICH
Petersburg
Moskau
N
onstantinopel
ANISCHES
REICH
PERSIEN
ARABIEN
INDIEN
Delhi
Plassey
1757
Tschandarnagar
(franz.)
Kalkutta
(brit.)
Surat
Bombay (brit.)
Haiderabad
Yanaon
(brit.)
Madras
Mahé
(franz.)
Pondicherry
1761
1762
Manila
Pazifischer Ozean
Indischer Ozean
Amiranten
(franz.)
Île Ste.-Marie
(franz.)
Madagaskar
(franz.)
Île de France (Mauritius)
Bourbon (Réunion)
(franz.)
Fort Dauphin
(franz.)
Großbritannien und Kolonien
1759 Eroberungen durch die Briten
Britischer Gebietserwerb 1763
Frankreich und Kolonien
1756 Eroberungen durch die Franzosen

Anmerkungen

Einleitung

1 Friedrich der Große, Werke, Bd. 3; S. 209.
1a von Arneth, Maria Theresia, Bd. 4, S. 326.
2 Dziembowski, Guerre de Sept Ans, S. 113.
3 Rainer Pommerin/Lothar Schilling, Denkschrift des Grafen Kaunitz zur mächtepolitischen Konstellation nach dem Aachener Frieden von 1748, in: Johannes Kunisch (Hrsg.), Expansion und Gleichgewicht. Studien zur europäischen Mächtepolitik des Ancien Régime, Zeitschrift für Historische Forschung, Beiheft 2, Berlin 1985, S. 168–239.
4 Baugh, The Global Seven Years War, S. 62 f.
5 Waddington, Renversement des alliances, S. 234.
6 Winston Spencer Churchill, A History of the English-Speaking Peoples, Bd. 3, London 2006, S. 130.
7 Clark, Preußen, S. 252.

Kapitel 1

1 Politisches Testament von 1752, in: Volz (Hrsg.), Friedrich der Große, Werke, Bd. 7, S. 158.
2 Zeeden, Europa im Zeitalter des Absolutismus und der Aufklärung, S. 27.
3 Corvisier, Histoire militaire de la France, Bd. 2, S. 152.
4 Duchhardt, Balance of Power und Pentarchie, S. 129.
5 Ebd., S. 281.
6 Simms, Three Victories and a Defeat, S. 271 f.
7 Rainer Pommerin/Lothar Schilling, Denkschrift des Grafen Kaunitz zur mächtepolitischen Konstellation nach dem Aachener Frieden von 1748, in: Johannes Kunisch (Hrsg.), Expansion und Gleichgewicht. Studien zur europäischen Mächtepolitik des Ancien Régime, Zeitschrift für Historische Forschung, Beiheft 2, Berlin 1985, S. 173 f.
8 Duchhardt, Balance of Power und Pentarchie, S. 99.
9 Joseph Addison, zitiert nach Zeeden, Europa im Zeitalter des Absolutismus und der Aufklärung, S. 64.
10 Simms, Three Victories and a Defeat, S. 301ff.
11 Zeeden, Europa im Zeitalter des Absolutismus und der Aufklärung, S. 72.
12 Simms, Three Victories and a Defeat, S. 269.
13 Hildermeier, Geschichte Russlands, S. 472.
14 Mediger, Moskaus Weg nach Europa, S. 141 f.
15 Duffy, Russia's Military Way to the West, S. 48.

16 Hildermeier, Geschichte Russlands, S. 470 f.
17 Clark, Preußen, S. 230.
18 Ebd., S. 231.
19 Schieder, Friedrich der Große, S. 147.
20 Braubach, Versailles und Wien, S. 344.
21 Anderson, War of Austrian Succession, S. 113.
21a Macaulays kritische und historische Aufsätze Bd. 3, Friedrich der Große, S. 24 f.
22 Kunisch, Friedrich der Große, S. 187 f.
23 Ebd., S. 174.
24 Duffy, Friedrich der Große, S. 55 f.
25 Kunisch, Friedrich der Große, S. 194.
26 Duffy, Russia's Military Way to the West, S. 56 f.
27 Duffy, Friedrich der Große, S. 69 ff.
28 Kunisch, Friedrich der Große, S. 202.
29 Anderson, War of Austrian Succession, S. 113.
30 Ebd., S. 117.
31 Ebd., S. 126.
32 Duffy, Friedrich der Große, S. 89 f.
33 Jany, Geschichte der Preussischen Armee, Bd. 2, S. 162 ff.
34 Anderson, War of Austrian Succession, S. 149.
35 von Arneth, Maria Theresia, Bd. 3, S. 161.
36 Petitfils, Louis XV., S. 376 f.
37 Anderson, War of Austrian Succession, S. 182 f.
38 Braubach, Versailles und Wien, S. 378 ff.
39 Russell F. Weigley, The Age of Battles. The Quest for Deceisive Warfare from Breitenfeld to Waterloo, London 1993, S. XI.
40 John Childs, Armies and Warfare in Europe 1648–1789, Manchester 1983, S. 33.
41 Ebd., S. 30.
42 Friedrich der Große, Die Politischen Testamente, S. 129.
43 Koser, Friedrich der Große, Bd. 2, S. 589.
44 Brief vom 7.5.1758 an den französischen Oberbefehlshaber im Reich, zitiert nach Horst Carl, Unter fremden Mächten, in: Bernhard Kroener / Ralf Pröve (Hrsg.), Krieg und Frieden. Militär und Gesellschaft in der frühen Neuzeit, Paderborn 1996, S. 331–348, S. 331.
45 Ebd., S. 335.
46 Anderson, War of the Austrian Succession, S. 95.
47 Dziembowski, Guerre de Sept Ans, S. 251.
48 Clark, Preußen, S. 125 f.
49 Childs, Armies and Warfare, S. 42.
50 Clark, Preußen, S. 124.
51 Corvisier, Histoire militaire de la France, Bd. 2, S. 26.
52 Duffy, Feldmarschall Browne, S. 22.

53 David A. Bell, The First Total War. Napoleon's Europe and the Birth of Modern Warfare, London 2007, S. 28.
54 Michael Busch, Absolutismus und Heeresreform. Schwedens Militär am Ende des 17. Jahrhunderts, Bochum 2000, S. 121 f.
55 Childs, Armies and Warfare, S. 47.
56 Hew Strachan, European Armies and the Conduct of War, London/New York 1983, S. 9.
57 Kennett, French Armies in the Seven Years' War, S. 73.
58 Michael Sikora, Das 18. Jahrhundert. Die Zeit der Deserteure, in: Ulrich Bröckling/Michael Sikora (Hrsg.), Armeen und ihre Deserteure, Göttingen 1998, S. 86–111, S. 88 f.
59 Childs, Armies and Warfare, S. 72.
60 Ebd., S. 84.
61 von Thadden, Feldmarschall Daun, S. 164.
62 Bell, First Total War, S. 28.
63 Black, European Warfare, S. 44.
64 Ebd., S. 39.
65 Geoffrey Parker, Die militärische Revolution, Frankfurt/Main 1990, S. 178.
66 Luh, Kriegskunst in Europa, S. 130.
67 Barsewisch, Kriegs-Erlebnisse, S. 35.
68 Jörg Peter Findeisen, Karl XII. von Schweden. Ein König, der zum Mythos wurde, Berlin 1992, S. 125.
69 Childs, Armies and Warfare, S. 119.
70 Black, European Warfare, S. 65.
71 Regling, Landkriegführung, S. 44.
72 David Chandler, The Art of Warfare in the Age of Malborough, London 1995, S. 19 f.
73 Maurice Comte de Saxe, Reveries ou Memoire sur l'Art de Guerre, zitiert bei Kunisch, Mirakel des Hauses Brandenburg, S. 66.
74 Friedrich der Große, Betrachtungen über die Taktik und einige Fragen des Krieges, in: Friedrich der Große, Werke, Bd. 1, S. 303.
75 Carl von Clausewitz, Vom Kriege, Bonn 1980, Buch II, Kap. 16, S. 409.
76 Brief vom 12.1.1759, in: G. E. Lessing, Werke und Briefe in zwölf Bänden, hrsg. von Gunter E. Grimm, Frankfurt/Main 1997, Bd. 4, S. 456 f.
77 Zitiert nach Bell, First Total War, S. 37.
78 Journal inédit du Duc du Croy, Bd. 1, S. 402.
79 Henri Sanson, Tagebücher der Henker von Paris 1685–847, Bd. 1, Leipzig, Weimar 1982, S. 214.
80 Journal inédit du Duc du Croy, Bd. 1, S. 403.
81 Petitfils, Louis XV, S. 591.
82 Journal inédit du Duc du Croy, Bd. 1, S. 402.
83 Brief an Nicolas-Claude Thieriot vom 26.3.1757, in: Voltaire, Correspondence, Bd. IV, S. 979.
84 Cassirer, Philosophie der Aufklärung, S. 278.

85 Blom, Böse Philosophen, S. 69 f.
86 Simon Schaffer, Enlightened Automata, in: Ders., William Clark, Jan Golinski, The Sciences in Enlightened Europe, Chicago 1999, S. 140 f.
87 Essai sur le formes de Gouvernement et sur les devoirs des souverains, in: J. D. E. Preuß (Hrsg.), Oeuvres de Frédéric le Grand, Bd. 8, Berlin 1848, S. 226.
88 Schieder, Friedrich der Große, S. 287.
89 Geier, Aufklärung, S. 129 f.
90 Ebd., S. 140.
91 Zitiert nach Cassirer, Philosophie der Aufklärung, S. 2.
92 Cassirer, Philosophie der Aufklärung, S. 8.
93 Stollberg-Rilinger, Europa im Jahrhundert der Aufklärung, S. 12.
94 John Locke, Ein Brief über Toleranz, Hamburg 1957, S. 93 f.
95 Stollberg-Rilinger, Europa im Jahrhundert der Aufklärung, S. 200.
96 Cassirer, Philosophie der Aufklärung, S. 254.
97 Martus, Aufklärung, S. 12.
98 Brief an Horace Mann vom 3. Mai 1749, in: Walpole, Letters, Bd. 2, S. 152.
99 Ebd., S. 152.
100 Christopher Hogwood, Händel. Eine Biografie, München 2000, S. 262.
101 Simms, Three Victories and a Defeat, S. 361.
102 Anderson, War of Austrian Succession, S. 181.
103 Simms, Three Victories and a Defeat, S. 353.
104 Ebd., S. 348.
105 Schilling, Kaunitz und das Renversement des alliances, S. 25.
106 von Arneth, Maria Theresia, Bd. IV, S. 290.
107 Ebd., S. 314.
108 Simms, Three Victories and a Defeat, S. 377.
109 Anderson, War of Austrian Succession, S. 194 f.
110 Eugen Guglia, Maria Theresia, 2 Bde., München 1917, Bd. 1, S. 304.
111 Bled, Marie-Thérèse d'Autriche, S. 175.
112 von Arneth, Maria Theresia, Bd. 4, S. 319.
113 Ebd., S. 134 f.
114 von Arneth, Maria Theresia, Bd. IV, S. 327.
115 Dziembowski, Guerre de Sept Ans, S. 33.
116 von Arneth, Maria Theresia, Bd. 4, S. 326.
117 Dziembowski, Guerre de Sept Ans, S. 56.
118 Havard / Vidal, L'Amerique française, S. 87.
119 Ebd., S. 99 f.
120 Ebd., S. 352.
121 Baugh, The Global Seven Years War, S. 122.
122 Hochgeschwender, Amerikanische Revolution, S. 36 ff.
123 Jennings, Empire of Fortune, S. 10.
124 Ebd., S. 42.
125 Dziembowski, Guerre de Sept Ans, S. 39.

126 Barrin de la Galissonière, Mémoire sur le colonies de la France dans l'Amérique Septentrionale, in: Lamontagne (Hrsg.), Aperçu structural du Canada, S. 95 f.
127 Baugh, The Global Seven Years War, S. 5 f.
128 Anderson, Crucible of War, S. 26.
129 Ebd., S. 32.
130 Dziembowski, Guerre de Sept Ans, S. 34.
131 Anderson, Crucible of War, S. 40.
132 Ebd., S. 43 f.
133 Dziembowski, Guerre de Sept Ans, S. 17.
134 Baugh, The Global Seven Years War, S. 75.
135 Walpole, Memoirs of the Reign of Georg II., Bd. 2, S. 400.
136 Simms, Three Victories and a Defeat, S. 397.
137 Baugh, The Global Seven Years War, S. 81.
138 Waddington, Renversement des alliances, S. 61.
139 Anderson, Crucible of War, S. 86.
140 Chernow, Washington, S. 53.
141 Anderson, Crucible of War, S. 92.
142 Dziembowski, Guerre de Sept Ans, S. 77 f.
143 Baugh, The Global Seven Years War, S. 126.
144 Anderson, Crucible of War, S. 100.
145 Chernow, Washington, S. 60.
146 Baugh, The Global Seven Years War, S. 131.
147 Ebd., S. 114.
148 Ebd., S. 141.
149 Waddington, Renversement des alliances, S. 172 f.
150 Journal du Marquis d'Argenson vom 21. Juli 1755, zitiert nach Dziembowski, Guerre de Sept Ans, S. 68.
151 Journal inédit du Duc dy Croy, Bd. 1, S. 306.
152 Waddington, Renversement des alliances, S. 170.
153 Braubach, Versailles und Wien, S. 428.
154 Dziembowski, Guerre de Sept Ans, S. 99.
155 Ebd., S. 94.
156 Dull, French Navy, S. 39.
157 Zitiert bei Waddington, Renversement des alliances, S. 158 f.
158 Waddington, Renversement des alliances, S. 1.
159 von Arneth, Maria Theresia, Bd. 4, S. 386.
160 Petitfils, Louis XV., S. 557 f.
161 Schreiben Kaunitz' an Starhemberg, zitiert bei von Arneth, Maria Theresia, Bd. 4, S. 399.
162 Mémoires et Lettres de Pierre Cardinal de Bernis, hrsg. von Fréderic Masson, 2 Bde., Paris 1903, Bd. 1, S. 231.
163 von Arneth, Maria Theresia, Bd. 4, S. 414.
164 Koser, Friedrich der Große, Bd. 2, S. 340.

165 Ebd., S. 340.
166 Waddington, Renversement des alliances, S. 203.
167 Mediger, Moskaus Weg nach Europa, S. 510 ff.
168 Koser, Friedrich der Große, Bd. 2, S. 346.
169 Braubach, Versailles und Wien, S. 437 f.
170 Waddington, Renversement des alliances, S. 196.
171 von Arneth, Maria Theresia, Bd. 4, S. 418.
172 Braubach, Versailles und Wien, S. 442 f.

Kapitel 2

1 Aus: Journal historique de l'expédition de l'île de Minorque, Paris 1756, S. 190.
2 Baugh, The Global Seven Years War, S. 186.
3 Walpole, Letters, Bd. III, S. 66.
4 Jean Marie Arouet genannt Voltaire, Candide oder der Glaube an die beste der Welten, München 1980, S. 121.
5 Baugh, The Global Seven Years War, S. 146.
6 Dziembowski, Guerre de Sept Ans, S. 136.
7 Baugh, The Global Seven Years War, S. 182.
8 Browning, Newcastle, S. 237.
9 Anderson, Crucible of War, S. 152 f.
10 Browning, Newcastle, S. 241.
11 Szabo, Seven Years War, S. 19.
12 Mediger, Moskaus Weg nach Europa, S. 627.
13 Kunisch, Friedrich der Große, S. 351.
14 Archenholz, Geschichte des Siebenjährigen Krieges, S. 22.
15 Ebd., S. 26.
16 Khevenhüller, Tagebuch, Bd. 4, S. 42.
17 Dziembowski, Guerre de Sept Ans, S. 216.
18 Voltaire, Correspondances Bd. IV, S. 845.
19 Jean Orieux, Das Leben des Voltaire, München 1985, S. 516 f.
20 Szabo, Seven Years War, S. 38.
21 Darlegung der Gründe, die Se. Majestät den König von Preußen gezwungen haben, den Anschlägen des Wiener Hofes zuvorzukommen, in: Friedrich der Große, Werke, Bd. III, S. 175–188.
22 George Peabody Gooch, Friedrich der Große. Herrscher, Schriftsteller, Mensch, München 1995, S. 47.
23 Szabo, Seven Years War, S. 83 f.
24 Dziembowski, Guerre de Sept Ans, S. 229.
25 Frederik the Great on the Art of War, hrsg. von Jay Luvaas, New York 1966, S. 181.
26 Friedrich der Große, Politisches Testament von 1752, S. 64.
27 Archenholz, Geschichte des Siebenjährigen Krieges, S. 22.

28 Duffy, Friedrich der Große, S. 161.
29 Groehler, Kriege Friedrichs II., S. 158.
30 von Salisch, Treue Deserteure, S. 50.
31 Duffy, Friedrich der Große, S. 159 f.
32 von Salisch, Treue Deserteure, S. 143.
33 Jany, Geschichte der Preussischen Armee, Bd. 1, S. 361.
34 Duffy, Friedrich der Große, S. 124 f.
35 Archenholz, Geschichte des Siebenjährigen Krieges, S. 23.
36 Koser, Friedrich der Große, Bd. 2, S. 398 f.
37 Ebd., S. 398.
38 Szabo, Seven Years War, S. 41.
39 Duffy, Friedrich der Große, S. 150.
40 Duffy, Feldmarschall Browne, S. 272 f.
41 Ebd., S. 21 f.
42 Ebd., S. 272 f.
43 Duffy, Friedrich der Große, S. 152.
44 Duffy, Maria Theresia und ihre Armee, S. 128 ff.
45 Duffy, Friedrich der Große, S. 152 f.
46 Bräker, Der arme Mann im Tockenburg, S. 130.
47 Archenholz, Geschichte des Siebenjährigen Krieges, S. 32.
48 Ebd., S. 31.
49 Schort, Politik und Propaganda, S. 415.
50 von Salisch, Treue Deserteure, S. 116 f.
51 Duffy, Feldmarschall Browne, S. 307.
52 von Arneth, Maria Theresia, Bd. 5, S. 35.
53 Schreiben Starhembergs an Kaunitz vom 5.10.1756, in: Volz/Küntzel, Preußische und Österreichische Akten zur Vorgeschichte des Siebenjährigen Krieges, S. 603 f.
54 von Arneth, Maria Theresia, Bd. 5, S. 39.
55 Schreiben Starhembergs an Kaunitz vom 5.10.1756, in: Volz/Küntzel, Preußische und Österreichische Akten zur Vorgeschichte des Siebenjährigen Krieges, S. 604.
56 Waddington, Guerre de Sept Ans, Bd. 1, S. 70.
57 Dziembowski, Guerre de Sept Ans, S. 222 f.
58 Waddington, Guerre de Sept Ans, Bd. 1, S. 83.
59 Mediger, Moskaus Weg nach Europa, S. 661 f.
60 Baugh, The Global Seven Years War, S. 226.
61 Schilling, Kaunitz und das Renversement des alliances, S. 234.
62 Mediger, Moskaus Weg nach Europa, S. 663.
63 Schreiben Starhembergs an Kaunitz vom 12.10.1756, zitiert in: von Arneth, Maria Theresia, Bd. 5, S. 476.
64 Waddington, Guerre de Sept Ans, Bd. 1, S. 88.
65 Waddington, Guerre de Sept Ans, Bd. 1, S. 102.
66 von Arneth, Maria Theresia, Bd. 5, S. 81.

67 Waddington, Guerre de Sept Ans, Bd. 1, S. 90.
68 Baugh, The Global Seven Years War, S. 229.
69 Waddington, Guerre de Sept Ans, Bd. 1, S. 103.
70 Mediger, Moskaus Weg nach Europa, S. 636 f.
71 Brief vom 7.2.1757, in: Friedrich der Große, Politische Korrespondenz, Bd. XIV, Nr. 8592, S. 254.
72 Koser, Friedrich der Große, Bd. 2, S. 456.
73 Ebd., S. 457.
74 Duffy, Friedrich der Große, S. 164 f.
75 Duffy, Feldmarschall Browne, S. 316.
76 Szabo, Seven Years War, S. 54 f.
77 Brief vom 20.4.1757, zitiert nach Duffy, Feldmarschall Browne, S. 321.
78 Brief an Kaiser Franz I. vom 20.12.1756, in: Duffy, Feldmarschall Browne, S. 324.
79 Ebd., S. 322.
80 Szabo, Seven Years War, S. 54.
81 Koser, Friedrich der Große, Bd. 2, S. 475 f., liefert dazu nur Spekulationen.
82 Großer Generalstab, Die Kriege Friedrichs des Großen, III, 2, S. 143.
83 Mitchell, Memoirs and Papers, Bd. 1, S. 325.
84 Duffy, Friedrich der Große, S. 170.
85 Koser, Friedrich der Große, Bd. 2, S. 479.
86 Duffy, Friedrich der Große, S. 176.
87 Großer Generalstab, Die Kriege Friedrichs des Großen, III, 2, Anlage 5. So verlor das Regiment »Winterfeldt« fast 1200 Mann von seiner Sollstärke (1800 Mann), das Regiment »Fouque« 993 Mann, wozu auch 366 Vermisste (meist Deserteure) gerechnet werden müssen.
88 Schreiben De Prades an Algarotti vom 10.5.1757, in: Friedrich der Große, Politische Korrespondenz, XV, Nr. 8923, S. 25.
89 Archenholz, Geschichte des Siebenjährigen Krieges, S. 59.
90 Brief an Feldmarschall Keith vom 7.5.1757, in: Friedrich der Große, Politische Korrespondenz, XV, Nr. 8909, S. 9.
91 Duffy, Feldmarschall Browne, S. 345.
92 Großer Generalstab, Kriege Friedrichs des Großen, III, 3, S. 47.
93 Ebd., S. 11 f.
94 Ebd., S. 12.
95 Duffy, Feldmarschall Browne, S. 344.
96 von Arneth, Geschichte Maria Theresias, Bd. 5, S. 192.
97 Ebd., S. 184.
98 von Thadden, Feldmarschall Daun, S. 254.
99 Ebd., S. 237 f.
100 Großer Generalstab, Kriege Friedrichs des Großen, III, 3, S. 6.
101 Szabo, Seven Years War, S. 75.
102 Koser, Friedrich der Große, Bd. 2, S. 487.
103 Ebd., S. 487.

104 Archenholz, Geschichte des Siebenjährigen Krieges, S. 64.
105 Großer Generalstab, Kriege Friedrichs des Großen, III, 3, S. 21.
106 Ebd., S. 20.
107 Ebd., S. 31.
108 Koser, Friedrich der Große, Bd. 2, S. 490.
109 Großer Generalstab, Kriege Friedrichs des Großen, III, 3, S. 46.
110 von Thadden, Feldmarschall Daun, S. 255.
111 Großer Generalstab, Kriege Friedrichs des Großen, III, 3, Anhang 18.
112 Koser, Friedrich der Große, Bd. 2, S. 492; Duffy, Maria Theresia und ihre Armee, S. 273.
113 Feldmarschall Daun spricht in seinem Journal von einer vorteilhaften und fast uneinnehmbaren Position, zitiert in: Großer Generalstab, Kriege Friedrichs des Großen, III, 3, S. 60.
114 Friedrich der Große, Gespräche mit Henri de Catt, S. 353.
115 Duffy, Maria Theresia und ihre Armee, S. 273.
116 Duffy, Friedrich der Große, S. 181 f.
117 Großer Generalstab, Kriege Friedrichs des Großen, III, 3, S. 72.
118 von Prittwitz und Gaffron, Unter der Fahne des Herzogs von Bevern, S. 128 ff.
119 Großer Generalstab, Kriege Friedrichs des Großen, III, 3, S. 83.
120 Ebd., Anlage 6.
121 von Prittwitz und Gaffron, Unter der Fahne des Herzogs von Bevern, S. 142.
122 Großer Generalstab, Kriege Friedrichs des Großen, III, 3, S. 91.
123 Friedrich der Große, Gespräche mit Henri de Catt, S. 352.
124 von Thadden, Feldmarschall Daun, Bd. 5, S. 298.
125 von Arneth, Maria Theresia, S. 198 f.
126 von Thadden, Feldmarschall Daun, S. 318.
127 Großer Generalstab, Kriege Friedrichs des Großen, III, Bd. 3, S. 96.
128 Koser, Friedrich der Große, Bd. 2, S. 504.
129 Großer Generalstab, Kriege Friedrichs des Großen, III, Bd. 3, S. 101 f.
130 von Arneth, Maria Theresia, Bd. 5, S. 204.
131 Szabo, Seven Years War, S. 65.
132 Großer Generalstab, Kriege Friedrichs des Großen, III, Bd. 3, S. 103.
133 Szabo, Seven Years War, S. 68 f.
134 Koser, Friedrich der Große, Bd. 2, S. 515.
135 Ebd., S. 517.
136 Duffy, Friedrich der Große, S. 193 f.
137 Koser, Friedrich der Große, Bd. 2, S. 517.
138 von Thadden, Feldmarschall Daun, S. 360.
139 Duffy, Friedrich der Große, S. 197.
140 Koser, Friedrich der Große, Bd. 2, S. 518.
141 Petitfils, Louis XV., S. 390.
142 Corvisier, Histoire militaire de la France, Bd. 2, S. 93.
143 Waddington, Guerre de Sept Ans, Bd. 1, S. 528.
144 Corvisier, Histoire militaire de la France, Bd. 2, S. 92.

145 Brief vom 30.8.1757, zitiert nach Waddington, Guerre de Sept Ans, Bd. 1, S. 531.
146 Dziembowski, Guerre de Sept Ans, S. 250.
147 Waddington, Guerre de Sept Ans, Bd. 1, S. 532 f.
148 Duffy, Russia's Military Way to the West, S. 80.
149 Duffy, Friedrich der Große, S. 199.
150 von Arneth, Maria Theresia, Bd. 5, S. 227.
151 Koser, Friedrich der Große, Bd. 2, S. 529.
152 Szabo, Seven Years War, S. 80 f.
153 Koser, Friedrich der Große, Bd. 2, S. 527.
154 Waddington, Guerre de Sept Ans, Bd. 1, S. 583.
155 Duffy, Friedrich der Große, S. 200.
156 Ebd., S. 200.
157 Waddington, Guerre de Sept Ans, Bd. 1, S. 611.
158 Duffy, Friedrich der Große, S. 203.
159 Soubises Schreiben an den Kriegsminister vom 5.11.1757, zitiert in: Waddington, Guerre de Sept Ans, Bd. 1, S. 617.
160 Duffy, Friedrich der Große, S. 203.
161 Waddington, Guerre de Sept Ans, Bd. 1, S. 625.
162 Koser, Friedrich der Große, Bd. 2, S. 542.
163 Petitfils, Louis XV., S. 608.
164 Friedrich der Große, Politische Korrespondenz, Bd. XVI, Nr. 9489, S. 7 f.
165 Clark, Preußen, S. 261 f.
166 Szabo, Seven Years War, S. 98.
167 Schilling, Kaunitz und das Renversement des alliances, S. 239.
168 Schlenke, England und das Friderizianische Preußen, S. 234 f.
169 Duffy, Friedrich der Große, S. 209.
170 von Thadden, Feldmarschall Daun, S. 316.
171 Friedrich der Große, Politische Korrespondenz, Bd. XV, Nr. 9532.
172 von Thadden, Feldmarschall Daun, S. 317.
173 Großer Generalstab, Kriege Friedrichs des Großen, III, 6, S. 9.
174 Otto Herrmann, Prinz Ferdinand von Preußen über den Feldzug vom Jahre 1757, in: Forschungen zur Brandenburgischen und Preußischen Geschichte, 31, (1919), S. 85–105, S. 101 f.
175 Duffy, Friedrich der Große, S. 212.
176 von Thadden, Feldmarschall Daun, S. 320.
177 Brief an Kaiser Franz vom 3.12.1757, zitiert bei von Arneth, Maria Theresia, Bd. 5, S. 515 (Anm. 386).
178 Großer Generalstab, Kriege Friedrichs des Großen, III, 6, S. 18.
179 Duffy, Friedrich der Große, S. 212.
180 Koser, Friedrich der Große, Bd. 2, S. 554.
181 Ebd., S. 554.
182 Szabo, Seven Years War, S. 107.
183 von Thadden, Feldmarschall Daun, S. 325.

184 Barsewisch, Meine Kriegs-Erlebnisse, S. 33 ff.
185 Großer Generalstab, Kriege Friedrichs des Großen, III, 6, S. 35.
186 Duffy, Friedrich der Große, S. 219.
187 Barsewisch, Meine Kriegs-Erlebnisse, S. 41.
188 Duffy, Friedrich der Große, S. 221.
189 Großer Generalstab, Kriege Friedrichs des Großen, III, 6, S. 47.

Kapitel 3

1 Koser, Friedrich der Große, Bd. 2, S. 562.
2 Schreiben vom 19. Februar 1758, zitiert bei: Koser, Friedrich der Große, Bd. 2, S. 563.
3 von Arneth, Maria Theresia, Bd. 5, S. 227.
4 von Thadden, Feldmarschall Daun, S. 337.
5 Jany, Geschichte der Preussischen Armee, Bd. 2, S. 470.
6 Archenholz, Geschichte des Siebenjährigen Krieges, S. 151.
7 Szabo, Seven Years War, S. 116 f.
8 Brief vom 17.12.1757, in: Friedrich der Große, Politische Korrespondenz, XVI, S. 165, (Nr. 9580).
9 Friedrich der Große, Gespräche mit Henri de Catt, S. 37 f.
10 Jany, Geschichte der Preussischen Armee, Bd. 2, S. 472.
11 von Thadden, Feldmarschall Daun, S. 341.
12 Jany, Geschichte der Preussischen Armee, Bd. 2, S. 482.
13 Koser, Friedrich der Große, Bd. 2, S. 594.
14 Ebd., S. 595.
15 Mediger, Moskaus Weg nach Europa, S. 511 f.
16 John L.H. Keep, Die russische Armee im Siebenjährigen Krieg, in: Kroener (Hrsg.), Europa im Zeitalter Friedrichs des Großen, S. 133–169, S. 141.
17 Ebd., S. 142.
18 Ebd., S. 136 f.
19 Duffy, Russia's Military Way to the West, S. 60 f.
20 Rambaud, Russes et Prussiens, S. 167.
21 Ebd., S. 33 ff.
22 Friedrich der Große, Politisches Testament von 1752, S. 46.
23 Mediger, Moskaus Weg nach Europa, S. 582.
24 Brief vom 12.8.1758, in: Friedrich der Große, Politische Korrespondenz, Bd. XVII, S. 165, (Nr. 10202).
25 John L.H. Keep, Die russische Armee im Siebenjährigen Krieg, in: Kroener (Hrsg.), Europa im Zeitalter Friedrichs des Großen, S. 133–169, S. 145.
26 Duffy, Russia's Military Way to the West, S. 86.
27 Friedrich der Große, Gespräche mit Henri de Catt, 12. bis 19. August 1758, S. 222.
28 Jany, Geschichte der Preussischen Armee, Bd. 2, S. 488.
29 Ebd., S. 486.

30 Archenholz, Geschichte des Siebenjährigen Krieges, S. 155.
31 von Prittwitz und Gaffron, Unter der Fahne des Herzogs von Bevern, S. 216; siehe auch Archenholz, Geschichte des Siebenjährigen Krieges, S. 156: »Er befahl, keinem Russen in der Schlacht Pardon zu geben.«
32 Duffy, Friedrich der Große, S. 234 f.
33 Jany, Geschichte der Preussischen Armee, Bd. 2, S. 489.
34 Duffy, Russia's Military Way to the West, S. 86.
35 Archenholz, Geschichte des Siebenjährigen Krieges, S. 157.
36 Rambaud, Russes et Prussien, S. 176.
37 Duffy, Friedrich der Große, S. 238.
38 Ebd., S. 240.
39 Rambaud, Russes et Prussiens, S. 180.
40 von Prittwitz und Gaffron, Unter der Fahne des Herzogs von Bevern, S. 222 f.
41 Duffy, Friedrich der Große, S. 241.
42 Archenholz, Geschichte des Siebenjährigen Krieges, S. 160.
43 von Prittwitz und Gaffron, Unter der Fahne des Herzogs von Bevern, S. 230.
44 Duffy, Friedrich der Große, S. 243.
45 von Prittwitz und Gaffron, Unter der Fahne des Herzogs von Bevern, S. 230.
46 Koser, Friedrich der Große, Bd. 2, S. 605.
47 von Thadden, Feldmarschall Daun, S. 346.
48 Ebd., S. 351
49 Schreiben vom 29.7.1758, in: von Arneth, Maria Theresia, Bd. 5, S. 398.
50 Bangert, Russisch-österreichische militärische Zusammenarbeit, S. 106.
51 Szabo, Seven Years War, S. 174.
52 Schreiben vom 17.8.1758 an Kaunitz, in: von Arneth, Maria Theresia, Bd. 5, S. 402.
53 Bangert, Russisch-österreichische militärische Zusammenarbeit, S. 98 f.
54 Szabo, Seven Years War, S. 177.
55 von Arneth, Maria Theresia, Bd. 5, S. 410.
56 Ebd., S. 410.
57 Ebd., S. 411.
58 Duffy, Friedrich der Große, S. 247.
59 Friedrich der Große, Politische Korrespondenz, Bd. XVII, Nr. 10 291.
60 Szabo, Seven Years War, S. 189.
61 Archenholz, Geschichte des Siebenjährigen Krieges, S. 169.
62 Szabo, Seven Years War, S. 197.
63 Jany, Geschichte der Preussischen Armee, S. 500; von Thadden, Feldmarschall Daun, S. 356.
64 Duffy, Friedrich der Große, S. 250.
65 Archenholz, Geschichte des Siebenjährigen Krieges, S. 172.
66 Ebd., S. 177.
67 Friedrich der Große, Gespräche mit Henri de Catt, S. 280.
68 von Arneth, Maria Theresia, Bd. 5, S. 424 f.
69 Szabo, Seven Years War, S. 201.

70 Brief an Außenstaatssekretär Holderness v. 12.12.1758, in: Mitchell, Memoirs and Papers, Bd. 1, S. 461.

Kapitel 4

1 Churchill, History of the English-Speaking Peoples, Bd. 3, S. 130.
2 Life and Correspondence of Philip Yorke, Earl of Hardwicke, Bd. 3, Cambridge 1913, S. 186.
3 Baugh, The Global Seven Years War, S. 285.
4 Walpole, Memoirs of the Reign of King George II., Bd. 3, S. 62.
5 Baugh, The Global Seven Years War, S. 257 f.
6 Anderson, Crucible of War, S. 208 f.
7 Baugh, The Global Seven Years War, S. 266 f.
8 Simms, Three Victories and a Defeat, S. 438.
9 Baugh, The Global Seven Years War, S. 270.
10 Walpole, Memoirs of the Reign of King George II., Bd. 3, S. 79.
11 Simms, Three Victories and on Defeat, S. 447.
12 Baugh, The Global Seven Years War, S. 316.
13 Ebd., S. 287 f.
14 Middleton, Bells of Victory, S. 24 f.
15 Reese, Europäische Hegemonie und France d'outre-mer, S. 319.
16 Baugh, The Global Seven Years War, S. 299 f.
17 Schreiben vom 30.12.1757, in: Kimball (Hg.), Correspondence of William Pitt, Bd. 2, S. 137–142.
18 Anderson, Crucible of War, S. 254.
19 Dull, The French Navy, S. 106 f.
20 Brumwell, Paths of Glory, S. 150 f.
21 Anderson, Crucible of War, S. 254.
22 Baugh, The Global Seven Years War, S. 348.
23 Brumwell, Paths of Glory, S. 157.
24 Ebd., S. 158.
25 Anderson, Crucible of War, S. 259.
26 Ebd., S. 263 f.
27 Baugh, The Global Seven Years War, S. 369.

Kapitel 5

1 Schreiben vom 14.2.1758, Staatsarchiv Hannover, zitiert nach Mediger, Herzog Ferdinand von Braunschweig, S. 124.
2 Mediger, Herzog Ferdinand von Braunschweig, S. 130.
3 Dziembowski, Guerre de Sept Ans, S. 388.
4 Mediger, Herzog Ferdinand von Braunschweig, S. 126.
5 Szabo, Seven Years War, S. 135.

6 Mediger, Herzog Ferdinand von Braunschweig, S. 55.
7 Brief Newcastles an Hardwicke vom 16.2.1758, zitiert in: Mediger, Herzog Ferdinand von Braunschweig, S. 48.
8 Schreiben vom 19.3.1758, in: Friedrich der Große, Politische Korrespondenz, Bd. XVI, Nr. 8853, S. 318.
10 Großer Generalstab, Die Kriege Friedrichs des Großen, Bd. III, 7, S. 149.
11 Dziembowski, Guerre de Sept Ans, S. 390.
12 Großer Generalstab, Die Kriege Friedrichs des Großen, Bd. III, 7, S. 148.
13 Waddington, Guerre de Sept Ans, Bd. 2, S. 56.
14 Ebd., S. 64.
15 Großer Generalstab, Die Kriege Friedrichs des Großen, Bd. III, 7, S. 152.
16 Mediger, Herzog Ferdinand von Braunschweig, S. 173.
17 Ebd., S. 173.
18 Schreiben vom 17.5.1758, in: Friedrich der Große, Politische Korrespondenz, Bd. XVII, Nr. 9997, S. 16.
19 Mediger, Herzog Ferdinand von Braunschweig, S. 184.
20 Westphalen, Feldzüge Ferdinands von Braunschweig, Bd. 1, S. 564.
21 Großer Generalstab, Die Kriege Friedrichs des Großen, Bd. III, 7, S. 156.
22 Mediger, Herzog Ferdinand von Braunschweig, S. 190.
23 Brief vom 16.6.1758, zitiert bei: Dziembowski, Guerre de Sept Ans, S. 392.
24 Waddington, Guerre de Sept Ans, Bd. 2, S. 94 f.
25 Großer Generalstab, Die Kriege Friedrichs des Großen, Bd. III, 7, S. 169.
26 Mediger, Herzog Ferdinand von Braunschweig, S. 232.
27 Ebd., S. 253 f.
28 Waddington, Guerre de Sept Ans, Bd. 2, S. 136 f.

Kapitel 6

1 Zitiert nach: Coquelle, Les Projets de descents en Angleterre, S. 610.
2 Waddington, Guerre de Sept Ans, Bd. 3, S. 447.
3 Baugh, The Global Seven Years War, S. 423.
4 Dziembowski, Guerre de Sept Ans, S. 353.
5 Memorandum vom 14.7.1759, zitiert in: Coquelle, Les Projets de descents en Angleterre, S. 610 f.
6 Waddington, Guerre de Sept Ans, Bd. 2, S. 364 f.
7 Dziembowski, Guerre de Sept Ans, S. 353.
8 Walpole, Memoirs of the Reign of King George II., Bd. 3, S. 182.
9 Dziembowski, Guerre de Sept Ans, S. 369.
10 Middleton, Bells of Victory, S. 118.
11 Schreiben vom 5.6.1759, in: Kimball (Hrsg.), Correspondence of William Pitt, Bd. 2, S. 120.
12 Baugh, The Global Seven Years War, S. 403.
13 Ebd., S. 404.

14 Anderson, Crucible of War, S. 346.
15 Baugh, The Global Seven Years War, S. 408.
16 Anderson, Crucible of War, S. 348.
17 Brumwell, Paths of Glory, S. 198.
18 Baugh, The Global Seven Years War, S. 409 f.
19 Brumwell, Paths of Glory, S. 241 f.
20 Dziembowski, Guerre de Sept Ans, S. 364.
21 Schreiben vom 2.9.1759, in: Kimball (Hrsg.), Correspondence of William Pitt, Bd. 2, S. 158.
22 Szabo, Seven Years War, S. 215.
23 Westphalen, Feldzüge Ferdinands von Braunschweig, Bd. 2, S. 118 f.
24 Mediger, Herzog Ferdinand von Braunschweig, S. 304.
25 Westphalen, Feldzüge Ferdinands von Braunschweig, Bd. 3, S. 248.
26 Mediger, Herzog Ferdinand von Braunschweig, S. 335.
27 Waddington, Guerre de Sept Ans, Bd. 3, S. 26.
28 Ebd., Bd. 3, S. 26.
29 Briefe vom 7. und 12.7.1757, in: Friedrich der Große, Politische Korrespondenz, Bd. XVIII., S. 389 (11170) und 395 (11191).
30 Schreiben vom 22. Juni 1759, zitiert in: Waddington, Guerre de Sept Ans, Bd. 3, S. 30.
31 Mediger, Herzog Ferdinand von Braunschweig, S. 391.
32 Szabo, Seven Years War, S. 251.
33 Schreiben vom 20.7.1759, in: Friedrich der Große, Politische Korrespondenz, Bd. XVIII., S. 430 (11248).
34 Mediger, Herzog Ferdinand von Braunschweig, S. 412.
35 Waddington, Guerre de Sept Ans, Bd. 3, S. 52.
36 Middleton, Bells of Victory, S. 131.
37 Brief vom 28.8.1759, zitiert in: Waddington, Guerre de Sept Ans, S. 88.
38 Tagebuch des Generaladjutanten , nachmaligen Feldmaschalls Johann Wilhelm von Reden, hrsg. von Wilhelm August von der Osten, Hamburg 1806, Bd. II, S. 63.
39 Brief Horace Walpoles an George Montagu vom 9.8.1759, in: Ders., Letters, Bd. 4, S. 289.
40 Archenholz, Geschichte des Siebenjährigen Krieges, S. 278.
41 Waddington, Guerre de Sept Ans, Bd. 3, S. 310.
42 Doughty (Hrsg.), Historical Journal of John Knox, Bd. 2, S. 100 f.
43 Brumwell, Paths of Glory, S. 284.
44 Baugh, The Global Seven Years War, S. 420.
45 Betrachtungen über die Taktik und einige Fragen des Krieges, in: Friedrich der Große, Werke, Bd. 6, S. 116–122. Erneut abgedruckt bei Kunisch (Hrsg.), Aufklärung und Kriegserfahrung, S. 515–545
46 Brief vom 24.12.1758 an Ferdinand von Braunschweig, in: Friedrich der Große, Politische Korrespondenz, Bd. XVIII, S. 435 (Nr. 10609).
47 Jany, Geschichte der Preussischen Armee, Bd. 2, S. 517.

48 Szabo, Seven Years War, S. 206.
49 Betrachtungen über die Taktik und einige Fragen des Krieges, in: Friedrich der Große, Werke, Bd. 6, S. 119. Erneut abgedruckt bei Kunisch (Hrsg.), Aufklärung und Kriegserfahrung, S. 515–545.
50 Ebd., S. 120.
51 Koser, Friedrich der Große, Bd. 3, S. 12.
52 von Thadden, Feldmarschall Daun, S. 369.
53 Szabo, Seven Years War, S. 228.
54 Duffy, Friedrich der Große, S. 258 f.
55 Rambaud, Russes et Prussiens, S. 208.
56 Ebd., S. 212.
57 Schreiben vom 20.7.1759, in: Friedrich der Große, Politische Korrespondenz, Bd. XVIII, S. 425 (Nr. 11240).
58 Jany, Geschichte der Preussischen Armee, Bd. 2, S. 525.
59 Duffy, Russia's Military Way to the West, S. 106.
60 Rambaud, Russes et Prussiens, S. 234.
61 Brief vom 26.7.1759 an Ferdinand von Braunschweig, in: Friedrich der Große, Politische Korrespondenz, Bd. XVIII, S. 450 (Nr. 11285).
62 Jany, Geschichte der Preussischen Armee, Bd. 2, S. 527.
63 Archenholz, Geschichte des Siebenjährigen Krieges, S. 230.
64 Jany, Geschichte der Preussischen Armee, Bd. 2, S. 530.
65 Ebd., S. 530.
66 Kunisch, Friedrich der Große, S. 403; Duffy, Friedrich der Große, S. 266.
67 Archenholz, Geschichte des Siebenjährigen Krieges, S. 233.
68 Brief vom 12.8.1759, in: Friedrich der Große, Politische Korrespondenz, Bd. XVIII, S. 481 (Nr. 11335).
69 Duffy, Friedrich der Große, S. 271.
70 Rambaud, Russes et Prussiens, S. 256.
71 Koser, Friedrich der Große, Bd. 3, S. 39 f.
72 Rambaud, Russes et Prussiens, S. 270.
73 Szabo, Seven Years War, S. 246; Duffy, Russia's Military Way to the West, S. 112; Koser, Friedrich der Große, Bd. 3, S. 42 f.
74 Koser, Friedrich der Große, Bd. 3, S. 43.
75 Duffy, Friedrich der Große, S. 276.
76 Koser, Friedrich der Große, Bd. 3, S. 44.
77 Jany, Geschichte der Preussischen Armee, Bd. 2, S. 545.
78 Friedrich der Große, Gespräche mit Henri de Catt, S. 387.
79 Schreiben Friedrichs an Generalleutnant Finck vom 16.11.1759, in: Friedrich der Große, Politische Korrespondenz, Bd. XVIII, S. 641 (Nr. 11595).
80 Archenholz, Geschichte des Siebenjährigen Krieges, S. 262.
81 Jany, Geschichte der Preussischen Armee, Bd. 2, S. 547.
82 Brief Friedrichs vom 14.12.1759 an Prinz Heinrich sowie dessen Kommentar dazu, in: Friedrich der Große, Politische Korrespondenz, Bd. XVIII, S. 696 (Nr. 11673).

83 Mitchell, Memoirs and Papers, Bd. 2, S. 115.
84 Baugh, The Global Seven Years War, S. 424.
85 Brief vom 29.7.1759, in: Baugh, The Global Seven Years War, S. 423.
86 Dull, French Navy, S. 137.
87 Waddington, Guerre de Sept Ans, Bd. 2, S. 364; Baugh, The Global Seven Years War, S. 425.
88 Baugh, The Global Seven Years War, S. 435.
89 Dull, French Navy, S. 161.
90 Baugh, The Global Seven Years War, S. 437 f.
91 Ebd., S. 438.
92 Middleton, Bells of Victory, S. 144.
93 Bericht vom 24.11.1759, zitiert bei Waddington, Guerre de Sept Ans, Bd. 2, S. 370.
94 Baugh, The Global Seven Years War, S. 446 f.

Kapitel 7

1 Österreichisches Kriegsarchiv Wien, Alte Feldakten 1759, abgedruckt in: Kunisch, Mirakel des Hauses Brandenburg, S. 98.
2 Brief an George Montagu vom 21.10.1759, in: Walpole, Letters, Bd. 4, S. 314.
3 Baugh, The Global Seven Years War, S. 453.
4 Mitchell, Memoirs and Papers, Bd. 2, S. 273.
5 Brief vom 12.8.1759, in: Friedrich der Große, Politische Korrespondenz, Bd. XVIII, S. 592 (Nr. 11533).
6 Briefe an Horace Mann vom 29.8. und 13.9.1759, in: Walpole, Letters, Bd. 4. S. 298 f.
7 Walpole, Memoirs of the Reign of George II., Bd. 3, S. 77 f.
8 Dull, French Navy, S. 166.
9 Ebd., S. 162.
10 Middleton, Bells of Victory, S. 147.
11 Szabo, Seven Years War, S. 272.
12 Dull, French Navy, S. 164.
13 Ebd., S. 165.
14 Baugh, The Global Seven Years War, S. 456.
15 Ebd., S. 459.
16 von Arneth, Maria Theresia, Bd. 6, S. 76.
17 Middleton, Bells of Victory, S. 155.
18 Knox, Belagerung von Quebec, S. 268.
19 Baugh, The Global Seven Years War, S. 490.
20 Dziembowski, Guerre de Sept Ans, S. 380.
21 Anderson, Crucible of War, S. 407.
22 Schreiben Amhersts an Pitt vom 4.10.1760, in: Kimball, Correspondence of Pitt with America, Bd. 2, S. 341.

23 Szabo, Seven Years War, S. 275.
24 von Arneth, Maria Theresia, Bd. 6, S. 103 f.
25 Jany, Geschichte der Preussischen Armee, Bd. 2, S. 550.
26 Mediger, Herzog Ferdinand von Braunschweig, S. 483 f.
27 Jany, Geschichte der Preussischen Armee, Bd. 2, S. 553.
28 Duffy, Friedrich der Große, S. 284.
29 Schreiben vom 7.6.1769, in: Friedrich der Großen, Politische Korrespondenz, Bd. XX, S. 399 f. (Nr. 12143).
30 Jany, Geschichte der Preußischen Armee, Bd. 2, S. 557.
31 Szabo, Seven Years War, S. 281.
32 Ebd., S. 282.
33 Schreiben vom 31.7.1760, in: Mitchell, Memoirs and Papers, Bd. 2, S. 184.
34 Duffy, Friedrich der Große, S. 288.
35 Rambaud, Russes et Prussiens, S. 298.
36 von Arneth, Maria Theresia, Bd. 6, S. 139.
37 Koser, Friedrich der Große, Bd. 3, S. 68.
38 Jany, Geschichte der Preussischen Armee, Bd. 2, S. 564.
39 Rambaud, Russes et Prussiens, S. 303 f.
40 Szabo, Seven Years War, S. 290.
41 Jany, Geschichte der Preussischen Armee, Bd. 2, S. 572.
42 Duffy, Friedrich der Große, S. 300 f.
43 Kessel, Das Ende des Siebenjährigen Krieges, S. 13.
44 Koser, Friedrich der Große, Bd. 3, S. 90 f.
45 Kessel, Das Ende des Siebenjährigen Krieges, S. 29 u. S. 40.
46 Szabo, Seven Years War, S. 322.
47 Journal inédit du Duc de Croy, Bd. 1. S. 483 f.
48 Memorandum vom 15.12.1759, zitiert in: Stuhr, Forschungen und Erhebungen, Bd. 2, S. 294.
49 Waddington, Guerre de Sept Ans, Bd. 4, S. 171.
50 Szabo, Seven Years War in Europe, S. 301.
51 Mediger, Herzog Ferdinand von Braunschweig und die alliierte Armee, S. 483.
52 Middleton, Bells of Victory, S. 156.
53 Lindner, Peripetie des Siebenjährigen Krieges, S. 136: 247 Tote, 926 Verwundete sowie 442 Vermisste.
54 Middleton, Bells of Victory, S. 165 f.
55 Baugh, The Global Seven Years War, S. 526.
56 Ebd., S. 532.
57 Parry, Europäische Kolonialreiche, S. 292.
58 Kulke/Rothermund, Geschichte Indiens, S. 281.
59 Ebd., S. 286 f.
60 Baugh, The Global Seven Years War, S. 469.
61 Pocock, Battle for Empire, S. 140.
61a Waddington Guerre de Sept Aus, Bd. 5, S. 34.

62 So Friedrich in einem Brief an die Gräfin Cama, zitiert bei Koser, Friedrich der Große, Bd. 3, S. 107.
63 Koser, Friedrich der Große, Bd. 3, S. 109.
64 Vgl. Werner Meyer, Befehl verweigert und Ungnade erlitten? Zur Geschichte des Hubertusburg-Marwitz in der Literatur, Berlin 2014.
65 Kessel, Ende des Siebenjährigen Krieges, S. 174.
66 Schreiben Friedrichs an General v. Schenckendorff vom 11. und 15.3.1761, in: Friedrich der Große, Politische Korrespondenz, Bd. XX, S. 264 f. (Nr. 12733) und 272 (Nr. 12745).
67 Szabo, Seven Years War, S. 331.
68 Jany, Geschichte der Preussischen Armee, Bd. 2, S. 604.
69 Kessel, Ende des Siebenjährigen Krieges, S. 170.
70 Szabo, Seven Years War, S. 334.
71 von Arneth, Maria Theresia, Bd. 6, S. 226 f.
72 Kessel, Ende des Siebenjährigen Krieges, S. 178 f.
73 Friedrich der Große, Politische Korrespondenz, Bd. XX, S. 352. Nachricht des Gesandten Plotho aus Regensburg.
74 Jany, Geschichte der Preussischen Armee, Bd. 2, S. 603.
75 Rambaud, Russes et Prussien, S. 337 f.
76 Jany, Geschichte der Preussischen Armee, Bd. 2, S. 606.
77 Schreiben Friedrichs an Prinz Heinrich vom 27.9.1761, in: Friedrich der Große, Politische Korrespondenz, Bd. XX, S. 611 (Nr. 13160).
78 Schreiben Friedrichs an Prinz Heinrich vom 27.9.1761, in: Ebd., S. 630. (Nr. 13185).
79 Jany, Geschichte der Preußischen Armee, Bd. 2, S. 603.
80 Szabo, Seven Years War, S. 367.
81 Hildermeier, Geschichte Russlands, S. 484 f., versucht ein differenziertes Bild über Peter III. zu geben, der nach seiner Ansicht wohl in Schweden ein besserer Monarch geworden wäre.
82 Szabo, Seven Years War, S. 383.
83 Ebd., S. 384.
84 Ebd., S. 388.
85 Koser, Friedrich der Große, Bd. 3, S. 155 f.
86 Kessel, Ende des Siebenjährigen Krieges, S. 418.
87 Mediger, Herzog Ferdinand von Braunschweig, S. 644.
88 Szabo, Seven Years War, S. 352.
89 Kessel, Ende des Siebenjährigen Krieges, S. 433.
90 Mediger, Herzog Ferdinand von Braunschweig, S. 709.
91 Szabo, Seven Years War, S. 353.
92 Mediger, Herzog Ferdinand von Braunschweig, S. 727.
93 Ebd., S. 770.
94 Ebd., S. 773.
95 Walpole, Memoirs of the Reign of George III., Bd. 1, S. 97.
96 Middleton, Bells of Victory, S. 198.

97 Ebd., S. 188.
98 Corbett, England in the Seven Years War, Bd. 2, S. 180.
99 Baugh, The Global Seven Years War, S. 544.
100 Ebd., S. 552.
101 Corbett, England in the Seven Years War, S. 230.
102 Pocock, Battle for Empire, S. 185 f.
103 Dull, French Navy, S. 224.
104 Baugh, The Global Seven Years War, S. 582.
105 Ebd., S. 585.
106 Ebd., S. 590.
107 Pocock, Battle for Empire, S. 210.
108 Brief einer anonymen Pariserin vom 10.9.1762 an Antoine Rigobert Mopinot de la Chappotte, in: Ders., Sous Louis le Bien Aimé. Correspondence amoureuse et militaire d'un officier pendant la guerre de Sept Ans (1757–1765), hrsg. von Jean Lemoine, Paris 1905, S. 425 f.
109 Ebd., S. 426.
110 Baugh, The Global Seven Years War, S. 610.
111 Ebd., S. 331 f.
112 Ebd., S. 614.
113 Rashed, Peace of Paris, S. 186.
114 Walpole, Memoirs of the Reign of George III., Bd. 1, S. 226 f.
115 Baugh, The Global Seven Years War, S. 617.
116 Szabo, Seven Years War, S. 420.
117 Koser, Friedrich der Große, Bd. 3, S. 156 f.
118 Szabo, Seven Years War, S. 422.
119 Koser, Friedrich der Große, Bd. 3, S. 161.
120 Dreißig Jahre am Hofe Friedrichs des Großen. Aus den Tagebüchern des Reichsgrafen Ernst Ahasverus Heinrich von Lehndorff, Kammerherr der König Elisabeth Christine von Preußen, hrsg. von Karl Eduard Schmidt-Lötzen, Gotha 1907, S. 450 f.
121 Pocock, Battle for Empire, S. 234.
122 Baugh, The Global Seven Years War, S. 634.
123 Pocock, Battle for Empire, S. 234 f.
124 Rashed, Peace of Paris, S. 225.
125 Fish, When Britain Ruled the Philippines, S. 181.

Kapitel 8

1 Leopold von Ranke, Die großen Mächte, Sämtliche Werke, Bd. 24, Leipzig 1872, S. 25.
1a Groehler, Kriege Friedrichs II., S. 156 f. Der Bevölkerungsrückgan lag in der Kurmark bei zehn Prozent, in Pommern bei 20 Prozent und in der Neumerk sogar bei 25 Prozent.

2 Kroener, Die materiellen Grundlagen österreichischer und preußischer Kriegsanstrengungen, in: Ders. (Hrsg.), Europa im Zeitalter Friedrichs des Großen, S. 51.
3 Friedrich der Große, Werke, Bd. 6, Militärische Schriften, S. 125.
4 Walpole, Memoirs of the Reign of George III., Bd. 1, S. 77.
5 Szabo, Seven Years War, S. 428.
6 Kroener, Militärischer Professionalismus und soziale Karriere, in: Ders. (Hrsg.), Europa im Zeitalter Friedrichs des Großen, S. 102.
7 Carl von Clausewitz, Vom Kriege, Bonn 1980, S. 959.
8 Szabo, Seven Years War, S. 425.
9 Kunisch, Friedrich der Große, S. 433.
10 Dull, French Navy, S. 12.
11 Kroener, Militärischer Professionalismus und soziale Karriere, in: Ders. (Hrsg.), Europa im Zeitalter Friedrichs des Großen, S. 99 f.

Literaturverzeichnis

Quellentexte

Preußische und österreichische *Akten* zur Vorgeschichte des Siebenjährigen Krieges, hrsg. von Gustav Berthold Volz und Georg Küntzel, Osnabrück 1965 (= Neudruck der Ausgabe von 1899).

Johann Wilhelm von *Archenholz,* Geschichte des Siebenjährigen Krieges, in: Johannes Kunisch (Hrsg.), Aufklärung und Kriegserfahrung. Klassische Zeitzeugen zum Siebenjährigen Krieg, Frankfurt/Main 1996.

Friedrich Rudolph von *Barsewisch,* Meine Kriegs-Erlebnisse während des Siebenjährigen Krieges 1757–1763. Wortgetreuer Abdruck aus dem Tagebuch des Kgl. Preuß. General-Quartiermeister-Lieutenants, Berlin 1863.

François Joachim de Pierre de *Bernis,* Mémoires du Cardinal de Bernis, Paris 1986.

Louis Antoine de *Bougainville,* Écrits sur le Canada. Mémoires-Journal-Lettres, Sillery 2003.

Journal Inédit du *Duc de Croy,* hrsg. von Emmanuel Henri de Grouchy/Paul Cottin, 3 Bde., Paris 1906–1907.

Johann Heinrich Ludewig *Grotehenn,* Briefe aus dem Siebenjährigen Krieg, Lebensbeschreibung und Tagebuch, hrsg. von Marian Füssel und Sven Petersen, Potsdam 2012.

Friedrich der Große, Gespräche mit Henri de Catt, München 1981.

Ders., Politische Korrespondenz, 47 Bde., hrsg. von Johann Gustav Droysen u.a., Berlin 1879–1939.

Ders., Die Politischen Testamente, hrsg. von Gustav Berthold Volz, Berlin 1922.

Ders., Werke in 10 Bdn., hrsg. von Gustav Berthod Volz, Berlin 1912–1914.

Aus der Zeit Maria Theresias. Tagebuch des Fürsten Johann Josef *Khevenhüller-Metsch,* hrsg. von Rudolf Khevenhüller-Metsch und Hanns Schlitter, 8 Bde., Wien, Leipzig 1907–1972.

Arthur G. Doughty (Hrsg.), An Historical Journal of the Campaign in North America for the Years 1757, 1758, 1759, 1760 by Captain John *Knox,* 3 Bde., Toronto 1914.

Roland *Lamontagne* (Hrsg.), Aperçu structural du Canada au XVIIIe Siècle, Ottawa 1964.

Memoirs and Papers of Sir Andrew *Mitchell,* K.B., Envoy Extraordinary and Minister Plenipotentary from the Court of Great Britain to the Court of Prussia 1756–1773, hrsg. von Andrew Bisset, 2 Bde., London 1850.

Correspondence of William *Pitt* when Secretary of State with Colonial Governers and Military and Naval Commissioners in America, hrsg. von Gertrude Selvyn Kimball, 2 Bde., London 1906.

Unter der Fahne des Herzogs von Bevern. Jugenderinnerungen des Christian Wilhelm *von Prittwitz* und *Gaffron*, hrsg. von Hans Werner von Hugo/Hans Jessen, Breslau 1935.

Georg Friedrich von *Tempelhoff*, Geschichte des Siebenjährigen Krieges in Deutschland zwischen dem Könige von Preußen und der Kaiserin-Königin mit ihren Alliirten, 5 Bde., Berlin 1794.

Ferdinand von *Westphalen*, Geschichte der Feldzüge Herzog Ferdinands von Braunschweig-Lüneburg, 6 Bde., Berlin 1859–72.

James *Wolfe*, The Life and Letters of James Wolfe, hrsg. von Beckless Willson, London 1909.

Monografien und Aufsätze

Wolfgang *Adam* und Holger *Dainat*, »Krieg ist mein Lied«. Der Siebenjährige Krieg in den zeitgenössischen Medien, Göttingen 2007.

Christine Pevitt *Algrant*, Madame de Pompadour. Mistress of France, London 2003.

Fred *Anderson*, Crucible of War. The Seven Years' War and the Fate of Empire in British North America 1754–1766, New York 2000.

M.S. *Anderson*, The War of Austrian Succession 1740–1748, London 1995.

Alfred *von Arneth*, Geschichte Maria Theresias, 5 Bde., Wien 1875.

Ernst Dieter *Bangert*, Die russisch-österreichische militärische Zusammenarbeit im Siebenjährigen Kriege in den Jahren 1758–1759, Boppart 1971.

Daniel *Baugh*, The Global Seven Years War 1754–1763, London/New York 2014.

Eberhard *Birk*/Thorsten *Loch*/Peter Andreas *Popp* (Hrsg.), Wie Friedrich »der Große« wurde. Eine kleine Geschichte des Siebenjährigen Krieges, Freiburg/Berlin/Wien 2012.

Jeremy *Black*, Pitt the Elder, Cambridge 1992.

Ders. European Warfare 1660–1815, London 1994.

Jean-Paul *Bled*, Marie-Thérèse d'Autriche, Paris 2001.

Philipp *Blom*, Böse Philosophen. Ein Salon in Paris und das vergessene Erbe der Aufklärung, München 2013.

Ulrich *Bräker*, Lebensgeschichte und natürliche Abentheuer des Armen Mannes im Tockenburg, hrsg. von H.H. Füßli, Neuausgabe Stuttgart 1965.

Max *Braubach*, Versailles und Wien von Ludwig XIV. bis Kaunitz. Die Vorstadien der diplomatischen Revolution im 18. Jahrhundert, Bonn 1952.

John *Brewer*, The Sinews of Power. War, Money and the English State, 1688–1783, London 1988.

Peter *Broucek,* Der Geburtstag der Monarchie. Die Schlacht bei Kolin 1757, Wien 1982.

Reed *Browning,* The Duke of Newcastle, New Haven 1975.

Ders., The War of Austrian Succession, New York 1993.

Stephen *Brumwell,* Paths of Glory. The Life and Death of General James Wolfe, Montreal 2006.

Ders., Redcoats. The British Soldier and War in the Americas, 1755–1763, Cambridge 2002.

Eckhard *Buddruss,* Die französische Deutschlandpolitik 1756–1789, Mainz 1995.

Johannes *Burkhardt,* Die Friedlosigkeit der Frühen Neuzeit. Grundlegung einer Theorie der Bellizität in Europa, in: Zeitschrift für Historische Forschung 24 (1997), S. 509–574.

M. John *Cardwell,* Arts and Arms: Literature, Politics and Patriotism during the Seven Years War, Manchester/New York 2004.

Ernst *Cassirer,* Die Philosophie der Aufklärung, Hamburg 2007.

Ron *Chernow,* Washington. A Life, New York 2010.

Christopher *Clark,* Preußen. Aufstieg und Niedergang, München 2007.

P. *Coquelle,* Les Projets de descents en Angleterre d'apres les archives des Affaires Étrangères, in: Revue d'histoire diplomatique, 1901, Bd. 15, S. 591–624.

Julian S. *Corbett,* England in the Seven Years' War, A Study in Combined Strategy, 2 Bde., London 1907.

André *Corvisier,* Histoire militaire de la France, Bd. 2 (1715–1871), Paris 1992.

Hans *Delbrück,* Friedrich der Große und der Ursprung des Siebenjährigen Krieges, in: Preußische Jahrbücher, LXXXIV, 1896, S. 32–53.

Heinz *Duchhardt,* Balance of Power und Pentarchie. Internationale Beziehungen 1700–1785, Paderborn u.a. 1997.

Christopher *Duffy,* Feldmarschall Browne, Irischer Emigrant, Kaiserlicher Heerführer, Gegenspieler Friedrichs II. von Preußen, Wien 1966.

Ders., Friedrich der Große. Ein Soldatenleben, Zürich/Köln 1986.

Ders., Maria Theresia und ihre Armee, Stuttgart 1977.

Ders., Russia's Military Way to the West. Origins and Natur of Russian Military Power 1700–1800, London 1981.

Jonathan R. *Dull,* The French Navy and the Seven Years' War, Lincoln 2005.

Edward *Dziembowski,* La guerre de Sept Ans 1756–1763, Paris 2015.

Sven *Externbrink,* Friedrich der Große, Maria Theresia und das Alte Reich. Deutschlandbild und Diplomatie Frankreichs im Siebenjährigen Krieg, Berlin 2006.

Ders. (Hrsg.), Der Siebenjährige Krieg. Ein europäischer Weltkrieg im Zeitalter der Aufklärung, Berlin 2011.

Shirley *Fish*, When Britain Ruled the Philipppines 1762–1764. The story of the 18th Century British Invasion of the Philippines During the Seven Years War, Bloomington 2003.

Mariam *Füssel*, Der Siebenjährige Krieg. Ein Weltkrieg im 18. Jahrhundert, München 2010.

Manfred *Geier*, Aufklärung. Das europäische Projekt, Berlin 2013.

Olaf *Groehler*, Die Kriege Friedrichs II, Berlin 1990.

Großer Generalstab (Hrsg.), Die Kriege Friedrichs des Großen, 18 Bde., Berlin 1890–1914.

Robert *Harvey*, Clive. The Life and Death of a British Emperor, London 1988.

Gilles *Havard*/Cécile *Vidal*, Histoire de l'Amerique française, Paris 2008.

Manfred *Hildermeier*, Geschichte Russlands. Vom Mittelalter bis zur Oktoberrevolution, München 2013.

Michael *Hochedlinger*, Austria's Wars of Emergence. War, State and Society in the Habsburg Monarchy 1683–1797, London 2003.

Michael *Hochgeschwender*, Die Amerikanische Revolution. Geburt einer Nation 1763–1815, München 2016.

Daniel *Hohrath*, Der Bürger im Krieg der Fürsten. Stadtbewohner und Soldaten in belagerten Städten um die Mitte des 18. Jahrhunderts, in: Bernhard Kröner/Ralf Pröve (Hrsg.), Krieg und Frieden. Militär und Gesellschaft in der Frühen Neuzeit, Paderborn 1996, S. 305–329.

Curt *Jany*, Geschichte der Preussischen Armee vom 15. Jahrhundert bis zum Jahre 1914, 4 Bde., Berlin 1928–1933, Neudruck Osnabrück 1967.

Francis *Jennings*, Empire of Fortune: Crowns, Colonies and Tribes in the Seven Years War in America, New York/London 1988.

Lee *Kennett*, The French Armies in the Seven Years' War. A Study in Military Organisation and Administration, Durham 1967.

Eberhard *Kessel*, Das Ende des Siebenjährigen Krieges. Torgau und Bunzelwitz 1760–1763, Paderborn 2007.

Ders., Militärgeschichte und Kriegstheorie in neuerer Zeit. Ausgewählte Aufsätze, hrsg. und eingeleitet von Johannes Kunisch, Berlin 1987.

Achim *Kloppert*, Der Schlesische Feldzug von 1762, Bonn (Univ. Diss.) 1988.

Reinhold *Koser*, Geschichte Friedrichs des Großen, 4 Bde., Berlin 1912–1914, Neuauflage Darmstadt 1974.

Bernhardt *Kroener* (Hrsg.), Europa im Zeitalter Friedrichs des Großen. Wirtschaft, Gesellschaft, Krieg, München 1989.

Hermann *Kulke*/Dietmar *Rothermund*, Geschichte Indiens. Von der Induskultur bis heute, München 1998.

Johannes *Kunisch* (Hrsg.), Aufklärung und Kriegserfahrung. Klassische Zeitzeugen zum Siebenjährigen Krieg, Frankfurt/Main 1996.

Ders., Friedrich der Große. Der König und seine Zeit, München 2004.

Ders., Friedrich der Große in seiner Zeit. Essays, München 2008.

Ders., Das Mirakel des Hauses Brandenburg. Studien zum Verhältnis von Kabinettspolitik und Kriegführung im Zeitalter des Siebenjährigen Krieges, Oldenburg 1978.

Thomas *Lindner*, Die Peripetie des Siebenjährigen Krieges. Der Herbstfeldzug 1760 in Sachsen und der Winterfeldzug 1760/61 in Hessen, Berlin 1993.

Jürgen *Luh*, Kriegskunst in Europa 1650–1800, Köln/Weimar/Wien 2004.

Thomas Babington *Macaulay*, Kritische und historische Aufsätze, Bd. 3, Friedrich der Große, Leipzig, o. J.

Michael *Mann*, Bengalen im Umbruch. Die Herausbildung des britischen Kolonialstaates 1754–1793, Stuttgart 2000.

Steffen *Martus*, Aufklärung. Das deutsche 18. Jahrhundert. Ein Epochenbild, Berlin 2015.

Frank *McLynn*, 1759. The Year Briton Became Master of the World, London 2004.

Walther *Mediger*, Herzog Ferdinand von Braunschweig-Lüneburg und die alliierte Armee im Siebenjährigen Krieg, aufbereitet und vollendet durch Thomas Klingebiel, Hannover 2011.

Ders., Moskaus Weg nach Europa. Der Aufstieg Russlands zum Europäischen Machtstaat im Zeitalter Friedrichs des Großen, Berlin 1952.

Richard *Middleton*, The Bells of Victory. The Pitt-Newcastle Ministry and the Conduct of the Seven Years' War 1757–1762, Cambridge 2002.

Michael G. *Müller*, Rußland und der Siebenjährige Krieg, in: Jahrbücher für Geschichte Osteuropas 28, 1980, S. 198–219.

John H. *Parry*, Europäische Kolonialreiche. Welthandel und Weltwirtschaft im 18. Jahrhundert, München 1972.

Jean-Christian *Petitfils*, Louis XV., Paris 2014.

Tom *Pocock*, Battle for Empire. The very First World War 1756–1763, London 1998.

Alfred *Rambaud*, Russes et Prussiens, Paris 1895.

Zenab Esmat *Rashed*, The Peace of Paris 1763, Liverpool 1951.

Armin *Reese*, Europäische Hegemonie und France d'outre-mer. Koloniale Fragen in der französischen Außenpolitik 1700–1763, Wiesbaden 1988.

Volkmar *Regling*, Grundzüge der Landkriegsführung zur Zeit des Absolutismus und im 19. Jh., in: Militärgeschichtliches Forschungsamt (Hrsg.), Deutsche Militärgeschichte in sechs Bänden, 1648–1639, Bd. 6; Abschnitt IX, München 1983, S. 11 ff.

Klaus Christian *Richter*, Friedrich Wilhelm von Seydlitz. Ein preußischer Reitergeneral und seine Zeit, Osnabrück 1996.

James C. *Riley*, The Seven Years War and the Old Regime in France. The Economic and Financial Toll, Princeton 1986.

Marcus *von Salisch*, Treue Deserteure. Das Kursächsische Militär und der Siebenjährige Krieg, München 2008.

Arnold *Schäfer*, Der Siebenjährige Krieg, 3 Bde., Berlin 1867–74.

Theodor *Schieder*, Friedrich der Große. Ein Königtum der Widersprüche, Frankfurt 1983.

Lothar *Schilling*, Kaunitz und das Renversement des alliances. Studien zur außenpolitischen Konzeption Wenzel Antons von Kaunitz, Berlin 1994.

Manfred *Schlenke*, England und das Friderizianische Preußen 1740–1763. Ein Beitrag zum Verhältnis von Politik und öffentlicher Meinung im England des 18. Jahrhunderts, Freiburg 1963.

Manfred *Schort*, Politik und Propaganda. Der Siebenjährige Krieg in den zeitgenössischen Flugschriften, Frankfurt 2006.

Denis *Showalter*, The Wars of Frederic the Great, London 1995.

Brendan *Simms*, Three Victories and a Defeat. The Rise and fall of the British Empire, London 2007.

Barbara *Stollberg-Rilinger*, Europa im Jahrhundert der Aufklärung, Stuttgart 2000.

Peter Feddersen *Stuhr*, Forschungen und Erläuterungen über Hauptpunkte der Geschichte des Siebenjährigen Krieges, 2 Bde., Hamburg 1842.

David *Syrett* (Hrsg.), The Siege and Capture of Havana, London 1970.

Franz A. J. *Szabo*, The Seven Years War in Europe 1756–1763, London, New York 2013.

Franz-Lorenz *von Thadden*, Feldmarschall Daun. Maria Theresias größter Feldherr, Wien 1967.

Voltaire (François Marie Arouet), Correspondence, hrsg. von Theodore Bestermann, 107 Bde., Genf 1953–67.

Richard *Waddington*, La Guerre de Sept Ans. Histoire Diplomatique et Militaire, 5 Bde., Paris 1899–1914.

Ders., Louis XV. et le Renversement des alliances. Préliminaires de la Guerre de Sept Ans, Paris 1896.

Horace *Walpole*, The Letters of Horace Walpole, 4. Lord Oxford, 15 Bde., hrsg. von Paget Toynbee, Edinburgh 1906.

Ders., Memoirs of the Reign of King George II., 3 Bde., London 1846.

Ders., Memoirs of the Reign of King George III., 4 Bde., London 1894.

Ernst Walter *Zeeden*, Europa im Zeitalter des Absolutismus und der Aufklärung, Stuttgart 1981.

Personenregister

Kursive Seitenzahlen verweisen auf Abbildungen.